W0200891

Wortarten bestimmen

- Präposition und Kasus ▸ S. 210, 293
- Tempora (Zeitformen) ▸ S. 212, 293–294
- Aktiv und Passiv ▸ S. 213, 295
- Numerus ▸ S. 211, 299
- Konjunktiv I und II in der indirekten Rede ▸ S. 214–215, 295–296

Rechtschreibung

- Fremdwörter ▸ S. 238–239, 303

Zeichensetzung

- Das Komma in Satzgefügen und das/dass-Sätzen ▸ S. 246–247, 300–301
- Der Bindestrich ▸ S. 249, 302
- Zitate richtig kennzeichnen ▸ S. 248, 301

Texte überarbeiten: Stil und Ausdruck

- Umstell, Weglass-, Erweiterungs- und Ersatzprobe ▸ S. 225–226, 299–300
- Nominal- und Verbalstil ▸ S. 227, 300

Groß- oder Kleinschreibung?

- Nominalisierungen ▸ S. 242–243, 305
- Tageszeiten ▸ S. 243, 305

Satzgefüge: Nebensätze unterscheiden

- Adverbialsätze ▸ S. 222–223, 299
- Relativsätze (Attributsätze) ▸ S. 224, 298

Getrennt- oder Zusammenschreibung?

- Nomen + Verb, Verb + Verb, Wortgruppe mit *sein*, Adjektiv + Verb, abgeleitete Wörter + Verb ▸ S. 240–241, 305

Wortbedeutung

- Die Grund- und Nebenbedeutung eines Wortes ▸ S. 78–83, 306
- Erb-, Fremd- und Lehnwort (Anglizismen, Sprachwandel) ▸ S. 24, 81, 85, 306

Deutschbuch

Differenzierende Ausgabe

Sprach- und Lesebuch

9

Herausgegeben von
Markus Langner und Andrea Wagener

Erarbeitet von
Julie Chatzistamatiou, Friedrich Dick,
Agnes Fulde, Verena Gälweiler,
Hans-Joachim Gauggel, Frauke Hoffmann,
Marianna Lichtenstein, Christoph Mann,
Deborah Mohr, Lisa Nahberger,
Christoph Oldeweme, Frank Schneider,
Anna Ulrike Schütte, Volker Semmler und
Mechthild Stüber

kform.eu

Dieses Buch gibt es auch auf
www.scook.de

Es kann dort nach Bestätigung der Allgemeinen Geschäftsbedingungen genutzt werden.

Buchcode: 7rco4-q9e6o

Cornelsen

Redaktion: Thorsten Feldbusch

Illustrationen:
Friederike Ablang, Berlin: S. 5, 58, 79, 259, 263, 266, 267
Uta Bettzieche, Leipzig: S. 291
Carlos Borell Eiköter, Berlin: S. 93, 97
Peter Menne, Potsdam: S. 10, 190, 192, 194, 196, 199
Katrin Merle, Berlin: S. 7, 107, 108, 110, 111, 113, 117, 118, 122, 123, 125, 214
Christoph Mett, Münster: Vorsätze
Sulu Trüstedt, Berlin: S. 23, 25, 92, 96, 99, 101, 102, 286

Coverfoto: Imagebrokers/Photoshot
Gesamtgestaltung und technische Umsetzung: werkstatt für gebrauchsgrafik, Berlin

www.cornelsen.de

Soweit in diesem Lehrwerk Personen fotografisch abgebildet sind und ihnen von der Redaktion fiktive Namen, Berufe, Dialoge und Ähnliches zugeordnet oder diese Personen in bestimmte Kontexte gesetzt werden, dienen diese Zuordnungen und Darstellungen ausschließlich der Veranschaulichung und dem besseren Verständnis des Inhalts.

Die Webseiten Dritter, deren Internetadressen in diesem Lehrwerk angegeben sind, wurden vor Drucklegung sorgfältig geprüft. Der Verlag übernimmt keine Gewähr für die Aktualität und den Inhalt dieser Seiten oder solcher, die mit ihnen verlinkt sind.

Dieses Werk berücksichtigt die Regeln der reformierten Rechtschreibung und Zeichensetzung.
Bei den mit [R] gekennzeichneten Texten haben die Rechteinhaber einer Anpassung widersprochen.

1. Auflage, 1. Druck 2016

Alle Drucke dieser Auflage sind inhaltlich unverändert
und können im Unterricht nebeneinander verwendet werden.

© 2016 Cornelsen Schulverlage GmbH, Berlin

Das Werk und seine Teile sind urheberrechtlich geschützt.
Jede Nutzung in anderen als den gesetzlich zugelassenen Fällen bedarf
der vorherigen schriftlichen Einwilligung des Verlages.
Hinweis zu den §§ 46, 52 a UrhG: Weder das Werk noch seine Teile dürfen ohne eine
solche Einwilligung eingescannt und in ein Netzwerk eingestellt oder sonst öffentlich
zugänglich gemacht werden.
Dies gilt auch für Intranets von Schulen und sonstigen Bildungseinrichtungen.

Druck: Mohn Media Mohndruck, Gütersloh

ISBN 978-3-06-062665-6

PEFC
PEFC/04-31-1033

PEFC zertifiziert
Dieses Produkt stammt aus nachhaltig bewirtschafteten Wäldern und kontrollierten Quellen.

www.pefc.de

Euer Deutschbuch auf einen Blick

Das Buch ist in **vier Kompetenzbereiche** aufgeteilt.
Ihr erkennt sie an den Farben:

- Sprechen – Zuhören – Schreiben
- Lesen – Umgang mit Texten und Medien
- Nachdenken über Sprache
- Arbeitstechniken

Jedes **Kapitel** besteht aus **drei Teilen:**

1 Hauptkompetenzbereich
Hier wird das Thema des Kapitels erarbeitet, z. B.
in Kapitel 1 „Über Sachverhalte informieren".

1.1 Jung trifft Alt – Andere informieren

2 Verknüpfung mit einem zweiten Kompetenzbereich
Das Kapitelthema wird mit einem anderen Kompetenzbereich verbunden und vertiefend geübt, z. B.:

1.2 Von Coolen und Halbstarken – Zeitgenössische Texte zur Jugendkultur lesen

3 Klassenarbeitstraining oder Projekt
Hier überprüft ihr das Gelernte anhand einer Beispielklassenarbeit und einer Checkliste oder ihr erhaltet Anregungen für ein Projekt, z. B.:

1.3 Fit in ...! – Einen Informationstext verfassen

Das **Orientierungswissen** findet ihr in den blauen Kästen mit den Bezeichnungen **Information** und **Methode**.

Auf den blauen Seiten am Ende des Buches (► S. 271–312) könnt ihr das Orientierungswissen aller Kapitel noch einmal nachschlagen.

Folgende **Kennzeichnungen** werdet ihr im Buch entdecken:

- Partnerarbeit
- Gruppenarbeit
- 4 Zusatzaufgabe

Die **Punkte** sagen euch etwas über die Schwierigkeit der Aufgabe:

- ●○○ Diese Aufgaben geben euch Starthilfen oder schlagen euch verschiedene Lösungen vor.
- ●●○ Diese Aufgaben sind schwieriger zu lösen als die Aufgaben mit einem Punkt.
- ●●● Diese Aufgaben verlangen, dass ihr sie möglichst selbstständig bearbeitet.

Inhaltsverzeichnis

1 Sprechen – Zuhören – Schreiben

Kompetenzschwerpunkte

Generationen – Über Sachverhalte informieren 13

1.1 Jung trifft Alt – Andere informieren **14**
Einen Zeitungsbericht lesen und wiedergeben 14
Mehrgenerationenhäuser – Einen Informationstext verfassen 15
Teste dich! 21

1.2 Von Coolen und Halbstarken – Zeitgenössische Texte zur Jugendkultur lesen **22**
Nils Mohl: Es war einmal Indianerland 22
Othmar Franz Lang: Weg ohne Kompass 25
Fordern und fördern – Generation „Halbstark" – Über Hintergründe informieren 27

1.3 Fit in ...! – Einen Informationstext verfassen **30**

► **Lesen, mit Texten und Medien umgehen**
komplexe Sachtexte (lineare und nichtlineare Texte) verstehen;
recherchieren und Rechercheergebnisse vorstellen

► **Schreiben und Gestalten**
über einen Sachverhalt informieren;
paraphrasieren und Exzerpte erstellen;
sich bei der Textplanung an den Operatoren in der Aufgabenstellung orientieren;
Texte ziel-, adressaten- und situationsbezogen gestalten, aufbauen, strukturieren und überarbeiten (Stoffsammlung, Gliederung, sprachliche Formulierung, Textüberarbeitung)

2 Sprechen – Zuhören – Schreiben

Kompetenzschwerpunkte

Konsum: Was brauchen wir? – Überzeugend argumentieren 33

2.1 Macht Kaufen glücklich? – Strittige Themen materialgestützt diskutieren **34**
Argumentationen untersuchen, Einschätzungen begründen 34
Positionen wiedergeben und Kompromisse finden 36
Sich in Diskussionen auf andere beziehen 38
Eine Debatte materialgestützt vorbereiten und durchführen 39
Ein Ergebnisprotokoll schreiben 41
Teste dich! 42

► **Lesen, mit Texten und Medien umgehen**
komplexe Sachtexte (lineare und nichtlineare Texte) verstehen;
argumentative (appellative) Sachtexte in ihrem Aufbau und ihrer sprachlichen Gestaltung unter Berücksichtigung des situativen Kontextes analysieren

► **Sprechen und Zuhören**
Diskussionsformen (Debatte) selbstständig durchführen und kriterienbezogen beurteilen;
die eigene Meinung sachlich darlegen, begründen und nachvollziehbar vertreten;
auf Gegenpositionen sachlich und argumentierend eingehen;
Gesprächsbeiträge beurteilen;
eigenes und fremdes Gesprächsverhalten reflektieren;
Gesprächsergebnisse sichern (Protokoll)

2.2 **Von allem immer mehr? – Schriftliche Argumentationen verfassen** **43**
Fordern und fördern – Ein Flugblatt verfassen, schriftlich appellieren .. 44
Leserbriefe untersuchen und schreiben 46

2.3 **Fit in ...! – In einem Leserbrief argumentieren** .. **48**

Kompetenzschwerpunkte

▶ **Schreiben und Gestalten**
Techniken des Argumentierens und Erörterns anwenden;
eigene Standpunkte klar entwickeln und sich mit fremden Sichtweisen und Argumentationen sachlich und fair auseinandersetzen
Thesen formulieren, Argumente gewichten und Beispiele geben;
appellative Texte gestalten

Sprechen – Zuhören – Schreiben

3 Mein Traumjob – Berufe erkunden und sich bewerben 51

3.1 **Die eigene Zukunft planen – Informieren und über Berufe referieren** **52**
Diagramme auswerten 52
Erste Informationen sammeln und im Portfolio ordnen 53
Informationen im Internet recherchieren 54
Experten interviewen 55
Ein Referat vorbereiten 56
Teste dich! 60

3.2 **Werbung für mich! – Die Bewerbungsmappe** .. **61**
Einen Lebenslauf erstellen 61
Das Bewerbungsschreiben gestalten 62
Fordern und fördern – Den Bewerbungstext verfassen 63
Einen Tagesbericht für die Praktikumsmappe erstellen 65

3.3 **Projekt: „Nehmen Sie bitte Platz!“ – Das Bewerbungsgespräch trainieren** **66**
Den Ablauf eines Bewerbungsgesprächs kennen lernen 67
Ein Videofeedback geben 68

Kompetenzschwerpunkte

▶ **Lesen, mit Texten und Medien umgehen**
komplexe Sachtexte (lineare und nichtlineare Texte) verstehen;
die Informationsmöglichkeiten unterschiedlicher Medien (auch Onlinebibliotheken) nutzen;
recherchieren und Rechercheergebnisse vorstellen;
Medien zur Präsentation nutzen

▶ **Schreiben und Gestalten**
in Kurzreferaten über Berufe informieren (Informationen beschaffen, thema- und zweckbezogen auswählen, Moderationskarten erstellen);
selbstständig formalisierte Texte (Bewerbungsanschreiben, Lebenslauf, Praktikumsbericht) verfassen;
Texte ziel-, adressaten- und situationsbezogen gestalten, aufbauen, strukturieren;
die Möglichkeit von Textverarbeitungsprogrammen nutzen

▶ **Sprechen und Zuhören**
Vorstellungsgespräche gestalten und reflektieren (Fragetechniken untersuchen)

Sprechen – Zuhören – Schreiben

Kompetenzschwerpunkte

4 Den richtigen Ton finden – Situationsgerecht sprechen und schreiben 69

4.1 Mit wem unterhalte ich mich wo? – Sprechen im Alltag **70**
Jugendsprache untersuchen 70
Jugendsprache bewerten 72
Kiezdeutsch untersuchen und bewerten 73
Heißt es besser Fußgänger- oder Fußgängerinnenzone? 74
Dialekte untersuchen 75
Dialekte geografisch zuordnen und bewerten 76
Teste dich! 77

4.2 Heimat – Annäherung an einen schwierigen Begriff **78**
Franz Hohler: Daheim 78
Denotat und Konnotat unterscheiden 79
Sprache wandelt sich 81
Fordern und fördern – Über Begriffsbedeutungen nachdenken 82

4.3 Projekt: Public Viewing – Sprachtrends auf der Spur **84**
Über die Verwendung von Fremdwörtern nachdenken 84
Anglizismen im Übersetzungsbüro 85

▶ **Sprache und Sprachgebrauch untersuchen**
über die Bedeutung von Wörtern nachdenken (Denotation und Konnotation); den Wandel von Sprache untersuchen und bewerten (Bedeutungswandel, fremdsprachliche Einflüsse); unterschiedliche Stilmittel und Sprechweisen unterscheiden (öffentlicher und privater Sprachgebrauch); Sprachvarianten analysieren (Jugend-, Standard-/Umgangssprache, Dialekt, geschriebene und gesprochene Sprache); über den eigenen Sprachgebrauch nachdenken (z. B. politisch korrekter Sprachgebrauch, Geschlechterrollen im Sprachsystem)

Lesen – Umgang mit Texten und Medien

Kompetenzschwerpunkte

5 „Meine deutschen Wörter haben keine Kindheit" – Eine zweisprachige Autorin lesen und vorstellen 87

5.1 Emine Sevgi Özdamar – Eine Autorin durch Texte kennen lernen und im Porträt vorstellen **88**
Informationen zu Lebenshintergründen erschließen 88
Emine Sevgi Özdamar: Rede zur Verleihung des Kleist-Preises am 21. 11. 2004 88
Lebensstationen zweier Welten erschließen 93
Ein Autorinnenporträt als Ausstellung planen und gestalten 96
Teste dich! 98

▶ **Lesen, mit Texten und Medien umgehen**
literarische Texte analysieren (Handlung, Figuren, Konflikt, Erzähler, sprachlich stilistische (Bilder) Mittel); Lesestrategien selbstständig und zielgerichtet einsetzen; historische und gesellschaftliche Fragestellungen einbeziehen; sich im Interpretationsgespräch über eine Lesart verständigen; Medien zur Präsentation nutzen (Bildschirmpräsentation)

Kompetenzschwerpunkte

5.2 **„Ich verstehe das so!“ – Einen literarischen Text erschließen und einen inneren Monolog schreiben** ... **99**
Emine Sevgi Özdamar: Die Brücke vom Goldenen Horn (1) ... 99
Fordern und fördern – Briefe aus der Sicht einer Figur schreiben und begründen ... 102
Emine Sevgi Özdamar: Die Brücke vom Goldenen Horn (2) ... 102

▶ **Schreiben und Gestalten**
literarische Texte analysieren und interpretieren (Fragen, Arbeitshypothesen und Textentwürfe formulieren, die Ergebnisse der Textuntersuchung strukturiert und stilistisch stimmig darstellen)
Referate erarbeiten;
Arbeitspläne, Konzepte und Arbeitsschritte festlegen (Moderationskarten);
eigene Text durch Verwendung sprachlicher Mittel und Erzähltechniken (Perspektivwechsel) gestalten

5.3 **Fit in ...! – Zu einem Textauszug gestaltend schreiben** ... **105**
Emine Sevgi Özdamar: Die Brücke vom Goldenen Horn (3) ... 105

Lesen – Umgang mit Texten und Medien

Kompetenzschwerpunkte

6 In allen Lebenslagen zueinander stehen – Kurzgeschichten interpretieren 107

6.1 **Menschen in Beziehungen – Kurze Geschichten lesen und verstehen** ... **108**
Figuren charakterisieren und ihr Verhältnis zueinander beschreiben ... 108
Marlene Röder: Scherben ... 108
Die äußere und innere Handlung untersuchen ... 111
Jennifer Wiener: Mut ist 111
Merkmale einer Kurzgeschichte analysieren ... 113
Wolfgang Borchert: Das Brot ... 113
Teste dich! ... 116

▶ **Lesen, mit Texten und Medien umgehen**
literarische Texte (Kurzgeschichten, Erzählungen) analysieren (Handlung, Figuren, Konflikt, Erzähler, Leitmotiv, sprachlich stilistische Mittel);
gattungstypische Merkmale beschreiben und erklären;
Lesestrategien selbstständig und zielgerichtet einsetzen;
historische und gesellschaftliche Fragestellungen einbeziehen;
sich im Interpretationsgespräch über eine Lesart verständigen

6.2 **Unerwartete Familienbande – Die Kommunikation in einer Geschichte untersuchen** ... **117**
Annette Weber: Der neue Bruder (1–3) ... 117
Fordern und fördern – Üben: Die Kommunikation zwischen Figuren untersuchen ... 122

▶ **Schreiben und Gestalten**
literarische Texte analysieren und interpretieren (Fragen, Arbeitshypothesen und Textentwürfe formulieren, die Ergebnisse der Textuntersuchung strukturiert und stilistisch stimmig darstellen)

6.3 **Fit in ...! – Eine Kurzgeschichte analysieren** ... **124**
Kurt Marti: Happy End ... 124

▶ **Sprache und Sprachgebrauch untersuchen**
die Inhalts- und Beziehungsseite einer Nachricht unterscheiden;
sprachliche Interaktionen unter kommunikationstheoretischen und -psychologischen Aspekten (auch im Kontext von Kommunikationsmodellen) analysieren

7

Lesen – Umgang mit Texten und Medien

Kompetenzschwerpunkte

„Du bist mein und ich bin dein“ – Liebesgedichte erschließen 127

7.1 Liebesglück und Liebesleid – Sprache in Gedichten untersuchen 128
Motive erkennen und vergleichen 128
Tim Bendzko: In dein Herz 128
Unbekannter Verfasser: Dû bist mîn, ich bin dîn 129
Sprachbilder verstehen 130
Heinrich Heine: Mit deinen blauen Augen 130
Christoph Derschau: Traumtrip 130
Erich Fried: Was es ist 131
Ernst Stadler: Glück 131
Das Metrum erkennen und in Bezug zum Inhalt setzen 132
Johann Wolfgang Goethe: Rastlose Liebe 132
Ein Gedicht vortragen und ein Lyrikbuch erstellen 133
Detlev von Liliencron: Glückes genug 133
Teste dich! 134
Ulla Hahn: Nie mehr 134

7.2 Vom Verstehen zum Schreiben – Eine Gedichtanalyse verfassen 135
Joseph von Eichendorff: Glück (Liedchen) 135
Fordern und fördern – Üben: Gedichte analysieren 141
Heinrich Heine: Du bist wie eine Blume 141

7.3 Fit in ...! – Gedichte analysieren und interpretieren 143
Johann Wolfgang Goethe: Willkommen und Abschied 143

- **Sprechen und Zuhören**
  Gedichte sinngestaltend vortragen
- **Lesen, mit Texten und Medien umgehen**
  literarische Texte (Gedichte) analysieren (lyrischer Sprecher, Reimform, Metrum, sprachlich-stilistische (Bilder) Mittel);
  Lesestrategien selbstständig und zielgerichtet einsetzen;
  sich im Interpretationsgespräch über eine Lesart verständigen;
  historische und gesellschaftliche Fragestellungen einbeziehen;
  ausgewählte gattungstypische Merkmale beschreiben
- **Schreiben und Gestalten**
  literarische Texte (Gedichte) analysieren und interpretieren (Fragen, Arbeitshypothesen und Textentwürfe formulieren, die Ergebnisse der Textuntersuchung strukturiert und stilistisch stimmig darstellen)

8

Lesen – Umgang mit Texten und Medien

Kompetenzschwerpunkte

„Andorra“ – Ein Drama untersuchen 147

8.1 „Pass auf, was du sagst“ – Dramatische Szenen lesen, verstehen und spielen 148
Den Handlungsort und die Figuren untersuchen 148
Max Frisch: Andorra 148
Eine Theateraufführung besuchen 158
Teste dich! 159

- **Sprechen und Zuhören**
  dramatische Texte vortragen
- **Lesen, mit Texten und Medien umgehen**
  literarische Texte (Dramenszenen) verstehen;
  gattungstypische Merkmale (Bauform und Gestaltungselemente) beschreiben und erklären;

8.2 **Wie konnte es dahin kommen? – Dramenszenen schriftlich analysieren** **160**
Eine Dramenszene zusammenfassen und einordnen 160
Max Frisch: Andorra 160
Einen Schreibplan zu einer Dramenanalyse anfertigen 163
Fordern und fördern – Eine Dramenszene schriftlich analysieren 164

8.3 **Fit in ...! – Dramenszenen analysieren und interpretieren** **166**
Max Frisch: Andorra 166

Kompetenzschwerpunkte

Lesestrategien selbstständig und zielgerichtet einsetzen; sich im Interpretationsgespräch über eine Lesart verständigen; historische und gesellschaftliche Fragestellungen einbeziehen; Handlungsmotive, Konflikte und moralische Bewertungen erfassen

▶ **Schreiben und Gestalten**
In Anlehnung an literarische Vorlagen Rollenbiografien erfinden; literarische Texte (Dramenszenen) analysieren und interpretieren (Fragen, Arbeitshypothesen und Textentwürfe formulieren, die Ergebnisse der Textuntersuchung strukturiert und stilistisch stimmig darstellen)

9

Lesen – Umgang mit Texten und Medien

Kompetenzschwerpunkte

Kommunikation in den Medien – Sachtexte verstehen und analysieren 169

9.1 **„Durchgehend online" – Sachtextformate bestimmen und untersuchen** **170**
Informierende und meinungsbildende Texte 170
Ein Diagramm lesen und auswerten 171
Ein Thema in verschiedenen Medien unterscheiden 173
Teste dich! 177

9.2 **Nett im Netz – Einen Sachtext analysieren** **178**
Johanna Heinz: Nett im Netz 178
Fordern und fördern – Üben: Einen Sachtext analysieren 183
Astrid Herbold: Führen Chats, Smileys und Kurznachrichten zum Verfall der Sprache? 183

9.3 **Fit in ...! – Einen Sachtext analysieren** **186**
Paul Zimmermann: Lehrer und Schüler – Facebookfreunde? 186

▶ **Lesen, mit Texten und Medien umgehen**
komplexe Sachtexte (lineare und nicht lineare Texte) verstehen; zentrale Textfunktionen unterscheiden (z. B. zwischen informierenden und meinungsbildenden Texten unterscheiden); Informationsvermittlung in Massenmedien untersuchen, vergleichen und bewerten argumentative Sachtexte und politische Reden in ihrem Aufbau und ihrer sprachlichen Gestaltung unter Berücksichtigung des situativen Kontextes analysieren; Lesestrategien selbstständig und zielgerichtet einsetzen; die eigene Mediennutzung reflektieren

▶ **Schreiben und Gestalten**
Sachtexte unter Berücksichtigung formaler und sprachlicher Besonderheiten analysieren (Informationen zusammenfassen, formale und sprachlich-stilistische Gestaltungsmittel und ihre Wirkungsweise an Beispielen darstellen, Stellung beziehen

10

Lesen – Umgang mit Texten und Medien

Kompetenzschwerpunkte

„On the road" – Einen Roman und einen Film untersuchen 189

10.1 „Tschick" – Einen Jugendroman untersuchen .. 190

Die Hauptfiguren kennen lernen und charakterisieren 190

Wolfgang Herrndorf: Tschick (1, 2) 190

Einen Romandialog lesen und verstehen 194

Wolfgang Herrndorf: Tschick (3) 194

Figurenbeziehungen untersuchen 196

Wolfgang Herrndorf: Tschick (4, 5) 196

Den Aufbau von Spannung untersuchen 198

Wolfgang Herrndorf: Tschick (6) 198

Teste dich! 200

10.2 „Vincent will Meer" – Die Wirkung filmischer Mittel verstehen 201

Die Exposition des Filmes untersuchen 201

Einen Filmdialog erschließen 202

Einstellungsgröße und Kameraperspektive untersuchen 203

Schnitt, Montage und Kamerabewegung beschreiben 204

Eine Filmszene untersuchen 205

Fordern und fördern – Die Mise en Scène erkennen und untersuchen 206

10.3 Projekt – Eine Filmszene drehen 208

▶ Lesen, mit Texten und Medien umgehen
literarische Texte (Romanauszüge) verstehen (Handlung, Figuren, Erzähler);
historische und gesellschaftliche Fragestellungen einbeziehen;
Lesestrategien selbstständig und zielgerichtet einsetzen;
sich im Interpretationsgespräch über eine Lesart verständigen;
einen Roman und einen Film untersuchen und vergleichen;
elementare Verfahren der Filmanalyse anwenden;
audiovisuelle Gestaltungsmittel benennen und ihre Funktion reflektieren (Kameraeinstellung, -perspektive, -bewegung, Schnitt- und Montagetechnik, Mise en Scène);
filmische Gestaltungsmittel erproben

11

Nachdenken über Sprache

Kompetenzschwerpunkte

Grammatiktraining – Stil und Ausdruck 209

11.1 (Un-)Sachliche Briefe – Wortarten richtig und sinnvoll einsetzen 210

Den richtigen Kasus finden 210

Der Numerus – Einzahl oder Mehrzahl? 211

Vergangenes durch Verben ausdrücken 212

Verben im Aktiv und Passiv unterscheiden 213

Den Konjunktiv I und II erkennen und anwenden 214

Teste dich! 216

Fordern und fördern – Üben: Wortarten richtig einsetzen 217

▶ Sprache und Sprachgebrauch untersuchen
grammatikalische Kenntnisse (Flexionsformen, Tempora, Modi [Konjunktiv und indirekte Rede], Aktiv-Passiv-Unterscheidung, Syntax) funktional im Sinne der Textkohärenz anwenden;
unterschiedliche Stilmittel und deren Leistungen unterscheiden und selbst nutzen (z. B. Nominal- und Verbalstil);
Texte nach Kriterien überarbeiten (sprachliche Richtigkeit, stilistische Gestaltung, Stringenz)

11.2 Praktikumsberichte – Sätze treffend formulieren **221**
Die Textsorte beachten 221
Mit Adverbialsätzen nähere Umstände ausdrücken 222
Mit Attributen und Relativsätzen genau beschreiben 224
Mit Proben den Stil verbessern 225
Nominal- und Verbalstil verwenden 227
Teste dich! 228
Fordern und fördern –
Üben: Adverbialsätze bilden und bestimmen 229
Üben: Proben anwenden 230
Üben: Adverbialsätze bilden und bestimmen 231
Üben: Proben anwenden 232

11.3 Fit in ...! – Einen Text überarbeiten **233**

12 Nachdenken über Sprache

Rechtschreibung – Texte überarbeiten 235

Kompetenzschwerpunkte

12.1 Mach mit! – Strategien und Regeln anwenden **236**
Rechtschreibstrategien wiederholen 237
Fremdwörter erkennen und richtig schreiben 238
Zusammen- und Getrenntschreibung 240
Nomen und Nominalisierungen schreibt man groß 242
Fordern und fördern –
Strategie- und Regelwissen trainieren 244
Teste dich! 245

12.2 Meinungen begründen – Zeichensetzung üben **246**
Kommas in Satzgefügen setzen 246
Zitate richtig kennzeichnen 248
Der Bindestrich verbindet, was zusammengehört 249
Fordern und fördern –
Zeichensetzung trainieren 250
Teste dich! 251

12.3 Fit in ...! – Richtig schreiben **252**
Eigene Fehlerschwerpunkte erkennen 253

▶ **Sprache und Sprachgebrauch untersuchen**
die orthografischen Normen reflektiert anwenden (Groß- und Kleinschreibung, Getrennt- und Zusammenschreibung, Schreibung von Fremd- und Fachwörtern);
die Regeln der Zeichensetzung anwenden (Satzreihe Satzgefüge, Zeichensetzung bei Zitaten);
eigene Fehlerschwerpunkte erkennen und durch Rechtschreibstrategien abbauen;
mit dem Rechtschreibwörterbuch arbeiten;
Texte nach Kriterien überarbeiten (Korrektheit der Orthografie und Zeichensetzung)

13 „Hier rein, da raus?“ – Einen Vortrag gestalten 257

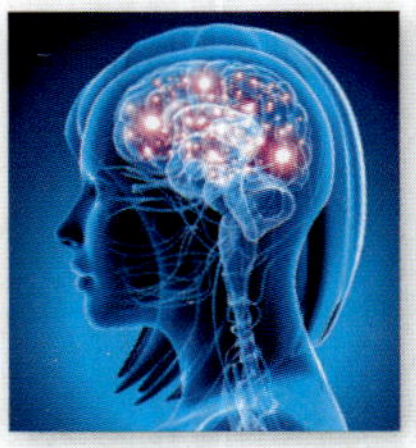

13.1 Gedächtniskünstler – Informationen erschließen, zusammenfassen und ordnen 258

13.2 Mit Power auf den Punkt gebracht! – Bildschirmfolien erstellen 262
Folien richtig gestalten 262
Inhalte durch Symbole veranschaulichen 263
Eine Folie überarbeiten 264
Folien gezielt gestalten und einsetzen 265

13.3 Sicher auftreten – Lebendig vortragen 266
Moderationskarten gestalten und einsetzen .. 266
Ohröffner und Aufmerksamkeitsanker – Zuhörer einbeziehen 267
Ein Handout erstellen, Mitschriften ermöglichen 269
Einen Vortrag halten, Feedback geben 270

► **Lesen, mit Texten und Medien umgehen**
die Informationsmöglichkeiten unterschiedlicher Medien (auch Onlinebibliotheken) nutzen;
recherchieren und Rechercheergebnisse vorstellen;
Medien zur Präsentation nutzen (Bildschirmpräsentation)

► **Schreiben und Gestalten**
Referate erarbeiten;
Arbeitspläne, Konzepte und Arbeitsschritte festlegen;
Vortragsskizzen, Moderationskarten und Handout erstellen (Quellen – auch aus dem Internet – korrekt angeben)

► **Sprechen und Zuhören**
das Referat frei und mediengestützt vortragen;
die Vortragsweise analysieren

Orientierungswissen 271

Sprechen und Zuhören 271
Schreiben 275
Lesen – Umgang mit Texten und Medien 281
Nachdenken über Sprache 292
Arbeitstechniken und Methoden 308

Textartenverzeichnis 313
Autoren- und Quellenverzeichnis 314
Bildquellenverzeichnis 316
Sachregister 316

1 Generationen – Über Sachverhalte informieren

1 Das Foto zeigt eine Jugendliche und eine ältere Dame.
a Überlegt, was die beiden aneinander interessieren könnte.
b Wie ist das Verhältnis der beiden zueinander? Tauscht euch aus.

2 Beschreibt euer Verhältnis zu euren Großeltern oder anderen älteren Menschen.

3 **a** Informiert euch im Internet über gemeinsame Angebote für Jugendliche und Senioren in eurer Umgebung.
b Tauscht euch über eure Suchergebnisse aus.

In diesem Kapitel ...

– entnehmt ihr Informationen aus Sachtexten und Schaubildern und wertet sie aus,
– erstellt ihr Gliederungen zur Vorbereitung von Informationstexten,
– verfasst ihr mit Hilfe von Materialien Informationstexte,
– vergleicht ihr jugendliterarische Texte von heute und aus den 1950er-Jahren.

1.1 Jung trifft Alt – Andere informieren

Einen Zeitungsbericht lesen und wiedergeben

Senioren in die Schule

Bonn. „Senioren als Experten an die Schule“ ist die Botschaft einer bundesweit einzigartigen Initiative in NRW. Ihr wichtigster Partner ist der Senior Expert Service SES, eine Stiftung der deutschen Wirtschaft, die über eine Datenbank Senioren als Experten vermittelt. Von den 7700 ehrenamtlichen Experten halten sich 1500 für einen Schuleinsatz in NRW bereit. So zum Beispiel auch an der Gesamtschule Bonn-Beuel. Eigentlich sollte der pensionierte Agraringenieur Ernst Hoffmann dort einen Schulgarten anlegen. Doch dazu hatte er keine Lust. Also kam er auf die Idee mit der Kresse. Biologisch, gesund und vor allem schnell wachsend: „Das ideale Geschäftsmodell für die ungeduldige Jugend!“ Mit Schülern gründete er die „IGKresS“. Den Kellerraum mit konstant 18 Grad für die Anzucht stellte der Direktor zur Verfügung. Das Geschäft floriert: Eltern, Verwandte und die örtliche Gastronomie[1] können sich vor Kresse nicht mehr retten. „Das ist das Schönste, was ich an der Schule jemals gemacht habe!“, gestand ein Junge. Die „IGKresS“ wurde sogar mit dem Deutschen Gründerpreis ausgezeichnet.

1 Gastronomie: Gaststättengewerbe

1 a Lest zunächst nur die Überschrift des Zeitungsartikels. Stellt Vermutungen über den Inhalt des Artikels an.
b Prüft eure Vermutungen. Lest den Artikel und benennt, worum es geht.

2 a Arbeitet zu zweit. Erklärt, was der Senior Expert Service ist.
b Beschreibt die Schülerfirma, die Ernst Hoffmann gegründet hat.

3 Nennt die Vorteile solcher Schulprojekte für die Beteiligten. Wählt Aufgabe a oder b.
●○○ a Nennt Vorteile für Schüler, wenn Senioren Projekte in der Schule betreuen.
●●● b Nennt Vorteile für Senioren, wenn sie Projekte in der Schule betreuen.
c Vergleicht eure Ergebnisse aus Aufgabe a und b.

4 Formuliert und begründet eigene Vorschläge für mögliche Projekte mit Senioren.

Information **Beschreiben und erklären**

- **Beschreiben:** Wenn man z. B. **Ereignisse, Personen oder Tatsachen** beschreibt, stellt man diese **genau und sachlich richtig** dar, z. B.:
Die Schülerfirma, die Ernst Hoffmann gegründet hat, trägt den Namen „IGKresS“. Sie ...
- **Erklären:** Man ordnet einen **Sachverhalt** in einen **zeitlichen oder ursächlichen Begründungszusammenhang** ein und veranschaulicht ihn durch ein Beispiel, z. B. ursächlich: *Der Senior Expert Service wurde gegründet, **um** Senioren insbesondere an Schulen zu vermitteln. **Deshalb ...***

Mehrgenerationenhäuser – Einen Informationstext verfassen

Bundesweit gibt es 450 Mehrgenerationenhäuser, in denen sich Menschen verschiedenen Lebensalters für gemeinsame Aktivitäten treffen.
Der Begriff „Generation" kommt aus dem Lateinischen und bezeichnet alle Menschen, die in einem bestimmten Zeitabschnitt geboren worden sind, z. B. die Generation der Großeltern.

Schritt 1: Sich über das Thema informieren und Informationen auswerten

Im Folgenden findet ihr Materialien, auf deren Grundlage ihr angeleitet werdet, z. B. für die Schülerzeitung einen eigenen Informationstext über Mehrgenerationenhäuser zu verfassen.
Euer Informationstext sollte diese Fragen beantworten:
- Was ist ein Mehrgenerationenhaus?
- Warum gibt es Mehrgenerationenhäuser?
- Welche Vorteile bieten sie Jugendlichen und Senioren?

M1 Mehrgenerationenhäuser: Miteinander von Jung und Alt

Ein Erfolgserlebnis für alle Beteiligten: Seitdem sie die Hausaufgabenhilfe ehrenamtlich engagierter Senioren im Mehrgenerationenhaus Wildeshausen besuchen, haben sich die Deutschnoten vieler Schülerinnen und Schüler deutlich verbessert. Gerade für Kinder und Jugendliche nicht deutscher Herkunftssprache ist die Unterstützung durch Senioren eine große Hilfe. Der Austausch der Generationen und die gegenseitige Unterstützung – das macht den Alltag im Mehrgenerationenhaus „Haus der Begegnung" in Wildeshausen in Niedersachsen aus. Träger ist das Deutsche Rote Kreuz. Früher war hier ein Seniorenbüro – mit Angeboten wie Gymnastik und Gedächtnistraining. Seitdem das „Haus der Begegnung" vor zwei Jahren zum Mehrgenerationenhaus geworden ist, geht es hier lebhaft zu: Kinder, Mütter, Jugendliche und Ältere frühstücken und basteln gemeinsam. Kinder, Eltern und Großeltern wohnen häufig weit voneinander entfernt. Eltern, die tagsüber arbeiten, und Alleinerziehende haben häufig nicht die Möglichkeit, ihre Kinder auch nachmittags zu betreuen und sie bei den Hausaufgaben zu unterstützen. Andererseits vereinsamen viele ältere Menschen und sehen für sich keine sinnvollen Beschäftigungsperspektiven mehr, denn ihre Kinder und Enkel leben häufig in einer anderen Stadt. Bisher gibt es zwar zahlreiche Angebote wie Schülerläden und Seniorenfreizeitheime, aber dort ist jede Generation unter sich. Um neue soziale Netze zu schaffen und ein neues gesellschaftliches Verantwortungsgefühl füreinander entstehen zu lassen, ist ein Austausch der Generationen notwendig. Im Mittelpunkt des Mehrgenerationenhauses steht der „Offene Treff" – der Begegnungsraum, zu dem ein Café, geeignete Räume für Kinder, Schülerinnen und Schüler und für ältere Menschen gehören. Dabei werden Dienstleistungen und Aktivitäten wie Gesprächskreise und Kinderbetreuung angeboten. Über allem steht der Gedanke der Selbsthilfe. Das Mehrgenerationenhaus ist offen für alle Menschen im Umkreis. Träger können zum Beispiel Kommunen, Wohlfahrtsverbände, Initiativen, Vereine, Kirchen, Bildungsträger, Träger der Jugend- oder Altenhilfe sein. Die Jüngsten können sich mit der Großelterngeneration austauschen und finden in sozial engagierten älteren Menschen im Idealfall Ersatz-Großeltern, die Ansprechpartner für alle kleinen und großen Freuden und Sorgen des Lebens sind. Älteren helfen Mehrgenerationenhäuser, soziale Kontakte zu Jüngeren zu knüpfen, weiterhin mitten im Leben zu stehen und ihre Erfahrungen und Fähigkeiten sinnvoll einzubringen.

1 **a** Was wird im Text beschrieben? Findet die richtige Aussage. *Es wird beschrieben, ...*

A was ein Mehrgenerationenhaus ist und was seine Besucher dort machen können.

B was ein Mehrgenerationenhaus ist und welche Nachteile es z. B. für Vereine hat.

C was ein Mehrgenerationenhaus ist, wie es aussieht und wo es noch Probleme gibt.

b Erläutert in Partnerarbeit, was diese Wörter im Textzusammenhang bedeuten: die Beschäftigungsperspektiven (▸ Z. 27), das soziale Netz (▸ Z. 32), das (gesellschaftliche) Verantwortungsgefühl (▸ Z. 33), der Träger (▸ Z. 12 u. 45)

c Erklärt, welchen Zweck Mehrgenerationenhäuser haben.

d Was können die Besucher alles machen? Nennt Beispiele aus dem Text.

2 Der Text beschreibt vor allem, was Senioren in einem solchen Haus für andere tun. Überlegt umgekehrt, was dort Jugendliche für die älteren Menschen tun könnten.

M2 Interview mit einer Gründerin eines Mehrgenerationenhauses

Wie kamen Sie auf die Idee, ein Mehrgenerationenhaus zu gründen?

Die Idee hatte ich bereits als junge Mutter von zwei kleinen Kindern. Ich musste damals in eine andere Stadt ziehen und meine angestammte Großfamilie verlassen, d. h. meine Geschwister, meine Großeltern und viele Freunde. In der neuen Umgebung hatte ich weder Verwandte noch Freunde. Ich war sehr einsam und oft traurig. Ich sehnte mich nach einen Ort, an dem ich mich mit anderen Menschen austauschen konnte. Also hatte ich die Idee von einem Haus, in dem sich mehrere Generationen treffen können. Meine eigene Großfamilie nahm ich dafür zum Vorbild.

Was ist das Besondere, wenn Menschen unterschiedlichen Alters in einem Haus leben?

An dieser Stelle muss ich Missverständnissen vorbeugen: „leben“ bedeutet in einem Mehrgenerationenhaus, den Alltag miteinander zu verbringen. Das Zusammenwohnen ist damit zunächst nicht gemeint. Im Haus verbringen tagsüber unterschiedliche Generationen den Alltag. Dort treffen sich auch Menschen aus verschiedenen Kulturen und mit ganz unterschiedlichen Fähigkeiten und Erfahrungen. Es ist interessant, sich auszutauschen und voneinander zu lernen. Man lernt einander kennen und schätzen. So können alle, also Jung und Alt, ihren Erfahrungshorizont erweitern.

Und was lernen die Generationen voneinander?

Ich meine, sie lernen annähernd alles, was ein junger oder alter Mensch zum Leben braucht. So können Senioren z. B. Kindern und Jugendlichen beim Lesenüben helfen und Jugendliche können Senioren den Umgang mit dem Internet erklären.

Kommen Jugendliche gerne in ihr Mehrgenerationenhaus?

Für ihr Kommen haben sie ganz unterschiedliche Gründe. Manche besuchen das Haus, weil sie jemanden haben, der ihnen bei den Hausaufgaben hilft. Andere kommen, weil sie mit älteren Menschen in einem Projekt, wie z. B. einer Fahrradwerkstatt, zusammenarbeiten. Wieder andere verbringen ihre Freizeit bei uns, weil sie hier gern Karten spielen oder um mit älteren Menschen zu reden und sich von ihnen Geschichten von früher erzählen zu lassen.

Was wünschen Sie sich für die Zukunft?

Das ist ganz einfach: Ich wünsche mir, dass es viel mehr Mehrgenerationenhäuser in Deutschland gibt. Voraussetzung dafür ist, dass mehr Städte und Gemeinden die Bedeutung von Mehrgenerationenhäusern erkennen und entsprechend Gebäude bzw. Gelder zur Verfügung stellen. Außerdem würde ich mir wünschen, dass sich junge Menschen mehr für die ältere Generation interessieren und sich für sie einsetzen, ob ehrenamtlich oder beruflich. So könnte die Idee des Mehrgenerationenhauses weitergetragen werden.

3 Welche weiteren Informationen findet ihr in dem Interview?
Bearbeitet in Partnerarbeit die Aufgaben a und b. Wählt dann Aufgabe c oder d.

- **a** Erläutert die Motive der Interviewten, ein Mehrgenerationenhaus ins Leben zu rufen.
- **b** Erklärt, was es langfristig bedeutet, in einem Mehrgenerationenhaus zu „leben“.
- ●●● **c** Notiert die im Interview genannten Voraussetzungen für die Errichtung zukünftiger Mehrgenerationenhäuser.
- ●○○ **d** Notiert aus dem Text die genannten Vorteile von Mehrgenerationenhäusern.
- **e** Stellt euch eure Ergebnisse in der Klasse vor.

4
- **a** Erläutert anhand einer Säule, wie man das Diagramm liest. Beachtet die Überschrift.
- **b** Vervollständigt in eurem Heft, worum es in dem Diagramm geht:
  Das Diagramm zeigt, wie hoch der Anteil der ...
- **c** Vergleicht die Zahlen zu den Säulen miteinander. Notiert euer Fazit:
  Von 1991 bis 2013 ... Es leben nur noch ganz wenige Familien ...

M3 Haushalte mit drei Generationen in Deutschland

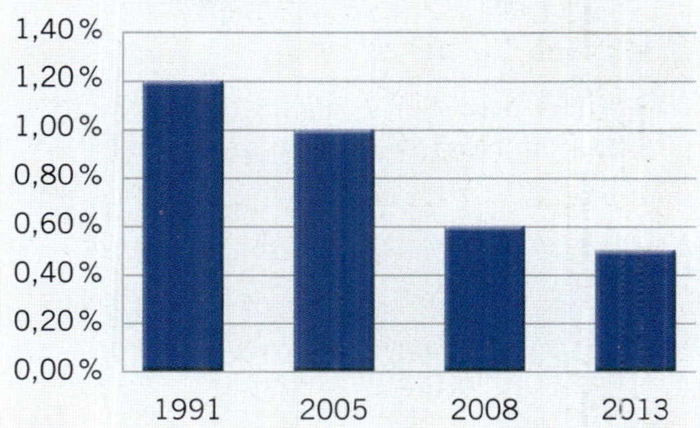

5 Wertet das folgende Diagramm wie in Aufgabe 4 aus.

M4 Privathaushalte nach Haushaltsgröße

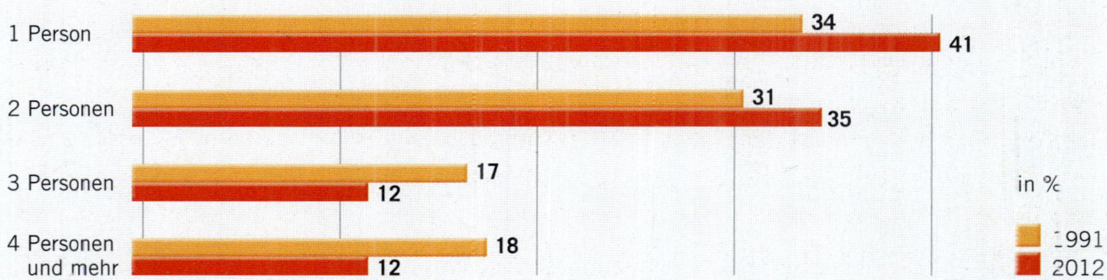

Schritt 2: Den Text planen und passende Informationen auswählen

1 Stellt euch vor, euer Informationstext soll in der Schülerzeitung abgedruckt werden. Entsprechend muss er für Schülerinnen und Schüler in eurem Alter verständlich sein.

a Lest die Materialien (▸ S. 15–17) erneut.
Macht euch Stichworte: Worüber informieren die einzelnen Materialien?

b Überlegt, wie sich die Informationen aus M 1 (▸ S. 15) und M 2 (▸ S. 16) ergänzen.

c Welche Informationen aus M 1 und M 2 können durch die Informationen aus M 3 genauer beschrieben werden? Tauscht euch aus.

d Prüft, ob sich Informationen wiederholen und dadurch stichhaltiger werden.

2 Euer Informationstext über Mehrgenerationenhäuser braucht eine klare gedankliche Gliederung. Sie dient euch und euren Lesern als roter Faden.
Begründet: Welche der folgenden beiden Gliederungen ist für den Hauptteil eures Informationstextes geeigneter?
Tipp: Prüft noch einmal, warum Mehrgenerationenhäuser gegründet wurden.

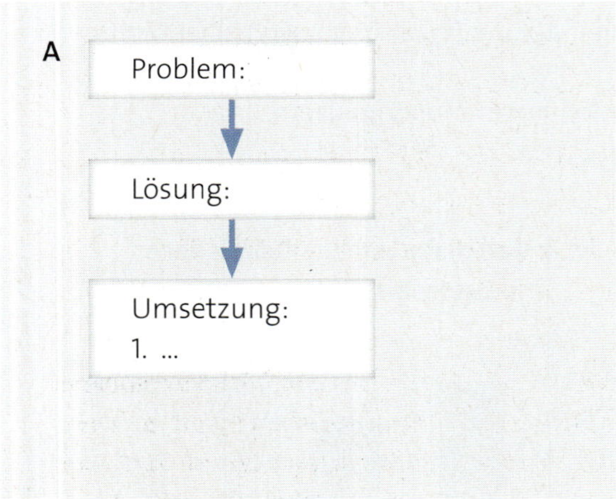

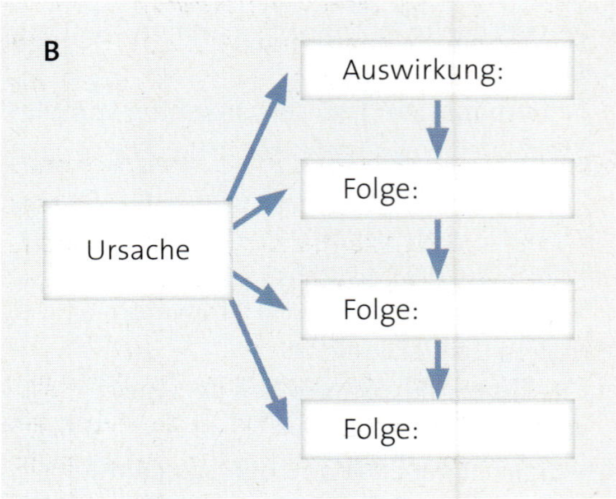

3 Plant euren Informationstext mit Hilfe der Materialien und einer Gliederung. Wählt Aufgabe a oder b.

●●● a Ordnet die Informationen aus den Materialien der von euch gewählten Gliederung zu, z. B. A:
- *Problem: Generationen leben nicht mehr unter einem Dach, ...*
- *Lösung: ...*

●○○ b Beantwortet die nachstehenden W-Fragen mit Hilfe der Informationen aus den Materialien. Ordnet dann die Informationen der von euch gewählten Gliederung zu.
- Warum gibt es Mehrgenerationenhäuser?
- Wer besucht Mehrgenerationenhäuser?
- Was sind Mehrgenerationenhäuser?
- Wie werden Mehrgenerationenhäuser gegründet?
- Wo gibt es welche?

Tipp: Kennzeichnet die einzelnen Informationen innerhalb eurer Gliederung durch Punkte (•) oder Spiegelstriche (–).

c Tauscht euch in der Klasse über eure Arbeitsergebnisse aus.

Schritt 3: Paraphrasieren und exzerpieren

1 In eurem Informationstext werdet ihr Aussagen aus den Materialien mit eigenen Worten wiedergeben. Der Fachbegriff dafür lautet paraphrasieren.
Mit den folgenden Beispielen könnt ihr das üben.

a Ersetzt im folgenden Satz aus M1, Z. 32–35, einzelne Nomen und Verben durch Wörter mit gleicher Bedeutung (Synonyme). Nutzt den Wortspeicher.
„Um neue soziale Netze zu schaffen und ein neues gesellschaftliches Verantwortungsgefühl füreinander entstehen zu lassen, ist ein Austausch der Generationen notwendig."
→ *Damit neue soziale ... entstehen und sich ein ... der Menschen füreinander entwickelt, ist ein . . aller ...*

erforderlich	Verbindungen	Miteinander	allgemeines Pflichtgefühl	Altersklassen

b Verdeckt den neuen Satz und schreibt seinen Inhalt erneut mit eigenen Worten auf. Verändert auch den Satzbau, z. B.:
→ *Das Zusammentreffen ... ist wichtig, weil die Menschen neue ... knüpfen können. Sie können sich gegenseitig ... und fühlen sich füreinander ...*

c Sind eure paraphrasierten Sätze gut verständlich? Lest euch eure Ergebnisse vor.

d Paraphrasiert weitere Sätze aus M1 und 2, die ihr in eurem Text wiedergeben wollt.

2 Wenn man ganze Textabschnitte zusammenfasst, nennt man das exzerpieren.

a Exzerpiert wie im nachstehenden Beispiel aus M 2 einzelne Textabschnitte. Sucht dazu die Hauptaussagen heraus und fasst sie mit eigenen Worten zusammen.

b Lest euch eure Zusammenfassungen vor. Sind sie gut verständlich?

[...] „leben" bedeutet in einem Mehrgenerationenhaus, den Alltag miteinander zu verbringen. Das Zusammenwohnen ist damit zunächst nicht gemeint. [...] Man lernt einander kennen und schätzen. So können alle [...] ihren Erfahrungshorizont erweitern. (M 2, Z. 19–30)

→ *In einem Mehrgenerationenhaus wohnt man nicht zusammen. Indem man sich dort kennen, verstehen und schätzen lernt, kann man viel über sich und andere erfahren.*

Methode **Sätze paraphrasieren und Textabschnitte exzerpieren**

Schreibt man auf der Grundlage anderer Texte einen eigenen Sachtext, sollte man diesen möglichst mit eigenen Worten verfassen. Man unterscheidet **Paraphrasieren** und **Exzerpieren:**

- **Sätze paraphrasieren – Sätze mit eigenen Worten wiedergeben**
  - Ersetzt einzelne Nomen und Verben des Satzes durch Wörter mit gleicher Bedeutung.
  - Verdeckt den neuen Satz und schreibt seinen Inhalt mit eigenen Worten erneut auf. Verändert auch den Satzbau.
- **Textabschnitte exzerpieren – Textabschnitte mit eigenen Worten zusammenfassen**
  - Sucht die Hauptaussage des Textabschnitts heraus, z. B. die zu einer bestimmten Frage.
  - Schreibt sie mit eigenen Worten auf.

Tipp: Ihr könnt dazu die Methode nutzen, wie sie beim Paraphrasieren beschrieben wird.

Schritt 4: Den Informationstext schreiben und überarbeiten

1 Schreibt in euer Heft eine Einleitung, die das Interesse eurer Leser weckt, z. B.:
- *Hättet ihr nicht auch manchmal gerne eine „Ersatzoma", mit der ihr …?*
- *Heutzutage wachsen viele Kinder und Jugendliche …*

2 Verfasst mit Hilfe eurer Gliederung und den von euch zugeordneten Informationen (▶ S. 18, Aufgabe 2 und 3) den Hauptteil.
Beachtet die folgenden Schreibtipps.

Schreibtipps	Beispiele
A Formuliert sachlich und knapp und schreibt vorwiegend im Präsens.	*Es ist heutzutage selten, dass mehrere Generationen unter einem Dach leben.*
B Gebt Informationen mit eigenen Worten wieder (paraphrasieren). Fasst wichtige Aussagen aus Materialien mit eigenen Worten zusammen (exzerpieren). (▶ S. 19)	*Damit neue soziale Verbindungen entstehen und sich ein allgemeines Pflichtgefühl …* *In einem Mehrgenerationenhaus wohnt man nicht zusammen. Indem man sich dort kennen, verstehen und schätzen lernt, …*
C Stellt Verbindungen zwischen den einzelnen Informationen her.	*Neuere Zahlen zeigen, dass 2013 nur noch … Daher entstehen Mehrgenerationenhäuser, in denen sich Menschen verschiedenen Alters treffen, um/weil …*
D Stellt Überleitungen zwischen den einzelnen Gliederungspunkten her. Nutzt die nebenstehenden Wörter.	*deshalb, aus diesem Grund, daher, deswegen, auf Grund, folglich, infolgedessen, somit, seitdem, als Folge davon, als Ergebnis davon, auf diese Weise, demnach, …*
E Macht durch Absätze die Gliederung eures Textes deutlich.	*… und so werden immer mehr solcher Häuser benötigt.* *Für die Zukunft wäre es wünschenswert, …*

3 Gebt zum Schluss einen Ausblick über die mögliche Zukunft der Mehrgenerationenhäuser, z. B.:
Für die Zukunft wäre es wünschenswert, wenn/dass …

4 Findet für euren Informationstext eine passende Überschrift, z. B.: *Der Alltag mit …*

5 Überarbeitet eure Informationstexte in Partnerarbeit.
a Prüft eure Gliederung und nutzt die Schreibtipps.
b Kontrolliert Lesbarkeit, Rechtschreibung und Zeichensetzung.

Teste dich!

Früher gab es in Deutschland viele Großfamilien mit vielen Kindern. Außerdem wurden die meisten Menschen nicht sehr alt, weil die medizinische Versorgung noch nicht sehr gut war. Heute ist es anders: In Deutschland werden viel weniger Kinder geboren. Trotzdem gibt es immer mehr ältere Menschen. Diese Entwicklung bezeichnet man als demografischen Wandel. Schätzungen zufolge werden in Deutschland bis 2060 fast 60 % der Bevölkerung über 80 Jahre alt sein. Politiker und Experten sprechen deshalb immer wieder darüber, welche Folgen dieser Wandel für Deutschland hat und wie man damit umgehen soll.

Viele alte Menschen kommen irgendwann nicht mehr alleine zurecht. Sie brauchten jemanden, der ihnen zum Beispiel beim Essen oder Waschen hilft. Wenn es mehr alte Menschen gibt, werden also auch mehr Pflegerinnen und Pfleger gebraucht. Weil es aber schon jetzt zu wenig gut ausgebildete Pfleger gibt, muss die Regierung echt schnell checken, wo sie mehr Pfleger herkriegt.

Auch für die Jüngeren bringt der demografische Wandel Probleme. Wenn es weniger Kinder gibt, haben manche Schulen zu wenig Schüler und müssen schließen. Auch besonders für Kinder auf dem Land kann es dann schwierig werden, eine geeignete Schule zu erreichen. Es ist aber wichtig, dass Kinder überall gut ausgebildet werden. Auch für dieses Problem muss die Regierung eine Lösung finden.

Bevölkerungsentwicklung und Altersstruktur
Bevölkerung in absoluten Zahlen, Anteile der Altersgruppen in Prozent bis 2060

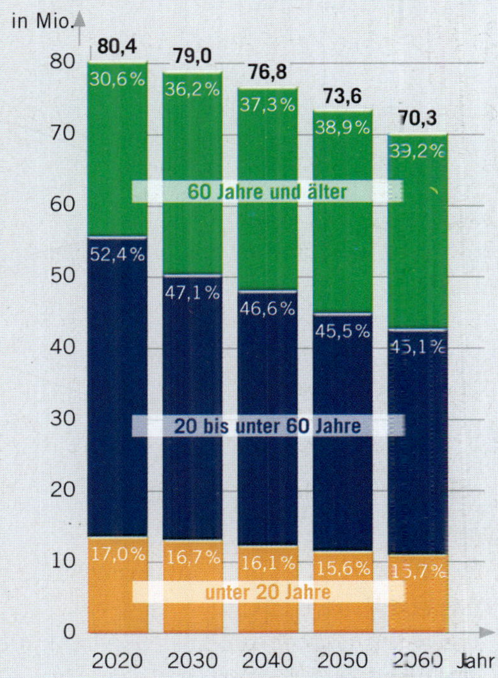

1 Worum geht es in dem Informationstext? Wähle eine passende Überschrift: A oder B.

A Der demografische Wandel und seine Folgen

B Jung sein in Deutschland

2 **a** Die im Text markierten Stellen zeigen folgende Überarbeitungspunkte an:

- falsches Verknüpfungswort
- zu umgangs- bzw. jugendsprachlich
- falsche Zeitform
- zu viele gleiche Satzanfänge

Korrigiere die markierten Stellen in deinem Heft.

b Der Text enthält außerdem eine falsche Zahlenangabe. Berichtige sie mit Hilfe des Diagramms.

3 Vergleicht in Partnerarbeit eure Korrekturen

1.2 Von Coolen und Halbstarken – Zeitgenössische Texte zur Jugendkultur lesen

Nils Mohl

Es war einmal Indianerland (2012)

In diesem Roman schildert der jugendliche Ich-Erzähler seine Erlebnisse in den letzten Sommerferienwochen. Er hat am Freitagnachmittag seinen Ferienjob geschwänzt und stattdessen mit einem Mädchen namens Jackie, in das er verliebt ist, ein Schwimmbad besucht und eine Ballonfahrt unternommen.

– Mann, wo hast du gesteckt am Freitag?

Mein Chef springt aus dem Wagen, sieht aus wie der Tod auf Urlaub. Ein hagerer, fahler Greis von nicht einmal dreißig Jahren: zerschabte Cowboyboots, Röhrenjeans, gebügeltes Kurzarmhemd (seine Arme wachsen daraus hervor, als wären es dürre Birkenästchen).

– Wie geht's?, sage ich.

Wünsche ihm außerdem einen guten Morgen.

– Als du am Donnerstag weg bist, raunzt er, war die Rede von einem halben Tag Urlaub, wenn ich das richtig rekonstruiere, nicht von einem verlängertem Wochenende, wo hast du am Nachmittag gesteckt?

– Freitag?

Ich hebe mein Gesicht zum Himmel.

Eine auseinandergerissene Kumuluswolke gleitet durch das Augustblau, sieht entfernt aus wie eine skelettierte Hand und erinnert mich an die knochigen Finger des Piloten, der Jackie und mich am Freitagnachmittag mit dem Ballon befördert hat.

(Sie und ich die einzigen Passagiere.)

Der Pilot drückt an Knöpfen in einem Kasten herum. Die Seilwinde unter uns gerät miauend in Bewegung, das Helium in der Hülle sorgt für Auftrieb: Langsam wie ein Rauchzeichen an einem windstillen Tag steigt das Gefährt in die Lüfte.

– Fliegen, sagt Jackie, wenn das nicht die perfekte Idee für heute war.

– Ja, sage ich, Schwimmbad, Fesselballon, in deiner Gegenwart verliere ich, wie's aussieht, regelmäßig den Grund unter den Füßen. [...]

– Ich bin raus, der Job ist nichts für mich, sage ich zu meinem Chef, ich sollte meine Zeit besser anders nutzen.

Er wirft gerade einen Haufen Plunder von der Ladefläche: Hacken, Schaufeln, Spaten, eine Bogensäge. Anschließend schleudert er den Schlüssel für das Schloss an der Schubkarre in den Staub vor meinen Füßen. Ich bleibe sitzen.

Er: – Mann, komm mir um diese Uhrzeit bloß nicht mit so einem Quatsch. Was ist falsch daran, sich mit ehrlicher Arbeit seine Sporen zu verdienen?

– Natürlich nichts, das habe ich nicht gemeint.

– Sehr gut, denn ich erzähle dir mal was, Grünhorn: Die einen schuften, die anderen duften. Alte Weisheit. So ist das im Leben. Du kommst doch aus dem Eckblock da drüben, oder? Duftest du?

Mein Chef knöpft sein Hemd auf. Deutlich zeichnen sich unter der Haut, die nicht viel dicker als Wachspapier zu sein scheint, die Rippenbögen ab. Ich zupfe stumm an dem Schirm meiner Mütze.

Mein Chef schnüffelt in der staubigen Luft wie eine ausgemergelte Hyäne an einem Kadaver.

– Ich kann nichts riechen, sagt er, also, mein ganz und gar kostenloser Rat an dieser Stelle, nimm den Spaten und leg los. Weißt ja: Tief stechen und weit werfen.

Ich lächele.

Ein Sonnenstrahl, der Jackie verfolgt hat, hat den metallischen Verschluss eines ihrer Zopfbänder aufblitzen lassen. Ein Funkeln wie von dem silbernen Schlüssel für das Schubkarrenschloss, der noch immer vor mir im Sand liegt. Ich lese ihn auf, halte ihn zwischen Zeige- und Mittelfinger meinem Chef unter die (von Mitessern gesprenkelte) Nase.

– Es ist mein Ernst, ich bin nur gekommen, um artig Tschüss zu sagen.

Mein Chef spannt jeden verfügbaren Muskel im Gesicht an.

– Ich habe auf dich gebaut, mein Bester. Kannst anständig zupacken, hat man gleich gesehen.

Den Schlüssel ignoriert er. Ich versuche es mit wortlosem Anstarren.

– Also, Sportsfreund, wie sieht's aus? Ich packe noch einmal zehn Prozent die Stunde drauf, weil ich dich mag. Deal?

– Tut mir leid, sage ich, die Piepen sind es nicht, nicht mehr.

Mein Ex-Chef schnappt sich den Schlüssel. Man sieht, dass er ärgerlich ist. Vermutlich auch, weil er sich die Blöße gegeben hat, mir entgegenzukommen.

– Nun denn, sagt er.

– Trotzdem danke, sage ich noch.

– Was ist bloß los mit euch jungen Leuten?, fragt mein Ex-Chef.

Tonlos. Zum Abschied. Es ist natürlich keine wirkliche Frage.

– Das wüsste ich manchmal auch ganz gerne, sage ich trotzdem.

1 Prüft, ob ihr die Handlung des Textes wiedergeben könnt.
Die Bilder geben die äußere und die innere Handlung des Geschehens wieder.
Bringt sie in die richtige Reihenfolge.

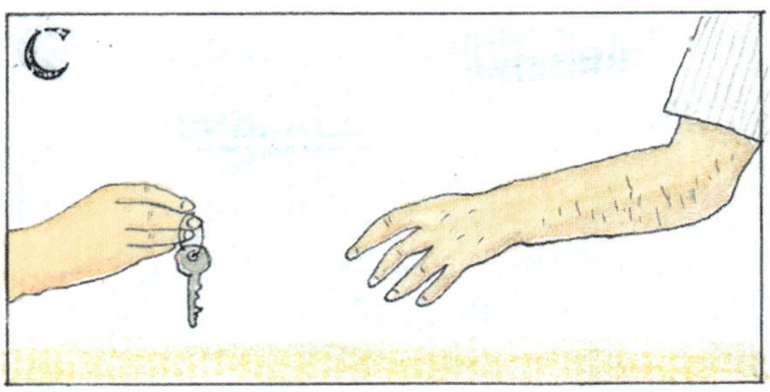

2 Welche der folgenden Aussagen A bis D treffen inhaltlich zu? Belegt mit Textstellen.

A Der Ich-Erzähler redet mit seinem Chef, weil er seinen Ferienjob kündigen will.
B Er ist verliebt und erinnert sich an eine Ballonfahrt mit seiner Freundin.
C Er findet, dass sein Chef jung und attraktiv ist.
D Sein Chef ist froh, dass der Ich-Erzähler seinen Ferienjob kündigen will.

3 Lest erneut die Z. 75–98.
a Nennt Gründe dafür, warum der Chef das Verhalten des Ich-Erzählers nicht nachvollziehen kann.
b Kennt ihr ähnliche Situationen, in denen Erwachsene euer Verhalten nicht verstanden haben? Tauscht euch aus.
c Erklärt, warum solche Situationen entstehen.

4 Wie spricht der Chef mit dem Ich-Erzähler? Wählt Aufgabe a/b oder c/d.
●○○ a Schreibt die Ausdrücke heraus, mit denen der Chef den Ich-Erzähler anspricht:
Z. 1: ..., Z. ...
●○○ b Probiert in Partnerarbeit aus, wie ihr diese Anreden betonen würdet.
●●● c Nehmt Stellung zu der folgenden Aussage:
„Der Chef redet mit dem Ich-Erzähler, wie Erwachsene das mit Jugendlichen tun."
●●● d „Was ist bloß los mit euch jungen Leuten?" (▸ Z. 93).
Erläutert, wie ihr diesen Fragesatz des Chefs im Textzusammenhang versteht.
e Vergleicht eure Ergebnisse in der Klasse.

5 Sucht euch eines der im Text gekennzeichneten fremd klingenden Wörter aus. Woher stammen sie?
a Findet mit Hilfe der folgenden Information heraus, ob das von euch gewählte Wort ein Erb-, Fremd- oder Lehnwort ist (▸ Information).
Nutzt für eure Recherche ein (Herkunfts-)Wörterbuch oder das Internet.
b Vergleicht eure Rechercheergebnisse.

6 Wie wirken Sprache und Form des Textes auf euch? Begründet eure Meinung.

Information **Das Erbwort, das Fremdwort und das Lehnwort**

- Ein **Erbwort** ist ein Wort, das sich aus einem schon **in vorigen Sprachstufen des Deutschen** enthaltenen Wort entwickelt hat, z. B. aus dem Althochdeutschen (ca. 750–1050 n. Chr.): *Sonne* von *sunna*, *Mutter* von *muoter*.
- Ein **Fremdwort** ist ein Wort, das **aus einer anderen Sprache** in die deutsche Sprache übernommen wurde und das seine **Aussprache und Schreibung beibehält** (▸ S. 238–239), z. B.: *Café* aus dem Französischen oder *Pullover* aus dem Englischen.
- Ein **Lehnwort** ist ein Wort, das **aus einer anderen Sprache** in die deutsche Sprache übernommen (entlehnt) wurde und in seiner **Schreibung der deutschen Sprache angepasst** wurde, z. B.: *Fenster* von lateinisch *fenestra*.

Othmar Franz Lang

Weg ohne Kompass (1958)

Der Jugendroman thematisiert die Halbstarkenkrawalle Ende der 1950er-Jahre in Deutschland. Als Halbstarke bezeichnete man zumeist männliche Jugendliche, die in der Öffentlichkeit streitsüchtig und angriffslustig auftraten. In dieser Geschichte geht es um eine Gruppe von Jungen, die Autos gestohlen haben soll. Zwischen zwei Gruppenmitgliedern – dem Dürren und dem Dicken – ist es zu einer Prügelei gekommen. Konrad, ebenfalls Mitglied der Gruppe, versucht, den Dürren zu beruhigen.

„Kommst du mit uns?", fragten die Jungen Konrad. „Nein, ich hab heute noch was vor", erwiderte Konrad und blieb beim Dürren stehen.

„Wenn du glaubst, dass du mit mir gehst, dann ist das ein gewaltiger Irrtum. Ich brauche keine fremde Hilfe. Was ich vorhab, bring ich alleine fertig."

„Lass endlich den Dicken in Ruhe", mahnte Konrad.

„Wer spricht vom Dicken? Ich nicht, ich hab etwas ganz anderes vor, mein Lieber. Eine zeitungsreife Sache, mein Lieber, vielleicht steht's schon morgen drinnen, vielleicht erst übermorgen. Ist ja wurscht, ob überhaupt, ist sowieso eine private Sache, höchst private Sache, und ihr werdet alle noch Augen machen."

„Sag doch endlich, was mit dir los ist", sagte Konrad streng. „Mit mir ist gar nichts los, mit mir gar nichts, aber mit anderen, das stimmt durchaus nicht, mein Lieber."

„Mit wem?"

„Das geht dich einen Dreck an."

„Wenn du bloß keine Dummheiten machst."

„Ha, andere sollen sie machen, was? Nicht? Ich sage dir", presste der Dürre zitternd hervor, aber dann sagte er doch nichts, obwohl Konrad lange wartete.

„Du gefällst mir nicht", sagte Konrad und wusste sofort, dass er etwas Falsches gesagt hatte.

„Du gefällst mir nicht", äffte der Dürre nach. „Mir gefällt manches nicht, du nicht und ich nicht und die ganze blöde Welt nicht, dieser verlogene Stinkhaufen. Wo dir, weil du jung bist, alle Missetaten, auch die kleinsten, haargenau vorgerechnet werden, nur wenn du dann erst mal größer bist, dann ist alles halb so schlimm. Halb so wuchtig, sagen sie und tun alles, was du nicht darfst und was sie dir vorwerfen und was trotzdem eine Schweinerei ist, auch wenn's Erwachsene tun."

Der Dürre machte eine Pause, und da Konrad schwieg, wiederholte er nochmals: „Nicht gefallen! Dass ich nicht lache. So, ich gehe jetzt, du kannst da stehen bleiben."

„Ich gehe mit."

„Willst du, dass ich dich verprügle wie den Dicken?"

„Ich gehe mit."

„Ich brauch dich nicht", schrie der Dürre, „ich gehe einen Wagen anzünden."
„Du bist blöd?"
„Ich werde ihn trotzdem anzünden, damit es endlich aus ist. Ich kann das nicht mehr sehen und ich schaue nicht mehr zu", schrie der Dürre.
„Sag endlich, was los ist."
Der Dürre wandte sich zum Gehen. Er ging ganz schlackrig und ließ den Kopf hängen. „Kerl, Kerl, wenn du wüsstest", sagte er mit tonloser Stimme, „wenn du wüsstest, was mir mein Vater für Sorgen macht."
„Am besten ist, du gehst nach Hause", versuchte Konrad, den Dürren zu beschwichtigen. „Überschlaf die Sache erst einmal."
„Guter Rat", höhnte der andere, „überschlafen, überschlafen, verschlafen. Ich nicht mehr."

1 Vergegenwärtigt euch den Inhalt. Lest ihn mit verteilten Rollen.

2 Setzt euch mit dem Inhalt auseinander.
- a Erklärt, warum der Dürre wütend ist.
- b Beschreibt, wie Konrad versucht, ihn zu beruhigen.
- c Der Dürre plant, ein Auto anzünden, um seinem Ärger Luft zu machen (► Z. 50 ff.). Beurteilt seinen Plan und begründet eure Meinung.

3 Erklärt mit Hilfe der Einleitung (► S. 25), warum der Dürre ein „Halbstarker" ist.

4 Der Dürre verwendet Ausdrücke, an denen erkennbar ist, dass der Text in den 1950er-Jahren geschrieben wurde. Wählt Aufgabe a oder b. Vergleicht danach eure Ergebnisse.
- ●●● a Übersetzt die folgenden Äußerungen in Ausdrücke, die Jugendliche heute verwenden würden:

  zeitungsreife Sache (► Z. 11 f.)   Missetaten (► Z. 35)   wuchtig (► Z. 38)   … Kerl, Kerl … (► Z. 60)

- ●○○ b Übersetzt die folgenden umgangssprachlichen Äußerungen in Ausdrücke, die Jugendliche heute verwenden würden:

  wurscht (► Z. 14)   Das geht dich einen Dreck an. (► Z. 22)   verlogene Stinkhaufen (► Z. 34)

5 Vergleicht die sprachliche Gestaltung der Romanauszüge „Es war einmal Indianerland" (► S. 22) und „Weg ohne Kompass" mit Hilfe der Ergebnisse aus Aufgabe 4 (► S. 24 u. 26). Wählt Aufgabe a oder b.
- ●●● a Vergleicht die Sprache des Chefs mit der Sprache in „Weg ohne Kompass". Spricht er die Sprache der „Halbstarken"?
- ●○○ b Ordnet den Sprachstilen der beiden Textauszüge Adjektive aus dem Wortspeicher zu. Begründet eure jeweilige Zuordnung.

  altmodisch   angeberisch   modern   witzig   langweilig   befremdlich

- c Vergleicht eure Ergebnisse in der Klasse.

6
- a Schreibt den Textabschnitt Z. 1–20, S. 25, um: Passt ihn der heutigen Sprache an.
- b Lest euren Text und das Original laut vor und vergleicht die Wirkung.

Generation „Halbstark“ – Über Hintergründe informieren

M1 Der Halbstarke – Definition von 1957

In der Darstellung Jugendlicher lassen sich drei Begriffe von „Halbstarken“ unterscheiden

- „Halbstarke“ sind jugendliche Kriminelle und Arbeitsscheue. Diese Auffassung wird jedoch oft nur als Ansicht bezeichnet, die Erwachsene von Halbstarken haben, weshalb es auch als beleidigend empfunden wird, von diesen so bezeichnet zu werden.
- „Halbstarke“ sind Jugendliche, die in Gruppen albernd an Ecken herumstehen und Dummheiten machen. Mit dem in dieser Weise verstandenen Begriff bezeichnen sich die Jugendlichen auch untereinander selbst.
- Der letzte Begriff vom „Halbstarken“ wird von Eigenheiten der äußeren Aufmachung wie Haarschnitt, Jeanshosen und sonstigen Auffälligkeiten abgeleitet. Auch besondere Formen des gesellschaftlichen Umgangs und der Freizeitgestaltung werden als Kennzeichen der Halbstarken betrachtet.

M2 Krawall und Polizeieinsätze – Wie erregten die Halbstarken Empörung?

Die Bezeichnung „Halbstarke“ taucht erstmals um 1900 auf und beschreibt schon damals „verdorbene“ Jugendliche aus den unteren sozialen Schichten. Der Begriff überlebte die Zeit des Nationalsozialismus, und als es in den Jahren 1955 bis 1958 erneut zu Ausschreitungen und Massenprügeleien zwischen zumeist 15- bis 20-jährigen Arbeiterjugendlichen kam, wurde er wieder reichlich gebraucht. In dieser Zeit gab es regelrechte Straßenschlachten zwischen Polizisten und Halbstarken. Etwa 350 derartiger Ereignisse wurden zwischen 1956 und 1958 registriert, doch die Dunkelziffer dürfte wesentlich höher liegen.

Die Anlässe für die Krawalle waren zumeist auffallend zufällig und situationsbedingt: Lokalverbot in einer Gastwirtschaft, Rivalitäten zwischen den Jugendlichen zweier Stadtviertel, ein Rummelplatz oder ein Schützenfest. Die öffentliche Empörung über die Krawalle war ein wichtiger Bestandteil der Selbstdarstellung von Halbstarken. So wurde häufig das Eingreifen der Polizei mit einer Mischung aus freudiger Erregung und Spannung erwartet. Mindestens so wichtig wie das Auftreten der Polizei für eine gelungene Aktion war die Anwesenheit der Presse, die ausführlich berichtete.

M3 Vaterlose Jugend – Wogegen lehnten sich die Halbstarken auf?

Bedingt durch den Zweiten Weltkrieg (1939–1945) wuchsen viele Kinder und Jugendliche ohne Väter auf. Diese waren entweder im Krieg gefallen oder in Kriegsgefangenschaft. Als dann in den Fünfzigerjahren vermehrt wieder Väter am Küchentisch saßen – 1,4 Millionen Kriegsgefangene wurden allein 1950 aus der UdSSR[1] nach Deutschland entlassen – und Entscheidungsgewalt über das Leben der Jugendlichen beanspruchten, waren diese nicht mehr bereit, sich zu fügen. Dies musste in zahlreichen Familien zwangsläufig zu Konflikten führen.

Was die Älteren am meisten empörte, war die scheinbare Sinnlosigkeit der jugendlichen Auflehnung. Aber wer genauer hinsah, entdeckte doch immer wiederkehrende, gar nicht zufällige Angriffsziele: Polizisten, Soldaten, aber auch Straßenbahnschaffner, Bademeister, Schützenbrüder[2] und Briefträger waren bevorzugte Provokationsobjekte. Es ging den aufsässigen Jugendlichen vornehmlich um das Bloßstellen der gesellschaftlichen Autoritäten, indem sie Dienstmützen wegnahmen, Festgenommene befreiten, Uniformen beschädigten, Polizeiwagen schaukelten, behinderten oder wegtrugen. Die Halbstarken verachteten Uniformen und alles Militärische. Sie nahmen sich mit ihrer Mode und ihrem Musikgeschmack die US-amerikanische Kultur – vor allen Kinostars wie James Dean – zum Vorbild und trugen Jeans, Lederjacken und Haartolle, hörten Rock'n' Roll, gingen auf Konzerte und Partys – als eine Art Gegenkultur zur Kultur der Erwachsenen. Das war ihren Eltern völlig fremd und allein dadurch erregten sie Aufsehen und Empörung.

1 UdSSR: Union der Sozialistischen Sowjetrepubliken; sie bestand von 1922 bis 1991; z. T. das heutige Russland

2 Schützenbrüder: Mitglieder eines der gesellschaftlichen Tradition verpflichteten Schießsportvereins

Materialien lesen und bewerten

1 Informiert euch mit Hilfe von M1 bis M3 über die Generation „Halbstark“.

- **a** Lest zunächst nur die Überschriften. Notiert, welche Informationen ihr erwartet.
- **b** Lest die Materialien nacheinander. Überlegt, inwieweit sie hilfreich für euch sind.
- **c** Notiert, was andere Schüler zum Thema fragen könnten.

▷ Eine Hilfe zu Aufgabe 1a und c findet ihr auf Seite 29.

Informationen entnehmen vergleichen

2
- **a** Beantwortet eure Fragen zu Aufgabe 1c mit Hilfe der Materialien.
- **b** Prüft, ob sich Informationen wiederholen oder ergänzen. ▷ Hilfe zu 2, Seite 29

Informationen einer Gliederung zuordnen

3 Der Dürre im Roman „Weg ohne Kompass“ ist einerseits bereit, ein Auto anzuzünden, andererseits macht er sich Sorgen um seinen Vater (▸ S. 25, Z. 61 f.).
Klärt in Partnerarbeit diesen scheinbaren Widerspruch.
Beantwortet mit Hilfe eurer Hintergrundinformationen zur Generation „Halbstark“ die Fragen: Woher kamen die Väter? Was wollten die Jugendlichen nicht mehr? ▷ Hilfe zu 3, Seite 29

Aufgabe 1a und c mit Hilfe: Materialien lesen und bewerten

Informiert euch mit Hilfe von M1 bis M3 über die Generation „Halbstark".

a Lest zunächst nur die Überschriften.
Ordnet im Heft die folgenden Erwartungen M1 bis M3 zu und ergänzt sie:
- *Beschreibung, wie Halbstarke Aufmerksamkeit ...*
- *öffentliche Unruhe durch ..., Leute anpöbeln ...*
- *Erklärung, warum sie ...*
- *Erläuterung, was man genau im Jahr ... unter ... verstand*
- *Darstellung, gegen wen ...*

c Notiert, was andere Schüler zum Thema fragen könnten.
Sucht euch in Partnerarbeit ein Material aus.
Formuliert im Heft zu jedem Satz oder Abschnitt, welche Frage er beantwortet, z. B.:

> *M1:*
> - *Wie viele Begriffe gibt es zur Bezeichnung „Halbstarke"?*
> - *Was verstanden Erwachsene damals unter ...?*
> - *...*

Aufgabe 2 mit Hilfe: Informationen entnehmen und vergleichen

a Beantwortet eure Fragen zu Aufgabe 1c mit Hilfe der Materialien.
Notiert hinter die Frage ein oder zwei Stichworte, z. B.:

> *M1:*
> - *Wie viele Begriffe gibt es zur Bezeichnung „Halbstarke"? drei*
> - *Was verstanden Erwachsene damals unter ...? jugendliche Straftäter, ...*
> - *...*

b Prüft, ob sich Informationen wiederholen oder ergänzen, z. B.:
Beispiel für Informationen, die sich ergänzen:
- Eigenheiten der äußeren Aufmachung wie Haarschnitt, Jeanshosen (▸ M1, Z. 16)
- trugen Jeans, Lederjacken und Haartolle, hörten Rock 'n' Roll ... (▸ M3, Z. 30 f.)

Aufgabe 3 mit Hilfe: Informationen einer Gliederung zuordnen

Der Dürre im Text „Weg ohne Kompass" ist einerseits bereit, ein Auto anzuzünden, andererseits macht er sich Sorgen um seinen Vater (▸ S. 25, Z. 61 f.).
Klärt in Partnerarbeit diesen scheinbaren Widerspruch.
Setzt dazu passende Hintergrundinformationen zur Generation „Halbstark" mit den Aussagen des Dürren in Beziehung. Ergänzt im Heft:
- *Ursache: Konflikte in den Familien, weil ... = auch der Dürre ...; sein Vater könnte aus dem ...*
- *Auswirkung: Krawalle und Prügeleien = auch der Dürre ist ...*
- *Folgen: Auflehnung richtet sich gegen ..., nicht gegen die eigene ...*
- *Folgen: Man will anders sein, um nicht so behandelt zu werden wie ...*
- *Folgen: Eltern müssen erkennen, dass ...*

1.3 Fit in ...! – Einen Informationstext verfassen

Stellt euch vor, ihr bekommt in der nächsten Klassenarbeit die folgende Aufgabe gestellt:

Aufgabe
Deine Generation wird als „Generation digital" bezeichnet.
Verfasse für andere Schüler einen Informationstext zu dieser Bezeichnung.
Erkläre darin, warum man deine Generation so nennt, und beschreibe, welche Folgen bzw. welche Vor- und Nachteile mit der digitalen Welt verbunden sind. Gehe so vor:

a Suche aus den folgenden Materialien M1 bis M3 und der Grafik die Informationen heraus, mit denen du den Begriff erklären und Vor- und Nachteile beschreiben kannst.
b Erstelle eine Gliederung mit den Punkten: Ursache, Auswirkung und Folgen.
c Ordne der Gliederung die passenden Informationen zu.

M1 „Generation digital"

Kinder und Jugendliche wachsen heute in einer Gesellschaft auf, für die der Umgang mit den so genannten neuen Medien selbstverständlich ist. Früher waren das Internet, Handys und auch Computerspiele nur einem kleinen, interessierten Teil der Bevölkerung geläufig. Die rasante Entwicklung der Informationstechnologie der letzten Jahre hat dazu geführt, dass Kinder und Jugendliche neben dem realen Leben heute auch ein „virtuelles" Leben haben.
Dies eröffnet neue Möglichkeiten der Kommunikation und wird vor allem von den jungen Menschen als eine Bereicherung erlebt, die unverzichtbar geworden ist. Der soziale Umgang miteinander wird zunehmend davon geprägt: Nähe und Distanz bekommen eine andere Bedeutung, Öffentlichkeit bezieht sich auf den gesamten Erdball und nicht mehr nur den Schulhof oder die unmittelbare Lebensumwelt.

% Internetnutzung der 12- bis 19-Jährigen in %

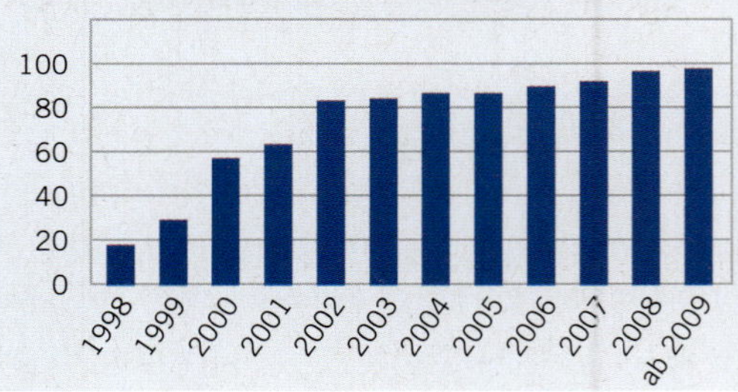

M2 Im Internetdschungel geboren

Wer sind eigentlich die viel und gern zitierten „Digital Natives"? Der US-amerikanische Erziehungswissenschaftler Marc Prensky prägte den Begriff. Als Generation digital oder auch Digital Natives (dt.: digitale Ureinwohner) werden Personen bezeichnet, die mit digitalen Technologien wie Computern, dem Internet, Mobiltelefonen und MP3-Player aufgewachsen sind.

Das Bild der digitalen Ureinwohner hat seither seinen Weg gemacht. Es ist das Bild einer mobilen, an Vernetzung, Multitasking und sofortiger Erfüllung ihrer Wünsche gewöhnten Jugend. Für diese, auch „Generation Y" genannte Bevölkerungsgruppe soll sich die Grenze zwischen virtueller und realer Welt längst verwischt haben. Sie lebe mit einem Fuß im Netz, das sie durch ihre Teilnahme auch mit- und weiterformt.

M3 Auszug aus einem Interview mit einem Experten zur „Generation digital“

FRAGE: Welche Vorteile hat die „Generation digital“ im Vergleich zu vorherigen Generationen?
EXPERTE: Die Fähigkeit, gezielt nach Wissen suchen zu können, ist heute wichtiger als jemals zuvor, da die Antwort auf die meisten Fragen nur wenige Klicks entfernt ist – wenn man nur den Weg weiß. Man muss nicht in irgendwelchen Bibliotheken in Warteschlangen stehen, um dann an die Bücher und damit an Informationen zu kommen.
FRAGE: Gibt es noch weitere Vorteile?
EXPERTE: Durch das Internet stoßen vor allem Jugendliche mit Nischeninteressen auf Gleichgesinnte. Wer früher wegen seiner ausgefallenen Hobbys schief angeguckt wurde, findet im Netz immer jemanden, der seine Interessen teilt. Hier ist die Community[1], die ihm die nötige Bestätigung gibt.
FRAGE: Und die Risiken?
EXPERTE: Im Netz sind Jugendlichen Dinge möglich, die außerhalb des Netzes für sie unzugänglich sind oder gar verboten. Auch muss den Jugendlichen klar sein, dass das Internet keine reine Spielwiese ist und z. B. Mobbing im Internet oder auch illegale Downloads in der „realen“ Welt Folgen haben.

1 Community: engl. für Gemeinschaft

Die Aufgabe richtig verstehen

1 Was verlangt die Aufgabe (▸ S. 30) von euch?
Bringt die folgenden Tätigkeiten in eine sinnvolle Reihenfolge. Notiert die Buchstaben.
Tipp: Richtig sortiert, ergeben die Buchstaben vor den Aussagen ein Lösungswort.

- **T** Ich denke daran, dass ich für Schüler schreibe, die vermutlich den Begriff nicht kennen.
- **L** Ich formuliere zuletzt eine passende Überschrift für meinen Informationstext.
- **A** Ich löse mich von den Formulierungen aus den Materialien und verwende eigene Worte.
- **G** Ich ordne die passenden Informationen meinen Gliederungspunkten zu und erläutere sie.
- **I** Ich schreibe mit Hilfe der Gliederungspunkte einen zusammenhängenden Text.
- **D** Ich soll einen Informationstext über den Begriff „Generation digital“ für andere Schüler schreiben
- **I** Ich suche für den Informationstext die passenden Informationen aus den Materialien M1 bis M3.

Planen

2 Plant den Aufbau eures Informationstextes

a Prüft nach dem Lesen, ob sich Informationen wiederholen und welche Informationen sich ergänzen.
b Überlegt, welche Ursache zur „Generation digital“ geführt hat, welche Folgen diese Ursache hat bzw. welche Vor- und Nachteile sich für eure Generation daraus ergeben.
c Ordnet den Gliederungspunkten passende Informationen aus den Materialien zu, z. B.:

- *Ursache: Weiterentwicklung der Technik, ...*
- *Auswirkung: ...*
- *Folgen: Aufwachsen mit digitalen Medien und Internet ..., eigener Begriff für ...*
- *Vorteile: geübter Umgang mit ... ↔ – Nachteile: ...*

Schreiben

3 Schreibt mit Hilfe eurer Planung einen zusammenhängenden Informationstext.

a Formuliert eine Einleitung, die das Interesse der Leser für euren Text weckt, z. B.:
Häufig wird unsere Generation in den Medien als „Generation digital" bezeichnet. Warum eigentlich? …

b Beachtet für den Hauptteil die beiden folgenden Schreibtipps:

– Paraphrasiert (► S. 19) Aussagen aus den Materialien. Nutze die folgenden Wörter:

alltäglich ungewöhnlich erfinden wahrnehmen Wichtigkeit Beteiligung klassisch ungesetzlich bieten voranschreiten Miteinander Nutzung schnell groß werden beeinflussen Entstehung Auswirkungen

– Exzerpiert Textabschnitte (► S. 19), z. B. M 1, Zeile 1–11:
War vor Jahren die Nutzung von neuen Medien wie z. B. dem Internet eher ungewöhnlich, ist sie für Kinder und Jugendliche heute selbstverständlich.

4 Gebt eurem Informationstext eine passende Überschrift, z. B.:
- *Generation Internet?*
- …

Überarbeiten

5
a Prüft euren Informationstext zuerst allein. Nutzt dazu die folgende Checkliste.
b Tauscht eure Informationstexte aus. Prüft sie erneut mit Hilfe der Checkliste.
c Verbessert gegebenenfalls eure Informationstexte.

Checkliste

Einen Informationstext verfassen
- Habe ich die passenden Informationen aufgegriffen, um **Begriff und Folgen zu erläutern?**
- Habe ich meinen Text **nach Gliederungspunkten** sinnvoll **aufgebaut?**
- Habe ich **eigene Worte** verwendet, um meinen Text zu verfassen?
- Habe ich **Verknüpfungswörter** genutzt, um Informationen sinnvoll miteinander zu verbinden?
- Ist ein **zusammenhängender, verständlicher Text** entstanden?
- Habe ich meinen Text **sachlich** genug und vorwiegend im **Präsens** geschrieben?
- Passt meine **Überschrift** zu meinem Text?
- Stimmen **Rechtschreibung und Zeichensetzung?**

Schreibwörter ► S. 312

die Generation	die Situation	das Interview
die Technologien	der Medienkonsum	bezeichnen
die Kommunikation	die Empörung	verantwortungsvoll

2 Konsum: Was brauchen wir? – Überzeugend argumentieren

1 Betrachtet das Bild.
- **a** Notiert: Was könnte den beiden Jugendlichen zum Thema „Einkaufen“ durch den Kopf gehen?
- **b** Stellt euch gegenseitig eure Notizen vor. Welche dieser Gedanken habt ihr auch schon gehabt?

2 Unter „Konsum“ versteht man das Kaufen und den Verbrauch von Dingen. Erläutert, wie das Bild zur Kapitelüberschrift „Konsum: Was brauchen wir?“ passt.

3 Sammelt: Welche Gründe habt ihr, Dinge zu kaufen, die ihr nicht wirklich benötigt?

In diesem Kapitel …

- übt ihr, in Diskussionen überzeugend zu argumentieren und Kompromisse zwischen verschiedenen Standpunkten zu finden,
- trainiert ihr, Diskussionsergebnisse zu protokollieren,
- lernt ihr, für schriftliche Argumentationen (Flugblätter, Leserbriefe) Informationen aus Sachtexten und Grafiken zu verwerten.

2.1 Macht Kaufen glücklich? – Strittige Themen materialgestützt diskutieren

Argumentationen untersuchen, Einschätzungen begründen

Wofür geben wir Geld aus? – Drei Jugendliche im Interview

Interviewer: Wofür gebt ihr am meisten Geld aus?

Christian: Ich gebe viel Geld für T-Shirts und Hosen aus, denn wenn alle etwas Neues haben, trage ich ungern die Klamotten aus dem letzten Jahr.

Marie: Wenn alle den gleichen Haarschnitt haben wie ich, gehe ich sofort zum Friseur und versuche etwas anderes. Ich gebe viel Geld für Kosmetik, Frisuren und Styling aus.

Luca: Ich glaube, ich gebe am meisten Geld aus, wenn ich mit den Freunden losziehe. Dann gehen wir erst einmal in den Fast-Food-Laden, dann Cola holen am Kiosk und dann ins Kino oder zum Billard.

Interviewer: Könnten nach eurer Einschätzung Jugendliche ohne Geld leben?

Luca: Das wäre sehr schwierig, denn natürlich sind Jugendliche gern mit Freunden zusammen. Kino, Outfit, Feiern – das kostet alles Geld. Man kann ja nicht nur spazieren gehen.

Christian: Natürlich braucht man nicht alle paar Wochen eine neue Hose. Das ist ein Luxus, auf den man auch verzichten könnte.

Marie: Mhm, ohne neue Frisur würde ich vermutlich irgendwann zu Hause bleiben.

Wofür geben Kinder und Jugendliche Geld aus?

© iconkids & youth international research GmbH

1 a Wie würdet ihr die beiden Fragen des Interviewers beantworten?
b Erläutert, welcher Jugendliche euren eigenen Antworten nahekommt.
c Sind die drei Jugendlichen typisch, wenn es um das Thema „Geldausgeben" geht? Begründet mit Hilfe des Balkendiagramms „Wofür geben Jugendliche Geld aus?".

2 Die zweite Frage (► Z. 16 f.) beantworten die Jugendlichen mit verschiedenen Argumenten (► S. 35). Bearbeitet Aufgabe a/b oder c/d. Tauscht euch dann in der Klasse aus.
●○○ a Welcher Jugendliche bejaht, welche beiden verneinen die Frage?
●○○ b Wie lautet Lucas Einschätzung? Wie lautet sein Argument und sein Beispiel?
●●● c Formuliert Christians Einschätzung. Wie lauten sein Argument und sein Beispiel?
●●● d Begründet, wieso Maries Argumentation wenig überzeugend ist.

Warum konsumieren wir? – Der Wirtschaftswissenschaftler Tim Jackson nennt Gründe

1. **Befriedigung von Grundbedürfnissen:** Menschen konsumieren, um ihre Grundbedürfnisse zu befriedigen. So kaufen sie sich zum Beispiel Nahrungsmittel oder geben im Winter Geld für warme Kleidung aus. Diese Grundbedürfnisse können oft schon mit wenig Geld erfüllt werden.
2. **Wohlergehen:** Wir konsumieren, weil uns Dinge Spaß machen oder uns etwas erleichtern. Wir geben zum Beispiel Geld aus, um ein Fußballspiel zu sehen, oder wir kaufen uns eine Fahrkarte, um nicht zu Fuß gehen zu müssen.
3. **Identität/Zugehörigkeit:** Wir kaufen uns auch Dinge, weil wir zu einer bestimmten Gruppe dazugehören wollen. Wir wollen durch sie unsere Identität zeigen. Wenn wir uns zum Beispiel ein Smartphone einer bestimmten Marke kaufen, dann oft nicht allein deshalb, weil wir dieses für besonders gut halten, sondern auch, um zu den Leuten zu gehören, die solch ein Smartphone haben.
4. **Gewohnheit:** Man spricht vom „Erdnuss-Effekt“ des Konsumierens. So wie man Erdnüsse ohne Hungerfühl einfach essen kann, so kaufen wir viele Dinge aus Gewohnheit immer weiter.

3 a Ordnet mit Hilfe der im Text genannten Konsumgründe Christian, Marie und Luca ein: Welchen Grund für ihren Konsum nennen sie jeweils im Interview (▸ S. 34)?
b Wofür gebt ihr Geld aus? Nennt ein eigenes Beispiel für jeden der vier Gründe.
c Schätzt ein, aus welchem Grund Erwachsene viel Geld ausgeben. Begründet eure Einschätzung mit Argumenten und Beispielen.

iPhone – Es ist einfach, es zu lieben. Deshalb tun es so viele.

Summer Time is Pepsi Time.

McDonald's: **Butterbrot ist tot. Bagels zum Frühstück**

4 Macht euch bewusst, auf welche Konsumwünsche diese Werbesprüche abzielen. Wählt Aufgabe a oder b.
●○○ a Begründet, warum die Werbung für das iPhone zu Konsumgrund 3 passt.
●●● b Ordnet alle drei Werbesprüche einem oder mehreren Konsumgründen zu.
c Tauscht euch über eure Zuordnungen und Einschätzungen aus.
d Erläutert anhand des Balkendiagramms (▸ S. 34), wieso diese Werbung gezielt Jugendliche ansprechen will.

Information **Eine überzeugende Argumentation aufbauen**

Beim **Argumentieren** versucht man, **Meinungen, Einschätzungen, Bitten, Wünsche, Forderungen** oder **Behauptungen** überzeugend zu **begründen:**

Beispiel für eine Argumentation

1 Behauptung/Einschätzung	*Jugendliche konsumieren, um dabei zu sein.*
2 Begründung (Argument)	*Denn die Gesellschaft verlangt, dass man sich zuordnet.*
3 Beispiel zur Veranschaulichung	*Heute verabredet man sich zum Beispiel per Smartphone. Das Smartphone aber kostet Geld.*

Argumente können zum Beispiel sein: wissenschaftliche Erkenntnisse, statistische Daten, Expertenaussagen oder begründete Erfahrungen, die nicht nur für den Sprecher selbst gelten.

Positionen wiedergeben und Kompromisse finden

1 Macht Kaufen glücklich?

a Bildet in der Klasse eine Meinungslinie:

Hier stehen alle, die meinen:
Nein, Kaufen hat nichts mit Glück zu tun.

Hier stehen alle, die meinen:
Ja, Kaufen macht glücklich.

b Begründet eure jeweilige Position auf der Linie.

Macht Kaufen glücklich? – Zwei Experten beziehen Position

Jugendforscher Bernhard Heinzlmaier:
Das, was gut für die Marktwirtschaft ist, muss noch lange nicht gut für den Einzelnen sein. Wenn der Markt davon profitiert, dass die Bedürfnisse immer schneller wechseln und dass die Güter, die der Bedürfnisbefriedigung dienen, immer schneller entwertet und durch neue Angebote ersetzt werden, bedeutet das für den Einzelnen die tägliche Jagd nach dem Glück. Die kann aber gleichzeitig zu keinem Abschluss kommen, weil der Glücksgegenstand, den man erwirbt, bereits im Moment des Erwerbens wieder wertlos wird, weil schon wieder das nächsthöhere Glücksversprechen angeboten wird. Der Markt profitiert davon; der Mensch wird davon in die Erschöpfung getrieben und findet eben nicht das Glück. Denn der Mensch sucht ein Glück, das von Dauer ist. Das flüchtige Glück ist schön, aber es kann nicht unser Lebensglück sein.

Verhaltensforscher Paul Dolan:
Sie möchten wohl gern hören, dass ich sage: Konsum macht nicht glücklich. Den Gefallen kann ich Ihnen aber nicht tun. Wir wollen uns mit Menschen umgeben, die so sind wie wir. Deshalb ist es sehr hart, gegen eine Welle des Konsums anzuschwimmen und komplett anders sein zu wollen als alle anderen.
Ich besaß mal einen TVR Chimera, einen britischen Sportwagen, 4,5 Liter Hubraum, von 0 auf 100 in 4,6 Sekunden. Jedes Mal, wenn ich den Motor startete, schnurrte er. Ein wunderbarer Achtzylinder. Jedes Mal fühlte ich mich dabei glücklich. Ist das für Sie materieller Konsum? Es ist ein Auto, sicher. Und trotzdem war das Fahren mit einem großartigen emotionalen Erlebnis verbunden – bis ich ihn kaputt gefahren habe.

2 Bestimmt die Positionen der beiden Forscher.
Wählt Aufgabe a/b oder c/d (► S. 37).

●○○ a Welche zwei Aussagen A bis C passen zur Argumentation Heinzlmaiers? Belegt, indem ihr passende Textstellen vorlest:

A *Es ist in erster Linie für die Wirtschaft gut, wenn wir viel kaufen, denn daran verdient sie.*
B *Kaufen bringt kein Glück. Nach einem Kauf jagen wir bereits den nächsten Angeboten nach.*
C *Manchmal kann man dauerhaftes Glück kaufen. Man muss aber täglich danach jagen.*

●○○ **b** *Ein Autokauf kann glücklich machen.*
Formuliert mindestens ein Argument für Dolans Position mit eigenen Worten.

●●● **c** *Immer wieder zu kaufen ist gut für die Wirtschaft, aber nicht für den Einzelnen.*
Wie begründet Heinzlmaier diese Position? Belegt am Text.

●●● **d** *Weil der Mensch zum Glücklichsein den Kontakt zu anderen Menschen braucht, muss er auch Dinge kaufen, die sie schätzen.*
Wie begründet Dolan diese Position? Belegt am Text.

3 **a** „Macht Kaufen glücklich?" Bildet zur Frage Dreiergruppen mit diesen Aufgaben:
- Die Mitglieder A und B diskutieren die Frage.
- Das Mitglied C vermittelt am Ende der Diskussion zwischen beiden Positionen so, dass ein Kompromiss (► Methode) entsteht.

b Bereitet die Diskussion vor.
A und B vertreten unabhängig von ihrer wirklichen Meinung die folgenden Positionen:

A meint: „Kaufen hat mit Glück nichts zu tun."
- Notiere zwei bis drei Argumente für diese Position.
- Finde Beispiele für deine Argumente.

Tipp: Lies erneut Heinzlmaiers Text (► S. 36).

B meint: „Kaufen macht glücklich."
- Notiere zwei bis drei Argumente für diese Position.
- Finde Beispiele für deine Argumente.

Tipp: Lies erneut Dolans Text (► S. 36).

4 Führt die Diskussion:
a A und B nennen abwechselnd ihre Argumente.
Tipp: Geht auch auf das ein, was euer Partner sagt.
b C notiert Punkte, die zwischen A und B vermitteln könnten (Kompromiss).

5 Schließt die Diskussion ab:
a C formuliert seinen Kompromiss.
b Besprecht, ob ihr mit dieser Vermittlung zwischen beiden Positionen einverstanden seid.
c Nennt in der Klasse einige der gefundenen Kompromisse.

Methode **Der Kompromiss – Zwischen unterschiedlichen Positionen vermitteln**

Wenn zwei Menschen **unterschiedliche Positionen** vertreten, lassen sich oft **vermittelnde Standpunkte finden,** auf die sich beide **einigen** können. Fragt euch dazu Folgendes:
- In welchen Punkten **stimmt A einem Argument oder einem Beispiel von B zu?**
  Beispiel: *„Wenn ich Lisa richtig verstehe, meint sie auch, dass in Birkans Beispiel vom Autoerwerb der Kauf zu Glück führen kann."*
- In welchen Punkten **stimmt umgekehrt B einem Argument oder einem Beispiel von A zu?**
  Beispiel: *„Und Birkan widerspricht doch nicht Lisas Argument, dass Einkaufen nur zu einem sehr kurzen Glück führt."*
- Lässt sich **anhand** dieser **Übereinstimmungen ein Kompromiss formulieren?**
  Beispiel: *„Darin seid ihr euch doch einig: Kaufen kann glücklich machen, aber eben nur für einen kurzen Moment."*

Sich in Diskussionen auf andere beziehen

Das Konsumverhalten Jugendlicher – Ausschnitt aus einer Podiumsdiskussion

Ute Schäfer *(eine Elternsprecherin):* Jugendliche sind doch völlig konsumfixiert. Um zu einer Gruppe zu gehören, kaufen sie teure Markenklamotten, die sie nicht brauchen.
Ralf Busch *(Sprecher eines Handelskonzerns):* Ich stimme Ihnen zu, Frau Schäfer, teile aber ihre Kritik nicht, denn Kinder und Jugendliche geben jährlich 20 Milliarden Euro aus. Das ist wichtig für die Wirtschaft.
Marie Kutz *(Auszubildende eines Modehauses):* Jugendliche kaufen keineswegs nur Markenklamotten, sondern achten nach meiner Erfahrung auch sehr auf den Preis.
Can Sezer *(ein Schülersprecher):* Sie haben Jugendliche als konsumfixiert bezeichnet, Frau Schäfer. Natürlich gibt es Jugendliche, die ständig Neues kaufen wollen. Das aber über alle Jugendlichen zu sagen, ist eine unzulässige Verallgemeinerung. Ein Jugendlicher, der sich warme Winterschuhe kauft, kann kaum als konsumfixiert gelten. Im Übrigen erscheint mir diese Kritik durch Erwachsene auch verlogen, denn nach einer neuen Studie kaufen sich die Deutschen alle 5,6 Jahre ein neues Auto. Es wird kaum so sein, dass die alten Autos alle kaputt sind. Offenbar wollen die Erwachsenen einfach ein neues Auto haben. Das ist wohl ebenso konsumfixiert.

1 Untersucht, wie sich die Gesprächsteilnehmer aufeinander beziehen.
Wählt Aufgabe a/b oder c/d. Tauscht euch dann über eure Ergebnisse aus.

●●● **a** Marie und Can widersprechen Frau Schäfer auf unterschiedliche Weise.
Notiert, woran man jeweils erkennt, dass sie Frau Schäfer widersprechen.

●●● **b** Wie entkräftet Can ihre Argumente? Notiert, welche Möglichkeiten er nutzt.

●○○ **c** Benennt, bis zu welcher Stelle Herr Busch Frau Schäfer zustimmt. Ab welcher Stelle widerspricht er ihr?

●○○ **d** Notiert, woran man sofort erkennen kann, dass sich Can auf Frau Schäfer bezieht.

2 Einer Studie zufolge sind für Jugendliche die Marken zwar bei Cola oder Sportschuhen wichtig, nicht aber bei Süßigkeiten oder T-Shirts. Formuliert daraus eine Entgegnung an Frau Schäfer:
Für Sportschuhe ... haben Sie Recht. Hier sind Marken für ... Aber ...

Methode **An Diskussionsbeiträge anknüpfen, Gegenargumente entkräften**

Man kann **Argumenten** besser **zustimmen** oder sie **entkräften,** wenn man sich **deutlich auf** den entsprechenden **Diskussionsbeitrag bezieht.**

- **Gehe auf andere ein:** Sage zunächst, auf welchen Gesprächsbeitrag du dich beziehst. Sprich den Redner am besten direkt an: *„Du, Can, hast eben gesagt, es sei problematisch ..."*
- **Verdeutliche, ob du zustimmst oder widersprichst:**
  – Zustimmung: *„Ich sehe das genauso wie du. Dafür spricht nämlich auch, dass ..."*
  – Widerspruch: *„Ich sehe das völlig anders. Dem kann ich so nicht zustimmen, denn ..."*
- **Entkräfte Gegenargumente:**
  – Nenne ein **Gegenbeispiel:** *„Wenn jemand zum Beispiel ..., dann wäre es doch ..."*
  – Formuliere ein wichtigeres **Argument für die eigene Position:** *„Viel wichtiger als ... ist doch ..."*

Eine Debatte materialgestützt vorbereiten und durchführen

Sponsoring in der Schule?

Nur in Bremen, Berlin und Sachsen-Anhalt ist es unter gewissen Voraussetzungen erlaubt dass Unternehmen Projekte in der Schule durch Geld oder Sachmittel fördern. Dafür dürfen sie in der Schule Werbeaufdrucke anbringen. Wo liegen die Vorteile, wo die Nachteile?

PRO

An Schulen in Bremen gibt es keine grellen Plakate, die für ungesundes Fast Food, Cola oder Ähnliches werben. Schulen setzen vielmehr auf Vereinbarungen mit Firmen aus der Umgebung. Sponsoring steht dabei häufig im Mittelpunkt, etwa bei der Neugestaltung des Schulhofes. Engagiert sich ein ortsansässiges Unternehmen dafür, etwa eine Gartenbaufirma, so tut das allen Beteiligten gut – dem Spender bei der Imagepflege und der Schule in Ausstattung und Umfeld. An einer Berufsschule in Bremen wird beispielsweise Nachwuchs für das Brauhandwerk ausgebildet. Die dafür notwendige Ausstattung wurde von einem ortsansässigen Sponsor gestellt. Kleine Schilder an den Kesseln weisen zurückhaltend darauf hin. Gängig sind auch Logos an anderen gestifteten Dingen, wie zum Beispiel T-Shirts im Schulsport.

nach **Karla Götz**

(Pressereferentin der Bremer Senatorin für Bildung und Wissenschaft)

KONTRA

Werbung und Schule: Das passt nicht zusammen. Schule hat einen öffentlichen Erziehungs- und Bildungsauftrag. Sie ist zur Neutralität verpflichtet. Zu Recht ist Produktwerbung in fast allen Bundesländern verboten. In jüngster Zeit werden jedoch vermehrt Fälle von Werbung in Schulen bekannt. Diese Entwicklung trägt dazu bei, dass sich Schulen noch mehr auseinanderentwickeln: Einerseits gibt es Schulen, die Sponsoren finden, weil beispielsweise viele Kinder reicher Familien auf diese Schulen gehen. Andererseits aber existieren Schulen, die für Firmen nicht interessant sind. Das Gefälle besteht bereits: Von privaten Zuwendungen profitieren westdeutsche Schulen mehr als ostdeutsche und Gymnasien mehr als Haupt- und Förderschulen.

nach **Ulrich Thöne**

(Vorsitzender der Gewerkschaft Erziehung und Wissenschaft)

1 Bereitet eine Debatte (▶ Methode, S. 40) zur Entscheidung vor: „Sponsoring in der Schule?“:
Erläutert anhand von Einleitung und Beiträgen, was mit Schulsponsoring gemeint ist:
- Was wird gesponsert? Was wird finanziert oder zur Verfügung gestellt?
- Welche Art von Werbung darf das Unternehmen dafür machen?

2 Findet zur Entscheidungsfrage Pro- und Kontra-Argumente. Wählt Aufgabe a oder b:

●●● **a** Notiert mit Hilfe beider Beiträge Argumente für und gegen dieses Sponsoring. Verdeutlicht durch Verknüpfungswörter, dass ein Argument folgt, z. B.:
Pro: Sponsoring in der Schule ist tragbar, denn/da/weil …

●○○ **b** Welche zwei der folgenden Argumente kommen in den Texten vor? Notiert die Textstelle, an der sich das jeweilige Argument in den Beiträgen findet.
… denn dadurch kann die Schule neue Ausstattungen finanzieren.
… weil damit für die falschen Produkte geworben wird.
… da auf diese Weise die Unterschiede zwischen Schulen größer werden.

3 a Bei einer Debatte ist eine Fragestellung mit Ja oder Nein zu entscheiden. Teilt die Klasse so auf, dass alle einer Position zugeteilt sind.

b Sucht ein weiteres Argument für die Position eurer Gruppe.

c Findet mit Hilfe der folgenden Methode eine gute Formulierung für euer Argument, z. B.:

- *Man muss wissen: Schon Jugendliche werden durch Werbung geprägt. Daher …*
- *Ist es sinnvoll, Jugendliche von … fernzuhalten, wo sie doch …?*

Methode **Argumente geschickt vortragen – Rhetorische Frage und Doppelpunkttechnik**

- **Rhetorische Frage:** Auf sie wird keine wirkliche Antwort erwartet. Der Zuhörer soll sich eine bestimmte Antwort selbst geben, z. B.: *Wollen wir, dass Kinder nur Markensachen kaufen?*
- **Doppelpunkttechnik:** Eine wichtige Aussage wird ganz knapp formuliert, damit sie sich der Zuhörer merkt, z. B.: *„Werbung und Schule: Das passt nicht zusammen."* (Ulrich Thöne)

4 Probt die anstehende Debatte in jeder Gruppe.

a Bestimmt für eure Gruppe zwei Mitglieder, die debattieren.

b Tragt noch einmal eure Argumente vor. Beratet, welche in der Diskussion am wichtigsten sind. Übt gemeinsam, wie das jeweilige Argument am besten vorgetragen werden kann.

c Überlegt auch, wie Argumente der Gegenseite entkräftet werden können.

5 a Führt die Debatte durch (▶ Methode).

b Nach der Debatte geben die Beobachter den Diskutierenden eine Rückmeldung:

- Welche Argumente waren besonders gewichtig?
- Welche Argumente wurden geschickt vorgetragen?
- Wer hat Gegenargumente gut entkräftet?

Methode **Eine Debatte führen**

Eine **Debatte** ist **formal** meist streng **geregelt.**
Sie dreht sich um eine **Frage, die mit *Ja* oder *Nein* beantwortet** werden kann.

1. **Eröffnungsrunde** (bei vier Personen ca. 2 Minuten)
   Jeder Teilnehmer begründet knapp mit Argumenten seine Position zur Frage.
2. **Freie Aussprache** (ca. 10–12 Minuten)
   Weitere Argumente werden vorgebracht und Argumente der Gegenseite entkräftet. Es spricht immer abwechselnd jemand von der Pro- und der Kontra-Seite.
3. **Schlussrunde** (ca. 4 Minuten)
   Jeder Teilnehmer beantwortet noch einmal knapp die Fragestellung. Dabei sollen die in Runde 2 vorgebrachten Argumente berücksichtigt werden: Was spricht weiterhin für die eigene Position?

Die Beobachter machen sich Notizen für ein Ergebnisprotokoll (▶ S. 41), z. B.:

Argumente der Pro-Gruppe:	*Argumente der Kontra-Gruppe:*
…	…

Ein Ergebnisprotokoll schreiben

Ergebnisprotokoll der Deutschstunde vom 13. 06. 20... → 1

Thema: „Wollen wir als Klasse einen Tag auf jeden Konsum verzichten?"
Teilnehmer: Klasse 9 c, Frau Lehmann (Deutschlehrerin)
Leitung: Maike Ojenya
Zeit: 09:35 – 10:20 Uhr
Protokoll: Selim Pamuk → 2

TOP 1: Themenvorstellung
TOP 2: Debatte in der Klasse
TOP 3: Abstimmung in der Klasse → 3

Zu TOP 1:
Thema der Debatte ist die Frage, ob unsere Klasse einen Selbstversuch unternehmen will, bei dem alle Schülerinnen und Schüler einen Tag auf jeden Konsum verzichten.
Mit Konsum ist ...

Zu TOP 2:
Pro-Argumente für einen „Kauf-nix-Tag":
- Wir könnten erproben, wie wir ohne Geldausgeben auskommen.
- Wir könnten intensiv ...

Kontra-Argumente gegen den „Kauf-nix-Tag":
- Es ist nicht sinnvoll, auch auf den Kauf von lebenswichtigen Dingen zu verzichten, da ...

Zu TOP 3:
Gegen den Selbstversuch: 17 Stimmen von ...

Köln, 14. 06. 20...,: Selim Pamuk (Protokollant) → 4

1 Beschreibt das abgebildete Protokoll.
a Benennt den formalen Aufbau.
Gebt für die vier markierten Bestandteile an, welche Informationen sich darin finden.
b Erklärt anhand der Notizen zu Tagesordnungspunkt 2 (TOP 2), inwiefern es sich um ein Ergebnisprotokoll handelt (▶ Information).

2 Nicht nur Debatten und Diskussionen können protokolliert werden.
a Was müsste im Kopf eines Protokolls für eure heutige Deutschstunde stehen?
b Erstellt ein Ergebnisprotokoll für eine Deutschstunde.

Information **Das Ergebnisprotokoll**

- **Protokolle** sind knappe **Berichte über Versammlungen oder Diskussionen.** Sie stehen im **Präsens.**
- In **Ergebnisprotokollen** stehen **nur wichtige Ergebnisse** (nicht alles, was gesagt wurde).

Teste dich!

Frage	trifft voll zu	trifft eher zu	trifft eher nicht zu	trifft nicht zu	Frage	+ + / + / – / – –	siehe Seite
1 Ich kann in Diskussionen wichtige Argumente für meinen Standpunkt nennen.	+ +	+	–	– –	*1*		S. 34–35
2 Ich kann meine Argumente mit Beispielen veranschaulichen.	+ +	+	–	– –	*2*		S. 34–35
3 Ich bin in der Lage, Kompromisse zwischen verschiedenen Standpunkten vorzuschlagen.	+ +	+	–	– –	*3*		S. 36–37
4 Ich weiß, wie ich rhetorische Fragen und Doppelpunkttechnik in Diskussionen nutzen kann.	+ +	+	–	– –	*4*		S. 40
5 In Diskussionen mache ich immer deutlich, auf wen ich mich beziehe.	+ +	+	–	– –	*5*		S. 38
6 Ich kann Gegenargumente gut entkräften.	+ +	+	–	– –	*6*		S. 38
7 Ich kann eine Diskussion in einem Protokoll zusammenfassen und dabei die Form eines Protokolls einhalten.	+ +	+	–	– –	*7*		S. 41

1 Übertrage den markierten Text der Tabelle ins Heft. Trage jeweils ein: + + oder + oder – oder – –.

2 Bitte einen Mitschüler, der dich gut kennt, deine Eintragungen zu prüfen.
Hast du dich aus seiner Sicht richtig eingeschätzt?

3 Schlage zu allen Fragen, bei denen bei dir noch ein Minus oder Doppelminus steht, auf den angegebenen Seiten nach. Gehe dort noch einmal die Aufgaben, Methoden und Informationen durch.

2.2 Von allem immer mehr? – Schriftliche Argumentationen verfassen

Wie viel verbrauchen wir?

1 Wie viel kg Kleidung kauft ein Deutscher in etwa pro Jahr?
a 5 kg (≈ 23 Kleidungsstücke)
b 10 kg (≈ 46 Kleidungsstücke)
c 18 kg (≈ 69 Kleidungsstücke)

2 Wie viele Tiere isst jeder Deutsche in seinem Leben?
a 586
b 836
c 1094

3 Wie viel Prozent der in Deutschland verzehrten Tiere stammen aus Massentierhaltung?
a 75 %
b 98 %
c 100 %

4 Wie viele Schweine landen in Deutschland jährlich auf dem Müll?
a 1 Million
b 20 Millionen
c 30 Millionen

5 Wenn alle Menschen so leben wie die Deutschen, wie viele Erden bräuchten wir dann für die Rohstoffe?
a 1 Erde
b 1,5 Erden
c 2 Erden

6 Welcher Anteil der Lebensmittel, die wir kaufen, landet auf dem Müll?
a ein Zehntel (10 %)
b ein Achtel (12,5 %)
c ein Drittel (33,3 %)

1 Führt den Test durch. Schätzt, welche Antwort a, b oder c jeweils stimmt.
a Vergleicht eure Schätzungen mit einem Partner.
Begründet eure Schätzung in den Fällen, in denen ihr unterschiedliche Meinungen habt.
b Prüft eure Lösungen auf Seite 312 in diesem Buch nach.
c Notiert für eine der Zahlen einen Grund, den ihr vermutet. Nutzt Verknüpfungswörter, z. B.:
Ich vermute, dass so viele Schweine auf dem Müll landen, weil ...

> **Fleisch – Kleidung – Energieverbrauch?**
> In welchem Bereich könntest du deinen Konsum am ehesten einschränken?
> Nehmt an unserer Onlineumfrage teil!

2 Eine Jugendzeitschrift führt eine Onlineumfrage durch.
a Wie lautet eure Antwort? Begründet sie schriftlich in zwei Sätzen:
- *Am ehesten könnte ich meinen Konsum im Bereich ... einschränken, denn ...*
- *Am schwierigsten wäre es für mich, meinen Konsum ... zu reduzieren, weil ...*

b Diskutiert eure Antworten und Begründungen in der Klasse. Geht auch auf Gegenargumente ein.

Information **Verknüpfungswörter – Argumente einleiten, auf Gegenargumente eingehen**

- **Argumente** erkennt man oft an **Verknüpfungswörtern (Konjunktionen, Adverbien):** *denn, weil, da* ... oder zu Beginn neuer Sätze: *Dafür spricht (auch) ... Außerdem ...*
- Um auf **Gegenargumente** einzugehen, nutzt man spezielle Verknüpfungswörter: ***Natürlich** stimmt es, dass ..., **aber viel wichtiger ist doch** ... **Man muss aber auch** an ... denken.*

Ein Flugblatt verfassen, schriftlich appellieren

Notizen:

AG: „Konsum – Was ist nötig?“
Aktion: „Umtauschtag“
Idee: große Kleiderstange im Schulgebäude; alle Schüler bringen Kleidung mit, die sie nicht mehr brauchen. Diese wird auf die Stange gehängt. Jeder darf sich dafür andere Teile nehmen.

TATSACHEN		
	Umweltbelastung	Bei der Textilveredelung (z. B. Färben) sind 7000 Chemikalien erlaubt, die die Umwelt stark belasten. Auf Baumwollfeldern werden achtmal so viele Chemikalien eingesetzt wie beim Nahrungsmittelanbau.
	Wasserverbrauch	Für 1 kg Jeans werden in der gesamten Produktion 11000 l Wasser verbraucht.
	Rohstoffverbrauch	Ein Deutscher verbraucht pro Jahr Rohstoffe, die über 5 Hektar Erde entsprechen. Die Natur schützend wären aber nur knapp 2 Hektar.

Planen

1 ●●● Als Mitglieder der AG „Konsum – Was ist nötig?“ wollt ihr für den Umtauschtag werben. Plant mit Hilfe der Notizen und angeführten Tatsachen ein Flugblatt. Übertragt dafür die Tabelle rechts ins Heft. Ergänzt Stichworte.
▶ Eine Hilfe zu Aufgabe 1 findet ihr auf Seite 45.

	Meine Stichworte
Ausgangslage:	...
Aufforderung:	...

Schreiben und Überarbeiten

2 ●●●
a Schreibt eine erste Fassung des Flugblatts. Wählt als Überschrift z. B. eine Frage: *Wollt ihr ...?* Fahrt dann fort: *Jedes Mal wenn wir einkaufen, ...*
b Prüft gegenseitig eure ersten Fassungen und macht Verbesserungsvorschläge.
▶ Hilfe zu 2 a und b, Seite 45

Information **Appellieren – Imperative verwenden**

Ein **Appell** (frz. *Aufruf*) ist eine **Aufforderung** an jemanden, etwas zu tun.
- **Appellierende Texte** beschreiben 1. eine **Problemlage** und **appellieren** 2. an den Leser, sein **Verhalten zu ändern:** 1. ... *Allein der Transport* ... (= Das sind die Probleme.)
  2. *Trage* ... *Kaufe* ... (= So könnt ihr helfen, diese zu lösen.)
- **Appelle** enthalten oft **Imperative** (Befehlsformen), z. B.: ***Trage** nur fair gehandelte Kleidung!*

Aufgabe 1 mit Hilfe: Planen

Als Mitglieder der AG „Konsum – Was ist nötig?" wollt ihr für den Umtauschtag werben.
Plant mit Hilfe der Notizen und angeführten Tatsachen ein Flugblatt.
Übertragt dafür die folgende Tabelle ins Heft.
Ergänzt Stichworte.
Tipp: Nutzt die Hinweise in den Sprechblasen.

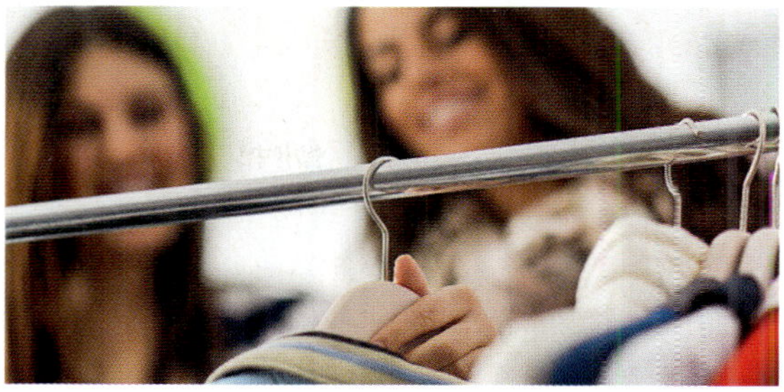

	Meine Stichworte
Ausgangslage:	...
Aufforderung:	...

Tragt die zwei Tatsachen (► S. 44) ein, die euch am wichtigsten erscheinen.

Überlegt: Was sollen die Leser des Flugblatts tun?
Notiert zwei Stichworte zu Aufforderung, z. B.: *Macht ...! Bringt ...!*

Aufgabe 2 a mit Hilfe: Schreiben und Überarbeiten

Schreibt eine erste Fassung des Flugblatts.
Nutzt Verknüpfungswörter (► S. 43). Beachtet folgende Formulierungshilfen:

Überschrift	Frage: *Willst du (Wollt ihr) dazu beitragen, dass ...* oder Aussage: *Weniger ... – Ihr könnt (Du kannst) dazu beitragen, ...*
Tatsache: 1. Punkt	*Was wenige wissen: Unser Konsumverhalten belastet .../ist nur durch ... möglich.*
Tatsache: 2. Punkt	*Zudem ...*
Textübergang	*Dagegen können wir ein klein wenig ..., denn ...*
Aufforderung 1	*Nehmt/Nimm an ... teil! Damit ...*
Aufforderung 2	*Bringt/Bring ... mit und bittet/bitte auch andere ...!*
Schlussaussage	*Wenn viele Menschen an ... teilnehmen, können wir schon ..., denn ...*

Aufgabe 2 b mit Hilfe: Schreiben und Überarbeiten

Prüft gegenseitig eure erste Fassungen und macht Verbesserungsvorschläge, z. B.:

Problem	Mein Verbesserungsvorschlag
Überschrift nicht ansprechend	– Frage: *Willst ... beitragen, dass unsere Umwelt durch unseren Konsum weniger belastet wird?* – Aussage: *Weniger Umweltbelastung durch Konsum! – Ihr...*
Ausgangslage unklar	*Was wenige wissen: .. Konsumverhalten ist nur durch einen enormen Rohstoffverbrauch möglich: ... Liter Wasser ...*
Forderung unklar	*Auch du kannst dazu beitragen, dies zu ändern: Nimm am Umtauschtag teil! Damit verzichtest du auf ein wenig Konsum und erhältst dennoch ...*

Leserbriefe untersuchen und schreiben

Artikel:

Ist teuer besser als billig?

Jährlich gibt eine Familie in Deutschland etwa 1.200 Euro aus, um Kleidung und Schuhe zu kaufen. Dabei kann z.B. das eine Hemd zehnmal so viel kosten wie ein anderes. Das ist schon deshalb merkwürdig, weil beide Hemden oft im selben Herkunftsland und zuweilen in derselben Fabrik hergestellt worden sind. Dabei erhält z.B. ein Arbeiter in Bangladesch nur etwa 42 Euro im Monat. Für Kinder und Erwachsene sind die Arbeitsbedingungen oft unzumutbar. „Der Stoffstaub legt sich auf ihre Lungen, was wahnsinnig ungesund ist", sagt Björn Weber vom Forschungsinstitut Planet Retail.
Würden Kunden nur noch Ware von Firmen kaufen, die darauf achten, dass Arbeitsbedingungen und Bezahlung fair sind, dann könnte sich wohl etwas ändern. Doch das ist nicht einfach, meint Weber, „gerade für junge Menschen, die modische Kleidung suchen, ohne ein Vermögen dafür ausgeben zu wollen". Einzige Lösung: Einfach nicht so oft Neues kaufen.

Leserbrief zu **Ist teuer besser als billig?**

Der Artikel beschreibt schonungslos, was durch unseren Kleiderkonsum angerichtet wird: Gesundheitsgefahren und schlechte Bezahlung der Näher anderswo nehmen wir hin. Unser Konsumverhalten muss sich ändern, damit andere nicht leiden.
Die von Ihnen vorgeschlagene Lösung, einfach weniger zu konsumieren, klingt gut. Aber hilft das wirklich? Würden wir keine T-Shirts aus Asien kaufen, wäre den Arbeitern dort nicht geholfen. Sie wollen Geld verdienen und können in der Tat auch gut bezahlt werden, ohne dass unsere Kleidung viel teurer wird. Eine Gewerkschaft hat errechnet: 12 Cent mehr würde es nur kosten, wenn der Arbeitslohn verdoppelt werden würde. Wir sollten daher nicht auf Konsum verzichten, sondern darauf achten, dass wir bei Firmen kaufen, die unter fairen Bedingungen produzieren.

1 Lest und untersucht den Artikel und den Leserbrief. Bearbeitet Aufgabe a/b oder a/c. Tauscht euch anschließend über eure Ergebnisse aus.

a Begründet spontan: Welche Argumente beider Texte leuchten euch ein?

●○○ **b** Eine Stelle im Leserbrief ist markiert. Woran seht ihr, dass hier ein Argument des Artikels wiederholt wird? Welche Leserbriefbestandteile entdeckt ihr noch (▸ Information)?

●●● **c** Ordnet den 5 Bestandteilen eines Leserbriefs Textstellen mit Zeilenangaben zu (▸ Information).

Information **Der Leserbrief**

Leserbriefe sind Kommentare von Lesern zu Zeitungsartikeln. Manche dieser Briefe werden in der Zeitung abgedruckt. Da hierfür wenig Platz ist, muss der Leserbriefschreiber sich **auf die wichtigsten Argumente konzentrieren.** Oft sind Leserbriefe **so aufgebaut:**

1. Kurze Wiederholung der **zentralen Aussage des Artikels, auf den man sich bezieht**
2. **Standpunkt/Meinung**/These **des Lesers**
3. **Wiederholung** eines wichtigen **Arguments aus** dem **Artikel**
4. **Zustimmung oder Widerspruch** des Lesers mit ein bis zwei zentralen Argumenten
5. **Forderung** des Lesers

Einen Leserbrief schreiben

Billiges Massenfleisch

Jedes Jahr werden allein in der Bundesrepublik Deutschland etwa 700 Millionen Masthähnchen geschlachtet. Bis dahin hat ein Hähnchen mit ungefähr 40 000 Artgenossen 35 bis Tage lang sein kurzes Leben gefristet, und zwar auf engstem Raum: Nach Schätzungen drängen sich bis zu 26 Tiere auf einem Quadratmeter. Mehr Glück haben nur die 0,1 Prozent Hähnchen, die auf ökologisch geführten Höfen gezüchtet wurden.
Werden sie geschlachtet, kann man die meisten Masthähnchen nicht wirklich vom Geschlecht her unterscheiden. Derart schnell sind sie in der Turbomast großgezogen worden. Eigentlich sind es verfettete Tierbabys, die im Handel oft preiswerter verkauft werden als Hundefutter.
Wer etwas dagegen tun möchte, kann vor allem eines machen: kein Billigfleisch mehr kaufen und mehr Geld für ein artgerecht gehaltenes Tier ausgeben.

1 a Erläutert spontan: Welche Fakten aus dem Artikel kanntet ihr? Was war euch neu?
b Verfasst zu dem Artikel im Heft einen Leserbrief.
Wiederholt zuerst die zentrale Aussage. Wählt Aufgabe c oder d.
●○○ c Formuliert mit Hilfe folgender Bausteine zwei Sätze. Was sagt der Artikel aus?

> Der hohe Preis für das Billigfleisch ... • . . auf ... Weise deutlich, ... • ... die ihr kurzes Leben dicht gedrängt in engen Ställen verbringen müssen. • In Ihrem Artikel wird ... • ... ist das Leiden von ... • ... warum unser Fleisch so billig sein kann.

●●● d Setzt folgenden Satzanfang für den Beginn eures Leserbriefs fort:
Sie zeichnen in Ihrem Artikel ein schonungsloses Bild ...

2 Formuliert als Zweites eure Meinung, z. B.: *Wir dürfen dies nicht einfach ...*

3 Wiederholt als Drittes mit eigenen Worten das zentrale Argument vom Schluss des Artikels, z. B.:
Sie empfehlen, wir sollten ...

4 Formuliert als Viertes eure Meinung (Widerspruch oder Zustimmung) zum zentralen Argument (▶ Aufgabe 3) und begründet eure Position. Wählt Aufgabe a oder b.
●○○ a Nutzt einige der folgenden Bausteine, um eure Position zu begründen:
- *Aber verhindern wir wirklich die Massentierhaltung, wenn wir nur mehr Geld ...?*
- *Die Frage ist aber, ob wir die Zustände wirklich ändern, wenn wir nur ...*
- *Viel wichtiger scheint mir zu sein, darauf zu achten, woher das Fleisch, das wir kaufen ..., denn auch teures Fleisch kann aus unwürdiger Tierhaltung ...*

●●● b Setzt die folgende Infragestellung fort:
Aber reicht es wirklich, einfach mehr Geld für das Fleisch bezahlen zu wollen?

5 Formuliert fünftens eine Forderung bzw. einen Schlussappell, z. B.:
Wir Konsumenten haben es also in der Hand: Wenn wir uns informieren, können wir ...

2.3 Fit in ...! – In einem Leserbrief argumentieren

Stellt euch vor, ihr bekommt in der nächsten Klassenarbeit die folgende Aufgabe gestellt:

Aufgabe

Schreibe zu dem folgenden Zeitungsartikel einen Leserbrief.
Begründe darin, ob du es für zulässig hältst, Müll aus den Containern der Supermärkte zu holen. Gehe mindestens auf ein Gegenargument zu deiner Position ein und entkräfte es.
Tipp: Du kannst die Informationen auf Seite 49 nutzen.

Mülltauchen – ein denkwürdiger Prozess

Zwei junge Leute stehen in Aachen vor Gericht, denn sie haben Weggeworfenes aus einem Supermarkt-Müllcontainer gestohlen. Damit wollen sie gegen die Wegwerfgesellschaft protestieren.

Vor dem Aachener Gericht geht es um die Frage, ob zwei junge Leute von 21 und 27 Jahren wegen Hausfriedensbruchs und Diebstahls zu 30 oder sogar 70 Tagen Haft verurteilt werden. Ihnen wird vorgeworfen, weggeworfene Lebensmittel aus dem Abfallcontainer eines Supermarktes gestohlen zu haben.
So kletterten sie im Januar 2013 über den Zaun eines Supermarktes in Düren. Dabei wurden sie von einer Anwohnerin beobachtet, die das für einen Einbruch hielt. Sie rief die Polizei. Diese nahm die beiden jungen Leute fest und stellte als Beute einen Karton voller abgelaufener oder beschädigter Lebensmittel aus dem Müllcontainer sicher.
Es ist eine Handlung, die man „Containern“, „Mülltauchen“ oder „Dump-Diving“ nennt. Man beschafft sich die Reste einer Überflussgesellschaft, die wegwirft, was nicht mehr vorzeigbar und verkäuflich erscheint.
Allerdings treten zumeist nicht die Lebensmittelkonzerne als Kläger auf. Auch der Dürener Supermarkt will offenbar nicht zu viel Aufhebens um die Sache machen. Man schiebt die Verantwortung von sich und stellt fest: „Laut den uns vorliegenden Informationen ist der Auslöser des Verfahrens die örtliche Polizei, die damals von den Nachbarn unseres Marktes gerufen wurde.“ Man selbst habe bisher noch keinen Fall des Containerns angezeigt.
Dabei könnte man durchaus Verständnis für die Supermarktbesitzer entwickeln. Schließlich will er im Laden seine Waren verkaufen und diese nicht einfach kostenlos außerhalb seines Geschäfts hergeben. Zudem wirft er meist nur das weg, was der Kunde nicht will, z. B. angeblich unansehnliches Obst. Es ist also nicht der Supermarkt allein, der für das Wegwerfen von Lebensmitteln verantwortlich ist. Er würde darauf sitzen bleiben.
Genau das aber wollen die beiden Angeklagten kritisieren. Für sie ist das Mülltauchen ein politisches Bekenntnis: auf der einen Seite der Hunger in der Welt, auf der anderen Seite unser Umgang mit überschüssigen Lebensmitteln.
Entsprechend sorgt ihre Tat für Aufsehen und regt die Diskussion um das Mülltauchen an.

Informationen zur Wegwerfgesellschaft und zum „Mülltauchen“

- In Deutschland werden jedes Jahr pro Person im Durchschnitt 80 kg Lebensmittel weggeworfen.
- Dies entspricht etwa einem Wert von 235 Euro.
- Etwa 65 % der Lebensmittel sind noch genießbar.

- Müll aus Supermarktcontainern wegzunehmen gilt in Deutschland als Diebstahl.
- Zu den Containern vorzudringen gilt als Hausfriedensbruch.

- Die Lebensmittel, die der Handel wegwirft, werden im Preis der verkauften Lebensmittel berücksichtigt.
- Der Verbraucher zahlt also für diese Praxis des Wegwerfens.

Die Aufgabe richtig verstehen

1 Was verlangt die Aufgabe von euch? Notiert mit eigenen Worten ins Heft:
– Welche Art von Text sollt ihr schreiben?
– Um welche Frage soll es in eurem Text gehen?
– Was müsst ihr beim Schreiben beachten?

Planen (Teil 1): Argumente für beide Seiten suchen

2 Nutzt den Zeitungsartikel, um Argumente für oder gegen das Mülltauchen zu finden. Übertragt dazu die folgende Tabelle ins Heft und füllt sie aus:

Für das Mülltauchen finden sich im Artikel folgende Argumente:	**Gegen** das Mülltauchen finden sich im Artikel folgende Argumente:
– *berechtigte Kritik an ...* – ...	– *Straftat: ...* – ...
Aus meiner Sicht gibt es folgende weitere Argumente **für** das Mülltauchen:	Aus meiner Sicht gibt es folgende weitere Argumente **gegen** das Mülltauchen:
– *Es werden insgesamt weniger Lebensmittel verbraucht, sodass ...* – ...	– *Müll kann aus den Tonnen fallen und z.B Ratten ...* – ...

Planen (Teil 2): Eine eigene Meinung bilden und stützen

3 Sollten Mülltaucher bestraft werden?
Entscheidet mit Hilfe eurer Tabelle aus Aufgabe 2, welche Position ihr vertretet.

4 Überlegt, welche beiden guten Argumente in eurem Leserbrief vorkommen sollen und welches Gegenargument ihr entkräften wollt. Tragt dies im Heft in eine Tabelle unter 4 ein:

	Meine Stichworte
1 Wiederholung der zentralen Aussage des Artikels	...
2 Mein Standpunkt	...
3 Ein Gegenargument aus dem Artikel, dem ich widersprechen will	...
4 1. Ein gutes Argument für meine Position 2. Ein gutes Argument für meine Position 3. Informationen/Tatsachen, die meine Argumente stützen	... ...
5 Schluss: Meine Forderung / Mein Appell	...

Schreiben und Überarbeiten

5 **a** Formuliert den Leserbrief. Lasst nach jeder geschriebenen Zeile eine Zeile für die spätere Verbesserung frei. Beginnt z. B. so: *Jn Jhrem Artikel machen Sie deutlich, wie kompliziert es ist, das Mülltauchen zu beurteilen. Es gilt einerseits als Diebstahl, wenn man in Deutschland ... Andererseits ist es schwer einzusehen, dass ...*

b Erläutert dann eure Meinung, z. B.: *Jnsgesamt sprechen deutlich gewichtigere Gründe ...*
– Nennt zunächst ein Gegenargument aus dem Artikel: *Zwar ist es richtig, dass ...*
– Formuliert danach zwei gute Argumente und stützt sie mit Tatsachen: *Allerdings ...*

c Beendet euren Leserbrief mit einem Appell, z. B.: *Wir sollten in Deutschland ...*

6 **a** Prüft euren Leserbrief zuerst allein mit der nachstehenden Checkliste.

b Setzt euch zu zweit zusammen. Prüft und überarbeitet eure Texte gegenseitig.

Checkliste

Einen argumentativen Leserbrief schreiben

1 **Einleitung:** Habe ich die **zentrale Aussage / das Thema des Artikels** wiedergegeben?
2 **Standpunkt:** Habe ich **meine Meinung** deutlich formuliert?
3 **Gegenargumente:** Habe ich **ein Gegenargument** aus dem Text **wiedergegeben?**
4 **Entkräftung, eigene Argumente, stützende Informationen:** Habe ich **ein oder zwei wichtige Argumente für meine Position** formuliert, die das **Gegenargument entkräften?** Habe ich **Tatsachen angeführt,** die meine Position stützen?
5 **Schluss:** Habe ich meinen Standpunkt mit einer **Forderung** bekräftigt?
6 Habe ich **Rechtschreibung, Satzzeichen** und **Verknüpfungswörter** geprüft?

Schreibwörter ► S. 312

der Konsum	widersprechen	mein Appell	die Debatte
der Kompromiss	eine Milliarde	diskutieren	das Protokoll

3 Mein Traumjob –
Berufe erkunden und sich bewerben

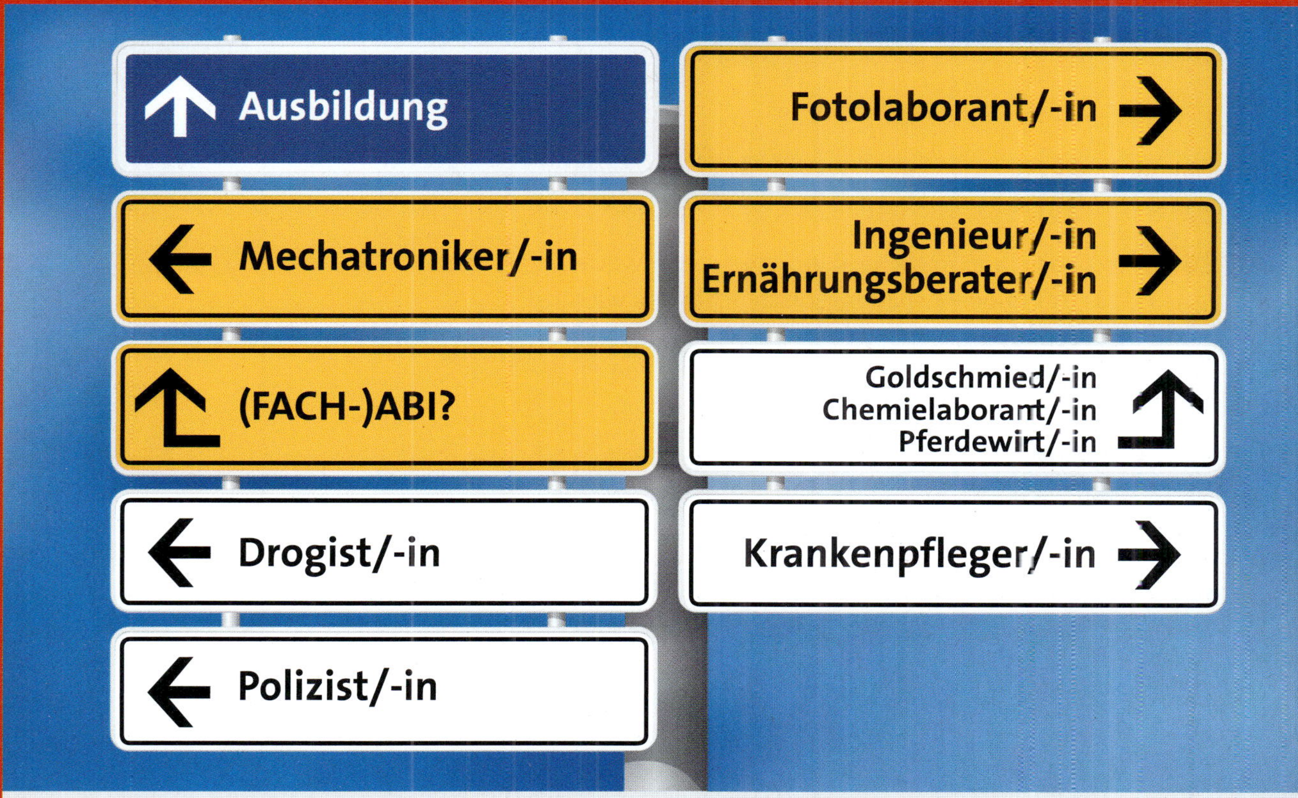

1 a Beschreibt das Bild. Was fällt euch besonders auf?
b Trifft das Dargestellte auf eure jetzige Situation zu? Begründet.

2 a Tragt zusammen, was ihr über die Berufe wisst, die auf den Schildern genannt werden.
b Erläutert: Könnt ihr euch vorstellen, in einem dieser Berufe zu arbeiten?

3 a Notiert eure Berufswünsche auf einzelne Blätter.
b Sortiert die Berufswünsche an der Tafel und wertet das Klassenergebnis aus, z. B.:
Der Beruf ... wurde am häufigsten genannt. Dagegen wurde ...

4 Tauscht euch aus: Wie geht ihr vor, um euch über Berufe zu informieren?

In diesem Kapitel ...
- erkundet ihr Berufe und stellt sie vor,
- interviewt ihr Experten,
- schreibt ihr Bewerbungen und Praktikumsberichte,
- übt ihr Bewerbungsgespräche.

3.1 Die eigene Zukunft planen – Informieren und über Berufe referieren

Diagramme auswerten

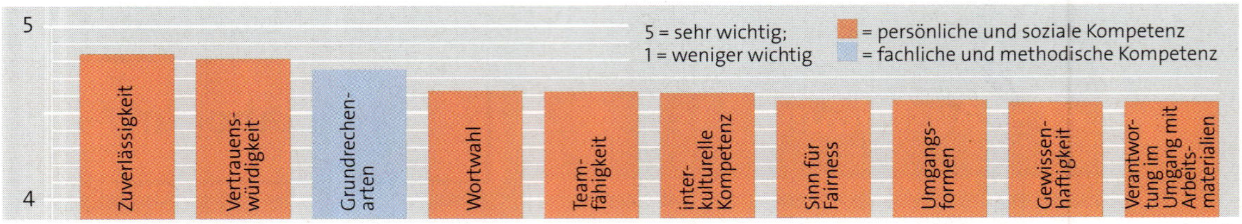

1 Personalverantwortliche in Betrieben beantworteten die Frage:
„Was ist mir bei Ausbildungsplatzsuchenden wichtig?"
Wertet das Balkendiagramm aus. Wählt Aufgabe a oder b und vergleicht eure Ergebnisse.

●●● **a** Erläutert, worauf man in Betrieben besonderen Wert legt.

●○○ **b** Beschreibt das Diagramm mit Hilfe folgender Fragen:
- Welche Frage wird beantwortet?
- Was bedeuten die Farben?
- Welche Farbe überwiegt? Was bedeutet das?
- Welche Kompetenz liegt auf Platz 1?
- Welchen Wert haben die erste und zehnte Kompetenz? Was schließt ihr daraus?

2 Arbeitet zu zweit. Worin liegen eure Stärken? Worin liegen eure Schwächen?
Gebt euch selbst Schulnoten für die zehn im Diagramm genannten Kompetenzen.

3 **a** Welche Fähigkeiten und Vorlieben habt ihr?
Lest die folgende Liste und notiert die für euch zutreffenden Buchstaben ins Heft.
- **gute Noten in:** **b/e** Deutsch **a** Englisch/Sprachen **b** Erdkunde **b/e** Gemeinschaftskunde **a/d** Sport **c** Chemie **c** Biologie **c/d** Physik **b/e** Geschichte **b/c/d** Mathematik
- **gute Kenntnisse in:** **b** Allgemeinbildung **b** Rechtschreibung **b** Grammatik **b/c/d** Computer **b** Hochdeutsch
- **persönliche Stärken:** **a** gepflegtes Äußeres **a/d** körperliche Belastbarkeit **a** Geduld **c** Neugierde **d** Kraft **a/d** Ausdauer **a/e** Toleranz anderen gegenüber **a/e** Offenheit **d** handwerkliches Geschick **a/b/e** Teamgeist **c** Experimentierfreudigkeit **a** hauswirtschaftliche Fertigkeiten **a/e** Hilfsbereitschaft
- **Hobbys:** **a/e** Reisen **a/b/e** Leute treffen **b/c/d** Computerspiele **a/d** Sport **c/d** Basteln

b Für welches der folgenden Berufsfelder seid ihr besonders geeignet?
Zählt, wie oft ihr die einzelnen Buchstaben notiert habt.
a = Bereich Hotel, Gastronomie, Kundenbetreuung **b** = Büro, kaufmännischer Bereich
c = Forschung und Entwicklung **d** = handwerklicher Bereich **e** = sozialer Bereich

4 Sucht im Internet nach euren Traumberufen. Welche Fähigkeiten verlangen sie?

Erste Informationen sammeln und im Portfolio ordnen

Portfolio von Sven Meier

Bootsbauer/-in Neu-, Aus- und Umbau

Inhalt

1 Die Ausbildung
2 Tätigkeiten als Bootsbauer/-in
  2.1 Fachbegriffe
  2.2 Grafiken, Erläuterungen
3 Ein Tag als Bootsbauer/-in
4 Persönliche Beurteilung

1

1 Die Ausbildung
Berufstyp:
anerkannter Ausbildungsberuf
Ausbildungsart:
duale Berufsausbildung
Ausbildungsdauer: 3,5 Jahre
Lernorte:
Betrieb und Berufsschule

2

1 Sven ordnet alle Informationen zu seinem Traumberuf in einem Portfolio. Beschreibt die ersten drei Seiten seines Portfolios. Wie ist es aufgebaut?

Bootsbauer/-in der Fachrichtung Neu-, Aus- und Umbau
Was macht man in diesem Beruf?
Bootsbauer/-innen der Fachrichtung Neu-, Aus- und Umbau stellen Paddel-, Ruder- und Segelboote, Motor- und Segeljachten, aber auch kleinere Fischkutter, Barkassen und andere Nutzfahrzeuge der Binnen- und Seeschifffahrt her. Sie konstruieren Bauteile wie Rumpf oder Deck und fügen diese zum Bootskörper zusammen. Bei größeren Booten fertigen sie auch die Aufbauten, übernehmen den Innenausbau und stellen die Masten und Spieren her. Ihre Werkstoffe sind nicht nur Hölzer, sondern auch Stahl, Aluminium und faserverstärkte Kunststoffe. Neben dem Neubau von Booten führen sie Instandsetzungs- und Umbauarbeiten durch. Um Deck und Aufbauten, insbesondere aber den Rumpf vor Schäden durch Wasser und Witterungseinflüsse zu schützen, lackieren sie z. B. die Oberflächen. Den Unterwasserbereich der Wasserfahrzeuge behandeln sie mit speziellen Beschichtungsstoffen. Nach eingehender Prüfung setzen sie vorhandene Struktur- oder Materialschäden am Rumpf und an Aufbauten in Stand.

2 In einer Broschüre der Bundesagentur für Arbeit findet Sven diesen Informationstext.

a Ordnet die folgenden Fachbegriffe der Zeichnung zu: *Rumpf, Deck, Aufbauten, Mast/Spiere,* z. B.: *1 = …, 2 = …*

b Kennt ihr weitere Schiffsteile? Nennt und erklärt sie.

3 Für sein Portfolio möchte Sven die Tätigkeit als Bootsbauer/-in näher erläutern. Formuliert den Informationstext zu Aufgabe 2 für das Portfolio um. Wählt Aufgabe a oder b.

●●● **a** Stellt euch vor, ein Freund fragt euch nach dem, was Bootsbauer/-innen machen. Gestaltet mit Hilfe der Textinformationen einen Dialog.

●○○ **b** Was machen Bootsbauer/-innen? Setzt im Heft folgende Satzanfänge fort.
Sie entwickeln … *Sie bauen … zusammen.* *Sie lackieren … und behandeln …* *Sie reparieren …*

c Tauscht euch über eure Ergebnisse aus.

Informationen im Internet recherchieren

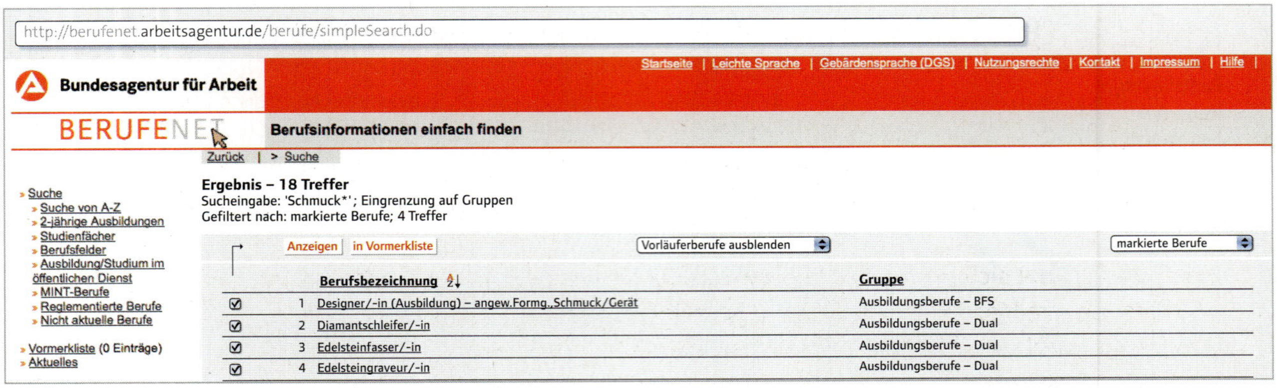

1 Eine Schülerin recherchiert auf der Internetseite von *www.berufenet.arbeitsagentur.de* nach einem Beruf, der mit Schmuck zu tun hat. Wie ist sie vorgegangen? Wählt Aufgabe a oder b.

●●● **a** Erklärt, wie man vorgeht, um auf die abgebildete Internetseite zu kommen, z. B.:
Bei der Internetsuche gibt man bei … zuerst … ein. Dann erhält man …

●○○ **b** Bringt die nachstehenden Schritte ihrer Internetsuche in die richtige Reihenfolge. Ersetzt sinnvoll die Lücken.

> Die Schülerin klickte bei „Filtern nach" auf „ ? ". • Sie machte ein Häkchen bei ? . • Sie gab bei „Suche" das Wort ? ein und erhielt ? Treffer. • Sie klickte diese ? an. • Alle Berufe außer ? verschwanden. • Es erschien unter anderem die Adresse der ? . • Die Schülerin gab in einer Suchmaschine den Begriff ? ein.

> **1** Diamantschleifer/-innen fertigen Schmuck- oder Industriediamanten. Hierzu wählen sie die Steine aus und prüfen sie. Mit speziellen Präzisionswerkzeugen spalten, schleifen und polieren sie die Rohdiamanten. Sie arbeiten hauptsächlich in der Schmuckindustrie und in Herstellungsbetrieben für Diamantwerkzeuge. Daneben sind sie in Werkstätten von Schmuckateliers und Juweliergeschäften tätig.

> **4** Edelsteingraveure/-graveurinnen bearbeiten und verzieren natürliche und künstliche Edel- und Schmucksteine. Sie finden Beschäftigung in der industriellen Schmuckwarenherstellung, in handwerklichen Edelstein- und Schmuck-Graveur-Werkstätten. Zudem finden sie Beschäftigung in Schmuckateliers und Juweliergeschäften sowie in Herstellungsbetrieben für Diamantwerkzeuge.

2 **a** Teilt in Partnerarbeit auf, wer welchen Informationstext genau liest: 1 oder 4?
b Schließt das Buch und teilt euch gegenseitig mit, was ihr über den Beruf erfahren habt.

3 **a** Sucht im Internet (► S. 55) für euer Portfolio wichtige Informationen zu eurem Traumberuf.
b Beurteilt eure Materialsuche:
Notiert, was ihr gelernt habt und auf welche Schwierigkeiten ihr gestoßen seid.

Experten interviewen

Wir fertigen orthopädietechnische Hilfsmittel und passen sie den Bedürfnissen der Kunden an. Insgesamt 3,5 Jahre. Besonders gut gefällt mir an diesem MINT-Beruf, dass ich im Gesundheitswesen arbeite. Die vier Buchstaben MINT stehen für Mathematik, Informatik, Naturwissenschaft und Technik. Beim Girls' Day war ich in einer Firma, die Solaranlagen herstellt. Seither bin ich ständig auf der Suche nach dem passenden MINT-Beruf für mich.
Ich kann sie anderen Mädchen empfehlen, weil man kreativ sein muss und ständig Neues lernt.

1 a Eine Schülerin hat sich bei ihrem Interview nur die Antworten zu ihren Fragen notiert. Wie könnten ihre Fragen gelautet haben? Schreibt sie auf, z. B.:
– *Wie lange dauert die Ausbildung?* – *Was bedeutet …?* – …

b Ergänzt die Fragenliste um weitere Fragen, die euch interessieren.

c Ordnet die Fragen nach ihrer Wichtigkeit. Wie entscheidend sind sie für die Berufswahl?

Fragefehler

A **Doppelfrage:** ein Satz enthält zwei Fragen
B **wertende Frage:** Frage enthält eigene Meinung
C **zu enge Frage:** nur Ja oder Nein als Antwort möglich
D **Suggestivfrage:** liefert die Antwort bereits mit

Beispiele

1 War Ihre Ausbildung gut?
2 Spielt Teamarbeit eine große Rolle und was würden Sie sonst gern tun?
3 Sie sind doch auch froh, dass Sie nur drinnen arbeiten?
4 Ist der Berufsschulunterricht nicht furchtbar langweilig?

2 Gestaltet ein eigenes Interview mit einem Experten zu einem interessanten Beruf.
Vermeidet typische Fragefehler. Wählt Aufgabe a oder b. Vergleicht dann eure Ergebnisse.

●○○ a Ordnet im Heft die Fragefehler A bis D den Beispielen 1 bis 4 zu.

●●● b Findet mindestens je ein eigenes Beispiel zu A, B, C und D.

c Verbessert die Fragen. Beginnt am besten mit einer W-Frage: Wie? Was? Wann? Wozu?
Welche Rolle spielt die Teamarbeit in Ihrem Beruf?

3 Führt mit einem Verwandten oder Bekannten ein Experteninterview zu seinem Beruf durch.

Methode **Informationen zu Berufen recherchieren**

Für die richtige Berufswahl sollte man sich gründlich informieren. Diese Quellen eignen sich:

- **Internet:** Besucht vertrauenswürdige Seiten. Geeignet sind z. B.: *www.planet-beruf.de*, *www.arbeitsagentur.de*, *www.jobboerse.arbeitsagentur.de*, *www.watchado.net* oder *www.berufe.tv*. Sie bieten euch Informationen in Form von **Texten, Diagrammen, Tabellen** und **Filmen.**
- **Berufsinformationszentren (BiZ):** Sie bieten in den **Agenturen für Arbeit** genaue Informationen zu Ausbildung, Berufen und Bewerbung. Erkundigt euch über das nächste BiZ. Oft werden dort speziell für Schülerinnen und Schüler Veranstaltungen angeboten.
- **Experteninterviews:** Befragt Menschen, die einen interessanten Beruf haben, z. B. Eltern, Bekannte etc. Vermeidet zu enge oder wertende Fragen, Doppel- und Suggestivfragen.

Ein Referat vorbereiten

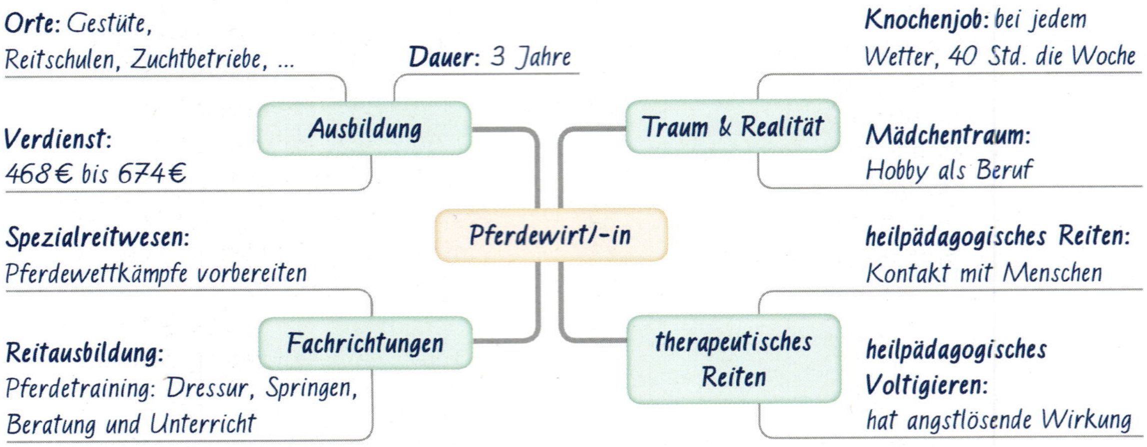

1 Ein Schüler hat für ein Referat über den Pferdewirtberuf die Rechercheergebnisse in einer Mind-Map geordnet. Erläutert sie. Nutzt die Fachwörter Ober- und Unterbegriff (► S. 306).

A Pferdewirtinnen und Pferdewirte der Fachrichtung **Pferdehaltung und Service** beurteilen, erhalten und fördern die Gesundheit von Pferden, rüsten die Tiere mit Zaumzeug und Sätteln aus, füttern und pflegen sie, sorgen für ausreichende Bewegung und stellen den möglichst schonenden Transport sicher. Sie unterstützen und beraten ihre Kunden, z. B. in Fragen der richtigen Ernährung, im Beurteilen oder in der Gesunderhaltung von Pferden, und halten Stall und Ausrüstung sauber. Auch den Gesundheitszustand der Pferde behalten sie stets im Auge.

B Pferdewirtinnen und Pferdewirte der Fachrichtung **Pferdezucht** wählen Zuchtpferde aus. Sie bereiten die Tiere auf die künstliche Besamung oder eine natürliche Paarung vor, betreuen trächtige Tiere und assistieren bei der Geburt von Fohlen. Außerdem füttern, tränken und pflegen sie die Jung- und Zuchtpferde, bilden die Tiere aus, halten Stall bzw. Ausrüstung sauber und stellen sie auf Zucht- oder Leistungsschauen und Prüfungen vor. Zudem beraten sie Kunden beim Kauf und im Umgang mit den Pferden.

2
a Notiert im Heft, was bei den Fachrichtungen A und B gleich oder ähnlich ist.
b Fügt hinzu, worin sich die Ausbildungen jeweils unterscheiden.
c Zeichnet den Ast „Fachrichtungen" im Heft. Ergänzt die Mind-Map mit den Informationen aus A/B.

3 Ordnet in eurem Portfolio die Informationen für ein Referat zu eurem Traumberuf. Übertragt die Informationen zu eurem Traumberuf gegliedert auf Karteikarten. Nummeriert die Haupt- und Unterpunkte, z. B.:

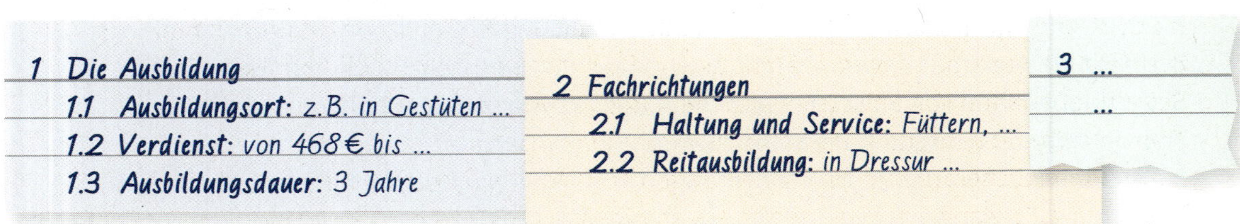

Einleitung und Hauptteil des Referats gestalten

Ohröffner

A eine typische Handbewegung oder ein typischer Gegenstand
B eine persönliche Bemerkung
C eine überraschende Aussage
D eine Bemerkung über vermutete Publikumsreaktionen
E ein Fachbegriff aus dem Tätigkeitsbereich

Beispiele

1 Pferdewirt/-in ist ein Knochenjob und nicht so romantisch wie in Filmen dargestellt.
2 Wetten, ihr denkt bei Pferdewirt/-in an einen typischen Mädchenberuf, bei dem man viel reitet, das Pferd striegelt und streichelt?
3 Das ist ein Striegel. Den brauchen Pferdewirte.
4 Seit meinem 8. Lebensjahr besuche ich das Gestüt bei mir um die Ecke.
5 Wer ein Hufeisen nur für einen Glücksbringer hält, der kann jetzt bei mir etwas dazulernen.

1 Die Einleitung eines Referates soll das Interesse des Publikums wecken. Dies gelingt mit so genannten Ohröffnern (► S. 267–268).
a Ordnet den verschiedenen Einleitungen A bis E jeweils das passende Beispiel 1 bis 5 zu.
b Wählt einen Beruf und eine Einleitung aus und führt sie der Klasse vor. Die anderen raten, um welchen Beruf es sich handelt.

3 Traum und Realität
3.1 Traum vieler:
v.a. Mädchen – Hobby zum Beruf
3.2 Knochenjob:
– bei jedem Wetter
– täglich bis zu 20 Boxen ausmisten
– oft mehr als 40 Stunden pro Woche
3.3 Quelle: MAZ vom 7.5.15, S. 26

A Punkt 3 meines Referats: Traum und Realität. Eine Pferdewirtin zu sein ist vor allem der Traum vieler Mädchen. Sie machen ihr Hobby zum Beruf. Dabei ist es ein Knochenjob. Man muss bei jedem Wetter reiten, täglich bis zu 20 Boxen ausmisten und oft mehr als 40 Stunden pro Woche arbeiten.

B Als Nächstes zeige ich euch den Unterschied zwischen Traum und Realität für diesen Beruf auf. Vor allem Mädchen träumen davon, dass es im Alltag genauso wäre wie bei Freizeitbesuchen auf dem Gestüt. Aber wisst ihr, dass der Alltag von Pferdewirten ganz anders aussieht? Sie müssen bis zu 20 Wochenstunden hart arbeiten: Geritten wird täglich, nicht nur bei gutem, sondern auch bei richtig nasskaltem Wetter. Es müssen manchmal bis zu 40 Boxen am Tag ausgemistet werden. Und auch bei der Fütterung reichen nicht ein paar Äpfel, sondern man braucht viel Kraft und Ausdauer für diesen Beruf.

2 A und B stellen mündliche Ausformulierungen der Karteikarte 3 dar.
a Prüft, ob alle Informationen auf der Moderationskarte richtig aufgenommen wurden.
b Beurteilt die Ausarbeitungen. Wählt c oder d. Vergleicht danach eure Ergebnisse.
●●● **c** Begründet anhand von Beispielen, welche Ausarbeitung gelungener ist.
Tipp: Beachtet die Information zu Aufmerksamkeitsankern (► S. 268).
●○○ **d** Beurteilt in Partnerarbeit die Ausarbeitungen anhand folgender Punkte: Überleitung, Satzlänge, passende Beispiele, anschauliche Begriffe, direktes Ansprechen des Publikums.

Anschaulich präsentieren

3

Traum vieler Mädchen ⟷ Realität = Knochenjob

Hobby zum Beruf

- bei jedem Wetter
- 20 Boxen ausmisten
- oft 40 Stunden je Woche

1 Einen Vortrag kann man als Folienpräsentation gestalten.
Man zeigt z. B. ein Foto, eine Karikatur oder eine Mind-Map.
Begründet, welche der drei Möglichkeiten ihr zur Karteikarte auf S. 57 verwenden würdet.

2
a Sucht aus eurem Referat einen Punkt heraus. Gestaltet dazu eine Folie (► S. 59).
b Stellt euch in Partnerarbeit eure Beispielfolien vor.
Tauscht euch darüber aus, wie geeignet sie sind.

Den Schluss gestalten

Zum Schluss möchte ich sagen, dass ich den Beruf weiterhin sehr interessant finde. Er mag zwar oft anstrengend sein, dafür habe ich aber stets mit Tieren zu tun.

Zusammenfassend halte ich fest, dass dieser Beruf sehr anstrengend ist. Ich wähle wohl lieber einen Bürojob, obwohl ich Pferde sehr liebe.

Das war mein Referat zum Beruf des Pferdewirts. Fragen gibt es ja wohl keine mehr.

1
a Begründet, welcher Schluss euch für das Referat zum Pferdewirt am geeignetsten erscheint.
b Formuliert einen eigenen Schlussteil zum Referat „Pferdewirt/-in“.

2 Gestaltet zu eurem Traumberuf ein Referat mit Folienpräsentation.
a Notiert eure Rechercheergebnisse aus dem Portfolio stichwortartig in einer sinnvollen Reihenfolge auf Karteikarten.
b Überlegt euch eine geeignete Einleitung mit einem „Ohröffner“ (► S. 57).
c Formuliert den Hauptteil mit Überleitungen, geeigneten Beispielen und einer abwechslungsreichen Wortwahl. Baut außerdem „Aufmerksamkeitsanker“ ein (► S. 268).
d Veranschaulicht euer Referat durch passende Folien.
e Fasst zum Schluss des Referats eure wichtigsten Informationen noch einmal zusammen.

Das Referat frei vortragen und gezielt zuhören

1 a Bildet Arbeitsgruppen.
Erstellt zu einem Vortragsthema eurer Wahl eine gemeinsame Moderationskarte.
b Probiert verschiedene Sprechweisen aus, z. B.:
laut/leise, mit/ohne Pausen, frei sprechend / von der Karte ablesend.
c Probiert verschiedene Körperhaltungen aus, z. B.: *ruhende Hände / gestikulierend, stehend/sitzend, offene/verschlossene Körperhaltung, mit ernster Miene / lächelnd.*
d Wie wirken die verschiedenen Sprechweisen? Welche Körperhaltung ist die beste?
Haltet eure Ergebnisse als Tipps auf einem Plakat fest.

2 Formuliert Regeln für das gute Zuhören bei einem Referat. Wählt Aufgabe a oder b.
●●● a Notiert zu zweit Regeln, wie man als Zuhörer die wesentlichen Inhalte erfasst.
●○○ b Besprecht in Partnerarbeit, welche der folgenden Verhaltensweisen euch für das Zuhören sinnvoller erscheinen.

A Ich blicke den Vortragenden an *oder* ich schaue zu Boden.
B Ich verschränke die Arme *oder* ich bewahre eine offene Körperhaltung.
C Ich nicke manchmal zustimmend *oder* ich schüttle ab und zu protestierend den Kopf.
D Ich spreche leise mit meinem Nachbarn *oder* ich höre die ganze Zeit schweigend zu.
E Ich notiere Wichtiges *oder* ich mache außer Zuhören nichts.

3 a Übt mit Hilfe von Moderationskarten den Vortrag eures Referats.
Tipp: Sprecht das Referat mehrmals laut vor einem Spiegel.
b Tragt eure Referate vor.
Gebt mit Hilfe eurer Regeln aus Aufgabe 1 und 2 ein Feedback.

Methode **Referate vorbereiten und halten**

Ein Referat informiert knapp und genau über ein Thema. Wichtig sind eine gründliche Recherche, die Gliederung, der Vortrag und die Präsentation mit Visualisierung.
- Rechercheergebnisse werden stichpunktartig notiert und geordnet, z. B. in einer **Mind-Map.**
- Geeignet ist auch ein **Portfolio.** In diesem werden wichtige Informationen samt Quellenangabe gesammelt und sinnvoll nach Haupt- und Unterpunkten nummeriert (► S. 53)
- Auf **Kartei- bzw. Moderationskarten** notiert man wesentliche Stichpunkte zum Thema.
- Beim **Einstieg** weckt man durch **„Ohröffner“** das Interesse des Publikums (► S. 57).
- Im **Hauptteil** werden aufeinander aufbauend die wichtigsten Informationen verständlich dargestellt. Fachbegriffe sollten geklärt werden. Bei einer **Präsentation mit Folien** kann man Inhalte z. B. durch Fotos, Karikaturen, Diagramme oder Mind-Maps veranschaulichen.
- Im **Schlussteil** fasst man das Wichtigste erneut zusammen oder formuliert seine Meinung.
- Beim **Vortrag** sollte man zeigen, dass man das Thema beherrscht, indem man frei und mit lebendiger Stimme spricht sowie das Gesagte durch Mimik und Gestik unterstreicht (► S. 266).
- Beim **Zuhören** sollte man Blickkontakt zum Vortragenden halten und Wichtiges notieren.

Teste dich!

Partner A	Partner B
Aufgabe 1: Wofür steht die Abkürzung BiZ?	**Lösung 1: B**erufs**i**nformations**z**entrum
Lösung 2: Mathematik, **I**nformatik, **N**aturwissenschaft, **T**echnik	**Aufgabe 2:** Wofür stehen die Buchstaben MINT beim Wort „MINT-Beruf"?
Aufgabe 3: Welche Vorgehensweisen A bis C sind bei der Internetrecherche sinnvoll? **A** Ich gebe in der Suchmaschine den Beruf ein. Dann sehe ich mir alle Suchergebnisse an. **B** Ich schlage unbekannte Begriffe nach. **C** Diagramme und Tabellen ignoriere ich.	**Lösung 3:** **A** nicht sinnvoll, da viel zu viele Seiten **B** sinnvoll, um alle Informationen zu verstehen **C** nicht sinnvoll, denn oft bieten sie anschauliche Informationen und können für die Präsentation genutzt werden
Lösung 4: – wertende Frage mit eigener Meinung – „Wie gefällt dir die Arbeit im Freien?"	**Aufgabe 4:** Welcher Fragefehler liegt im Folgenden vor? Formuliere die Frage neu: „Du stimmst mir ja sicherlich zu, dass das Arbeiten im Freien nervig ist, oder?"
Aufgabe 5: Welcher Fragefehler liegt im Folgenden vor? Formuliere die Frage neu: „Dauert die Ausbildung lange?"	**Lösung 5:** – zu eng, nur Ja/Nein als Antwort möglich – „Wie lange dauert die Ausbildung?"
Lösung 6: sinnvoll, denn man hat das Wichtigste übersichtlich angeordnet und gegliedert	**Aufgabe 6:** Erkläre, ob dieses Vorgehen beim Erstellen eines Referats sinnvoll ist: Ich sammle zunächst nützliche Informationen, z. B. in einer Mind-Map oder einem Portfolio.
Aufgabe 7: Erläutere: Wie gelungen ist der folgende Referatseinstieg? „Jeder sagt ‚Krankenschwester'. Aber warum spricht keiner vom ‚Krankenbruder'? Seit 2004 nennt man den Beruf, den ich vorstellen werde, ‚Gesundheits- und Krankenpfleger'."	**Lösung 7:** Es handelt sich um einen gelungenen „Ohröffner"; ein erfundenes Wort wie „Krankenbruder" kann beim Publikum ein Schmunzeln auslösen und Interesse wecken.
Lösung 8: Es wird ausdrücklich durch ein interessantes Zitat beendet. Das rundet den Vortrag ab.	**Aufgabe 8:** Erläutere: Wie wird das folgende Referat beendet? „Ich schließe meinen Vortrag mit den Worten des amerikanischen Flugpioniers Wilbur Wright: ‚Das einzig Gefährliche am Fliegen ist die Erde'."

1 Testet euch gegenseitig in Partnerarbeit.

a Partner A deckt mit einem Blatt Papier die rechte und B die linke Hälfte der Seite ab.
b Partner A liest die Aufgabe 1 vor und löst sie. Partner B prüft die Lösung.
c Danach liest Partner B die Aufgabe 2 vor und löst sie. Partner A prüft die Lösung.

3.2 Werbung für mich! – Die Bewerbungsmappe

Einen Lebenslauf erstellen

Lebenslauf

Angaben zur Person

Name:	**Maxim Kirsch**	1
? :	Roncallistr. 50 53842 Rungsheim Tel.: 01 23/45 678 ? : Maxim03@e-mail.de	
Geburtstag:	8. Februar 2001	

 2

?

2007–2011	? Oberdorf	3
seit 2011	Helene-Lange-Gesamtschule Düsseldorf	

? Erfahrungen

02.04.–13.04.2016	Praktikum als Gärtner, ? Blum, Rungsheim	4

Persönliche Fähigkeiten und Kompetenzen

Computerkenntnisse:	vertiefte EDV-Kenntnisse in MS-Word und Excel	5
? :	Englisch	
Persönliche Stärken:	Zuverlässigkeit, ? , Teamfähigkeit	

Hobbys ? , Volleyball — 6

Rungsheim, den 10. März 20..
Maxim Kirsch — 7

Lesen
Schulbildung
Anschrift
Grundschule
Belastbarkeit
Sprachkenntnisse
Gärtnerei
E-Mail
Praktische

1 Übertragt den abgebildeten Lebenslauf auf ein DIN-A4-Blatt.
Füllt die markierten Lücken sinnvoll mit Begriffen aus dem nebenstehenden Wortspeicher.

2 Erläutert, wie ein gelungener Lebenslauf aussieht. Wählt Aufgabe a oder b.

●●● **a** Beschreibt die Punkte 1 bis 7 des Lebenslaufs und erläutert ihren Zweck.
Beachtet auch Hervorhebungen und die Anordnung der Angaben.

●○○ **b** Ordnet folgende Umschreibungen den Ziffern 1 bis 7 zu. Erläutert ihren Zweck:
persönliche Interessen, Erfahrung im Praktikum bzw. Ferienjob, wichtige Fähigkeiten für die Ausbildung, persönliche Daten, Ort, Datum, Unterschrift, Bewerbungsfoto, Schulbildung.

Das Bewerbungsschreiben gestalten

Niedernheim, 13. April 20.. — 1

Carla Haydak
Gustav-Heinemann-Straße 13
23456 Niedernheim
Tel.: 0123/45678
E-Mail: carla.haydak@maili.de — 2

Werbeagentur Dreamworld
Frau Lisa Schulz
Rabenstraße 44
58910 Unterstadt — 3

Bewerbung um eine Ausbildungsstelle zur Mediengestalterin Digital und Print der Fachrichtung Gestaltung und Technik — 4

Sehr geehrte Frau Schulz, — 5

(Bewerbungstext nach der ANDA-Methode; ► S. 63) — 6

Mit freundlichen Grüßen — 7

Carla Haydak — 8

Anlagen
Lebenslauf
Halbjahreszeugnis 9. Klasse — 9

1 Nennt die drei entscheidenden Bestandteile, aus denen eine vollständige Bewerbung besteht.

2 Benennt die Teile 1 bis 9 des Bewerbungsschreibens und erläutert ihren Zweck.

Information **Die Bestandteile einer Bewerbungsmappe – Die Onlinebewerbung**

Mit einer **Bewerbung werbt ihr für euch selbst.**

- Wählt für das **Bewerbunsgsschreiben** ein weißes, nicht zu dünnes Papier und eine gut lesbare Schriftart mit der Schriftgröße 11 bis 12 Punkt. Lasst links am besten 2,4 cm und rechts mindestens 0,8 cm Rand. Das Anschreiben besteht aus dem **Briefkopf** (Datum, Absender, Adressat mit vollständiger Anschrift), **Betreffzeile, Anrede, Bewerbungstext, Grußformel, Unterschrift** und Hinweisen auf die **Anlagen,** v. a. Zeugnisse.
- Der tabellarische **Lebenslauf** ist in Form von **Zwischenüberschriften** übersichtlich gegliedert. Er enthält meist ein **Porträtfoto** und schließt mit **Ort, Datum** und **Unterschrift** (► S. 61).
- Bei der **Onlinebewerbung** werden in der Regel Anschreiben, Lebenslauf und gescannte Anlagen als PDF-Datei im Anhang der E-Mail versendet. Der E-Mail-Text weist kurz darauf hin. **Tipp:** Eure Anlagen sollten **nicht zu große Datenmengen** aufweisen (höchstens 2 MB). Erkundigt euch, ob die Firma auf ihrer Website Bewerbungsformulare zur Verfügung stellt.

Den Bewerbungstext verfassen

A Ich habe gehört, dass Sie eine Ausbildung zur/zum Mediengestalter/-in Digital und Print der Fachrichtung Gestaltung und Technik zu vergeben haben.
N Ich bin in der 9. Klasse der Lessing-Gesamtschule und kriege hoffentlich nächstes Jahr mittlere Reife.
D Mein Lieblingsfach in der Schule ist Kunst. Zudem besitze ich einige Fähigkeiten und habe viele Interessen, die alle sehr gut zum Beruf der Mediengestalterin Digital und Print passen.
A Also, greifen Sie zum Telefon und laden Sie mich zu einem Vorstellungsgespräch ein!

1 ●●● **Anknüpfung finden**

Zu Beginn dieses Bewerbungstextes steht zwar ein Anknüpfungspunkt, doch es wird nicht gesagt, wie und wo man auf den Ausbildungsplatz und das Unternehmen aufmerksam geworden ist. Überarbeitet im Heft den ersten Satz A mit Hilfe folgender Anknüpfungspunkte:

Empfehlung durch einen Freund, eine Freundin • Kenntnis durch Zeitungsanzeige • durch Berufsberater oder Berufsinformationszentrum

▷ Eine Hilfe zu Aufgabe 1 findet ihr auf Seite 64.

2 ●●● **Neugierde wecken**

Verbessert im Heft Satz N sprachlich. ▷ Hilfe zu 2, Seite 64

3 ●●● **Du und deine Fähigkeiten**

Im Satz D werden die weiteren Fähigkeiten und Interessen nicht näher genannt.
Nutzt folgende Begriffe, um das persönliche Interesse am Beruf überzeugend zu begründen.
Freizeit, Computer, Ideen veranschaulichen, zeichnen, Kreativität, Teilnahme am Volkshochschulkurs „Fotografie", Film-AG ▷ Hilfe zu 3, Seite 64

4 ●●● **Aufforderung zum Handeln**

Gestaltet den Schlusssatz A neu.
Bittet höflich um eine Einladung zu einem persönlichen Gespräch. ▷ Hilfe zu 4, Seite 64

5
a Gestaltet und verfasst zu eurem Traumberuf ein vollständiges Bewerbungsschreiben.
b Tauscht eure Bewerbungen mit einem Lernpartner. Gebt euch Rückmeldung: Was ist gut gelungen? Was sollte verbessert werden?

Information **Den Bewerbungstext nach der ANDA-Methode formulieren**

- Während der **Aufbau und die äußere Form des Bewerbungsschreibens festgelegt** sind, sollte der **Bewerbungstext individuell gestaltet** und **auf** die **Firma zugeschnitten** sein.
- Stellt euch selbst überzeugend dar, ohne zu übertreiben oder wichtige Informationen wegzulassen. Ein gelungener **Bewerbungstext** sollte nach der **ANDA-Methode** (span. *anda* = Auf geht's! Mach schon!) aufgebaut werden (► S. 278).

Aufgabe 1 mit Hilfe: Anknüpfung finden

Zu Beginn des Bewerbungstextes (► S. 63) steht zwar ein Anknüpfungspunkt, doch es wird nicht gesagt, wie und wo man auf den Ausbildungsplatz und das Unternehmen aufmerksam geworden ist. Formuliert mit Hilfe der folgenden Textbausteine einen möglichen Bewerbungsbeginn.

1 *durch positive Berichte und Erzählungen einer Freundin erfahren, dass ...*
2 *mit großem Interesse Tageszeitung gelesen, dass ...*
3 *wurde mir empfohlen beim Besuch eines Berufsberaters*

Aufgabe 2 mit Hilfe: Neugierde wecken

Verbessert im Heft Satz N (► S. 63) sprachlich, z. B.:

Zurzeit besuche ich ..., die ich ... mit ... erfolgreich abschließen werde.

Aufgabe 3 mit Hilfe: Du und deine Fähigkeiten

Im Satz D (► S. 63) werden die weiteren Fähigkeiten und Interessen nicht näher genannt. Ergänzt im Heft die folgenden Stichpunkte durch nachstehende Formulierungen. Begründet überzeugend das persönliche Interesse am Beruf.

- *Meine Entscheidung für den Beruf als ... begründet sich durch ...*
- *Meine Freizeit verbringe ich mit ...*
- *Da ich in meiner Freizeit gern ...*
- *Große Freude bereitet mir...*
- *Bei ... erhielt ich erste Einblicke in ...*
- *Jch habe an einem Kurs für ... teilgenommen.*
- *Jch engagiere mich seit ... für ...*
- *Mein Lieblingsfach in der Schule ist ...*
- *Meine Stärken liegen vor allem im Bereich ...*
- *Jn der Schule nehme ich an der AG ... teil.*
- *Auf Grund meiner Fähigkeiten ... bin ich davon überzeugt, dass der Beruf ... der richtige für mich ist.*

Freizeit • Computer • Ideen veranschaulichen • zeichnen • Kreativität • Film-AG • Teilnahme am Volkshochschulkurs „Fotografie“

Aufgabe 4 mit Hilfe: Aufforderung zum Handeln

Gestaltet den Schlusssatz A (► S. 63) neu.
Bittet höflich um eine Einladung zu einem persönlichen Gespräch. Ergänzt im Heft, z. B.:

- *Über eine Einladung ... würde ich ...*
- *Jch würde mich sehr freuen, wenn ...*
- *Und so verbleibe ich mit der höflichen Bitte um ...*

Einen Tagesbericht für die Praktikumsmappe erstellen

Im Reisebüro – Notizen zum Tagesbericht: Di, 11.11.20..
- 8:30 Uhr: Arbeitsbeginn, ausführliche Führung durch Frau Pfaff; erst Kellerräume, dann Filiale, Kennenlernen aller Mitarbeiter
- 9:30 Uhr: mit Kollege Sven Computer hochfahren, Jalousien und Türen öffnen
- Auslageständer vor die Tür räumen, Vollständigkeit der Auslage prüfen
- Prospektanzahl in Regalen prüfen, aus Lager neue holen, auspacken, Bestände auffüllen
- Svens erstes Kundengespräch beobachten, wurde von ihm mit einbezogen, spezielle Prospekte für Kunden holen
- nicht mehr aktuelle Prospekte aussortieren, im Papiercontainer um die Ecke entsorgen
- 12:30 bis 13:00 Uhr: Mittagspause; Arbeitsende: 17:00 Uhr
- interessant heute: genaues Kennenlernen des Unternehmens durch intensive Betreuung und Führung der Geschäftsführerin Frau Pfaff

Tagesbericht: Dienstag, den 11. November 20..
Die Geschäftsführerin, Frau Pfaff, begrüßte mich und zeigte mir alle Räume des Reisebüros Müller einschließlich des Lagers im Keller. So lernte ich an diesem Tag das ganze Unternehmen sowie alle Mitarbeiter genauer kennen. Außerdem erfuhr ich, wer wofür zuständig ist.

1 Zu welchen Punkten genau hat sich ein Schüler zu seinem Praktikum in einem Reisebüro Notizen gemacht?

2 Untersucht den ersten ausformulierten Satz des Tagesberichts. Wählt Aufgabe a oder b.
●●● a Erläutert die Funktion des Einleitungssatzes. Welche W-Fragen beantwortet er?
●○○ b Benennt das Tempus und den Sprachstil: jugendsprachlich, standardsprachlich.
c Tauscht euch über eure Ergebnisse aus.

3 Führt den Tagesbericht fort. Wählt Aufgabe a oder b. Vergleicht danach eure Texte.
●●● a Schreibt mit Hilfe der Notizen den Tagesbericht sachlich und in einer sinnvollen Reihenfolge fort. Achtet auf abwechslungsreiche Satzanfänge und verbindet die Sätze durch Verknüpfungswörter, z. B.: *zuerst, nachdem, anschließend, obwohl, ...*
●○○ b Überarbeitet im Heft die folgende fehlerhafte Fortsetzung. Achtet auf Tempus und Sprachstil.
Um 9:30 Uhr öffnet das Reisebüro. Computer auf Start, Laden auf open, Reklame raus, alles o.k. Die ersten Leute kommen und wollen voll viel wissen. Mein Kollege Sven lässt mich ein Kundengespräch beobachten. Jch bin interessiert dabei und hole ein Jnfoteil für Svens Gesprächspartner. Später musste ich olle Prospekte xentsorgen. Um 12:30 Uhr durfte ich endlich für eine halbe Stunde chillen.

Information **Der Tagesbericht**

- Der Tagesbericht ist Bestandteil einer **Praktikumsmappe.** Er informiert **sachlich** und **in zeitlich richtiger Reihenfolge** über die Tätigkeiten an einem Praktikumstag.
- Der Tagesbericht steht im **Präteritum** (► S. 294) und beantwortet die **W-Fragen.**

3.3 Projekt: „Nehmen Sie bitte Platz!" – Das Bewerbungsgespräch trainieren

1 a Habt ihr schon einmal ein Bewerbungsgespräch durchgeführt? Berichtet davon.
b Besprecht, welche Anforderungen an euch ihr mit einem Bewerbungsgespräch verbindet.

2 Beurteilt die Kleidung, die Sitzhaltung und das Auftreten der Bewerberin auf den Fotos. Überlegt, für welchen Beruf sie sich eurer Meinung nach jeweils bewirbt.

3 Erarbeitet in Gruppen für einen Beruf eurer Wahl das richtige Auftreten.
a Besprecht insbesondere das Aussehen und die Sitzhaltung für einen Jungen und ein Mädchen.
b Probt je Gruppenmitglied die beste Körperhaltung bei einem Bewerbungsgespräch. Gebt euch ein Feedback, z. B.: *angemessen, ängstlich, verkrampft, müde, hochnäsig, überheblich, …*

4 Formuliert Regeln für ein gelungenes Auftreten bei einem Bewerbungsgespräch. Wählt Aufgabe a oder b. Präsentiert und erläutert anschließend eure Ergebnisse.
●●● a Erstellt ein Plakat zu folgender Fragestellung:
Wie kann man bei einem Vorstellungsgespräch einen guten Eindruck hinterlassen?
Tipp: Denkt auch an den Zeitpunkt des Erscheinens und die Begrüßung.
●○○ b Übertragt Verhaltensregeln für ein Bewerbungsgespräch auf ein Plakat. Sucht aus den folgenden Vorschlägen die sinnvollsten heraus oder schreibt sie um.

sich im Internet über die Firma informieren • Fragen während des Gesprächs notieren • viel Parfüm auf- und Schmuck anlegen • „Hallo" oder „Hi" als Begrüßung • sich schnell hinsetzen • Antworten auf mögliche Fragen überlegen • den modischen Trainingsanzug anziehen • eine Stunde vor dem Termin da sein • fester Händedruck und Augenkontakt • gerade und ruhig sitzen

5 a Bildet Kleingruppen. Einigt euch auf einen Beruf für ein Bewerbungsgespräch.
b Übt reihum aus dem Stegreif. Ihr werdet von einer Personalchefin wie folgt begrüßt: „Nehmen Sie Platz und stellen Sie sich bitte vor!"
c Gebt jeweils ein Feedback. Begründet, was euch gut oder weniger gut gefallen hat.

Den Ablauf eines Bewerbungsgesprächs kennen lernen

A „Was reizt Sie an dem Beruf und welche Fähigkeiten bringen Sie dafür mit?"
B „Welche Vor-, aber auch Nachteile hat der Beruf in Ihren Augen?"
C „Warum bewerben Sie sich gerade bei uns?"
D „Können Sie mir zwei Ihrer Stärken und zwei Ihrer Schwächen nennen?"
E „Wofür engagieren Sie sich in Ihrer Freizeit? Haben Sie Hobbys?"
F „Möchten Sie vielleicht noch etwas wissen?"

1 Untersucht die Fragen A bis F eines Personalleiters genauer. Wählt Aufgabe a oder b.

●●● **a** Erklärt, warum die Fragen A bis F gestellt werden.
Notiert, was man durch sie über euch herausfinden möchte.

●○○ **b** Ordnet im Heft die Fragen A bis F den folgenden Absichten zu, z. B.:
Mit Frage A möchte man herausfinden, ob ich ...
... mich über den Betrieb erkundigt habe. ... mir Fragen an den Betrieb überlegt habe.
... private Freizeitinteressen habe. ... mich genauer über den Beruf informiert habe.
... meine Stärken und Schwächen sachlich einschätzen kann.
... mir Gedanken darüber gemacht habe, welcher Beruf zu mir passt.

2 Was macht ihr, wenn ...?
Wählt zu den Situationen A bis D eine Möglichkeit 1 bis 8 aus. Begründet eure Wahl.

A ... ihr begrüßt und zum Sitzen aufgefordert werdet?
B ... ihr eine Frage nicht verstanden habt?
C ... ihr nach einem Fach mit nicht so guten Noten gefragt werdet?
D ... das Gespräch zu Ende ist?

1 zurückgrüßen und Platz nehmen
2 um Wiederholung der Frage bitten
3 die Wahrheit sagen
4 betonen, dass man sich über die Stelle freuen würde

5 zurückgrüßen und sich für die Einladung bedanken
6 sich nichts anmerken lassen und etwas erzählen
7 ein bisschen schwindeln
8 sich höflich verabschieden

3 Formuliert Fragen, die ihr selbst bei einem Bewerbungsgespräch stellen könntet.
Wählt Aufgabe a oder b.

●●● **a** Notiert drei Fragen, die trotz eurer Berufsrecherchen noch nicht beantwortet sind.

●○○ **b** Notiert von den folgenden Fragen diejenigen, zu denen ihr bei eurer Recherche keine Informationen finden konntet. Stellt diese Fragen im Bewerbungsgespräch.
Wie groß ist Ihre Firma? Wo liegen die Schwerpunkte meiner Ausbildung?
Haben Sie auch eine Homepage? Wie sind bei Ihnen Arbeitszeit und Urlaub geregelt?
Wie stehen die Chancen, nach der Ausbildung in Ihrem Unternehmen beschäftigt zu werden?

4 **a** Wählt in Partnerarbeit einen Ausbildungsberuf.
Formuliert im Heft passende Antworten zu den Fragen A bis F (► Aufgabe 1).
b Ergänzt euer Bewerbungsgespräch durch weitere Fragen und Antworten.
c Lest das Bewerbungsgespräch mit verteilten Rollen vor.

Ein Videofeedback geben

1 Bildet Vierergruppen, um folgende Bewerbungssituation durchzuspielen:
- Ein Bewerber A wird von einem Sekretär B in das Zimmer des Personalleiters C geführt.
- Nach der Begrüßung setzen sich A und C einander gegenüber.
- C stellt die Fragen aus Aufgabe 1 und 4 (▶ S. 67), A antwortet.
- Das vierte Gruppenmitglied D filmt die Eingangsszene und das Gespräch.

Tipp: Das Gespräch sollte ca. 5 bis 7 Minuten dauern. Wechselt dann die Rollen.

Feedbackbogen Notiert im Heft: + für *gut*, (+) für *recht gut*, (–) für *weniger gelungen* und – für *nicht gelungen*.

1 Inhalt	2 Sprache und Sprechweise	3 Mimik, Gestik, Körperhaltung
■ Begrüßung	■ Verstehbarkeit (Lautstärke)	■ erstes Auftreten
■ erste Vorstellung	■ Sprechtempo	■ Sitzhaltung
■ Antworten	■ Sprechweise/Sprachstil	■ Gesichtsausdruck
■ eigene Fragen	■ Satzbau	■ Gestik
■ Verabschiedung	■ Höflichkeit	■ Blickkontakt

2 Betrachtet je Gruppe eure Videofilme aus Aufgabe 1. Gebt euch je Film ein Feedback.

a A notiert sich vorher aus dem Feedbackbogen alle Punkte, die gut gelungen sind. Die anderen teilen sich die Beobachtungsschwerpunkte 1 bis 3 auf.

b
- A beginnt und benennt, was ihm seiner Meinung nach gut gelungen ist.
- Anschließend erläutern die anderen mit Hilfe ihrer Notizen, was ihnen gut gefallen hat.
- Dann nennt A höchstens drei Punkte, an denen er noch arbeiten könnte.
- Schließlich nennen B, C und D je einen Punkt, der besonders verbessert werden sollte.

Checkliste

Ein Bewerbungsgespräch vorbereiten und durchführen

- **Informiert** euch **über** die **Firma** oder die **Einrichtung.**
- **Notiert Argumente,** die euch als beste Wahl für die Stelle auszeichnen, und eigene **Fragen.**
- **Übt das Gespräch** mit Eltern, Freunden, Freundinnen oder allein vor dem Spiegel.
- Achtet auf euer **Äußeres:** Seid ihr gepflegt und angemessen gekleidet? Fühlt ihr euch so wohl?
- Erscheint **pünktlich** und plant eine Pufferzeit ein.
  Tipp: Es gilt als ideal, sich etwa fünf Minuten vor dem Termin als anwesend anzumelden.
- Schaltet euer **Smartphone aus, Kaugummis aus dem Mund nehmen.**
- Seid **freundlich, höflich, aufmerksam** und **blickt** euer **Gegenüber an.**
- **Hört** genau **zu, sprecht laut** und **deutlich** und zeigt durch **Fragen** euer Interesse.

Schreibwörter ▶ S. 312

betrieblich	Sehr geehrte Damen und Herren,	das Praktikum
sich interessieren	Mit freundlichen Grüßen	das Unternehmen
die Hobbys	die Bewerbung	interviewen

4 Den richtigen Ton finden – Situationsgerecht sprechen und schreiben

1 Lest die einzelnen Grüße laut vor.

2 Ordnet zu: Welche Grüße würden eher Jugendliche verwenden? Welche Erwachsene?

3 Beschreibt Situationen, in denen ihr die Grüße verwenden oder nicht verwenden würdet.

4 Überlegt in Partnerarbeit, welchen Sprachstilen ihr die Grüße zuordnen würdet: Dialekt, Jugendsprache, Umgangssprache, Standardsprache (Hochsprache).

In diesem Kapitel ...

- unterscheidet ihr Jugend- und Standardsprache sowie Dialekt,
- lernt ihr, welche verschiedenen Bedeutungen ein Wort haben kann,
- untersucht ihr in einem Projekt, wann die Verwendung von Anglizismen sinnvoll ist und wann sie ersetzt werden können.

4.1 Mit wem unterhalte ich mich wo? – Sprechen im Alltag

Jugendsprache untersuchen

A Das Freiluftkonzert hat mir sehr gut gefallen, vor allem der Veranstaltungsort war ausgezeichnet gewählt. Besonders gelungen fand ich die Auswahl der Musikgruppen. Höhepunkt war für mich der Auftritt der „Sunbreakers“ – ihre Stücke sind fantastisch. Natürlich haben sie am Ende einen begeisterten Applaus erhalten.

B Hey, Alter, das Open Air war ein geiles Event, so richtig zum Abdancen. Vor allem in der Clique macht das echt Bock. Bands und die Location megafett. Die Performance der „Sunbreakers“ gigantisch, absolutes Highlight. Logo, dass die am Ende Standing Ovations erhalten. Jetzt geht es erst mal zum Chillen.

1 Wie wirken die beiden Äußerungen A und B auf euch? Begründet.

2 Wer könnte zu wem Aussage A oder B geäußert haben?
Wählt Aufgabe a oder b. Besprecht anschließend eure Ergebnisse.

●●● **a** Notiert, in welcher Situation ihr welche Äußerung gewählt hättet. Denkt an den jeweiligen Gesprächspartner.

●○○ **b** Ordnet zu: Welche Aussage A oder B passt am besten
- zu welcher Situation und
- zu welchem Gesprächspartner?

1 auf dem Nachhauseweg	**2** dem Vater gegenüber	**3** einem Freund gegenüber
4 dem Lehrer gegenüber	**5** Geschwistern gegenüber	**6** beim Zeitungspraktikum
7 auf dem Schulhof	**8** im Schulunterricht	**9** einem Bandmitglied gegenüber

3 Bestimmt den Sprachstil der beiden Texte näher.
- a Nennt Formulierungen, die eher zur Jugendsprache gehören.
- b Übertragt diese Formulierungen in euer Heft und übersetzt sie in die Standardsprache (▶ S. 307), z. B.: *Event = Ereignis, ...*

4 Untersucht, welche Merkmale die jugendsprachlichen Wörter und Wendungen haben.
Wählt Aufgabe a/b oder a/c. Vergleicht anschließend eure Ergebnisse.
- a Lest die Information unten und legt im Heft eine Tabelle wie folgt an.

Übernahme englischer Begriffe (Anglizismen)	*Event, ...*
bildhafte Ausdrücke	...
Abkürzungen	...
Übertreibungen	...
Erfindung neuer Wörter (Neologismen)	...

●○○ b Ergänzt die Tabelle mit euren Wortbeispielen aus Aufgabe 3 a.

●●● c Ergänzt die Tabelle mit euren Wortbeispielen aus Aufgabe 3 a. Fügt auch je Zeile ein bis zwei eigene Ausdrücke hinzu.

5 Erklärt, in welchen Situationen ihr Jugendsprache verwendet und wann ihr die Standardsprache wählt.

6 Schreibt einen Dialog zweier Jugendlicher, die sich über einen neuen Film, ein neues Buch oder ein neues Musikalbum unterhalten.
Verwendet dabei aktuelle jugendsprachliche Wendungen.

Information **Die Jugendsprache**

- Die **Jugendsprache unterscheidet** sich **von** der **Standardsprache** (Hochsprache) durch bestimmte **Wörter, Wendungen** oder den **Satzbau,** z. B.:
  krass (Jugendsprache) = *gut* (Standardsprache).
- Die **Jugendsprache** ist sehr **schnelllebig** und **verändert sich oft** innerhalb weniger Jahre.
- Die Jugendsprache ist häufig durch bestimmte sprachliche **Merkmale** geprägt, z. B.:
  – **Übernahme englischer Begriffe** (Anglizismen), z. B.: *flashen, chillen, Connections*
  – **bildhafte Ausdrücke,** z. B.: *Zappelbunker* für *Disco*
  – **Abkürzungen,** z. B.: *kP* für *kein Plan*
  – **Übertreibungen,** z. B.: *megafett, voll krass*
  – **Erfindung neuer Wörter** (Neologismen), z. B.: *Truckerdusche* für *Deodorant*

Jugendsprache bewerten

Astrid Herbold

(Berliner Morgenpost, 02. 11. 2013)

?

Lupenreines Deutsch? Vollständige Sätze? Grammatik? Voll ungeil. Jugendliche haben ihre eigene Sprache, die Eltern häufig nicht verstehen. Und das soll auch so sein. Wissenschaftler loben sogar die Kreativität.

Am liebsten würde man ihnen Nachhilfe in Redekunst verordnen. Wenn man mal wieder Zeuge einer Unterhaltung wird, in der es von „Ey Alter, ich schwör, voll krass“ nur so wimmelt. Wenn man ihnen zuhört, in der U-Bahn, im Schwimmbad, auf der Straße, wenn sie mit „hammer“ und „mega“ um sich schmeißen. Wenn man ihnen zu Hause im Wohnzimmer über die Schulter schaut beim Chatten, wo sie ihre Hausaufgaben am liebsten mit einem kurzen „kp“ (kein Plan) kommentieren. Was ist nur passiert? […]

Wer dem Phänomen der Jugendsprache auf die Spur kommen will, muss weit zurückgehen, bis ins 19. Jahrhundert. Schon in den Kreisen der damaligen Studenten bildete sich ein eigener Jargon heraus. Später, in den 50er Jahren des 20. Jahrhunderts, machten die so genannten „Halbstarken“ von sich reden, unterwegs in der „Affenschaukel“ oder „Knutschkugel“ wurde „rangeklotzt“, „gescharrt“ oder „ein Zahn angebohrt“.

In den 1980er Jahren war selten „alles paletti“, oft war die „Kacke am Dampfen“, manchmal lag man miteinander „im Clinch“ oder war „zugeknallt“. In der Freizeit wurden „Eier geschaukelt“, in der Schule war man „finster drauf“. […]

Es gibt nicht die eine Jugendsprache, da sind sich Sprachwissenschaftler einig. Es gibt regionale Moden, die sich massiv voneinander unterscheiden und sehr schnell verändern. Und was heute in einer Clique als coole Insiderformulierung gilt, kann morgen von einer anderen schon als völlig veraltet abgestempelt werden. Überhaupt ist die Gruppenzugehörigkeit das zentrale Motiv der Jugendsprache. Jugendliche wollen dieselbe Sprache wie ihre Freunde sprechen. Sie wollen Teil einer Gemeinschaft sein, sich mit einer Clique identifizieren können. […] Denn vom eigenen Freundeskreis Zustimmung zu bekommen, ist in dieser Phase der Selbstfindung existenziell wichtig.

1 Worum geht es in diesem Text? Notiert eine passende Überschrift.

2 Wie kann man Jugendsprache bewerten? Wählt Aufgabe a/b oder c.

●●● **a** Benennt den im Artikel genannten Grund dafür, dass es Jugendsprache gibt.

b Begründet, ob man Jugendlichen „Nachhilfe in Redekunst verordnen“ (▸ Z. 6 f.) sollte.
Tipp: Bezieht den Grund für Jugendsprache und die Geschichte dieser Sprache mit ein, z. B.
... schon unsere Urgroßeltern ...

●○○ **c** Sprecht ihr Jugendsprache nur in euren Cliquen (vgl. Z. 42 ff.)?
Erklärt, ob ihr dieser Aussage im Artikel zustimmt.

d Tauscht euch über eure Ergebnisse in der Klasse aus.

3 Erläutert mit eigenen Worten, warum es nicht sinnvoll ist, von *der* Jugendsprache zu sprechen.

Kiezdeutsch untersuchen und bewerten

A „Guckst du – bin isch Kino?"
B „Ich war Fußball."
C „Gehst du Bus?"
D „Isch kann misch gut bewegen, wa? Ischwör. Egal, was für ein Hiphopmusik isch höre, ey, mein Körper drinne tanzt voll, lan."

1 Kiezdeutsch sprechen vor allem zweisprachig aufgewachsene Jugendliche.

a Übersetzt die vier Beispiele für Kiezdeutsch (A bis D) in Standarddeutsch.

b Kennt ihr eigene Beispiele? Stellt sie euch gegenseitig vor.

c Erläutert anhand der Beispiele, welcher Beschreibung des Kiezdeutschen ihr zustimmt.

A Im Kiezdeutschen wird der Satzbau ganz verdreht.

B Im Kiezdeutschen werden Wörter weggelassen oder zusammengezogen.

„Ich bin Alexanderplatz"

(Süddeutsche Zeitung, 08. 02. 2012)

SZ: „Hallo, ich bin die Heike, und ich habe gerade ein Buch geschrieben" – können Sie das bitte mal auf Kiezdeutsch sagen, Frau Wiese?

Heike Wiese: Der Bitte kann ich kaum entsprechen. Kiezdeutsch ist ja Deutsch. Das ist nicht exotisch.

SZ: Bin isch Heike, hab isch Buch geschrieben, Moruk.

Wiese: Ja, das ginge. Es wäre der Situation aber überhaupt nicht angemessen. Unserem Alter auch nicht. Das würde ich vielleicht sagen, wenn ich ein Teenie wäre. Aber auch dann reden die ja so nicht mit Erwachsenen.

SZ: Wie alt sind Kiezdeutschsprecher?

Wiese: Das sind Jugendliche, also etwa zwölf bis zwanzig.

SZ: Sie bezeichnen Kiezdeutsch als Dialekt, also als etwas, das bleibt und dauerhaft ins Deutsche einsickern könnte.

Wiese: Das wäre schön. Wobei: nicht einsickern. Es stößt zum Hochdeutschen dazu, zu unserem bunten Spektrum.

SZ: Sie sagen: schön. Trotzdem gibt es keinen Dialekt, der einen so miesen Ruf hat. Vulgär und falsch, heißt es gern.

Wiese: Dialekte haben allgemein keinen guten Ruf in Deutschland. „Das ist meiner Mutter ihr Hut." Wer so etwas sagt, wird schnell abgestempelt. Beim Kiezdeutsch haben wir außerdem viele Jugendliche, die mehrsprachig sind, mit Migrationshintergrund. Auch das ist negativ besetzt. Migrationshintergrund: Das Wort wird mit Sprachproblemen verbunden, nicht mit Erneuerung.

2 a Notiert, wer laut Heike Wiese Kiezdeutsch spricht. Beachtet Alter, Herkunft, Gesprächspartner.

b Wie wird Kiezdeutsch allgemein bewertet? Was meint Heike Wiese dazu?

Information **Das Kiezdeutsch**

Als Kiezdeutsch wird eine Sprache bezeichnet, die vor allem **zweisprachig aufgewachsene Jugendliche** sprechen. Merkmale sind u. a. **Wortverschmelzungen** und **Satzverkürzungen.**

Heißt es besser Fußgänger- oder Fußgängerinnenzone?

Jan Fleischhauer: **Dummdeutsch im Straßenverkehr**

Anpassung der StVO (Straßenverkehrsordnung) an das „Erfordernis der sprachlichen Gleichbehandlung von Männern und Frauen"

Erstmals [ab dem 1. April 2013] fließt der Verkehr in Deutschland geschlechtsneutral, also ohne „Fußgänger", „Radfahrer" und überhaupt ohne jeden „Verkehrsteilnehmer". Um das zu erreichen, heißt es zukünftig nur noch „wer zu Fuß geht" beziehungsweise „wer ein Fahrrad führt". Auch „zu Fuß Gehende" gibt es nun oder „Mofa Fahrende", aber eben keine Mofafahrer mehr. […] In Hannover ist man jetzt dabei, die „Fußgängerzone" abzuschaffen. Weil „Fußgänger" männlich ist und „Zone" militaristisch, wünscht sich die stellvertretende grüne Ratsfraktionsvorsitzende Ingrid Wagemann, dass dieses Wort aus dem Sprachgebrauch gestrichen wird. Frau Wagemann möchte, dass fortan nur noch von „Flaniermeile" die Rede ist – das sei atmosphärisch besser geeignet. […] Es ist ja nicht damit getan, den „Fußgänger" zu neutralisieren; man muss alle Wörter aus dem Verkehr ziehen, die auch nur vermeintlich ein Geschlecht bevorzugen. „Mannschaft" zum Beispiel ist ein Wort, das schon so verdächtig heraussticht, dass man es selbst im Fall einer durchgängig männlichen Mannschaft lieber durch „Team" ersetzen sollte. Auch „herrlich" oder „jedermann" steht aus nachvollziehbaren Gründen auf dem Index[1], ebenso wie das beliebte Pronomen „man". Am besten sagt man nur noch „frau" oder „Mensch" […]. Vollends verloren ist, wer sich an Redewendungen wagt. Wie will man die Aufforderung „Haltet den Dieb" feministisch korrekt wiedergeben, wenn man das Geschlecht des Diebes nicht weiß? Oder den Sinnspruch „Der Klügere gibt nach" so anpassen, dass er nicht sexistisch gelesen werden kann? Am Ende steht die Unlesbarkeit und damit die Lächerlichkeit des Unterfangens.

1 Index: Liste mit Ausdrücken oder Dingen, die nicht benutzt werden sollen

1 Wie wirkt der Text auf euch: informativ, urteilend, lehrreich, lustig, ironisch? Begründet.

2 Diskutiert: Wo sind Paarformulierungen wie „Schülerinnen und Schüler" sinnvoll? Wie wirken sich diese Paarformulierungen auf die Lesbarkeit von Texten aus?

3 Findet selbst geschlechtsneutrale Ausdrücke. Wählt Aufgabe a oder b.

●●● **a** Formuliert vier Regeln für geschlechtsneutrale Mitteilungen in der Schule.

●○○ **b** Formuliert die folgenden Aussagen geschlechtsneutral um:
- Alle Schüler haben schulfrei.
- Eine Praktikantin wird gesucht.
- Der Antragsteller muss das Formular vollständig ausfüllen.

Information **Geschlechtsneutrales Sprechen und Schreiben**

Geschlechtsneutral zu formulieren heißt, Sprache so zu verwenden, dass klar hervorgeht, ob **Frauen und Männer gemeint** sind. Man kann z. B. sagen oder schreiben: *„Lehrerinnen und Lehrer sollen …"* oder geschlechtsneutrale Ausdrücke verwenden, z. B.: *die Lehrenden.*

Dialekte untersuchen

Asterix babbelt hessisch – Julius Cäsar, der aldde Babbsack, will des klaane gallische Kaff, des wo mir all so guud kenne tun, endgüldisch plattmache. Mit Hilfe des Architekten Spachtelhannes soll ganz in de Näh des römischen Lagers Labbedrum a prächtisch Siedlung entstehen. Da, wo kaa Sachse hause, solle in Zukunft römische Zuwanderer e neu Heimat finne.

Asterix auf Ruhrdeutsch – Wir sind inne fuffziger Jahre vor Gesus Christus. Die Römers ham sich dat ganze gallische Revier untern Nagel gerissen. Dat ganze Revier? Schief gewickelt! Ne unbeuchsame Kollerie von krabitzige Galliers stellt sich quer im Römerpott. Und bringtse zimmich am Rotieren die römische Legionäre, die in ihre Lager von Duisbum, Castrum Rauxel, Kleinbochum und Dortmum am Dauerkämpen sind.

Asterix balinat – Janz Jallien is vonne Röma besetzt. Moment. Wa wolln nich übatreibn! Et jibbt een Dorf, det dem römischen Aggressor Widerstand leistet, eenen so eklichen Widerstand, det die römischen Lejionäre de Lust am Kämpfen valorn haben und lieber ihre befestichten Laga (Babaorum, Aquarium, Laudanum und Kleinbonum) in Erlebnisparks für Voaschulkinda umwandeln würden, wenn nich, ja wenn nich Zesa, der hate Hunt, se brutal daran hindern würde.

1 a Traut ihr euch, einen der Texte vorzulesen? Was hindert euch gegebenenfalls daran?
b Bereitet in Partnerarbeit einen Text zum Vorlesen vor.

2 a Übersetzt in Partnerarbeit die jeweiligen Textausschnitte.
b Gebt wieder, worum es in allen drei Ausschnitten geht.

3 Beschreibt die Eigenarten der Dialekte oben näher. Wählt Aufgabe a oder b.

●○○ a Ordnet zu: Welches Dialektbeispiel gehört zu welcher der folgenden Aussagen?

A Der Plural bei Hauptwörtern wird zusätzlich mit einem *-s* am Wortende gebildet.
B Buchstabenfolgen wie *ir* und *er* werden oft wie *a* gesprochen.
C Der Buchstabe *g* wird meist wie *j* oder *ch* gesprochen.
D Der Doppellaut (Diphthong) *ei* wird zu *a* oder *aa*.
E Der Artikel *das* wird mit *t* geschrieben und gesprochen.
F Die Endung *-ig* wird *-isch* gesprochen.

●●● b Vergleicht einzelne Wörter aus den drei Texten mit den entsprechenden hochdeutschen Wörtern. Notiert Unterschiede wie folgt:

– Wörter, bei denen Buchstaben weggefallen sind, z. B.: *nich → nicht, …*
– Wörter, die zusammengezogen worden sind, z. B.: *inne → in den, …*
– Wörter, bei denen Vokale oder Konsonanten anders klingen und geschrieben werden, z. B.: *aldde → alte, klaane → kleine,*

c Vergleicht eure Ergebnisse in der Klasse.

Dialekte geografisch zuordnen und bewerten

1 Formuliert, was die Karte zeigt, z. B.:
Die Karte zeigt ..., wie in der ... die ... verteilt ....
So wird z. B. ...

2 a Ordnet die Textauszüge von S. 75 einer geografischen Region auf der Karte zu.
b Welcher Dialekt wird bei euch oder in der Nähe gesprochen? Sucht den Namen auf der Karte.

„Hawediäre!“, „Däach!“ oder „Moin!“ – drei Formen, ein Gruß. So wünscht man sich auf Bairisch, Sächsisch und Ostfriesisch einen „guten Tag“.
Wenn schon bei einer der gängigsten Grußformeln solch große Unterschiede bestehen, kann man sich schnell ausmalen, wie das erst bei normalen Gesprächen in den jeweiligen Dialekten aussieht. Der Dialekt ist für mich ein Auslaufmodell.

Der Dialekt stärkt die regionale Zugehörigkeit. Er verbindet die Menschen auf seine ganz eigene Art und Weise. Die Dialekte bereichern uns also um ein wichtiges Kulturgut: egal ob im Internet oder offline. Ohne sie wären viele Feste und Bräuche sicherlich längst ausgestorben. Deswegen ist für mich der Dialekt immer noch aktuell.

3 Im Onlineforum einer Zeitschrift haben Leserinnen und Leser ihre Meinung zu der folgenden Frage geäußert: „Sind Dialekte aktuell oder veraltet?“
a Formuliert, welche Position ihr besser nachvollziehen könnt. Wie lautet das Argument?
b Diskutiert, welche Bedeutung der Dialekt für euch hat. Überlegt dabei:
– Wann und mit wem sprecht ihr Dialekt?
– Gibt es Gründe, warum ihr in bestimmten Situationen oder mit bestimmten Personen lieber Dialekt oder Hochdeutsch sprecht?

Information **Der Dialekt (die Mundart)**

- **Dialekte** sind an **eine bestimmte geografische Region gebunden.** Von der **Standardsprache** (Hochsprache) sind sie vor allem **lautlich,** aber auch zum Teil im **Vokabular** verschieden.
- Man unterteilt die Dialekte grob in das **Niederdeutsche** (Dialekte in Norddeutschland, auch „Plattdeutsch“ genannt), das **Mitteldeutsche** (Dialekte in Mitteldeutschland) und das **Oberdeutsche** (Dialekte in Süddeutschland).

Teste dich!

WO Ein Dialekt wird ausschließlich von älteren Menschen gesprochen.
EN Anglizismen sind Bestandteil der Jugendsprache.
CH Das Erlernen der Standardsprache ist Voraussetzung für die Teilnahme am öffentlichen Leben.
AB Geschlechterneutral zu schreiben bedeutet, eindeutige Begriffe für Frauen und Männer zu vermeiden.
RE Dialekt ist ein wichtiger sprachlicher Bestandteil einer gewachsenen Tradition in einem geografischen Gebiet.
DO In der Standardsprache werden sehr häufig unvollständige Sätze verwendet.
SP Typisch für das Kiezdeutsche sind Wortverschmelzungen und Satzverkürzungen.

1 Notiere im Heft die Buchstaben vor den richtigen Aussagen.
Tipp: Die Buchstabenpaare der zutreffenden Sätze ergeben von unten nach oben ein Lösungswort.

Wir suchen während der Sommerferien
Schülerinnen und Schüler zur Betreuung für unsere Jugendgruppen.
Wenn du Interesse hast, bewirb dich bei uns: Ansprechpartnerin ist Frau Menzel.

VORSICHT FEHLER!

Hallo Frau Menzel,

Sie suchen coole Typen, die während der Sommerferien Kids betreuen?
Ich glaube, dass ich für diesen geilen Job super geeignet bin. In meiner Schule habe ich schon oft mega Events geplant. Ich habe Fun im Umgang mit Kids und bin keine Schnarchnase. Wenn es aber sein muss, bin ich auch tough. Gibt es mal Stunk, kann ich die Lage schnell peilen. Dann labere ich nicht lange herum, sondern mache klare Ansagen. Das kommt in der Regel echt krass an.

Über ne gute Antwort von Ihnen würde ich mich sehr freuen.

Tschüss Jens

2 Jens hat auf die Anzeige von Frau Menzel diesen Brief geschrieben.
Überarbeite Jens' Schreiben in deinem Heft:
- **a** Notiere Verbesserungsvorschläge für die markierten Ausdrücke.
- **b** Schreibe den Text mit Hilfe deiner Notizen neu.

3 Vergleicht in Partnerarbeit eure Lösungen.

4.2 Heimat – Annäherung an einen schwierigen Begriff

1 Welche Eindrücke und Empfindungen habt ihr beim Betrachten des Schildes?

2 Besprecht, was dem Gestalter des Schildes wohl an seinem Zuhause wichtig ist. Warum hat er sich für diese Begriffe entschieden?

3 Was müsste auf eurem Schild stehen? Gestaltet ein eigenes „Daheim-Schild".

Franz Hohler (* 1943)

Daheim

Daheim bin ich, wenn ich die richtige Höhe
greife, um auf den Lichtschalter zu drücken.
Daheim bin ich, wenn meine Füße die Anzahl
der Treppenstufen von selbst kennen.
Daheim bin ich, wenn ich mich über den Hund
der Nachbarn ärgere, der bellt, wenn ich meinen
eigenen Garten betrete.

Würde er nicht bellen, würde mir etwas fehlen.
Würden meine Füße die Treppenstufen nicht
kennen, würde ich stürzen.
Würde meine Hand den Schalter nicht finden,
wäre es dunkel.

1 Was verbindet das lyrische Ich mit „daheim"?
Lest passende Textstellen vor. Erklärt sie mit eigenen Worten, z. B. zu Vers 1–2:
In die richtige Höhe greifen zu können, bedeutet, dass man sich gut …
Man muss nicht …

2 Ergänzt den Text so, dass er zu euren eigenen Vorstellungen von „daheim" passt.
Beginnt so: *Daheim bin ich, wenn ich …*

Denotat und Konnotat unterscheiden

Heimat ist der geografische Raum, mit dem sich der Mensch durch Geburt, Tradition und Lebensweise besonders verbunden fühlt.

1 Was bedeutet nach dem Lexikonartikel der Begriff „Heimat" grundsätzlich? Schreibt aus der Illustration diese Grundbedeutung (Denotat) heraus.

2 Obwohl die Jugendlichen alle denselben Begriff vor Augen haben, verbinden sie mit ihm in ihren Vorstellungen unterschiedliche Bedeutungen. Ordnet zu.
Welche der folgenden Nebenbedeutungen (Konnotationen) passt zu welcher Vorstellung?

Lebensmittelpunkt	Geborgenheit	soziales Umfeld

3 Was heißt Heimat für euch?

a Legt ein Cluster an. Schreibt in die Mitte eines Blattes den Begriff, um den es geht. Notiert dann um diesen Begriff herum alles, was euch zu ihm einfällt.

b Stellt eure Ergebnisse in einem Galeriegang vor. Legt dazu eure Cluster auf eure Tische.

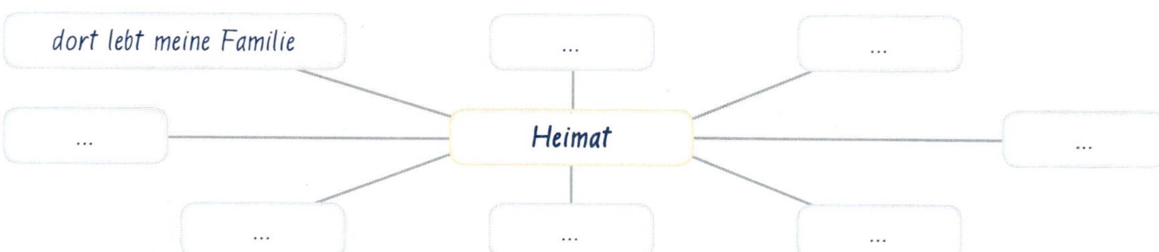

4 Überlegt, warum Begriffe, die z. B. Gefühle (Glück, Freude) oder Werte (Respekt, Zivilcourage) bezeichnen, schwerer zu erklären sind als Begriffe, die etwas Gegenständliches (Fenster, Auto) benennen.

Andrea Petkovic: „Es ist wichtig, verortet zu sein“

Australien, Frankreich, Slowakei, Dubai, USA – das ist die Reiseroute von Andrea Petkovic (26) in diesem Jahr. Heimisch fühlt sie sich aber in Südhessen, wo sie vor Kurzem vom Elternhaus in Griesheim ins Eigenheim in Eberstadt gezogen ist. Das erklärt die Tennisspielerin in ihrem Gastbeitrag […]:

Tennis – Für die Darmstädterin Andrea Petkovic ist es wie Urlaub, wenn sie zu Hause sein kann.

„Als jemand, der knapp 40 Wochen im Jahr rund um den Globus tourt, hat der Begriff Heimat für mich natürlich eine ganz besondere Bedeutung. Wenn man die meiste Zeit in Hotels wohnt und aus dem Koffer lebt, ist die Sehnsucht nach einem Ort, an dem man sich in Ruhe niederlassen kann und wohl fühlt, extrem stark. Während andere Urlaub machen, um mal fernab der Heimat zu sein, ist es für mich jedes Mal wie ein kleiner Urlaub, wenn ich nach Hause komme. Es ist wichtig, bei all den ganzen Reisen irgendwo verortet zu sein.
Noch komplizierter wird die Beziehung zwischen dem Thema Heimat und mir dadurch, dass ich eigentlich gleich zwei davon habe. Durch meine serbischen Wurzeln werde ich mich diesem Land immer verbunden fühlen und es wird immer auch eine Heimat für mich sein. Wenn man das Ganze losgelöst von geografischen Gegebenheiten betrachtet, gibt es für mich sogar noch eine dritte Heimat: den Tennisplatz.“

1 Die Textüberschrift lautet: „Es ist wichtig, verortet zu sein“.
Was meint Andrea Petkovic damit? Belegt eure Aussagen mit Textstellen.

2 **a** Formuliert die drei Nebenbedeutungen (Konnotationen), die der Begriff „Heimat“ für Andrea Petkovic hat. Verwendet Begriffe wie: *Ruhe, Ferien, Hobby, Geburtsland, …*
b Erzählt: Wer von euch hat auch zwei oder drei Heimaten?

3 „Erst die Fremde lehrt uns, was wir an der Heimat besitzen“ (Theodor Fontane).
Überlegt, wie dieses Zitat zu Andrea Petkovics Aussage passt.

Information **Die Grund- und Nebenbedeutung von Wörtern – Denotation und Konnotation**

- **Denotation:** meint die klar definierte **Grundbedeutung** eines Wortes.
  Man kann sie im Wörterbuch oder Lexikon nachschlagen, z. B.: *Sofa = Ruhebank, Sitzmöbel.*
- **Konnotation:** bezeichnet die **Nebenbedeutung** eines Wortes. Das sind **Vorstellungen, Erfahrungen und Empfindungen,** die wir mit einem Wort verbinden, z. B.: *Sofa = faul sein.*

Sprache wandelt sich

Aus einem Herkunftswörterbuch

Heim: „Haus, Wohnort, Heimat“, gotisch (12. Jh.) haims „Dorf“. Während das Adverb „heim“ ständig im lebendigen Gebrauch blieb, fehlt das Nomen „Heim“ vom 16. Jh. bis zur Mitte des 18. Jh.s in den literarischen Belegen. Wohl unter dem Einfluss von *engl.* „home“ wurde dann das Nomen neu belebt oder das Adverb „heim“ nominalisiert. Mit dem Adverb „heim“ sind einige Verben unfeste Zusammensetzungen eingegangen, z. B.: **heimfallen/der Heimfall:** „als Eigentum an den ursprünglichen Besitzer zurückfallen“ (16. Jh.); **heimgehen/der Heimgang:** im übertragenen Sinne auch „sterben“; **heimleuchten** (16. Jh.): zunächst „jemanden mit einer Fackel oder dergleichen nach Hause geleiten“, seit dem 18. Jh. „fortjagen, jemanden Beine machen“; **heimsuchen/die Heimsuchung:** „in freundlicher oder feindlicher Absicht aufsuchen, überfallen“; **heimzahlen/die Heimzahlung:** „rächen, zurückzahlen, belohnen“.
Eine alte Ableitung von „Heim“ ist Heimat. Ableitung **heimisch** „zum Heim, zur Heimat gehörig, einheimisch, zahm, nicht wild wachsend“.

1 In einem Herkunftswörterbuch kann man die Geschichte von Wörtern kennen lernen.
a Tauscht euch aus: Welche der im Wörterbuchartikel genannten Zusammensetzungen mit *heim* oder *Heim* gebraucht ihr noch heute?
b Berichtet: Gibt es Wörter mit *heim*, die ihr vielleicht anders verwendet, z. B. *heimzahlen?*

2 Verfolgt die Sprachgeschichte von *Heim* und seinen Zusammensetzungen genauer. Wählt Aufgabe a/b oder c/d.
a Notiert die Denotation (Grundbedeutung) des Wortes.
b Prüft, bei welcher Zusammensetzung sich die Konnotation (Nebenbedeutung) *beschützen* in ihr Gegenteil gewandelt hat.
c Begründet, ob die folgende Aussage stimmt:
Heim bedeutet immer etwas Gutes. Auch in den Zusammensetzungen ist *heim* mit Vorstellungen von Schutz und Sicherheit verbunden.
d Stellt eine der Zusammensetzungen mit *heim* spielerisch und ohne Worte dar. Der Lernpartner muss raten, welche Zusammensetzung gemeint ist.
e Tauscht euch über eure Ergebnisse in der Klasse aus.

3 Recherchiert in einem Herkunftswörterbuch oder im Internet die Geschichte der Adjektive *heimlich* und *heimisch*.
a Gebt wieder, mit welcher Bedeutung die beiden Adjektive früher verwendet wurden.
b Wie gebraucht ihr die Adjektive heute? *Ich gebrauche das Wort …, wenn ich etwas …*
c Stellt fest, inwieweit sich die Grundbedeutung von *heimlich* und *heimisch* gewandelt hat.

4 Erläutert die Begriffe Alten*heim*, Eigen*heim*, Flüchtlings*heim* und Kinder*heim*.
a Was sollen sie grundsätzlich bedeuten?
b Überlegt, was sie jeweils für einen Menschen bedeuten könnten, der dort leben will oder muss.

Üben: Über Begriffsbedeutungen nachdenken

Rolf Schwartmann, Gila Polzin

Das Podolski-Dilemma: Ganz deutsch oder gar nicht

Manchmal trägt man an Entscheidungen schwer. Lukas Podolski hat das 2008 eindrucksvoll vorgeführt. Er ist als Kind polnischer Einwanderer deutscher Fußballnationalspieler und schoss bei der Europameisterschaft in Österreich sein Heimatland zum Sieg gegen sein Vaterland. Heimat gegen Wurzel ist sein Dilemma. Mit den Worten „Ich habe aus Respekt für Polen nicht gejubelt" hat er es nach dem Spiel auf den Punkt gebracht und vergaß den Pokal für den „besten Spieler der Partie" beinahe im Stadion. Wer sich die Bilder unmittelbar nach den Toren vor Augen führt, der spürt, wie ungeeignet Worte sind, um zu beschreiben, dass Freude und Kummer eins sein können. Poldi musste [für den Deutschen Fußball-Bund] seine polnischen Wurzeln formal abtrennen. Das geht nicht anders. Man kann im Fußball nur für ein Land siegen.

1 a Beschreibt, was ihr auf dem Foto seht. Geht besonders auf Lukas Podolskis Körpersprache ein, z. B.:
Trotz seines Tors … nicht. Stattdessen wirkt er … Das zeigt sich an seiner … Er geht mit …
b Lest die Zeilen aus dem Text vor, die am besten zu dem Foto passen.

2 ●●● Ein Dilemma bezeichnet eine Situation, in der man sich zwischen zwei gleichen oder ähnlichen Möglichkeiten entscheiden muss, die beide mit Nachteilen verbunden sind.
Erläutert, auf welche Weise Lukas Podolski in einem Dilemma steckt.
▷ Eine Hilfe zu Aufgabe 2 findet ihr auf Seite 83.

3 ●●● „Ich habe aus Respekt für Polen nicht gejubelt" (► Z. 8–9).
Umschreibt den Begriff „Respekt". Nutzt Synonyme.
▷ Hilfe zu 3, Seite 83

4 ●●● Verfasst zum Foto einen inneren Monolog, in dem Lukus Podolski über seine Herkunft nachdenkt.
Nutzt die Informationen aus dem Text, z. B.:
Jetzt habe ich gegen … Heimat ein Tor … Meine neue … ist aber … Polen ist mein …, während Deutschland …
▷ Hilfe zu 4, Seite 83

●○○ Aufgabe 2 mit Hilfe

Ein Dilemma bezeichnet eine Situation, in der man sich zwischen zwei gleichen oder ähnlichen Möglichkeiten entscheiden muss, die beide mit Nachteilen verbunden sind.
Erläutert, auf welche Weise Lukas Podolski in einem Dilemma steckt.
Wählt von den folgenden Aussagen die passende aus:

A Er hätte das Tor lieber nicht geschossen, denn dadurch gewann Deutschland das Spiel.
B Er hatte sich noch nicht entschieden, ob er für Polen oder Deutschland spielen möchte.
C Er jubelte nicht, weil er sich auch mit seinem Geburtsland verbunden fühlt.
D Er hätte lieber für Polen spielen wollen, aber das durfte er nicht mehr.

●○○ Aufgabe 3 mit Hilfe

„Ich habe aus Respekt für Polen nicht gejubelt" (► Z. 8–9).
Umschreibt den Begriff „Respekt".
Nutzt den nachstehenden Wortspeicher.
Tipp: Im Wortspeicher findet ihr sinnverwandte Begriffe zu „Respekt", aber auch solche, die nicht passen.

Wertschätzung Freude Stolz Achtung Ehrgeiz Überheblichkeit Ehrerbietung
Rücksicht Güte Erbarmen Höflichkeit Anerkennung Scheu

●○○ Aufgabe 4 mit Hilfe

Verfasst zum Foto (► S. 82) einen inneren Monolog, in dem Lukus Podolski über seine Herkunft nachdenkt.
Der folgende Monolog hat inhaltliche Fehler. Überarbeitet und ergänzt ihn im Heft.

VORSICHT FEHLER!

Ich habe nur eine Heimat, und die ist Österreich.
Warum sollte ich mich hin- und hergerissen fühlen?
Meine alte Heimat ist Deutschland und meine neue ist Polen.
Jetzt habe ich gegen ... Das schmerzt, weil ich doch gar nicht gewinnen wollte.
Mit dem Begriff Heimat verbinde ich zwei Dinge: Zum einen den Ort meiner ... und zum anderen den Ort, wo ich ...
Die Menschen in Polen werden sicher denken, ich ...
Daher juble ich nicht, denn ich hätte ein noch viel schöneres Tor erzielen können.

4.3 Projekt: Public Viewing – Sprachtrends auf der Spur

Über die Verwendung von Fremdwörtern nachdenken

Europäische Nations-League kommt

2018 startet die Europäische Nations-League. Die 54 Teams werden in vier Divisionen eingeteilt. Es gibt eine Topdivision (A) und drei weitere niedrigere Divisionen (B–D). Nach dem derzeitigen Stand ist folgende Aufteilung vorgesehen:

Die Divisionen A und B werden aus vier Gruppen mit jeweils drei Teams bestehen.

Die Division C besteht aus zwei Gruppen mit drei Teams und zwei Gruppen mit vier Teams.

Die Division D hat vier Gruppen zu jeweils vier Teams.

Die vier Gruppensieger der Topdivision spielen im Juni 2019 im K.-O.-System den UEFA-Nations-League-Gewinner aus. Das deutsche Team dürfte Chancen haben, in der Topdivision (A) mit Ländern wie Spanien, Italien und England zu spielen. Die Gruppensieger der Topdivision ermitteln in einem Finalturnier auf neutralem Platz den ersten Champion.

Die Gruppensieger der unteren Divisionen (B–D) spielen um den Aufstieg in die nächsthöhere Division B → A/C → B/D → C. Die jeweils Gruppenletzten der Divisionen steigen ab. Außerdem wird in einem Ranking auch erstmals das Fair-Play-Team bewertet. Eine Trophäe erhält der erfolgreichste Topscorer sowie der beste Keeper.

1

a Erläutert, wie der Text auf euch wirkt.

b Versucht in Partnerarbeit, die folgenden Fremdwörter im Text durch deutsche Wörter zu ersetzen:

Z. 1: Teams Z. 2: Topdivision Z. 8: Chancen Z. 10: Finalturnier Z. 10: neutralem Z. 10: Champion
Z. 13: Ranking Z. 13: Fair-Play-Team Z. 13: Trophäe Z. 14: Topscorer Z. 14: Keeper

c Tauscht euch in der Klasse über eure Wortersetzungen aus.
- Welche Wörter konntet ihr leicht ersetzen?
- Bei welchen fiel es euch schwer?

d Lest den Text mit den deutschen Wörtern.
Erklärt, ob sich die Wirkung des Textes durch eure Wortersetzungen verändert hat.

2 Die Begriffe „Team“, „Ranking“, „Fair-Play“, „Topscorer“ und „Keeper“ wurden aus dem Englischen ins Deutsche übernommen. Man bezeichnet sie als „Anglizismen“.

a Sammelt weitere englisch klingende Wörter, die ihr aus dem Bereich „Sport“ kennt.

b Überlegt, warum im Sport oft viele Anglizismen verwendet werden.

3

a Diskutiert: Welches der folgenden Argumente spricht am meisten dafür, Anglizismen beizubehalten?

A Anglizismen wirken modern. Wer also modern sein will, sollte sie verwenden.

B Anglizismen werden in der Regel auch im Ausland verstanden.

C Neuere Fachbegriffe stammen oft aus dem Englischen. Diese lassen sich schlecht ersetzen.

D Sprache verändert sich ständig. Mit Anglizismen bleibt auch das Deutsche lebendig.

b In welchen Fällen sollte ein Anglizismus oder Fremdwort übersetzt werden?

Anglizismen im Übersetzungsbüro

1 a Betrachtet die Fotos. An welchen Orten sind sie entstanden?
b Beschreibt ähnliche Orte und Texte, die ihr kennt.
c Übersetzt die Texte auf den Fotos.

2 Im Englischen bedeutet „Public Viewing" nicht dasselbe wie im Deutschen. Recherchiert den Begriff und seine Bedeutungen im Internet oder in einem Wörterbuch.

3 Übersetzen oder nicht übersetzen? Das ist hier die Frage. Werdet zu Anglizismus-Experten und führt in Gruppen diese Sprachuntersuchungen durch.

1. Schritt: Themengruppen bilden

4 a Listet an der Tafel auf: In welchen Bereichen bzw. Fachgebieten begegnen euch in Texten, Werbeanzeigen, Plakaten etc. Anglizismen?
b Bildet je nach Interesse Themengruppen, z. B.: Themengruppe „Berufe".

2. Schritt: Wortmaterial sammeln

5 Recherchiert zu eurem Thema. Sucht Materialien, in denen Anglizismen verwendet werden.
Tipp: Seid ihr euch unsicher, ob ein Begriff aus dem Englischen stammt? Dann prüft das in einem Herkunftswörterbuch.

Global Player sucht!
Folgende Stellen sind bei uns zu besetzen:
– First-Level-Supporter
– Key-Accounter
– Optics-Expert

Materialbeispiele für die Themengruppe „Berufe"

3. Schritt: Das Material bewerten

> *Sale = Ausverkauf*
> *Jn einem überwiegend deutschsprachigen Raum lässt sich der Begriff in den Geschäften problemlos durch ein deutsches Wort ersetzen. Er wirkt allerdings weniger international und modern.*

6 a Bewertet wie im Beispiel zu „Sale" die in den Materialien verwendeten Anglizismen. Kann man sie ersetzen, weil ...
- sie nur modern wirken sollen?
- es ein passendes deutsches Wort gibt?

b Sollte man die in den Materialien verwendeten Anglizismen beibehalten, weil ...
- sie treffender sind?
- sie Teil einer Fachsprache sind?
- sie international verwendet und verstanden werden?

4. Schritt: Plakate erstellen und präsentieren

7 a Stellt auf einem Plakat Wörterlisten, mögliche Übersetzungen und Begründungen zusammen.
b Präsentiert eure Wörterplakate in der Klasse. Erläutert euer Bild- und Textmaterial.

Themengruppe „Berufe"			
Anglizismus	**Vorschlag für ein deutsches Wort**	**Ersatzwort geeignet?**	**Begründung**
Sale	*Ausverkauf*	*ja*	*lässt sich mit einem treffenden Wort übersetzen*
Global Player	*weltweit aktiver Spieler*	*nein*	*Der Begriff wird von Unternehmen verwendet, die weltweit arbeiten. Übersetzungen würden in anderen Ländern nicht verstanden werden.*
Themengruppe „Sport"			
Anglizismus	**Vorschlag für ein deutsches Wort**	**Ersatzwort geeignet?**	**Begründung**
Jndoor-Event	*Hallenveranstaltung*	*ja*	*lässt sich problemlos ersetzen*
Fair-Play	*regelgerechtes Spielen, redliches Spiel, anständiges Spiel*	*nein*	*Der Begriff beinhaltet mehr, als nach Regeln zu spielen. Er beschreibt eine Haltung des Sportlers, den Respekt vor dem sportlichen Gegner.*

Schreibwörter ► S. 312

der Dialekt	der Standard	der Anglizismus	übersetzen
das Kiezdeutsch	das Zuhause	das Dilemma	sich annähern

5 „Meine deutschen Wörter haben keine Kindheit“ – Eine zweisprachige Autorin lesen und vorstellen

1 Die Bilder deuten Themen und Ereignisse im Leben und Schreiben der Autorin Emine Sevgi Özdamar an. Nutzt die Bilder, um folgende Fragen zu beantworten:
Woher stammt sie? Wo lebt sie jetzt?
Was könnte sie erlebt haben?

2 **a** Stellt in Partnerarbeit mit Hilfe der Bilder Vermutungen darüber an, welche Themen und Figuren in Özdamars Texten vorkommen könnten.
b Tauscht euch über eure Vermutungen aus.

In diesem Kapitel ...

- lernt ihr eine Deutsch schreibende türkische Autorin näher kennen,
- erarbeitet ihr ein Autorenporträt und gestaltet eine Ausstellung,
- untersucht ihr Texte von und über Emine Sevgi Özdamar,
- gestaltet und überarbeitet ihr selbst Texte.

5.1 Emine Sevgi Özdamar – Eine Autorin durch Texte kennen lernen und im Porträt vorstellen

Informationen zu Lebenshintergründen erschließen

Emine Sevgi Özdamar

Rede zur Verleihung des Kleist-Preises am 21. 11. 2004 (1. Auszug)

In den sechziger Jahren kam ich als junges Mädchen nach Berlin, blieb anderthalb Jahre in Deutschland und lernte Deutsch. [...] Alle Ausländer waren damals nur für ein Jahr nach Westberlin gekommen, und wenn ihre Verträge mit den Fabriken nach einem Jahr ausliefen, wollten fast alle wieder in ihre Länder zurückkehren. Alle hatten, als sie in ihren Ländern an den Bahnhöfen oder Flughäfen von ihren Menschen Abschied nahmen, gesagt: „Nach einem Jahr komme ich zurück, nur ein Jahr, das wird schnell vergehen, im nächsten Frühling bin ich wieder hier." Sie redeten von diesem einen Jahr, für das sie nach Berlin gekommen waren, als ob es nicht zu ihrem Leben gehörte. Vielleicht sah Berlin deswegen nicht nur zwei-, sondern dreigeteilt aus: Westberlin, Ostberlin, Ausländerberlin. Die Ausländer waren für sich selbst die Vögel, die sich auf einer großen Reise mal kurz auf die Berliner Bäume gesetzt hatten, um dann weiterzufliegen. Die Gastvögel schauten sich Berlin von oben an und verstanden die Sprache der Menschen nicht und die Menschen unten verstanden ihre Vogelsprache nicht. Die Vögel trafen sich am Bahnhof Zoo, ihr Ankunftsort in Berlin, und nach einem Jahr ihr Abfahrtsort aus Berlin. Dort standen die Vögel in Gruppen. Vogelsprachen zwischen den ein- und ausatmenden Zügen. Griechische, italienische, spanische, jugoslawische, türkische Männer liefen durch die Berliner Straßen und sprachen laut ihre Sprache, und es sah so aus, als ob sie hinter ihren Wörtern hergingen, als ob ihre laute Sprache ihnen den Weg frei machte. Wenn sie eine Berliner Straße überquerten, dann nicht, um in eine andere Straße zu gelangen, sondern weil ihre lauten Wörter in der Luft vor ihnen hergingen. So liefen sie hinter ihren Wörtern her und sahen für die Menschen, die diese Wörter nicht verstanden, aus, als ob sie mit ihren Eseln oder Truthähnen durch ein anderes Land gingen.

1 a Stellt euch die Ankunftsszene bildlich vor. Wie wirkt sie auf euch?
b Veranschaulicht die Ankunftsszene. Wählt Aufgabe c oder d.
●○○ c Zeichnet die Szene.
●●● d Stellt die Situation in Gruppen als kleine Spielszenen dar.
e Präsentiert eure Ergebnisse. Gebt euch jeweils Rückmeldung: Was habt ihr hervorgehoben? Was habt ihr weniger oder nicht dargestellt?

2 Bei einer Metapher werden Wörter nicht wörtlich, sondern bildhaft verwendet (▶ S. 92). Im Text steht die Metapher der Vögel für die Situation der Menschen und ihre Gefühle. Erklärt dieses Sprachbild aus dem Textzusammenhang. Nutzt folgende Begriffe: *rastlos, sich niederlassen, keinen Bodenkontakt, von weit oben, wegfliegen, zwitschern,* z. B.:
Die Vogel-Metapher vermittelt den Eindruck, wie ...

Hanne Crolly

Die ersten Gastarbeiter (2011)

Im Jahr 1961 vereinbarte die Bundesrepublik Deutschland mit der Türkei, dass sie türkische Arbeitskräfte ins Land holen durfte, um ihre schnell wachsende Wirtschaft in Gang zu halten. Ein paar Jahre zuvor hatten die Deutschen bereits aus anderen Nationen Arbeitskräfte angeworben.

Die ersten Gäste kamen 1955 aus Italien. Es folgten 1960 Griechenland und Spanien; bis Ende der Sechziger zudem Marokko, Portugal, Tunesien und Jugoslawien. Den größten Einfluss auf die Entwicklung sollte aber ein nur zwei Seiten umfassendes Papier haben, das am 30. Oktober 1961 unterzeichnet wurde. Das Anwerbeabkommen mit der Türkei führte zum Beginn der türkischen Einwanderung.

Anders als zahlreiche Arbeitnehmer aus europäischen Ländern kehrten viele Türken nicht, wie in dem Papier vereinbart, in ihre Heimat zurück. Das Abkommen selbst sah nämlich nur befristete Arbeitsverträge vor. Doch schon bald murrten die deutschen Arbeitgeber, die immer wieder Beschäftigte neu anlernen mussten. Daher wurden die Arbeitsgenehmigungen immer wieder verlängert.

Nach der Ölkrise 1973, deren enorm hohe Ölpreise zu einem Einbruch des Wirtschaftswachstums geführt hatten, verhängte Deutschland zwar einen kompletten Anwerbestopp, erteilte zugleich aber erstmals eine unbefristete Arbeitserlaubnis. Viele Türken holten nun ihre Familien nach. Denn sie fürchteten, nach der Rückkehr nie wieder nach Deutschland umziehen zu können.

Von 1961 bis zum Anwerbestopp kamen 860 000 türkische Zuwanderer. Die Anwerbung besorgte ein deutsches Arbeitsamt, das in Istanbul eingerichtet wurde. Die meisten Bewerber kamen vom Land, aus dem östlichen Anatolien, und waren kaum gebildet. Das war aber kein Hinderungsgrund, im Gegenteil: Landbewohner galten als unverdorben und problemloser zu führen. Hauptsache, sie waren jung, kräftig und möglichst unverheiratet.

Heute leben knapp 2,5 Millionen Menschen mit türkischem Migrationshintergrund in Deutschland. Sie sind damit nach wie vor die größte Migrationsgruppe, gefolgt von Italienern. 987 000 Personen sind als Kinder der ersten Generation von türkischen Gastarbeitern bereits in der Bundesrepublik geboren.

1 Der Zeitungsbericht beschreibt die Hintergründe der Situation, in der Özdamar in die Bundesrepublik einreiste.

a Notiert: Was erfahrt ihr Neues? Was wusstet ihr bereits? Wozu wollt ihr mehr erfahren?

b Nutzt die Methode auf S. 90. Mit ihrer Hilfe könnt ihr euch gegenseitig unterstützen, den ganzen Sachtext zu verstehen und wiederzugeben.

Tipp: Übungen dazu, wie man Texte mit eigenen Worten wiedergibt, findet ihr auf S. 19

2 Präsentiert in der Klasse eure Ergebnisse zu Aufgabe 1.
- Wurde das Thema klar benannt?
- Wurden schwierige oder unbekannte Begriffe kurz erläutert?
- Wurde der Inhalt ganz und verständlich mit eigenen Worten wiedergegeben?

3 Im Zeitungsbericht (► S. 89) steht: „Die meisten Bewerber kamen vom Land, aus dem östlichen Anatolien, und waren kaum gebildet. Das war aber kein Hinderungsgrund, im Gegenteil: Landbewohner galten als unverdorben und problemloser zu führen“ (► Z. 31–35).
Nehmt Stellung zu diesen Aussagen. Was haltet ihr von diesem Abschnitt?

4 Setzt Özdamars Redetext (► S. 88) mit dem Zeitungsbericht in Beziehung. Wählt Aufgabe a oder b.

●○○ a Die meisten ehemaligen „Gastarbeiter“ sind in Deutschland geblieben.
Begründet, ob die Metapher „Gastvögel“ und der Begriff „Gastarbeiter“ aus Özdamars Rede auch heute noch passend sind oder nicht, z. B.:

> *Die von Özdamar in ihrer Rede verwendete Metapher „Gastvögel“ meint, dass ...*
> *Der Zeitungsartikel hingegen beschreibt, dass nach 1973 ...*
> *Ein Gast ist aber in der Regel jemand, der ...*
> *Aus diesem Grund / diesen Gründen bin ich der Meinung, dass ...*

●●● b Stellt euch vor, ihr wärt wie Emine Sevgi Özdamar nach Deutschland gekommen, um hier zu leben. Mit welcher Metapher würdet ihr euch bezeichnen? Erfindet eine Metapher und erläutert sie.
Tipp: Beginnt mit einem *wie*-Vergleich und lasst das Wort *wie* dann weg, z. B.:

> *Ich bin ~~wie~~ ein neues Blatt in der Stadt.* *Meine Hoffnungen sind ~~wie~~ ...*

c Tauscht euch in der Klasse über eure Ergebnisse aus.

5 „Sie redeten von diesem einen Jahr, für das sie nach Berlin gekommen waren, als ob es nicht zu ihrem Leben gehörte“ (► S. 88, Z. 13–16).
Erläutert diesen Satz Özdamars mit Hilfe der Informationen aus dem Zeitungsartikel.

Methode **Wechselseitiges (reziprokes) Lesen zu zweit**

- **Lest allein** jeder für sich **den ersten Textabschnitt.**
  Notiert Schlüsselwörter und **unbekannte Ausdrücke.**
- **Klärt** in **Partnerarbeit** die **unbekannten Ausdrücke** aus dem Textzusammenhang.
  Prüft eure Erklärung anhand eines Wörterbuchs oder Lexikons. Notiert die Bedeutung.
- **Partner A gibt** mit Hilfe der eigenen Notizen den **Textabschnitt wieder.**
  Partner B hört zu, fragt nach, berichtigt und kommentiert.
- **Rollentausch:** Nun gibt Partner B den Textabschnitt wieder. Partner A hört zu, berichtigt und kommentiert.
- **Wiederholt das Verfahren** für die **nächsten Textabschnitte.**
- Gebt **zum Schluss den gesamten Text** mit eigenen Worten wieder, z. B.:
  In dem Zeitungsbericht von ... aus dem Jahr ... geht es darum, wie ...
  Nach eurer Zusammenfassung ist auch eine kurze Stellungnahme zum Text möglich, z. B.:
  Der Text zeigt sehr gut, wie ... *Ich finde es problematisch, wie im Text ...*
  Tipp: Ihr könnt euch auch Fragen zum Text ausdenken, die ihr dann der Klasse stellt.

Sprachbilder übersetzen

Emine Sevgi Özdamar ging nicht nur aus beruflichen Gründen nach Deutschland, sondern auch aus politischen. 1971 zwang das Militär in der Türkei die Regierung zum Rücktritt. Özdamar wurde wegen ihrer Mitgliedschaft in der nun verbotenen Arbeiterpartei für Wochen inhaftiert. Insgesamt wurden über 10 000 Personen festgenommen und zum Teil auch gefoltert. 37 Zeitungen und über 200 Bücher wurden verboten, ebenso mehrere politische Parteien. 28 Menschen wurden von der Polizei bzw. dem Militär auf offener Straße erschossen.

Emine Sevgi Özdamar

Rede zur Verleihung des Kleist-Preises am 21.11.2004 (2. Auszug)

1971 putschten[1] die Militärs in der Türkei. Polizisten kamen in die Häuser und verhafteten nicht nur die Menschen, sondern auch die Wörter. Alle Bücher wurden vorsichtshalber zu den Polizeirevieren gebracht. Damals bedeutete in der Türkei Wort gleich Mord. Man konnte wegen Wörtern erschossen – gefoltert werden. In solchen Zeiten können Wörter krank werden:
„Weißt du, in welchem Gefängnis er sitzt?"
„Ja, in Selimiye. Er wartet darauf, aufgehängt zu werden."
„Heute sind acht Studenten ermordet worden. Ein Vater ist mit einem Sarg gekommen und suchte seinen Sohn."
Ich wurde unglücklich in der türkischen Sprache. Ich lief im Stadtzentrum Istanbuls umher, plötzlich rannten die Menschen, wohin? Das schöne Obst in den Ständen in den Straßen befremdete mich. Was suchten dort die Granatäpfel, was die Weintrauben? Wem sollten sie schmecken? Bei einem Putsch steht alles still, die Baustellen, der Export und Import, die Menschenrechte, auch die Karriere steht still, sogar die Liebe kann stillstehen. Ein großes Loch tut sich auf. Man sagt, man verliert in einem fremden Land die Muttersprache, aber in solchen Jahren kann man die Muttersprache auch im eigenen Land verlieren, die Wörter verstecken, vor manchen Wörtern Angst bekommen. Ich wurde damals müde in meiner Muttersprache. Wenn die Zeit in einem Land in die Nacht eintritt, suchen sogar die Steine eine neue Sprache. [...]
Die Zunge hat keine Knochen. Wohin man sie dreht, sie bewegt sich dorthin. Ich drehte meine Zunge ins Deutsche und plötzlich war ich glücklich. Dort am Theater, wo die tragischen Stoffe einen berühren und zugleich eine Utopie[2] versprechen.

1 putschen, Putsch: Übernahme/Sturz einer Regierung; es ist umstritten, ob es sich 1971 um einen Putsch handelte
2 Utopie: hier: Traum von einer besseren Zukunft

1 Beschreibt euren ersten Leseeindruck.

2 Im Textauszug finden sich viele Sprachbilder. Wie versteht ihr sie?
Ordnet in Partnerarbeit den Sprachbildern A passende Bedeutungen aus B zu:

A	B
Wörter verstecken (Z. 28)	Die eigene Sprache wird einem fremd.
in der Muttersprache müde werden (Z. 29 f.)	Man kann andere Sprachen lernen.
Steine suchen neue Sprache (Z. 32)	Bestimmte Meinungen werden verboten.
Wörter werden verhaftet (Z. 2 ff.)	Man schweigt aus Angst.
Zunge hat keine Knochen (Z. 33)	Alles ist einander fremd.

3 Erläutert die Sprachbilder aus Aufgabe 2 (▸ S. 91) mit Hilfe eurer Zuordnungen genauer. Wählt Aufgabe a oder b.

●○○ a Zeichnet die Sprachbilder ins Heft, sodass deutlich wird, was gemeint ist.

●●● b Erklärt die Sprachbilder schriftlich, z. B.:

- *Das Sprachbild „die Zunge hat keine Knochen“ heißt, dass man die Sprache nicht einfach erstarren lassen kann. Sprache ist wie die Zunge lebendig und …*
- …

4 Einige der Sprachbilder in Özdamars Rede sind Personifikationen (▸ Information). Dabei werden z. B. Dinge vermenschlicht.

a Überlegt zu zweit, was die Personifizierung „kranke Wörter“ (▸ Z. 8) bedeutet.

b Tauscht euch in der Klasse über eure Ergebnisse aus.

5 Setzt euren ersten Leseeindruck (▸ Aufgabe 1) mit den Sprachbildern in Beziehung, die in der Rede verwendet werden. Wählt Aufgabe a oder b.

●○○ a Wählt eines der von euch erläuterten Sprachbilder.
Erklärt, ob es zu eurem Leseeindruck passt oder nicht passt.

●●● b Erläutert die Wirkung der Sprachbilder.
Vervollständigt dazu im Heft die folgenden Sätze und führt sie weiter:

Emine Sevgi Özdamar stellt mit Hilfe von ? und insbesondere Personifikationen einen Zusammenhang zwischen dem Umsturz in ? und ihrem ? her.
Der Machtübernahme durch ? mit seinen ? führte bei Özdamar dazu, dass ?.
Deshalb ging sie ?. Sie verwendet dafür das Bild „die Zunge hat keine Knochen“ (Z. 33). Es bedeutet ?.
Die genauere Beschäftigung mit diesen Sprachbildern bestätigt meinen ersten ? (nicht). Denn ? …

c Vergleicht in der Klasse eure Ergebnisse.

Information **Sprachbilder verstehen – Die Metapher, die Personifikation**

- Die **Metapher** (griech. *Übertragung*) ist ein **Sprachbild.** Dabei wird ein **Wort oder** ein **Satz** nicht in wortwörtlicher, sondern **in einer übertragenen Bedeutung verwendet.** Übertragen werden Vorstellungen oder Eigenschaften von einer Sache auf eine andere, mit der diese Vorstellungen normalerweise nicht verbunden werden, z. B.:
Er hat einen Stein in der Brust. → Er hat ein Herz aus Stein.
= Er ist gefühllos, hart und kalt wie ein Stein.

Eigenschaften des Steins: kalt, hart, rau, kantig, tot, gefühllos

Eigenschaften des Herzens: warm, weich, beweglich, lebendig, fühlend

- Metaphern werden auch oft als **verkürzter Vergleich ohne *wie*** bezeichnet, z. B.:
Der junge Dennis ist ein Löwe. = Dennis ist mutig und stark wie ein Löwe.
- **Personifikationen** sind ebenfalls Metaphern mit der Besonderheit, dass eine **Sache oder Idee vermenschlicht** wird und entsprechende Eigenschaften übertragen werden, z. B.:
Wörter, die verhaftet oder krank werden. → Menschen können verhaftet oder krank werden.
= Wer seine Meinung sagt, wird verhaftet. Man kann nicht mehr ohne Angst frei sprechen.

Lebensstationen zweier Welten erschließen

Das Leben Emine Sevgi Özdamars (ihre Biografie)

Reisezeiten Berlin – Istanbul 2014

Emine Sevgi Özdamar (* 10. 8. 1946 in Malatya/ Türkei) zog im Alter von drei Monaten mit ihren Eltern nach Istanbul und wuchs dort und in Bursa auf. Bereits mit 12 Jahren stand sie im Staatstheater von Bursa auf der Bühne und konnte dadurch ihre Eltern finanziell unterstützen. Sie liebte die Gerüche des Theaters und beschloss, später Berufsschauspielerin zu werden.

Als 18-Jährige ging sie 1965 im Zuge der Arbeiteranwerbungen nach Deutschland. Sie besaß keinen Schulabschluss und keine Deutschkenntnisse. Ein halbes Jahr lang arbeitete sie in einer Elektrofabrik in Westberlin, um Geld für die Finanzierung ihrer Schauspielausbildung zu verdienen. Von 1967 bis 1970 besuchte sie die Schauspielschule in Istanbul und hatte bis 1976 professionelle Theaterrollen in der Türkei. Mit dem Wechsel der Regierung 1971 musste sie als Mitglied der türkischen Arbeiterpartei um ihre Zukunft in der Türkei fürchten.

1976 ging sie für eine Regieassistenz nach Ostberlin. Diese Zeit hat sie später in ihrem Roman *Seltsame Sterne starren zur Erde* verarbeitet. In die Türkei wollte sie nur unter bestimmten Bedingungen zurück: „Wenn ich nicht am Theater arbeiten kann, ist es aus mit mir. Wenn ich in Istanbul am Theater arbeiten könnte, würde ich zurückgehen“, so Özdamar in *Seltsame Sterne.*

1978 zog Özdamar nach Paris. Sie nahm ein Schauspielstudium an der Pariser Universität auf, das sie erfolgreich abschloss. Von 1979 bis 1984 hatte sie ein Engagement als Schauspielerin und Regieassistentin am Schauspielhaus Bochum. Dort entstand 1982 ihr erstes Theaterstück *Karagöz in Alamania* (dt. *Schwarzauge in Deutschland*), das 1986 unter ihrer Regie uraufgeführt wurde. Sie spielte verschiedene Rollen in Oper und Theater in Deutschland und Frankreich.

Özdamar trat als Schauspielerin auch in einigen Filmen auf, u. a. 1988 in *Yasemin,* 1992 in *Happy Birthday, Türke!,* 1998 in *Reise in die Nacht* sowie 2004 in den Komödien *Süperseks* und 2008 in *Evet, ich will!.*

Seit 1986 arbeitet sie als freie Schriftstellerin und Schauspielerin in Berlin.

Für ihre Werke erhielt Özdamar zahlreiche Auszeichnungen, u. a. den Ingeborg-Bachmann-Preis 1991 und den Kleist-Preis 2004. Im Mai 2007 wurde Özdamar in die 175 Mitglieder zählende *Deutsche Akademie für Sprache und Dichtung* aufgenommen. 2014 war sie Gastprofessorin für Interkulturelle Poetik an der Universität Hamburg.

1 Betrachtet die Karte auf S. 93. Beschreibt die besondere Lage der Stadt Istanbul.

2 Emine Sevgi Özdamar lebte und lebt in mehrerlei Hinsichten in zwei Welten.
Listet auf, welche Lebenswelten ihr anhand der Karte und des Textes feststellen könnt.

3 Gibt es auch für euch zwei Welten, in denen ihr lebt?

a Notiert unter der Überschrift „Zwei Welten", was euch am Leben in zwei Welten gefällt und was euch missfällt.

b Tauscht euch über eure Notizen aus.

4 Erschließt Özdamars Lebensdaten im Text, indem ihr sie veranschaulicht.

a Legt euer Heft quer. Übertragt darin den folgenden Zeitstrahl.
Wählt dann Aufgabe b oder c.

●●● b Notiert an die richtigen Stellen des Zeitstrahls Özdamars Lebensdaten.
Tipp: Mit kleineren oder größeren Abständen könnt ihr kürzere oder längere Zeiträume darstellen. Lasst Platz für weitere Eintragungen.

●○○ c Sucht aus dem Text die Lebensdaten zu den folgenden Ereignissen.
Tragt sie sinnvoll am Zeitstrahl ein.

> Özdamars Reisen nach Deutschland • Besuch der Schauspielschule in Istanbul • Militärgewalt • fester Wohnort Berlin • Umzug nach Paris • Kleist-Preis

d Präsentiert eure Ergebnisse. Legt sie z. B. nebeneinander auf einem Tisch aus.

5 Informiert euch über die drei bekanntesten Istanbuler Fußballclubs Beşiktaş, Fenerbahçe und Galatasaray.
Findet heraus, ob sie auf der europäischen oder auf der asiatischen Seite Istanbuls liegen.

Meryem Korkot

Türkische Filme – Eine Gelegenheit, unsere Kultur besser kennen zu lernen (2014)

Viele der insbesondere von 1970 bis ungefähr 1990 in Deutschland aufgewachsenen türkischstämmigen Bürger können sich an eine bestimmte Situation gut erinnern. Die einzige Möglichkeit, die türkische Kultur, so wie sie im Heimatland wahrlich ausgelebt wird, konnte man meistens anhand der türkischen Filme erfahren. Die türkischen Filme verliehen einem das Gefühl, mitten in der kulturellen Atmosphäre zu sein. Trotz der Bemühungen der Eltern gab es immer wieder eine gewisse Lücke, die türkische Kultur auszuüben. Außerdem konnte man die Türkei nicht jedes Jahr, sondern selten – im besten Falle alle drei bis fünf Jahre – besuchen. In einem fremden Land seine eigene Kultur so gut wie möglich zu bewahren und zu praktizieren, war somit nicht leicht. Denn gewollt oder ungewollt wurde man von der deutschen Lebensweise und der Kultur natürlich beeinflusst und hat sich folglich einigermaßen angepasst. Doch die türkischen Filme galten als eine Art Chance, sich mit der eigenen Kultur zu identifizieren, einen Einblick in die türkische Welt zu haben, sich mit der Sprache, Geschichte, Gesellschaft und Lebensart auskennen zu können.

Sehr beliebte Filme, wie zum Beispiel *Hababam Sınıfı* (dt. *Die chaotische Klasse*), und eine Reihe von neun türkischen Komödien [1975–2006] hatten einen starken Einfluss auf die türkischstämmigen Zuschauer in Deutschland. Sogar bis heute sind solche Filme sehr beliebt und werden mit großem Gefallen gesehen. Viele türkischstämmige Jugendliche und Erwachsene nutzen sowohl solche Klassiker als auch aktuell gedrehte Filme, um die Türkei besser kennen zu lernen. Ebenso werden diese Filme von vielen Nichttürken, welche sich für die Türkei interessieren, verfolgt, um die Welt dieses Landes zu entdecken.

1 Als Schauspielerin hat Özdamar auch in Filmen mitgewirkt (▸ S. 94, Z. 42–45).
- a Kennt ihr türkische Filme oder Filmkomödien? Aus welchen Gründen schaut ihr sie?
- b Haltet fest, welche Vorteile der Text nennt, wenn man früher türkische Filme in Deutschland sah.
- c Haltet ihr es für sinnvoll, sich durch Filme mit einer anderen Kultur zu identifizieren? Diskutiert.

2 Der Begriff „Kulturclash“ wird verwendet, wenn verschiedene Kulturen aufeinanderprallen, wodurch Missverständnisse und Konflikte entstehen können.
Arbeitet mit dem Begriff „Kulturclash“. Wählt Aufgabe a/b oder c/d.
- ●○○ a Sammelt Besonderheiten eurer Kultur zum Thema „Liebe und Beziehung“.
- b Beschreibt Konflikte, die daraus mit Angehörigen anderer Kulturen entstehen könnten.
- ●●● c Sammelt Besonderheiten eurer Kultur zu verschiedenen Lebensbereichen, z. B.: Kinder, Erziehung, Bildung, Religion.
- d Beschreibt Konflikte, die daraus mit Angehörigen anderer Kulturen entstehen könnten.

3 Überlegt, wie man die von euch beschriebenen Konflikte vermeiden oder lösen könnte.

Ein Autorinnenporträt als Ausstellung planen und gestalten

1 Gestaltet eine Ausstellung zu Özdamar, in der ihr z. B. ihre bisherigen Lebensstationen, ihre Sprachbilder, einen ihrer Romane oder einen ihrer Filme auf einem Plakat vorstellt.

a Bildet Vierer- bis Fünfergruppen. Wählt dann Aufgabe b/c oder d/e.

●○○ b Betrachtet die Mind-Map. Entscheidet euch für ein Thema.

c Übertragt den Zweig der Mind-Map ins Heft, für den ihr euch entschieden habt, und ergänzt ihn durch weitere Ideen und Begriffe.

●●● d Wählt ein eigenes Thema zur Autorin, z. B.: „Was hat Özdamar mit mir zu tun?“

e Erstellt im Heft eine eigene Mind-Map zu dem von euch gewählten Thema.

2 Geht in euren Themengruppen nach der folgenden Methode vor:

Methode — **Informationen recherchieren und ordnen**

- **Recherchiert** zu eurem Thema.
  Tipp: Manche Informationsquellen eignen sich für einen ersten Überblick, z. B.: Schulbücher, Lexika, eure Lehrkraft. Andere Quellen dienen der Vertiefung, z. B.: Bibliotheken, Internet.
- **Ordnet** euer recherchiertes Material und die darin enthaltenen Informationen den Ober- und Unterbegriffen (▸ S. 306) eurer Mind-Map zu.
  Tipp: Bildet evtl. weitere Oberbegriffe oder Überschriften für euer Plakat, z. B.: *Filme, Politisches* oder *Personifikation* und ordnet sie sinnvoll eurer Mind-Map zu.
- **Gestaltet** eure Ausstellungsplakate.
  Tipp: Zwei Beispiele zum Thema „Sprache“ findet ihr auf der nächsten Seite.

3 Bereitet zu euren Plakaten einen Kurzvortrag von etwa 3 Minuten vor.
Beschriftet dazu Moderationskarten (► S. 266), die euch als Gedächtnisstütze dienen.
Notiert auf den Moderationskarten:
- Stichworte zu eurem Interesse am Thema,
- wichtige Tatsachen und Ergebnisse,
- eigene Worte zu den Materialien, die ihr vorstellt, und
- Stichworte dazu, weshalb ihr diese Gestaltung für euer Plakat gewählt habt.

Militärische Machtübernahme
- *1971*
- *Özdamar in Haft (Arbeiterpartei)*
- *ungewisse Zukunft*
- *...*

Sprache/Wörter
→ Bildsprache:
- *Personifikation, z. B.: „kranke Wörter"*
- *Metaphern: „..."*

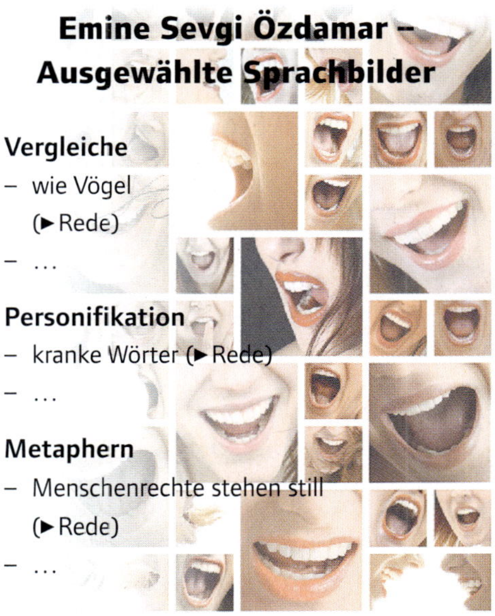

4 Tauscht euch über die Plakate zum Thema „Sprache bei Özdamar" aus.
a Begründet, was euch an der Gestaltung gefällt oder nicht gefällt.
b Erläutert, was ihr anders machen würdet.
c Wählt eines der Plakate aus, ergänzt und überarbeitet es.

Methode **Das Autorenporträt**

Ein Autorenporträt sollte enthalten:
- **Lebensdaten** der Autorin / des Autors
- politische und kulturelle oder auch familiäre **Lebensumstände**
- beispielhafte **Werke** mit Titel und Erscheinungsjahr
- **Themen,** die das Werk behandelt
- eine **Leseprobe** (als Kopie oder Abschrift)
- **sprachliche Besonderheiten** im Werk
- **Ehrungen** und Preise

Teste dich!

1 Was hast du über Autorin Emine Sevgi Özdamar erfahren?
Schreibe zu den folgenden Fragen die richtigen Antworten in ganzen Sätzen ins Heft.
A Aus welchem Grund reiste sie zum ersten Mal nach Deutschland?
B Aus welchem Grund reiste sie zum zweiten Mal nach Deutschland?

2 Ergänze den folgenden Satz richtig in deinem Heft.
Emine Sevgi Özdamar fühlte sich in der Türkei nicht mehr wohl, weil ...
- sie unglücklich verliebt war.
- ihr die eigene Muttersprache fremd wurde.
- weil sie nur noch in ausländischen Filmen mitspielen wollte.
- sie Angst vor der ungewissen Zukunft hatte.

3 Ordne die folgenden sprachlichen Stilmittel den nachstehenden Beispielen A bis E zu.
Tipp: Die richtige Reihenfolge der Buchstaben i bis e ergibt einen Namen.

i: Personifikation **m:** Vergleich **e:** Metapher **n:** rhetorische Frage **e:** Metapher

A Ein großes Loch tut sich auf.
B Sie waren wie Vögel.
C kranke Wörter
D Wem sollten sie schmecken?
E müde in der Muttersprache

4 **a** Wovon handelt dieser Textausschnitt aus Özdamars „Mutterzunge"? Begründe.

A vom Theater **B** von Freunden
C von Problemen einer Migrantin
D vom Frühstück

Ich saß mit meiner gedrehten Zunge in dieser Stadt Berlin. [...] Araber zu Gast, die Hocker sind zu hoch, Füße wackeln. Ein altes Croissant sitzt müde im Teller. Wenn ich nur wüsste, wann ich meine Mutterzunge verloren habe.

b Im Textausschnitt findest du eine Personifikation und zwei Metaphern.
Schreibe sie heraus, benenne und erläutere sie.

5 Für ein Autorenporträt solltest du Folgendes beachten.
Übertrage nur die Buchstaben vor den richtigen Aussagen ins Heft.

A das Geburtsdatum **B** evtl. das Sterbedatum **C** Enkelkinder **D** Schulnoten
E politische und kulturelle Lebensumstände **F** ausgewählte Werke **G** Lieblingsrestaurants
H Themen der Autorin / des Autors **I** Kontaktdaten **J** Leseprobe **K** Sprache/Stil
L Lieblingsfilme **M** kritische Stimmen zum Werk **N** Ehrungen und Preise

6 Vergleicht in Partnerarbeit eure Ergebnisse.

5.2 „Ich verstehe das so!" – Einen literarischen Text erschließen und einen inneren Monolog schreiben

Emine Sevgi Özdamar

Die Brücke vom Goldenen Horn[1] (1998) – 1. Textauszug

Mein Vater gab mir 3.000 Mark[2] und schickte mich zum Goethe-Institut in eine Kleinstadt am Bodensee. Meine ersten Sätze waren „Entschuldigung, kann ich was sagen?", „Entschuldigen Sie bitte, wie spät ist es?" und „Entschuldigen Sie bitte, kann ich noch eine Kartoffel bekommen?" Nur am Wochenende entschuldigte ich mich nicht.

Die Erzählerin bekommt ein paar Wochen später eine Stelle bei der Firma Siemens sowie ein Zimmer im Siemens-Wohnheim, in dem die türkischen Arbeiterinnen wohnen. Weil sie fließend einen Film vom Deutschen ins Türkische nacherzählen kann, wird sie für die anderen Frauen im Wohnheim zur Übersetzerin.

Das Wohnheim hatte sechs Etagen, in der vierten, fünften und sechsten wohnten die türkischen Frauen, die erste, zweite und dritte Etage standen leer. Wenn auf der Schnellstraße die Autos vorbeifuhren, klapperten in den ersten drei Etagen die Fenster viel lauter als in der vierten, fünften und sechsten Etage. Das Fabrikdirektorium kündigte an, dass in diese leeren Etagen bald türkische Ehepaare einziehen würden. Die Ehepaare kamen mit dem Flugzeug, ich brachte sie zur Fabrik, übersetzte für sie die Arbeit, die sie machen mussten, und brachte sie zum Fabrikarzt. Während ich übersetzte, stand der Meister[3] rechts, und die Ehepaare standen links von mir.

Wenn ich Deutsch sprach, fing ich meine Sätze wieder mit „Entschuldigen Sie bitte" an.

Nach rechts sagte ich zum Meister: „Entschuldigen Sie mich bitte ..."

Wenn ich nach links ins Türkische übersetzte, fehlte das Wort „Entschuldigung".

Die Arbeiter sagten: „Sag dem Meister, ich will genau wissen ..."

Ich übersetzte das nach rechts zum Meister: „Entschuldigen Sie mich bitte, aber der Arbeiter sagt, Sie sollen ihn entschuldigen, aber er will genau wissen ..."

Wenn ich beim Arzt übersetzte und ein Blatt aus den Händen des Arztes herunterfiel, sagte ich: „Ach, entschuldigen Sie bitte." –

„Bitte, bitte", sagte der Arzt. Er bückte sich dann herunter, um das Blatt aufzuheben, auch ich bückte mich, und mein Kopf stieß mit seinem Kopf zusammen. Ich sagte wieder: „Ach, entschuldigen Sie bitte."

Wenn ich die Tür, auf der „Drücken' stand, zu mir heranzog und die Tür nicht aufging, sagte ich zum Pförtner: „Ach, entschuldigen Sie bitte."

Einmal saß ich im Wohnheimbüro, eine Hand unter dem Kinn, es war dunkel im Büro, und

1 Goldenes Horn: ca. 7 km lange Bucht des Bosporus in Istanbul; trennt den europäischen Teil der Stadt in einen südlichen und nördlichen Bereich

2 Mark: Kurzwort für die ehemalige Währung „Deutsche Mark"

3 Meister: vorgesetzter Facharbeiter in der Fabrik

Madame Gutsio kam herein. Sie schaltete das Licht an, und ich sagte: „Ach, Entschuldigung." Gutsios Hand blieb am elektrischen Schalter, und sie sagte: „Warum entschuldigst du dich?" – „Ja, richtig, Entschuldigung", sagte ich.
„Warum entschuldigst du dich, Zuckerpuppe?"
„Ja, richtig, entschuldige."
„Entschuldige dich doch nicht."
„Okay, Entschuldigung."
Gutsio setzte sich vor mich hin und sagte: „Entschuldige bitte, aber warum entschuldigst du dich so viel?"
„Entschuldigung, ich entschuldige mich nicht mehr."
Gutsio sagte: „Entschuldigung, Zuckerpuppe, aber du entschuldigst dich immer noch."
„Ja, entschuldige, ich will mich nicht mehr entschuldigen."
„Entschuldige dich nicht, Schluss."
„Gut, ich entschuldige mich nicht, Entschuldigung."
Gutsio schüttelte den Kopf und sagte: „Zuckerpuppe, Zuckerpuppe, mir gefällt das nicht, dass du dich immer entschuldigst."

1 Worum geht es in diesem Textauszug? Wählt die treffendste Antwort aus und begründet.
A Es geht um die Ich-Erzählerin, die Schwierigkeiten beim Übersetzen hat.
B Es geht um die Ich-Erzählerin, die sich bei jeder Gelegenheit unnötig entschuldigt.
C Es geht um die Ich-Erzählerin, die für alle türkischen Ehepaare übersetzen muss.
D Es geht um die Ich-Erzählerin, die mit Madame Gutsio ein ernstes Gespräch führt.

2 Wie wirkt der Text auf euch? Beschreibt euren Eindruck.

3 Überlegt in Partnerarbeit, warum die Erzählerin sich immer entschuldigt.
Wählt Aufgabe a oder b.

●○○ a Welche Gefühle werden deutlich, wenn man sich stets entschuldigt?
Ihr könnt eure Überlegungen mit Hilfe des folgenden Wortspeichers formulieren, z. B.:
Die Entschuldigungsszene verdeutlicht, dass … / … ist ein Zeichen für …

Entschuldigung als Zeichen für   Bewusstsein   Sprache   Unsicherheit
Minderwertigkeitskomplex   gut antrainiert   Missverständnis   Fremdheitsgefühl

●●● b Formuliert im Heft knapp, was die Entschuldigungsszene dem Leser grundsätzlich vermitteln will. Was vermutet ihr?
Tipp: Nutzt euren ersten Leseeindruck (▸ Aufgabe 2).

c Tauscht euch über eure Ergebnisse in der Klasse aus.

Information **Lesevermutungen notieren – Eine Deutungsthese aufstellen**

Mit einer **Deutungsthese** formuliert man in wenigen ersten Sätzen, was **die grundsätzliche Aussage** eines Textes oder Textausschnitts **sein könnte.**
- Der Begriff leitet sich vom Fremdwort **„These"** für **Behauptung** ab.
- Diese Vermutungen zu einem Text müssen jedoch **noch nicht** als **richtig oder falsch** bewertet werden. Erst durch die **anschließende Untersuchung** und durch Textbelege beweist oder widerlegt man die Deutungsthese.
- Es kann sich dabei um den **ersten Leseeindruck** handeln oder um **anfängliche Überlegungen,** wie **der Text** auf den Leser **wirkt.**

4 Um eine Figur besser zu verstehen, ist es hilfreich, sich in ihre Lage und in ihre Gefühlswelt zu versetzen.
Schreibt zum Textausschnitt auf Seite 99–100 einen inneren Monolog (▶ Methode) aus Sicht einer der Figuren. Wählt Aufgabe a oder b.

a Versetzt euch in die Ich-Erzählerin. Verfasst im Heft einen inneren Monolog.
In diesem sollt ihr ihre Gedanken nach dem Gespräch mit Madame Gutsio festhalten.
Tipp: Ihr könnt mit einem der folgenden Sätze beginnen:

- *Was für ein merkwürdiges Gespräch! Madame Gutsio will, dass ich mich nicht ...*
- *Komisch, dabei dachte ich, im Deutschen müsste man immer erst mal „Entschuldigung“ sagen. Das habe ich ja schließlich so gelernt ...*
- *Das ist mir ja schon ein bisschen peinlich: ...*

b Stellt euch vor, ihr wärt Madame Gutsio, die die ständigen Entschuldigungen der Erzählerin mitbekommen hat.
Verfasst im Heft einen inneren Monolog, in dem ihr eure Gedanken nach dem Gespräch mit der Erzählerin festhaltet, z. B.:

- *Das verstehe ich nicht. Emine Sevgi entschuldigt sich ständig. Wie kommt sie dazu? ...*
- *Die Arme tut mir ja richtig leid; ständig muss sie sich entschuldigen! ...*

5 Tauscht in Partnerarbeit eure Texte aus.
a Gebt euch ein Feedback. Prüft eure inneren Monologe jeweils mit Hilfe der Methode.
b Überarbeitet gegebenenfalls eure Texte.

Methode | **Einen inneren Monolog verfassen**

Ein **innerer Monolog** ist ein **stummes Selbstgespräch einer Figur,** z. B. in einer für sie neuen oder stets wiederkehrenden Situation.
Wenn die Gefühle der Figur aus dem Text nicht unmittelbar zu erschließen sind, kann man ergänzen, was zur Figur, zu ihrer Sprache und zur Situation passt.
Anhand dieser inneren Monologe kann man sich anschließend besser darüber austauschen, **wie man eine Figur und ihre Situation versteht.**
Innere Monologe sind in der Regel **gekennzeichnet durch:**

- die **Ich-Form** und das **Präsens,** z. B.: *Ich kann es nicht mehr hören. Sie soll damit aufhören!*
- **Ausrufe** und **Fragen,** z. B.: *Warum macht sie das nur immer? Weshalb ...?*
- **Wiederholungen** als Verstärkung, z. B.: *Bitte, bitte, bitte, lass das. Lass es einfach!*
- **Gedankensprünge,** z. B.: *Und wenn ich ihr ... Nein, das kann ich doch nicht tun.*
- **Umgangssprache,** falls dies zur Textvorlage passt, z. B.: *... dieses blöde Entschuldigen!*

Briefe aus der Sicht einer Figur schreiben und begründen

Emine Sevgi Özdamar

Die Brücke vom Goldenen Horn (1998) – 2. Textauszug

Wenn ein Mann böse war, kam er zu mir und sagte: „Frau Dolmetscherin, soll ich denn meine Kraft für den Akkord[1] hergeben, oder soll ich meine Kraft hergeben, um mit diesen Menschen unter einem Dach zu leben?" oder: „Frau Dolmetscherin, ich komme vom Akkord, ich weiß sowieso nicht, wo mir der Kopf steht, die stellen das Radio so laut, wie soll ich bei dieser Lautstärke meinen Kopf wiederfinden?"

Ich musste nicht nur zwischen Deutschen und Türken übersetzen, sondern auch zwischen Türken und Türken. Jeden Tag musste ich in der Küche [des Arbeiterwohnheims] kontrollieren, ob die Töpfe abgewaschen waren und auf ihren Plätzen standen. Eine Frau rief: „Sag der da, sie soll den Topf abwaschen." Ich ging zu der Frau: „Wasch doch den Topf ab." –

„Sag der, sie soll erst einmal das Bad sauber machen, dann wasche ich auch den Topf ab."

Ich ging zurück zur ersten Frau und sagte: „Putz das Bad, dann wird sie den Topf abwaschen."

Wenn sie mich ein paarmal als Postmann hin- und hergeschickt hatten, putzte ich das Bad und den Kochtopf selbst. Auch die Korridore der unteren Etagen waren Unfallstellen. Wenn jemand eine Tür laut schlug, wachten die anderen auf, wenn ein Fenster durch den Wind klappte, wachten sie auf. Wenn auf dem Korridor in der Nacht laut gesprochen wurde, gingen sofort die Türen auf. Männer in Pyjamas standen vorne an der Tür, ihre Frauen im Nachthemd hinter ihnen. Die, die zu laut gesprochen und sie geweckt hatten, waren nicht mehr da. Dann schrien die Männer laut über den Korridor: „Nicht mal im Schlaf haben wir Ruhe, was für Menschen seid ihr?" Wenn sie ihre Türen wieder zugemacht hatten, gingen auf dem Korridor andere Türen auf, in denen andere Männer und Frauen standen, die diese gerade geweckt hatten. Auch sie riefen in den leeren Korridor und weckten wieder andere, die dann in ihren Pyjamas mich weckten.

„Frau Dolmetscherin, sag du ihnen, wir wollen schlafen." Ich fuhr mit ihnen hoch in den Korridor und weckte wieder andere mit dem Fahrstuhl. Wenn wir oben ankamen, gingen sie wieder in ihre Zimmer, und ich blieb allein auf dem Korridor und sah nichts außer einer Kakerlake, die schnell an der Wand entlanglief. [...]

Ein Ehemann nahm seinen Hut vom Kopf, begrüßte mich und sagte: „Können Sie meiner Frau sagen, Frau Dolmetscherin, wenn sie so weitermacht, gehe ich in die Türkei zurück."

Niemand ging in die Türkei zurück, und ich trug die Sätze von einem zum anderen. Später, als ich Shakespeare-Stücke las, sah ich, dass dort oft die Boten getötet wurden.

1 Akkord: Entlohnungsart; je mehr Arbeit man schafft, desto mehr Lohn bekommt man.

1 Worum geht es in diesem Textauszug? Wählt die treffendste Aussage A, B oder C.

> **A** Es geht um lustige Erlebnisse im Wohnheim, an die sich die Ich-Erzählerin gern erinnert.
> **B** Es geht um die türkischen Mitbewohner, die die Erzählerin ständig in der Nacht stören.
> **C** Es geht um die Mitbewohner, zwischen denen die Ich-Erzählerin ständig vermitteln muss.

2 a „Soll ich meine Kraft hergeben, um mit diesen Menschen unter einem Dach zu leben?" (▸ Z. 3 ff.). Gebt mit eigenen Worten wieder, was der Mann damit meint.
b Die Redewendung „Ich weiß nicht, wo mir der Kopf steht" (▸ Z. 6 f.) heißt so viel wie: „Ich bin überlastet, überfordert."
Erläutert, was gemeint ist mit: „Wie soll ich [...] meinen Kopf wiederfinden?" (▸ Z. 8 f.).

3 Die Ich-Erzählerin vergleicht sich mit einem Postmann (▸ Z. 23).
Erklärt, was die Ich-Erzählerin damit ausdrückt.
Wählt aus den folgenden Bausteinen die passendsten aus:
Mit dem Vergleich als Postmann drückt die Ich-Erzählerin aus, dass ...

> sie Nachrichten überbringen muss • sie ausgenutzt wird • die anderen sie als Vermittlerin sehen • sie für andere immer hin- und herlaufen muss • sie einen Job macht, den sie eigentlich nicht hat

4 ●●● Notiert, was ihr als Ich-Erzählerin eurer Mutter oder eurem Vater über diese Situation schreiben könntet, z. B.: *Ich bin Dolmetscherin. Ich übersetze ... Ich übersetze zwischen Türken und Türken, weil ... Alle brauchen mich, um sich zu einigen.*

▷ Eine Hilfe zu Aufgabe 4 findet ihr auf Seite 104.

5 ●●● Schreibt aus der Sicht der Ich-Erzählerin einen Brief an eure Mutter oder euren Vater. Schildert das Leben im Wohnheim und bewertet eure Rolle als Dolmetscherin.
Tipp: – Bezieht euch mit eurer Bewertung auf eine ganz bestimmte Situation im Text.
– Beachtet Aussagen, in denen sie ihre Rolle selbst kritisch betrachtet: Z. 10–12, 23–25 und 57–59.

▷ Hilfe zu 5, Seite 104

6 ●●● Begründet eure Schreibentscheidungen, nachdem ihr den Brief verfasst habt.
Warum habt ihr diese Situation gewählt und entsprechend aus ihrer Sicht bewertet?
Verwendet folgende Verknüpfungen und belegt durch Textstellen.

> bezieht sich auf • daher • aus diesem Grund • weil • Da es schon in der Vorlage heißt: „..." • Den Ausdruck „..." im Brief habe ich so gemeint, dass • denn in dieser Situation

▷ Hilfe zu 6, Seite 104

7 In William Shakespeares (um 1564–1616) Dramen werden oft die Überbringer schlechter Nachrichten aus Ärger über die Nachrichten getötet.
Erläutert, warum die Ich-Erzählerin das zum Schluss des Textes erwähnt.

Aufgabe 4 mit Hilfe

Notiert, was ihr als Ich-Erzählerin eurer Mutter oder eurem Vater über diese Situation schreiben könntet. Plant im Heft euren Brief mit Hilfe einer Mind-Map, z. B.:

Aufgabe 5 mit Hilfe

Schreibt aus der Sicht der Ich-Erzählerin einen Brief an eure Mutter oder euren Vater. Schildert das Leben im Wohnheim und bewertet eure Rolle als Dolmetscherin. Ergänzt im Heft sinnvoll folgenden Brieftext einschließlich Grußformel:

Liebe/-r ? ,
stell dir vor, hier im Wohnheim bin ich ? . Dabei kann ich selbst kaum ? . Meistens sage ich: „ ? !" Schön daran ist, dass ? . Weniger schön ist, dass ...
Leider schaffen es unsere Landsleute nicht, selbst ? . Das geht mir ? .
Jch will dir eine ganz bestimmte Situation schildern: ? .
Du wirst deshalb verstehen, dass dieses ewige Übersetzen für mich ? .
Man behandelt mich wie einen Postboten, der ? .
Selbst Ehepaare benutzen mich als ? . Soll ich mir das ? ?

Aufgabe 6 mit Hilfe

Begründet eure Formulierungen und Schreibentscheidungen im Brief.
Warum habt ihr diese Situation gewählt und entsprechend aus ihrer Sicht bewertet?
- *Die Formulierung „..." in meinem Brief bezieht sich darauf, dass die Jch-Erzählerin ziemlich einsam sein muss. Das lässt sich im Text an dem Satz „..." (Z. ...) ablesen.*
- *Die Jch-Erzählerin ist wütend, bleibt aber nach außen ganz gelassen. Deshalb steht im Brief die Formulierung „...". Jn der Textvorlage heißt es ganz ähnlich: „..." (Z. ...).*

Methode **Briefe aus der Sicht einer Figur verfassen und begründen**

Einen Brief aus der Sicht einer Figur zu verfassen, dient dazu, sich und anderen **das eigene Textverständnis** bewusster zu **verdeutlichen.**
- In einem ersten Schritt geht es darum, dem Text **Gedanken und Gefühle** zu **entnehmen,** Handlungen **mit eigenen Worten** zu **erläutern** oder **passend zu seinem Inhalt** zu **entwickeln.**
- In einem zweiten Schritt **begründet** man die eigenen Formulierungen und **Schreibentscheidungen.** So gewinnt man wieder **Abstand zum Text** und kann die Vorlage mit den gewonnenen Einsichten klarer **deuten.**

5.3 Fit in ...! – Zu einem Textauszug gestaltend schreiben

Stellt euch vor, ihr bekommt in der nächsten Klassenarbeit die folgende Aufgabe gestellt:

Aufgabe

1 Schreibe zum folgenden Textausschnitt einen ausführlichen Brief aus Sicht der Erzählerin an ihre Mutter oder an ihren Vater.
Schildere in diesem Brief deine Lebenssituation und deine Gefühle.

2 Begründe deine Formulierungen und Schreibentscheidungen am Beispiel von zwei Briefstellen. Nimm Bezug auf die Vorlage. Es soll deutlich werden, wie du sie verstehst.

Emine Sevgi Özdamar

Die Brücke vom Goldenen Horn (1998) – 3. Textauszug

Die Erzählerin erzählt von der Reise nach Berlin und von ihrer ersten Zeit dort.

In den ersten Tagen war die Stadt für mich wie ein endloses Gebäude. Sogar zwischen München und Berlin war das Land wie ein einziges Gebäude. In München aus der Zugtür raus mit den anderen Frauen, rein in die Bahnhofsmissionstür[1]. Brötchen – Kaffee – Milch – Nonnen – Neonlampen, dann raus aus der Missionstür, dann rein in die Tür des Flugzeugs, raus in Berlin aus der Flugzeugtür, rein in die Bustür, raus aus der Bustür, rein in die türkische Frauenwonaymtür[2], raus aus der Wonaymtür, rein in die Kaufhaus-Hertie-Tür am Halleschen Tor.
Von der Wonaymtür gingen wir zur Hertietür, man musste unter einer U-Bahn-Brücke laufen. Bei Hertie im letzten Stock gab es Lebensmittel. Wir waren drei Mädchen, wollten bei Hertie Zucker, Salz, Eier, Toilettenpapier und Zahnpasta kaufen. Wir kannten die Wörter nicht. Zucker, Salz.
Um Zucker zu beschreiben, machten wir vor einer Verkäuferin Kaffeetrinken nach, dann sagten wir „Schak Schak“[3]. Um Salz zu beschreiben, spuckten wir auf Herties Boden, streckten unsere Zungen raus und sagten: „Eeee.“ Um Eier zu beschreiben, drehten wir unsere Rücken zu der Verkäuferin, wackelten mit unseren Hintern und sagten: „Gak gak gak.“
Wir bekamen Zucker, Salz und Eier, bei Zahnpasta klappte es aber nicht. Wir bekamen Kachelputzmittel. So waren meine ersten deutschen Wörter Schak Schak, Eeee, Gak gak gak.

1 Bahnhofsmission: kirchliche Hilfsorganisation mit kostenlosen Anlaufstellen für Hilfsbedürftige in Bahnhöfen

2 Wonaym: Lautschreibung für „Wohnheim“

3 Schak Schak: lautmalerische Wendung für das Geräusch, wenn Zucker in Kaffee geschüttet wird

Die Aufgabe richtig verstehen

1 Was verlangt die Aufgabe von euch? Erklärt euch in Partnerarbeit, was zu tun ist.

Planen

2 Lest den Text auf Seite 106 erneut. Ergänzt die Sätze im Heft:
- Lebenssituation: *Die Erzählerin ist fremd …*
- Sprache und Wirkung: *Lautmalereien, Vergleiche, um …*
- Gefühlszustand: *Die Erzählerin ist unsicher, versteht nicht …*

3 Überlegt, was ihr „eurer“ Mutter oder „eurem“ Vater mitteilen wollt.
Legt eine Reihenfolge der Inhalte für den Brief fest, z. B.:
1. Anrede: *Liebe vermisste Mutter, lieber vermisster Vater, …*
2. Grundsätzliches Gefühl: *Ich fühle mich hier in diesem … einsam, verloren und …*
3. …: *Hier ist das meiste so komisch/deprimierend/ungewohnt …, aber …*
4. Ein Beispiel: *Die Situation im …*
5. …: …
6. Grußformel: …

4 Findet Sprachbilder wie Vergleiche, Metaphern, Personifikationen, die zum Text passen.
Sie sollten die Gefühle der Erzählerin veranschaulichen, z. B.:
das Wetter als Metapher für ihr Innenleben: *Regen → Trauer; Schnee → Kälte; …*

Schreiben und überarbeiten

5 Schreibt den Brief auf der Grundlage eurer Planung.

6 a Erklärt: Welche der beiden folgenden Schreibbegründungen findet ihr gelungener?
- *Die Sprache ist gelungen und der Inhalt passt zum Buch.*
- *Ich habe den Regen mit Weinen verglichen, weil das Bild des Regens die Verlorenheit der Ich-Erzählerin in ihrer neuen Heimat veranschaulicht.*

b Begründet mindestens zwei Textstellen in euren Briefen.

7 Prüft in Partnerarbeit eure Briefe mit Hilfe der Checkliste. Verbessert eure Texte gegebenenfalls.

Checkliste

Briefe aus der Sicht einer Figur verfassen und begründen
- Habt ihr Anrede und Grußformel beachtet?
- Habt ihr daran gedacht, was eure Adressaten interessieren könnte?
- Können eure Adressaten verstehen und nachvollziehen, was ihr ihnen geschrieben habt?
- Sind eure Gefühle deutlich geworden? Ist die Bildsprache passend?
- Habt ihr euch sprachlich nicht zu weit von der Textvorlage entfernt?
- Habt ihr Textstellen eures Briefes schlüssig erläutert?

Schreibwörter ► S. 312

die Metapher	das Gebäude	die Dolmetscherin	die Formulierung
die Personifikation	der Bosporus	die Situation	das Gefängnis

6 In allen Lebenslagen zueinander stehen – Kurzgeschichten interpretieren

1 Die Bilder zeigen Situationen aus Kurzgeschichten, die ihr in diesem Kapitel lesen werdet.

a Beschreibt die Bilder.
Beachtet vor allem die Mimik, die Gestik und das Verhältnis der Figuren zueinander.

b Stellt Vermutungen darüber an, worum es in den Geschichten gehen könnte.
Tipp: Berücksichtigt auch die Kapitelüberschrift „In allen Lebenslagen zueinander stehen".

2 Kennt ihr Kurzgeschichten, die von Menschen und ihrer Beziehung zueinander handeln?
Erzählt davon.

In diesem Kapitel ...

– vertieft ihr euer Wissen über Kurzgeschichten und ihre typischen Merkmale,
– trainiert ihr, Kurzgeschichten zu untersuchen und näher zu verstehen,
– beschäftigt ihr euch damit, wie Figuren in Geschichten kommunizieren und wie das wirkt.

6.1 Menschen in Beziehungen – Kurze Geschichten lesen und verstehen

Figuren charakterisieren und ihr Verhältnis zueinander beschreiben

Marlene Röder

Scherben (2011)

Ich bin unvorsichtig geworden. Wie schnell das geht. Zu Hause wäre mir das nie passiert. Ich bin müde, daran liegt es. Seit ich hier bin, könnte ich die ganze Zeit nur schlafen.
Sie haben mir ein Zimmer gegeben mit Modellflugzeugen, die von der Decke hängen. An eine Wand ist ein Regenbogen gesprayt. „Was ist denn das für ein Babyzimmer?“, hab ich gefragt. Ich bin fast vierzehn, Mann.
„Das ist das Zimmer von meinem Bruder“, hat das Mädchen gesagt, und Alter, wie die dabei geguckt hat. Als würde sie mir jeden Knochen im Leib einzeln brechen, wenn ich die Scheißflugzeuge auch nur schief angucke.
„Und wo ist er, dein Bruder?“, hab ich gefragt. Weil, hey, ich hätte ein Problem damit, wenn meine Alten einfach jemand in meinem Zimmer pennen lassen würden, selbst wenn es ein Babyzimmer ist. Aber diese Pfarrerskinder, die sind wohl sozial erzogen. Nächstenliebe und so was.
„Er ist tot“, hat sie gesagt und auf den Fußboden geschaut: „Er hatte Muskelschwund.“
Ich starre sie an und stelle mir einen Jungen vor, der sich langsam auflöst, die Muskeln flutschen zurück wie Spaghetti, bis er nur noch ein Häufchen Knochen ist, überspannt von Haut. Und auseinanderfällt.
Bestimmt hätte ich da was sagen sollen, irgendwas mit herzlich ... Aber das Einzige, was mir eingefallen ist, war herzlichen Glückwunsch, und das passte ja wohl nicht. Also hab ich nur gesagt: „Toll, das Zimmer von ’nem Toten.“

Auf dem Schreibtisch steht sogar noch ein angefangenes Modellflugzeug, steht da wie in einem Scheiß-Museum, und manchmal bastle ich ein bisschen dran rum, nur um die Pfarrersippschaft zu ärgern.
Neulich kam der Pfarrer himself ins Zimmer, um irgendwelches Gerichtszeug mit mir zu besprechen. Ich hab gesehen, dass er es sofort gemerkt hat, er hat auf das Flugzeug gestarrt und ich dachte, gleich fängt er an zu flennen oder scheuert mir eine, aber stattdessen hat er mich angeguckt und dann hat er versucht zu lächeln.
Kein Wunder, dass man da lasch wird. Dass man nicht mehr aufpasst, dass man vergisst, die Tür abzuschließen, wenn man morgens mit müdem Kopf ins Bad trottet. Zu Hause wär mir das nie passiert.
Ich stehe in Boxershorts vorm Waschbecken und spüle mir die Zahnpasta aus dem Mund.

Als ich wieder hochgucke, sehe ich in dem großen Spiegel, dass das Mädchen hinter mir in der offenen Tür steht. Sie starrt mich an, starrt meinen Rücken an, die Striemen, wo der Arsch mich mit dem Gürtel ... Und meine Mutter, die zugesehen hat, bisschen geflennt, aber zugesehen. Und jetzt sieht das Mädchen das alles, und ich steh da mit einem Rest Zahnpasta im Mundwinkel und hab mich noch nie so scheißnackt gefühlt. Ich wirble herum, aber ihr Blick geht an mir vorbei, es ist immer noch alles sichtbar im Spiegel, und wie kann das sein, dass sie morgens schon so aussieht, mit dem langen, rotbraunen Haar, das ihr über die Schulter fällt, makellos, ja, das ist das Wort. Ihre Augen sind geweitet, sie guckt mich an wie etwas, was runtergefallen und kaputtgegangen ist, schade drum. Und dann gräbt sich diese Furche in ihre Stirn – oh, tut mir so leid für dich – und am liebsten würde ich sie schlagen. Stattdessen schreie ich sie an und schmeiße meine Zahnbüste nach ihr, dass der Schreck das andere in ihren Augen auslöscht. Ich schmeiße auch den Zahnputzbecher und die Cremes, den Rasierapparat und überhaupt alles, was in Reichweite ist. Aus einem kleinen Schnitt am Kinn des Mädchens tropft Blut, aber es bleibt immer noch stehen. Zuletzt knalle ich die Seifenschale aus poliertem Stein gegen den großen Wandspiegel. WUMM! Mit einem befriedigenden Krachen explodiert er und die Scherben regnen glitzernd runter. Da läuft sie endlich weg.

Mein Herz hämmert. Mir ist so heiß. Ich will meine Haut ausziehen und das alte, zerknüllte Ding in den Korb für die schmutzige Wäsche schmeißen. Ich will mich hinlegen, mit dem Gesicht auf die kühlen Fliesen, 'ne Runde ausruhen. Aber das geht nicht, alles voller Scherben.

Das war's wohl mit dem Pfarrershaus. Nachdem ich ihr Bad zerlegt habe, schmeißen die mich raus. War ja klar, dass so was passiert. Aus irgendeinem Grund muss ich an das halb fertige Modellflugzeug denken, während ich in diesem Trümmerhaufen rumstehe. Alles voller Scherben und ich bin barfuß.

Keine Ahnung, wie ich hier je wieder wegkommen soll.

Es klopft an der Badezimmertür. „Kann ich reinkommen?“, fragt eine Männerstimme.

„Meinetwegen.“ Was soll ich auch sonst sagen? Erwachsene machen eh, was sie wollen, egal, was du davon hältst.

Es ist der Pfarrer. Bestimmt hat seine Tochter ihn geholt, weil sie Angst vor dem Verrückten im Bad hat. Bestimmt ist er wütend, weil ich sie mit Sachen beworfen habe, aber sein Gesicht bleibt ganz ruhig. Er sieht sich in dem zertrümmerten Bad um, dann sieht er mich an.

Die Scherben knirschen unter seinen Sohlen, als er auf mich zukommt. Er trägt Schuhe. Mein Körper spannt sich. Da breitet er linkisch die Arme aus und ich kapiere, dass er mich hochheben will, mich über die Scherben hinwegtragen wie einen kleinen Jungen. Aus irgendeinem Grund tut das mehr weh, als wenn er mich geschlagen hätte.

Ich mache einen Schritt rückwärts, suche nach Worten und finde welche, mit denen ich ihn schlagen kann: „Nur weil dein Sohn tot ist ... Ich brauch niemanden, der mich rettet, kapiert!“

Die Arme des Pfarrers sinken langsam herab, auch in seinem Gesicht sinkt etwas und ich schaue weg.

„Ich hab keinen Muskelschwund! Ich hab jede Menge Muskeln!“, sage ich, denn ich bin fast vierzehn.

Und dann laufe ich über die Scherben zur Tür. Ich merke, wie die Scherben in meine nackten Füße schneiden, aber ich laufe weiter.

1 a Formuliert, in welcher neuen Lebenssituation sich der Ich-Erzähler befindet, z. B.:
Jn der Geschichte „Scherben“ geht es um ..., der als Pflegekind bei ...

b Erläutert die Konfliktsituation, die entsteht. Was führt dazu, dass der Spiegel zerbricht?

2 Wie beurteilt ihr die Figuren in der Geschichte? Charakterisiert sie dazu.
Wählt Aufgabe a oder b. Stellt euch anschließend eure Arbeitsergebnisse vor.

●○○ a Charakterisiert mit Hilfe des Wortspeichers den Ich-Erzähler.
Beachtet:
– seine äußere Erscheinung (Alter, Aussehen),
– seine Eigenschaften und sein Verhalten,
– seine Sprache.
Notiert im Heft Textbelege mit Zeilenangabe, z. B.:
– Alter: „Ich bin fast ...“ (Z. 9)

gereizt	wütend	aggressiv	verunsichert	beschämt	verzweifelt	verletzt	zerstörerisch

●●● b Charakterisiert die Pfarrersfamilie.
Notiert Textstellen und Stichworte, die das Verhalten und bestimmte Eigenschaften der Familienmitglieder näher beschreiben, z. B.:
– Z. 19 f.: „Aber diese Pfarrerskinder, die sind wohl sozial erzogen. Nächstenliebe ...“
→ Die Familie ist sozial engagiert, nimmt den Jungen auf und hilft sich gegenseitig.

3 Erklärt, was die folgenden Zitate über die Beziehung zwischen den Figuren aussagen.
a Z. 71–74: „Und dann gräbt sich diese Furche in ihre Stirn – oh, tut mir so leid für dich – und am liebsten würde ich sie schlagen.“
– Was denken der Ich-Erzähler und das Mädchen an dieser Stelle übereinander?
– Welche Gefühle haben sie?
b Z. 124 ff.: „,Nur weil dein Sohn tot ist ... Ich brauch niemanden, der mich rettet, kapiert!‘“
– Was zeigt diese Textstelle über die Beziehung zwischen dem Ich-Erzähler und dem Pfarrer?

4 Stellt euch vor, ihr würdet in die Rolle des Pflegevaters schlüpfen.
a Formuliert aus seiner Sicht ab Z. 114: „Die Scherben ...“, wie die Geschichte endet.
b Präsentiert eure Schreibergebnisse.
c Erläutert, wie die Geschichte wirkt, wenn der Pflegevater die Situation darstellt.

Information **Die Figurencharakteristik – Die Figurenkonstellation**

- Beschreibt man eine **Figur** mit Hilfe der Informationen aus dem Text **in ihrer Eigenart,** dann **charakterisiert** man sie:
  Zu einer **Figurencharakteristik** gehören insbesondere:
  – **die äußere Erscheinung:** Geschlecht, Größe, Kleidung, ...
  – **Eigenschaften und Verhalten:** Einstellungen, Gedanken, Gefühle, typische Gebärden, Reaktionen auf das Verhalten anderer, Verhalten in Konfliktsituationen,
  – **die Sprache:** Tonfall, Wortwahl, Satzbau, Ausdruck.
- In einer **Figurenkonstellation** beschreibt man **die Beziehung der Figuren** zueinander.
  Auf ihrer Grundlage kann man Situationen und Handlungen besser verstehen. Fragen dazu sind:
  – Woher kennen sich die Figuren?
  – Was denken und wollen sie voneinander?
  – Wodurch ist die Beziehung geprägt: Nähe, Distanz, Liebe, Konkurrenz, Neid ...?

Die äußere und innere Handlung untersuchen

Jennifer Wiener

Mut ist … (2004)

„Hallo!!!!! Ist da jemand?", schallte es aus dem Telefon. Livia wusste, wer es war. Sie wusste, dass sie ihn angerufen hatte, und sie wusste, dass es das zehnte Mal war. Doch sie legte wieder auf, ohne ein Wort zu sagen. Das Einzige, was sie wollte, war ein Date, ein einziges, nur eines, nicht mehr. Aber sie konnte es nicht, konnte ihm nicht in die Augen schauen, konnte kein Wort mit ihm wechseln.

Der Junge, den sie meinte, hieß Peter. Er war das Beste, was man bekommen konnte. Er hatte seidiges blondes Haar und blaue Augen. Seine Blicke waren wie Küsse.

Doch Livia kannte nur seine Blicke. Na ja, er sah sie zwar nie an, aber das hieß doch nichts. Oder doch? Hasste er sie vielleicht? Das war Livia egal, für sie war Peter ihre Luft, er war wie eine Droge. Sie war süchtig nach Peter und nach Liebe. Aber immer, wenn sie ihn anrief, bekam sie es mit der Angst zu tun. Sie rief ihn trotzdem jeden Tag an. Seine Telefonnummer hatte sie aus dem Telefonbuch. Es hatte sie eine Stunde gekostet, alle „Mender" durchzusuchen. Jeden Tag nahm sie sich vor, ihn anzurufen und zu fragen, aber sie schaffte es nicht. Livia beschloss, ihre Eltern zu fragen, ob sie seine Eltern anrufen könnten. Vielleicht konnte Peter ihr ja Nachhilfe geben und zu ihr kommen. Ja, das war's, das würde sie machen.

Ihre Eltern zu überreden war nicht schwer, und sie taten es tatsächlich. Livia wollte nicht neben dem Telefon stehen. Nein, das traute sie sich nicht. Sie lief in ihr Zimmer, schloss die Tür und setzte sich auf ihr Bett.

In dieser Zeit vergingen die Sekunden wie Minuten und die Minuten wie Stunden.

Ihr kam es vor, als hätte sie eine Stunde in ihrem Zimmer gesessen und hätte gewartet. Aber es war nur eine Minute. Als ihre Mutter die Tür öffnete, blieb ihr Herz stehen und es brach, als sie Mutters Worte hörte: „Er hat keine Zeit!" – „Was?", schoss es ihr durch den Kopf. Sie konnte nicht mehr richtig denken. War es eine Lüge oder die Wahrheit? Hasste er sie oder wollte er, dass sie ihn fragte?

Diese und Tausende andere Fragen schossen ihr durch den Kopf. In dieser Nacht schlief sie nicht so schnell ein. Sie machte sich Gedanken, ob sie ihn fragen sollte oder nicht.

Am nächsten Tag, in der schlimmsten Stunde in Livias Augen, in Deutsch, verkündete die Lehrerin, dass sie ein Projekt starten wolle. Jeder sollte einen Aufsatz über das andere Geschlecht schreiben. Es wurde per Auszählreim beschlossen, und wie es der Zufall wollte, sagte die Lehrerin: „Livia und Peter." Beide sahen sich an, sagten aber kein Wort. Beim Läuten sprachen beide immer noch nichts, sie sahen sich nicht mal an.

Am Abend versuchte Livia über Peter zu schreiben, aber ihr fiel nichts ein. Sie musste Peter anrufen, aber sie traute sich nicht.

Sie ging in Zeitlupe zum Telefon und im gleichen Tempo hob sie den Hörer ab und wählte die Nummer. Ihre Hände wurden nass vor Schweiß. Es fing an zu klingeln, sie wurde fasst ohnmächtig, doch plötzlich erklang seine aufregende Stimme.

„Hallo! Wer ist da? Peter am Apparat!" Livia suchte für einige Minuten ihre Stimme.

„Ich bin's, Livia", sagte sie ganz cool, und ihre Angst war weg. Doch es meldete sich niemand.

„Äh, hallo, Livia. Was gibt's?", fragte er.

„Du weißt doch, das blöde Projekt. Ich wollte …", jetzt war der entscheidende Moment,

„fragen, wann wir uns treffen können. Vielleicht nicht nur wegen dem Projekt?“
Sie dumme Kuh, warum hatte sie das gesagt? Oh nein!
„Sehr gern. Wie wär’s mit heute, jetzt? Ich komm zu dir. Tschau!“, schrie er. Es machte klick. Sie lief in ihr Zimmer, zog was Cooles an und schrieb in ihr Tagebuch: Mut ist, die Liebe zu gestehen.

1 Tauscht euch darüber aus, was euch an dieser Geschichte gut bzw. weniger gut gefällt.

2 Lest die Geschichte noch einmal aufmerksam durch.
Begründet, welche der beiden folgenden Aussagen den Inhalt gut zusammenfasst:

A Die Kurzgeschichte erzählt von Livia, die unbedingt eine Verabredung mit ihrem Klassenkameraden Peter haben will.
B Die Kurzgeschichte handelt von Livia, die ein mutiges Mädchen ist und mit Hilfe ihrer Eltern einen Jungen von sich überzeugen möchte.

3 Die Textstelle „Sie wusste, dass sie ihn angerufen hatte, und sie wusste, dass es das zehnte Mal war“ (Z. 2–4) beschreibt eine äußere Handlung.
Was geht in Livia hier vor? Wählt Aufgabe a oder b. Stellt danach eure Ergebnisse vor.

●○○ **a** Wählt für die innere Handlung die passende Antwort aus.

A Livia redet sich ein, dass sie einen Telefonstreich gespielt hat, und ist verwirrt.
B Livia ist zu aufgeregt, um mit Peter zu sprechen.
C Livia muss innerlich lachen und bringt deshalb kein Wort heraus.
D Livia ist es peinlich, dass sie sich so oft verwählt.

●●● **b** Verfasst in der Ich-Form einen Monolog zu ihren Gefühlen und Wünschen.

4 Die innere und äußere Handlung ergänzen sich häufig. Erstellt in eurem Heft einen Zeitstrahl, an dem ihr die innere und äußere Handlung gegenüberstellt.

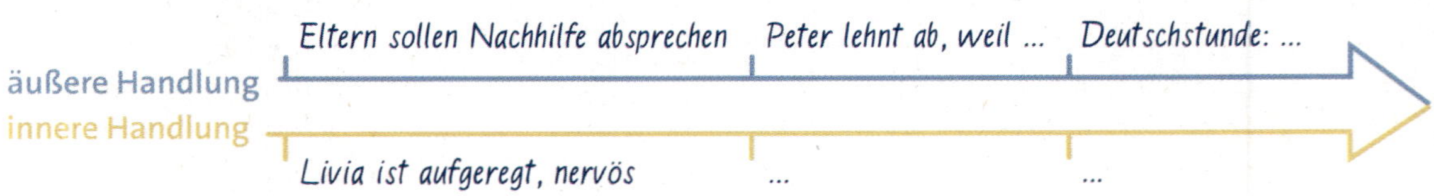

Information **Die innere und äußere Handlung unterscheiden**

Das **Geschehen** in erzählten Geschichten umfasst meist **zwei Handlungsebenen:**

- Die **äußere Handlung** beschränkt sich auf **sichtbare und hörbare Ereignisse,** z. B.: *„Doch sie legte wieder auf ...“* (▸ Z. 4–5)
- Die **innere Handlung** beschreibt die Innensicht der Figuren (Gefühle, Wünsche, Gedanken), z. B.: *„Das Einzige, was sie wollte, war ein Date ...“* (▸ Z. 5–6)
  Die innere Handlung muss manchmal aus der äußeren erschlossen werden.

Merkmale einer Kurzgeschichte analysieren

Wolfgang Borchert

Das Brot (1946)

Plötzlich wachte sie auf. Es war halb drei. Sie überlegte, warum sie aufgewacht war. Ach so! In der Küche hatte jemand gegen einen Stuhl gestoßen. Sie horchte nach der Küche. Es war still. Es war zu still, und als sie mit der Hand über das Bett neben sich fuhr, fand sie es leer. Das war es, was es so besonders still gemacht hatte; sein Atem fehlte. Sie stand auf und tappte durch die dunkle Wohnung zur Küche. In der Küche trafen sie sich. Die Uhr war halb drei. Sie sah etwas Weißes am Küchenschrank stehen. Sie machte Licht. Sie standen sich im Hemd gegenüber. Nachts. Um halb drei. In der Küche.

Auf dem Küchentisch stand der Brotteller. Sie sah, dass er sich Brot abgeschnitten hatte. Das Messer lag noch neben dem Teller. Und auf der Decke lagen Brotkrümel.

Wenn sie abends zu Bett gingen, machte sie immer das Tischtuch sauber. Jeden Abend. Aber nun lagen Krümel auf dem Tuch. Und das Messer lag da. Sie fühlte, wie die Kälte der Fliesen langsam an ihr hochkroch. Und sie sah von dem Teller weg.

„Ich dachte, hier wäre was“, sagte er und sah in der Küche umher.

„Ich habe auch was gehört“, antwortete sie, und dabei fand sie, dass er nachts im Hemd doch schon recht alt aussah. So alt, wie er war. Dreiundsechzig. Tagsüber sah er manchmal jünger aus. Sie sieht doch schon alt aus, dachte er, im Hemd sieht sie doch ziemlich alt aus. Aber das liegt vielleicht an den Haaren. Bei den Frauen liegt das nachts immer an den Haaren. Die machen dann auf einmal so alt.

„Du hättest Schuhe anziehen sollen. So barfuß auf den kalten Fliesen. Du erkältest dich noch.“

Sie sah ihn nicht an, weil sie nicht ertragen konnte, dass er log. Dass er log, nachdem sie neununddreißig Jahre verheiratet waren.

„Ich dachte, hier wäre was“, sagte er noch einmal und sah wieder so sinnlos von einer Ecke in die andere, „ich hörte hier was. Da dachte ich, hier wäre was.“

„Ich hab auch was gehört. Aber es war wohl nichts.“ Sie stellte den Teller vom Tisch und schnippte die Krümel von der Decke.

„Nein, es war wohl nichts“, echote er unsicher.

Sie kam ihm zu Hilfe: „Komm man. Das war wohl draußen. Komm man zu Bett. Du erkältest dich noch. Auf den kalten Fliesen.“

Er sah zum Fenster hin. „Ja, das muss wohl draußen gewesen sein. Ich dachte, es wäre hier.“

Sie hob die Hand zum Lichtschalter. Ich muss das Licht jetzt ausmachen, sonst muss ich nach dem Teller sehen, dachte sie. Ich darf doch nicht nach dem Teller sehen.

„Komm man“, sagte sie und machte das Licht aus, „das war wohl draußen. Die Dachrinne schlägt immer bei Wind gegen die Wand. Es war sicher die Dachrinne. Bei Wind klappert sie immer.“

Sie tappten sich beide über den dunklen Korridor zum Schlafzimmer. Ihre nackten Füße platschten auf den Fußboden. „Wind ist ja“, meinte er. „Wind war schon die ganze Nacht."

Als sie im Bett lagen, sagte sie: „Ja, Wind war schon die ganze Nacht. Es war wohl die Dachrinne."

„Ja, ich dachte, es wäre in der Küche. Es war wohl die Dachrinne." Er sagte das, als ob er schon halb im Schlaf wäre.

Aber sie merkte, wie unecht seine Stimme klang, wenn er log. „Es ist kalt", sagte sie und gähnte leise, „ich krieche unter die Decke. Gute Nacht."

„Nacht", antwortete er noch: „ja, kalt ist es schon ganz schön."

Dann war es still.

Nach vielen Minuten hörte sie, dass er leise und vorsichtig kaute. Sie atmete absichtlich tief und gleichmäßig, damit er nicht merken sollte, dass sie noch wach war. Aber sein Kauen war so regelmäßig, dass sie davon langsam einschlief.

Als er am nächsten Abend nach Hause kam, schob sie ihm vier Scheiben Brot hin. Sonst hatte er immer nur drei essen können.

„Du kannst ruhig vier essen", sagte sie und ging von der Lampe weg. „Ich kann dieses Brot nicht so recht vertragen. Iss doch man eine mehr. Ich vertrage es nicht so gut." [...]

1 Borcherts Kurzgeschichte „Das Brot" entstand kurz nach Ende des Zweiten Weltkriegs, als die Menschen noch Hunger litten.

a Informiert euch anhand der folgenden Bilder und der nachstehenden Kurzinformation über die Lebensumstände in der Nachkriegszeit.

b Recherchiert nach weiteren Informationen zu Leben und Alltag in dieser Zeit, z. B. in euren Schulgeschichtsbüchern.

Als **Nachkriegszeit** wird allgemein die Zeit nach einem Krieg bezeichnet. In dieser Zeit werden die staatliche Ordnung, die Wirtschaft sowie Gebäude und Straßen neu aufgebaut oder wiederhergestellt und durch den Krieg entstandene Schäden behoben. Sie ist häufig von Hunger und Knappheit an Gütern aller Art geprägt. Insbesondere die Zeit nach dem Zweiten Weltkrieg, der von 1939 bis 1945 dauerte, wird heute als „Nachkriegszeit" bezeichnet.

2 a Tauscht euch in Partnerarbeit darüber aus, wie ihr die Beziehung zwischen dem Mann und der Frau in „Das Brot" beschreiben würdet. Gebt Textstellen als Belege an.

b Was sagt dieser kurze Dialog über den Umgang der Eheleute miteinander aus?
„Ich dachte, hier wäre was", sagte er noch einmal und sah wieder so sinnlos von einer Ecke in die andere, „ich hörte hier was. Da dachte ich, hier wäre was."
„Ich hab auch was gehört. Aber es war wohl nichts." Sie stellte den Teller vom Tisch und schnippte die Krümel von der Decke. (► Z. 40–46)

c Tauscht euch in der Klasse über eure Ergebnisse aus.

3 Kurzgeschichten stellen häufig einen aussagekräftigen Abschnitt aus dem Leben und Alltag einer Figur dar. Erläutert, inwiefern dies auf „Das Brot" zutrifft.
Tipp: Nutzt Stichworte wie *Ehe, Not, Hunger*.

4 Kurzgeschichten haben meist ein Leitmotiv. Untersucht es für „Das Brot".
Wählt Aufgabe a oder b. Tauscht euch anschließend über eure Ergebnisse aus.
●○○ a Das Motiv des Brotes kommt z. B. in den Z. 14–17 und 85–87 vor. Vergleicht beide Stellen. Was unterscheidet sie? Nutzt Wörter wie: *heimlich, Krümel, ganze* ...
●●● b Erklärt den Titel der Kurzgeschichte. Inwiefern passt er zu ihr?

5 Ein weiteres Motiv in „Das Brot" ist das Licht. Sein Gegenteil ist die Dunkelheit.
Welche Rolle spielt das abendliche Licht in der Küche für die Wahrnehmung der Frau?

6 Begründet: Welche der beiden folgenden Enden ist das originale Ende von „Das Brot"?

A Sie sah, wie er sich tief über den Teller beugte. Er sah nicht auf. In diesem Augenblick tat er ihr leid. „Du kannst doch nicht nur zwei Scheiben essen", sagte er auf seinen Teller. „Doch, abends vertrag ich das Brot nicht gut. Iss man. Iss man."
Erst nach einer Weile setzte sie sich unter die Lampe an den Tisch.

B Er sah sie verwundert an und sagte augenblicklich und bestimmt: „Auf keinen Fall. Ich lasse nicht zu, dass du nur zwei Scheiben isst. Du hast doch selbst Hunger." Er stand auf, machte Licht und legte ihr die dritte Scheibe zurück auf den Teller. Sie aßen schweigend, sahen sich kurz an und lächelten.

7 Kurzgeschichten haben meist einen überraschenden Wendepunkt.
Lest die beiden Enden erneut. Trifft dieses Merkmal zu? Worin besteht die Überraschung?

8 Vier Schüler unterhalten sich über „Das Brot". Welche ihrer Aussagen geben die typischen Merkmale einer Kurzgeschichte wieder (▸ Information)?
A „In *Das Brot* haben die Figuren keine Namen. Sie heißen nur *der Mann* und *die Frau*."
B „Am Ende weiß man gar nicht, wie es weitergeht. Kann sie ihrem Mann noch vertrauen?"
C „Mit dem ersten Wort *plötzlich* wird man ohne Umschweife sofort ins Geschehen geholt."
D „Leider hatten in der Nachkriegszeit ganz viele Menschen sehr wenig zu essen."

Information **Eine Kurzgeschichte analysieren**

Eine Kurzgeschichte *(Short Story)* **zu analysieren** heißt, ihre **typischen Merkmale zu erkennen** und ihre **Bedeutung** für Figuren und Handlung anhand des Texts **zu erläutern.** Merkmale sind:
- Sie erzählt einen **aussagekräftigen Abschnitt aus dem Leben und dem Alltag einer Figur.**
- Die handelnden **Figuren** stellen meist **„Alltagsmenschen"** dar.
- Der **Anfang ist unvermittelt:** Die Geschichte springt mitten hinein ins Geschehen.
- Die **Handlung** erfährt einen **Wendepunkt,** der oftmals **überraschend** erfolgt.
- **Leitmotive** können **wiederholt** vorkommen und erhalten dadurch eine **besondere Bedeutung.**
- Der **Schluss ist offen.** Die Leser können selbst über ein Ende oder eine Lösung nachdenken.

Teste dich!

WE In einer Kurzgeschichte gibt es immer eine ausführliche Einleitung.
RY Die Kurzgeschichte setzt unvermittelt ein und beleuchtet ein besonderes Ereignis aus dem Alltag eines Menschen.
ND In jeder Kurzgeschichte trifft die Hauptfigur eine schlimme Entscheidung.
EP Die Kurzgeschichte endet mit einer Katastrophe für die Handelnden.
UN In einer Kurzgeschichte ereignen sich mehrere Handlungsstränge an mehreren Orten gleichzeitig.
TO In Kurzgeschichten geht es um ein besonderes Ereignis, das Durchschnittsmenschen in ihrem Alltag jederzeit widerfahren kann.
KT Eine Kurzgeschichte endet immer mit einer Moral.
TS Die Handlung einer Kurzgeschichte erfährt häufig einen überraschenden Wendepunkt.
OR Kurzgeschichten enthalten meistens ein Leitmotiv.
SH Der Schluss einer Kurzgeschichte ist offen und regt zum Nachdenken an.

1 a Notiere im Heft: Welche Aussagen zur Kurzgeschichte sind richtig, welche falsch?
b Prüfe mit einem Lernpartner deine Antworten.
Tipp: Die Buchstaben vor den Aussagen ergeben zwei Lösungsbegriffe.

Tanja Zimmermann

Eifersucht (1984)

Diese Tussi! Denkt wohl, sie wäre die Schönste. Juhu, die Dauerwelle wächst schon raus. Und diese Stiefelchen von ihr sind auch zu albern. Außerdem hat sie sowieso keine Ahnung. Von nix und wieder nix hat die 'ne Ahnung. Immer, wenn sie ihn sieht, schmeißt sie die Haare zurück wie 'ne Filmdiva. Das sieht doch ein Blinder, was die für 'ne Show abzieht. Ja, o.k., sie kann ganz gut tanzen. Besser als ich. Zugegeben. Hat auch 'ne ganz gute Stimme, schöne Augen, aber dieses ständige Getue. Die geht einem ja schon nach fünf Minuten auf die Nerven.
Und der redet mit der ... stundenlang. Extra nicht hingucken. Nee, jetzt legt er auch noch den Arm um die. Ich will hier weg! Aber aufstehen und gehen, das könnte der so passen. Damit die ihren Triumph hat.
Auf dem Klo sehe ich in den Spiegel, finde meine Augen widerlich, und auch sonst, ich könnte kotzen. Genau, ich müsste jetzt in Ohnmacht fallen, dann wird ihm das schon leidtun, sich stundenlang mit der zu unterhalten. Als ich aus dem Klo komme, steht er da: „Sollen wir gehen?"
Ich versuche es betont gleichgültig mit einem Wenn-du-willst, kann gar nicht sagen, wie froh ich bin. An der Tür frage ich, was denn mit Kirsten ist. „O Gott, eine Nervtante, nee, vielen Dank!" ...
„Och, ich find die ganz nett, eigentlich", murmle ich.

2 a Bestimme mit Hilfe der Lösungen aus Aufgabe 1, ob es sich bei dem Text „Eifersucht" um eine Kurzgeschichte handelt.
b Tausche dich über deine Ergebnisse mit einem Lernpartner aus.

6.2 Unerwartete Familienbande – Die Kommunikation in einer Geschichte untersuchen

Annette Weber

Der neue Bruder (2012) – Teil 1

Kurz nachdem Sarah die Wohnung betreten hatte, war ihr Puls gleich wieder auf hundertachtzig. Dicke schwarze Adidas-Treter lagen auf dem Flur, und aus der Küche roch es verdächtig nach angebrannter Fertigpizza. Seit dieser blöde Typ mit seinem bescheuerten Vater bei ihnen wohnte, war nichts mehr so wie früher. Aber was sollte sie machen? Immer wenn sie versuchte, mit ihrer Mutter darüber zu reden, schaltete diese auf stur.

„Jürgen und sein Sohn sind wahnsinnig lieb", sagte sie dann und dabei sah sie aus wie ein Dackel, der vor einer Kühlschranktür auf sein Futter wartete. Sarah stöhnte leise. Nie hätte sie gedacht, dass ihre kritische und emanzipierte Mutter so tief sinken konnte.

Das Telefon klingelte. Sarah warf ihre Schultasche in die Ecke und nahm den Hörer ab.

„Sarah Wenz."

„Hi, ich bin's, Michael. Ich würd' gern mal deinen Bruder sprechen." Michael kicherte.

Sarah spürte, wie sie rote Ohren bekam. „Bruder?"

„Na ja, ich meine den Oliver. Der ist ja jetzt fast so'n Halbbruder, nicht?"

„Halbbruder?" In Sarahs Ohren rauschte es. „Hast du'n Rad ab? Mit diesem blöden Typen, der in unserer Wohnung lebt, habe ich nichts zu tun."

Jetzt stand dieser Oliver direkt vor ihr. „Ist das für mich?"

Wortlos und ohne ihn anzusehen, reichte sie Oliver den Hörer und ging in die Küche. Die Pizza verbrannte langsam im Backofen. Ekelhaft, dieser Gestank. Und überhaupt, überall in der Küche hatte dieser Typ sich breitgemacht. Seine Hefte und Bücher lagen auf dem Küchentisch, und auf dem Schrank stand ein leerer Joghurtbecher.

Sarah kochte vor Zorn. Mit welchem Recht machte der Typ hier in der Küche Hausaufgaben? Mit welchem Recht hinterließ er eine Müllhalde? Und wie sollte das weitergehen? [...]

1 a Vergegenwärtigt euch den Inhalt: Was geschieht im ersten Teil der Kurzgeschichte?
b In welchem verwandtschaftlichen Verhältnis stehen die beiden Figuren zueinander?

2 Jeder Mensch nimmt unterschiedliche Rollen an, z. B. als Bruder, Sohn, Tochter, Schülerin usw. Nennt Erwartungen, die an Sarah und Oliver in ihren jeweiligen Rollen gestellt werden.

3 Was stimmt zwischen Sarah und Oliver nicht? Untersucht dazu die Beziehung zwischen beiden genauer. Wählt Aufgabe a oder b. Tauscht eure Ergebnisse danach aus.
●○○ a Begründet Sarahs Verhalten Oliver gegenüber. Wie nennt sie ihn? Was macht er alles falsch?
●●● b Auch ohne Worte teilt Sarah mit, was sie von der Situation und von Oliver hält. Nenne mindestens eine Textstelle, in der Sarah ohne Worte (nonverbal) reagiert.

4 „Und wie sollte das weitergehen?" (► Z. 43), fragt Sarah. Stellt dazu Vermutungen an.

Der neue Bruder – Teil 2

„Hab's echt nicht einfach im Moment", hörte sie Olivers Stimme. Sarah horchte. Jammerte er jetzt womöglich seinem Freund auch noch die Ohren voll? Das sah ihm ähnlich!
„Wenn ich dieses Breitarschgesicht nur vor mir sehe", stöhnte er weiter.
Breitarschgesicht? Über wen redeten sie denn da? „Mit dieser Lupe auf der Nase und den drei Bauchrollen bis zu den Knien", stöhnte Oliver weiter. „Nee, Alter, das ist echt die Hölle."
Sarah stieß einen leisen Schrei aus. Klar! Sie klatschten über sie! Breitarschgesicht mit Lupe auf der Nase. Unwillkürlich berührte Sarah ihre Brille. Sie hatte sich immer darüber geärgert, kurzsichtig zu sein. Aber was ging es diesen Typen an?
„Hi!" Mit diesem dümmlichen Grinsen um den Mund kam Oliver einen Moment später in die Küche. „Wie war's in der Schule?"
Sarahs Blut brodelte. Was tat dieser Typ plötzlich so furchtbar freundlich? Vor drei Minuten noch hatte er laut und schmutzig über sie hergezogen.
„Ich habe in der Pause die Europakarte aus dem Kartenraum geholt, dem Lehrer die Tasche getragen und danach den Schulhof gefegt", entgegnete Sarah schnell.
Oliver sah sie überrascht an. Dann lachte er. „Donnerwetter. Du bringst ja alle Lehrerherzen zum Schmelzen." Er öffnete den Ofen und zog die angebrannte Pizza heraus. „Huups! Etwas kross gebacken", grinste er und schob sie auf einen Teller. Dann setzte er sich zu Sarah. Sarah riss die Augen auf. Oliver schnitt sich tatsächlich ein großes Dreieck aus der Pizza und führte es zum Mund. Der Typ hatte wohl seine Geschmacksnerven total verloren. Krümel spritzten. Einer landete auf Sarahs Physikheft. Das reichte. Sarahs Magen rebellierte.
„Danke, ich lege keinen Wert auf deine Gesellschaft", keifte sie, stand auf und ging in ihr Zimmer. Dort führte ihr erster Weg zum Spiegel. Aufmerksam betrachtete sie sich. Tatsächlich hatte sie ein ziemlich rundes Gesicht mit breiter Nase. Die Nickelbrille verstärkte das. Und was ihre Figur betraf ... Sarah krempelte ihren Pullover hoch und betrachtete ihren Bauch. Früher war sie richtig schlank und heute – wenn sie ehrlich war, hatten sich unter dem Busen tatsächlich drei Rettungsringe gebildet. „Mist. Ab morgen wird diätet", fluchte Sarah leise. „Und dann, Typ, wirst du dein blaues Wunder erleben. Du wirst dir noch nach mir die Finger lecken. Auf den Knien wirst du rutschen."

Einige Wochen später passte Sarah schon in Kleidergröße 36. Sie zog ein kurzes, hautenges schwarzes T-Shirt-Kleid an. Jetzt noch die neuen Kontaktlinsen einsetzen, dann war alles okay. Sarah betrachtete sich aufmerksam im Spiegel. Cool sah sie aus. Einfach umwerfend.

„Hee, kann ich endlich auch mal ins Bad?", hörte sie Olivers Stimme an der Badezimmertür.

Sarah antwortete nicht. Langsam und lässig schloss sie die Badezimmertür auf und trat auf den Flur. Mit weit aufgerissenen Augen stand Oliver da. „Wow!", rief er dann. „Dafür hat es sich ja echt gelohnt, zu warten."

Sarah warf ihre langen Haare nach hinten und schritt hoch erhobenen Hauptes an ihm vorbei. Jungen waren echt beknackt. Sie achteten immer nur auf das Aussehen. Breitarschgesicht! Das würde sie ihm nie verzeihen. „Warte, Sarah, ich fahre mit dir zur Schule!", brüllte Oliver hinter ihr her.

Darauf hatte Sarah nur gewartet. Sie rannte die Treppe hinunter in die Garage. Olivers Fahrrad lehnte an der Wand. Schnell zog sie das Ventil aus seinem Schlauch. Zisch machte es, und das Fahrrad war platt. Mit höchster Zufriedenheit schwang sich Sarah auf ihren Sattel und radelte, ohne sich noch einmal umzusehen, davon.

Als sie aus der Schule kam, bot sich ihr das gleiche Bild: Adidas-Treter im Flur. Mit einem Tritt beförderte sie sie unter den Schrank. Hoffentlich musste der Typ lange suchen, bis er sie fand. Sarah ging in die Küche. Auch hier waren, wie immer, Hefte und Bücher auf dem Küchentisch verstreut, daneben stand ein Teller mit Spaghetti bolognese.

„Hi, Sarah!" Oliver betrat die Küche. „Ich wollte nur …"

„Deine Sachen wegräumen, was!", fuhr ihn Sarah an.

„Ja, das auch …"

Oliver war verwirrt. Das brachte Sarah noch mehr auf die Palme. „Mir stinkt dein Chaos nämlich total!", fuhr sie ihn weiter an.

Wortlos räumte Oliver seine Schulsachen beiseite.

„Und was ist mit diesem elenden Hundefutter?", fluchte Sarah weiter und zeigte auf die Spaghetti. Oliver zögerte einen Moment lang. Dann nahm er den Teller mit dem Essen und beförderte ihn in den Biomüll. „War eigentlich für dich gedacht", murmelte er dabei. Jetzt war Sarah an der Reihe, verwirrt zu sein. „Für mich? Was soll das heißen?"

Oliver stellte den leeren Teller in die Spülmaschine. „War mein Abschiedsgeschenk für dich. Passt aber, dass du es nicht annimmst. Du hast eigentlich nie etwas von mir angenommen, schade."

Er warf seine Locken nach hinten und ging aus der Küche, ohne Sarah noch einmal anzusehen. Sarah war allein. Eigentlich hätte sie nun erleichtert sein können. Aber sie ertappte sich dabei, dass sie immer wieder horchte. Plötzlich öffnete sich die Tür und Oliver trat auf den Flur. Er trug eine große Umhängetasche über der Schulter.

„Wo willst du hin?", fragte Sarah ein wenig erschrocken. Oliver antwortete nicht. Stattdessen begann er, nach seinen Adidas-Tretern zu suchen. Sarah nutzte die Chance, sich vor der Haustür aufzubauen. „Wo du hinwillst, habe ich gefragt", fuhr sie ihn an.

Oliver nahm keine Notiz von ihr. Im Gegenteil. Je fordernder sie redete, desto fieberhafter suchte er. Sarah gratulierte sich innerlich zu der Idee, die Schuhe so weit unter den Schrank gekickt zu haben.

„Du willst hier weg, nicht wahr?" Sarah war selbst überrascht, wie traurig ihre Stimme plötzlich klang.

Auch Oliver schien das zu bemerken. Er sah sie argwöhnisch an. Dann zog er die Mundwinkel herunter. „Okay, um die Wahrheit zu sagen: Ich gehe wirklich. Zu meiner Mutter zurück. Zufrieden?" Er begann, auf dem Boden herumzukrabbeln. Es würde nicht lange dauern, dann hatte er seine Schuhe gefunden.

Spontan entschied sich Sarah, sich direkt vor den Schrank zu setzen. „Ist deine Mutter netter als dein Vater?", wollte sie wissen.

Jetzt setzte sich Oliver ebenfalls auf den Boden. „Nein“, sagte er dann. „Jedenfalls nicht, seit sie mit einem anderen Typen zusammenlebt.“ Er dachte einen Moment nach. Seine Augen sahen total traurig aus. „Aber was soll ich machen? Hier finde ich ja auch kein Zuhause“, sagte er dann.

Sarah schluckte. Sie wusste verdammt gut, wie es ihm ging. „Ich bin jedenfalls nicht daran schuld, dass hier alles so blöd gelaufen ist“, verteidigte sie sich.

„Nein?“ Oliver lachte. Es klang unglücklich. „Dann habe ich mir wohl nur eingebildet, dass du mich ständig anschreist, mir die Hefte um die Ohren schleuderst, die Luft aus meinem Reifen lässt ...“

„Und ich habe deine Schuhe versteckt.“ Sarah grinste höhnisch.

„Warum?“ Oliver sah jetzt richtig unglücklich aus. „Was habe ich dir getan?“

Sarah kochte. „Was fällt dir bei dem Wort Breitarschgesicht ein?“, keifte sie.

Oliver riss die Augen auf. „Wer soll das gesagt haben?“

„Du! Vor einigen Wochen. Zu deinem dämlichen Freund.“

5 Vergleicht eure Vermutungen aus Aufgabe 4 (▸ S. 117) mit Teil 2 der Geschichte. Weicht er von euren Erwartungen ab?

6 Durch die Art, wie gesprochen bzw. kommuniziert wird, zeigt sich oft, in welcher Stimmung man ist, wie man wirken möchte und wie man den anderen versteht.

a Beschreibt, wie Sarah Olivers Telefonat (▸ Z. 44–59) verfolgt und versteht.

b Begründet anhand von Textstellen von Z. 60–215, wie ihr jeweils Sarahs und Olivers Gesprächsverhalten bezeichnen würdet, z. B.: *nett, schroff, entgegenkommend, ...*

7 Beim Sprechen äußert man nicht nur Worte, sondern man spricht in einem bestimmten Tonfall, man gestikuliert und hat eine entsprechende Mimik.
Beschreibt diese so genannte nonverbale Kommunikation (▸ S. 121) mit Hilfe folgender Begriffe für die Textstellen A bis C:
stolz, hochmütig, verletzt, frech, übermütig, beleidigt, gekränkt.

A „Sarah warf ihre langen Haare nach hinten und **schritt hoch erhobenen Hauptes** an ihm vorbei.“ (▸ Z. 111–113)

B „Adidas-Treter im Flur. **Mit einem Tritt beförderte sie sie** unter den Schrank.“ (▸ Z. 127–128)

C **„Er warf seine Locken nach hinten** und ging aus der Küche, **ohne** Sarah noch einmal **anzusehen.“** (▸ Z. 157–159)

8 a Überlegt, mit welchen nonverbalen (▸ S. 121) Ausdrucksmitteln Sarah und Oliver ihr Gespräch in Z. 134–156 begleiten könnten. Denkt an:
Bewegungen, Gesten, Mimik, Tonfall, Lautstärke, Sprechtempo, Sprechpausen, ...

b Schreibt die Textstelle ab und fügt passende Regieanweisungen ein.

c Tragt eure Ergebnisse szenisch vor.

9 a Sucht weitere kleine Gesprächsausschnitte aus der Kurzgeschichte.

b Bildet Gruppen und verteilt die Gesprächsausschnitte unter euch.

c Bereitet die Gesprächsausschnitte wie in Aufgabe 8 für den szenischen Vortrag vor.

10 Sprechen Menschen miteinander, dann tauschen sie nicht nur Informationen aus, sie stellen auch dar, in welcher Beziehung sie gerade zueinander stehen.
Erschließt diese Beziehungsebene und Sachebene (= Information) aus dem, was Sarah zu Oliver sagt. Wählt Aufgabe a oder b. Tauscht anschließend eure Ergebnisse aus.

●○○ a Übertragt den folgenden Satz B ins Heft.
Ergänzt wie im Beispiel A die Sachebene und die Beziehungsebene.

A	B
Sarah: „Und was ist mit diesem elenden Hundefutter?" (▸ Z. 144 f.)	Sarah: „Ich habe in der Pause die Europakarte aus dem Kartenraum geholt, dem Lehrer die Tasche getragen und danach den Schulhof gefegt." (▸ Z. 67–70)
Sachebene	**Sachebene**
Sarah teilt mit, dass sie das Essen unappetitlich findet, und vergleicht es mit Hundefutter.	…
Beziehungsebene	**Beziehungsebene**
Sie zeigt, dass sie von Oliver kein Essen annimmt, weil sie ihn selbst ablehnt.	…

●●● b Schreibt wie im Beispiel A weitere Äußerungen von Sarah heraus.
Erschließt daran jeweils die Sachebene und die Beziehungsebene.

11 Oft genug kommt es bei Gesprächen sowohl auf der Sach- als auch auf der Beziehungsebene zu Missverständnissen.
Erläutert mit Hilfe eigener Beispiele, die ihr erlebt habt, wie ein Missverständnis entstanden ist:

Es war zu laut. • Ich bezog eine Äußerung auf mich. • Jemand verstand keine Ironie.

Information **Die Kommunikation zwischen Figuren untersuchen**

- **Kommunikation** funktioniert so, dass bestimmte **Signale übermittelt** werden.
- Diese können **sprachlich (verbal)** erfolgen oder auch **ohne Worte (nonverbal)**, z. B. durch **Gestik** oder **Mimik.**
- Dabei werden sowohl **Informationen** als auch **Gedanken und Gefühle** mitgeteilt. Daher unterscheidet man bei einer Äußerung insbesondere die Sach- und die Beziehungsebene, z. B.: *„Hast du den Film schon gesehen?"*
  – **Sachebene:** Man teilt eine **Information** mit: *Ich möchte mit dir ins Kino gehen.*
  – **Beziehungsebene:** Man setzt eine Beziehung voraus bzw. wünscht sie sich: *Wir sind Freunde.*
  Deshalb kann **Kommunikation** manchmal **gelingen** und manchmal **misslingen.**
- Wird von einem Gesprächspartner etwas **falsch verstanden oder falsch eingeordnet,** dann kann es zu **Missverständnissen** kommen.

Üben: Die Kommunikation zwischen Figuren untersuchen

Der neue Bruder – Teil 3

Sarah konnte Oliver ansehen, dass sein Gehirn auf Hochtouren arbeitete. Dann lachte er. „Ah, jetzt habe ich's: Wir haben über die alte Albrecht gesprochen. Unsere Englischlehrerin.“ Sarah spürte, wie sie rot wurde. „Echt? Ich dachte ...“
„Wir hätten über dich gesprochen?“ Oliver lachte schallend. „Findest du, dass du ein Breitarschgesicht hast?“ Er gluckste.
Sarah spürte, wie sie wütend wurde. Sie beugte sich zu Oliver hinüber und schubste ihn. Oliver ließ sich der Länge nach auf den Boden fallen. Dabei hielt er sie fest und zog sie mit sich. Dann beugte er sich über sie. Sein Gesicht war jetzt ganz dicht. Sarahs Herz schlug hart gegen ihre Rippen. „Lass mich los“, wollte sie sagen, aber es kam kein Wort über ihre Lippen.
„Findest du nicht, dass ich einen Abschiedskuss verdient habe?“, flüsterte er.
Sarah war jetzt wirklich erschrocken. Was war plötzlich mit ihr los? War das der gleiche Oliver, gegen den sie so viele Mordgedanken gehegt hatte? Seine Augen blitzten und sein Gesicht war immer noch so verdammt nah. „Warte!“, sagte Sarah und ihre Stimme klang kratzig. „Ich ... also ich ... ich war wirklich gemein zu dir.“ Sie richtete sich auf. „Frieden, ja?“ Oliver nickte.
„Und bitte bleib, ja?“
Oliver nickte noch einmal. Dann stand er ebenfalls auf. Stand jetzt neben ihr. Ziemlich dicht. Seine dunklen Augen schauten sie immer noch aufmerksam an.
„Und dann ... wollen wir einfach noch einmal zusammen Spaghetti kochen? Okay?“
Oliver strich ihr kurz über den Arm. Ganz kurz nur. Aber die Berührung reichte aus, eine Gänsehaut über ihren ganzen Körper kriechen zu lassen.
„Okay. Also dann ...“ Er wirkte auch verwirrt. „Dann räum ich mal meine Sachen wieder in den Schrank“, murmelte er.

1 ●●● Setzt das Ende der Kurzgeschichte in Zusammenhang mit dem, was vorher passiert ist: Wieso lacht Oliver? Warum wird Sarah wütend?

▷ Eine Hilfe zu Aufgabe 1 findet ihr auf Seite 123.

2 ●●● Erläutert am Beispiel der markierten Textstelle die Kommunikation der beiden.
- a Welche Sachinformation enthält sie? Was wird über die Beziehung der beiden deutlich? Notiert so: *Olivers Frage verdeutlicht, dass er ... Im Hinblick auf ihre Beziehung heißt das ...*
- b Findet im Textauszug nonverbale Ausdrucksmittel, die eure Ergebnisse unterstützen.

▷ Hilfe zu 2 a/b, Seite 123

3 ●●● Wo in der Kurzgeschichte setzt das entscheidende Missverständnis ein? Begründet.

▷ Hilfe zu 3, Seite 123

Aufgabe 1 mit Hilfe

Setzt das Ende der Kurzgeschichte in Zusammenhang mit dem, was vorher passiert ist: Wieso lacht Oliver? Warum wird Sarah wütend? Beantwortet diese beiden Fragen mit Hilfe der passenden Antwortmöglichkeiten A bis F. Ergänzt die von euch ausgewählten im Heft.

- A Oliver macht sich über Sarahs Aussehen lustig. Er findet ...
- B Sarah schämt sich, weil sie Olivers Aussage falsch verstanden hat. Sie hat Olivers ...
- C Sarah wird wütend, weil sie sich von Oliver ausgelacht fühlt. Sie glaubt, er ...
- D Sarah ärgert sich darüber, dass es zu einem Missverständnis gekommen ist. Nicht sie ...
- E Oliver erkennt lachend, dass Sarah wütend auf ihn war, weil sie sich verletzt fühlte. Er ahnte nicht, dass sie meinte, er ...
- F Oliver merkt, dass Sarah seine Äußerung über die Englischlehrerin auf sich bezogen hat, und findet dies lustig. Denn nicht sie war ...

Aufgabe 2 mit Hilfe

Erläutert am Beispiel der markierten Textstelle auf S. 122 die Kommunikation der beiden.

a Welche Sachinformation enthält sie? Was wird über die Beziehung der beiden deutlich? Schreibt ins Heft die Überschriften „Sachebene" und „Beziehungsebene". Ordnet diesen Überschriften die folgenden Aussagen zu.

Oliver will mit Sarah zusammen kochen.

Oliver macht ein Versöhnungsangebot.

Oliver will ausdrücken, dass er Sarah mag und gern ein besseres Verhältnis zu ihr hätte.

Der Stiefbruder will mit seiner Stiefschwester Spaghetti zubereiten.

Oliver möchte das Missverständnis durch eine gemeinsame Aktivität wiedergutmachen.

b Findet im Textauszug nonverbale Ausdrucksmittel, die eure Ergebnisse unterstützen. Nutzt dazu die folgenden Zeilenangaben: Z. 216–217, 220, 225, 226, 232, 238, 240 f., 246 u. 251–253.

Aufgabe 3 mit Hilfe

Wo in der Kurzgeschichte setzt das entscheidende Missverständnis ein? Begründet. Lest noch einmal den zweiten Teil der Geschichte (▸ S. 118–120).

Tipp: Berücksichtigt bei eurer Begründung, wie Sarah ihren Stiefbruder anfänglich findet.

6.3 Fit in ...! – Eine Kurzgeschichte analysieren

Stellt euch vor, ihr bekommt in der nächsten Klassenarbeit die folgenden Aufgaben gestellt:

Aufgabe

1. Analysiere und interpretiere Kurt Martis Kurzgeschichte „Happy End".
   a Fasse den Inhalt kurz zusammen.
   b Untersuche die Figuren und ihr Verhältnis zueinander. Beachte besonders, wie sie verbal und nonverbal miteinander kommunizieren und was dies über ihre Beziehung aussagt.
2. Welche Merkmale einer Kurzgeschichte treffen auf „Happy End" zu? Belege am Text.

Kurt Marti

Happy End (1960)

Sie umarmen sich, und alles ist wieder gut. Das Wort ENDE flimmert über ihrem Kuss. Das Kino ist aus. Zornig schiebt er sich zum Ausgang, seine Frau bleibt im Gedrängel hilflos stecken, weit hinter ihm. Er tritt auf die Straße, bleibt aber nicht stehen und geht, ohne sie abzuwarten, geht voll Zorn, und die Nacht ist dunkel.
Atemlos, mit kleinen, verzweifelten Schritten holt sie ihn ein, er geht und sie holt ihn wieder ein und keucht. Eine Schande, sagt er im Gehen, eine Affenschande, wie du geheult hast. Mich nimmt nur wunder warum, sagt er. Sie keucht. Ich hasse diese Heulerei, sagt er, ich hasse das. Sie keucht noch immer. Schweigend geht er und voller Wut, so eine Gans, denkt er, und wie sie nun keucht in ihrem Fett.
Ich kann doch nichts dafür, sagt sie endlich, ich kann wahrhaftig nichts dafür, es war so schön, und wenn's schön ist, muss ich halt heulen. Schön, sagt er, dieser elende Mist, dieses Liebesgewinsel, das nennst du schön, dir ist ja nun wirklich nicht mehr zu helfen. Sie schweigt und geht und keucht. Was für ein Klotz, denkt sie, was für ein Klotz.

Die Aufgabe richtig verstehen

1 Was verlangt die Aufgabe im Einzelnen von euch?
Notiert im Heft die Buchstaben der richtigen Aussagen. Sie ergeben ein Lösungswort.

Wir sollen ...

NU ... ganz genau nacherzählen, was in der Kurzgeschichte passiert.
KI ... den wesentlichen Inhalt der Geschichte kurz zusammenfassen.
BA ... uns eine Vorgeschichte ausdenken.
NO ... die Beziehung der Figuren zueinander genau untersuchen.
TO ... in der Geschichte nicht Gesagtes mit Inhalt füllen.
FI ... auch nonverbale Ausdrucksmittel beachten.
GR ... das Ende der Kurzgeschichte erfinden.
LM ... Merkmale einer Kurzgeschichte nachweisen.
DE ... einen Vergleich mit anderen bekannten Kurzgeschichten vornehmen.

Planen

2 Lest die Geschichte mehrmals. Notiert in Stichworten Antworten auf die W-Fragen:
- Wer sind die handelnden Figuren?
- Wo spielt die Handlung (Handlungsort)?
- Welche Zeitspanne wird dargestellt?
- Worum geht es in dieser Kurzgeschichte?
- Was ist das Thema?

3 Haltet fest, was ihr über den Mann und die Frau erfahrt.

a Legt im Heft eine Liste wie folgt an.
Notiert die Zeilenangabe zur Textstelle.

	der Mann	die Frau
Was sie denken:	*„ [...] so eine Gans [...]“ (Z. 17–18)* ...	... ...
Was sie tun:	... ...	*„Sie keucht noch immer.“ (Z. 15–16)* ...
Was sie sagen:	*„Ich hasse diese Heulerei [...]“ (Z. 14–15)* ...	... ...

b Überlegt, was die in der Tabelle gesammelten Zitate über die Beziehung der beiden Figuren aussagen.
Tipp: Nutzt Symbole wie Blitze oder Pfeile, um ihre Beziehung zu veranschaulichen.

c Wie passt der Titel der Kurzgeschichte zu eurer Einschätzung der Beziehung?

Schreiben

4 Formuliert im Heft einen Einleitungssatz.
Beachtet die Textart, den Autor, den Titel, das Erscheinungsjahr und das Thema, z. B.:
In ... Kurzgeschichte „...“ aus dem Jahr ... geht es um ...

5 Verfasst nach dem Einleitungssatz eure Inhaltsangabe.
Nutzt die folgenden Satzbausteine und Schreibhinweise.

Satzbausteine

Das Geschehen spielt in ...
Anfangs/Zunächst ... beschreibt der Erzähler ...
Dann ... Am Ende ...

Schreibhinweise

- Verben im Präsens verwenden
- knapp und sachlich bleiben
- keine wörtliche Rede wiedergeben
- Satzanfänge wählen, welche die zeitliche Reihenfolge der Ereignisse verdeutlichen

6 Beschreibt und deutet ausführlich die Kommunikation zwischen den beiden Figuren. Nutzt eure Planungsergebnisse (▸ Aufgabe 3, S. 125) sowie folgende Sätze und Begriffe, um die verbale und nonverbale Kommunikation darzustellen.

Von Beginn an wird das nonverbale Verhalten des Mannes als rücksichtlos und ...
So drängt er sich einfach ..., ohne auf seine Frau ... Vermutlich schämt ..., denn er sagt in Z. 11: „...“
Seine Frau wird dagegen als ... Ihre Verzweiflung verdeutlicht sich durch eine Körpersprache wie folgt: ... Außerdem ist sie so ..., dass sie zunächst gar nicht ...
Das Problem ist, dass sie einen völlig anderen Eindruck von ...
Der Mann reagiert aber nur ... Er wird sogar noch ... So sagt er: „...“ (Z. ...).
Mit Worten wehrt sich die Frau ... Sie denkt ...
All das zeigt, dass ihre Beziehung ..., wobei vor allem der Mann ...

abweisend
liebevoll
respektlos
zugeneigt
fürsorglich
abfällig
gemein
verständnislos

7 a Prüft, ob die folgenden Merkmale von Kurzgeschichten auf „Happy End“ zutreffen.

A Die handelnden Figuren stellen Menschen aus dem Alltag dar.
B Der Anfang ist unvermittelt: Die Geschichte springt mitten hinein ins Geschehen.
C Die Kurzgeschichte hat ein offenes Ende.

b Begründet und belegt die Merkmale mit Textstellen.

Überarbeiten

8 Prüft und verbessert in Partnerarbeit eure Ausarbeitungen. Nutzt die folgende Checkliste.

Checkliste

Eine Kurzgeschichte zusammenfassen – Die Kommunikation analysieren

Habt ihr ...
- alle Anforderungen der Aufgabe beachtet und bearbeitet?
- eine Einleitung mit Angaben zu Textart, Autor, Titel, Erscheinungsjahr und Thema formuliert?
- in einer Inhaltsangabe kurz und sachlich die Handlung wiedergegeben?
- die Kommunikation und Beziehung der Figuren untersucht und beschrieben?
- bei eurer Untersuchung der Beziehung auch nonverbale Ausdrucksmittel mit einbezogen?
- typische Merkmale einer Kurzgeschichte nachgewiesen?
- alle eure Aussagen zur Geschichte mit geeigneten Textstellen belegt?

Schreibwörter ▸ S. 312

Kurzgeschichte	kommunizieren	charakterisieren	Gestik
Figurenkonstellation	alltäglich	unvermittelt	Mimik
Kommunikation	aussagekräftig	nonverbale Ausdrucksmittel	Textstelle

7 „Du bist mein und ich bin dein“ – Liebesgedichte erschließen

1 Beschreibt das Foto und sprecht über Situationen, aus denen ihr diese Geste kennt.

2 Welchen Bezug könnt ihr zwischen dem Foto und der Kapitelüberschrift „Du bist mein und ich bin dein“ herstellen?
Tauscht euch darüber aus.

3 a Notiert eure Erwartungen, die ihr mit dem Thema „Liebesgedichte“ verbindet.
b Vergleicht eure Erwartungen in der Klasse.

In diesem Kapitel ...

- lernt ihr Songs und Gedichte kennen, die „Liebe“ auf unterschiedliche Weise beschreiben,
- untersucht ihr Gedichte und tragt sie wirkungsvoll vor,
- schreibt ihr Schritt für Schritt eine Gedichtanalyse.

7.1 Liebesglück und Liebesleid – Sprache in Gedichten untersuchen

Motive erkennen und vergleichen

1 Klärt, was zwischen dem lyrischen Ich und dem angesprochenen Du gerade geschieht. Wählt Aufgabe a oder b.

●○○ a Begründet, welche der beiden folgenden Aussagen stimmt:

> **A** Zwei haben sich gestritten. Das lyrische Ich entschuldigt sich bei seiner Partnerin / seinem Partner.
>
> **B** Das lyrische Ich möchte unbedingt zurückgeliebt werden.

●●● b Stellt euch vor, jemand wirbt so wie in dem Song um Liebe. Notiert, wie ihr darauf reagieren würdet.

c Tauscht euch über eure Ergebnisse aus.

2 a Beschreibt den Aufbau des Songs. Verwendet folgende Begriffe: *Strophe, Vers, Reim, Refrain.*

b Benennt und begründet, welches Wort durch den Refrain eine zentrale Bedeutung erlangt: *ich, Herz, du* oder *Schmerz.*

c Erklärt, wofür der Begriff „Herz“ stellvertretend steht.

3 Verfasst Vers für Vers einen Antwortsong. Stellt eure Reaktion dar, z. B.:
Ich habe dich ausgewählt? …

4 Bringt andere Liebessongs mit und stellt sie vor.

Tim Bendzko

In dein Herz (2011)

Unter Tränen hast du mich ausgewählt.
Ich hatte keine Wahl, ich musste mit dir gehn.
Tagein, Tagaus derselbe Traum und ich bin der Ausweg.
Du musst mir nur vertrauen.

Ich will in dein Herz, und wenn das nicht geht,
Dann will ich dich nie wiedersehn.
Den Schmerz wär es mir wert.
Das musst du nicht verstehen, verstehst du mich?
Ich will in dein Herz, ob du willst oder nicht.

Die Antwort aufs Warum.
Ich hätt sie dir so gern gegeben.
Ich hab so lang danach gesucht.
Doch die Suche war vergebens.

Ich will in dein Herz.
Das ist mir jede Mühe wert.
Ich bin die Stimme, die dich von innen stärkt.

Ich will in dein Herz […]

Du siehst mir an und du weißt: Ich werd nicht von dir weichen.
Du siehst mir an: Ich will dich um jeden Preis erreichen,
Dein Herz erweichen.

Ich will in dein Herz […] (2x)

Unbekannter Verfasser

Dû bist mîn, ich bin dîn (um 1180)

Dû bist mîn, ich bin dîn,
des solt dû gewis sîn.
Dû bist beslozzen
in mînem herzen,
verlorn ist daz sluzzelîn:
dû muost ouch immer darinne sîn.

Codex Manesse (Buchmalerei um 1310–1340)

1 Das Gedicht wurde in Mittelhochdeutsch verfasst. Dieses Deutsch wurde ungefähr von 1050 bis 1350 gesprochen.
Übt, das Gedicht laut zu lesen.
Beachtet die Aussprache der damaligen Zeit:
- Vokale mit ^ werden lang gesprochen,
- z und zz entsprechen *s* und *ss*,
- bei *muost* und *ouch* muss man beide Vokale hören.

2 a Übersetzt in Partnerarbeit das Gedicht in heutiges Deutsch.
b Vergleicht eure Ergebnisse in der Klasse.

3 a Erklärt, woran zu erkennen ist, dass es sich um ein Liebesgedicht handelt.
b Erläutert, inwieweit die Abbildung zu dem Gedicht passt. Beachtet die Pflanzenform.

4 Als ein Motiv bezeichnet man einen wiederkehrenden Begriff, der zu verschiedenen Zeiten eine besondere Bedeutung erlangt.
In den beiden Gedichten auf Seite 128 und 129 ist es das Herz. Es ist das Motiv für die Liebe.
Formuliert, wie es jeweils beschrieben wird. Wählt Aufgabe a oder b.
●○○ a Erläutert, ob die Vorstellung von Liebe in „In dein Herz“ mit eurer übereinstimmt.
●●● b Vergleicht, wie das Motiv Herz in beiden Gedichten dargestellt wird.
c Tauscht eure Ergebnisse in der Klasse aus.

5 In Vers 5 steht: „verlorn ist daz sluzzelîn“.
a Erklärt das sprachliche Bild mit eigenen Worten, z. B. so:
Niemand soll ... oder: *Das lyrische Ich verspricht* ... oder: *Ohne Schlüssel kann* ...
b Besprecht, ob der Text eurem Verständnis von Liebe entspricht.

Information **Das Motiv und das Sprachbild**

- Ein **Begriff**, der in Texten **in verschiedenen Jahrhunderten eine besondere Bedeutung** erlangt, wird **Motiv** genannt. Die Begriffe können Gegenstände, Personen, Handlungen oder Ideen bezeichnen, z. B. das Motiv des Schlüssels, das des Sängers, das der Rache oder der Liebe.
- Viele Motive werden als **Sprachbild** formuliert, z. B. das Herz als Motiv für die Liebe.
- Zu untersuchen ist, wie die Motive in dem jeweiligen Jahrhundert verstanden wurden.

Sprachbilder verstehen

Heinrich Heine

Mit deinen blauen Augen (um 1828)

Mit deinen blauen Augen
Siehst du mich lieblich an,
Da wird mir so träumend zu Sinne,
Dass ich nicht sprechen kann.

An deine blauen Augen
Gedenk ich allerwärts; –
Ein Meer von blauen Gedanken
Ergießt sich über mein Herz.

Christoph Derschau

Traumtrip (1977)

Gestern verreiste ich
in die Stille
deiner Augen.

Gerade angekommen
stellte ich fest
dass ich mich verfahren hatte.

Ich muss mitten
in der Sehnsucht
gewesen sein.

René Magritte: Der falsche Spiegel
(Öl auf Leinwand, 1928)

1 Lest beide Gedichte und formuliert eure ersten Leseeindrücke.

2 In Heines Gedicht heißt es in den Versen 7–8:
„Ein Meer von blauen Gedanken / Ergießt sich über mein Herz.“

a Erläutert, wie die Gedanken *blau* sein können, z. B.:
Die blauen Gedanken beziehen sich auf die … in Vers 5. Hier haben die … die Farbe …

b Erklärt, in welchem Bezug die *blauen Gedanken* und *Herz* zueinander stehen. Was könnten das für Gedanken sein?

c Beschreibt die Wirkung, die davon ausgeht, wenn die *blauen Gedanken* mit der Vorstellung vom *Meer* zusammengeführt werden. Wie stellt ihr euch das vor?

3 Erschließt die Sprachbilder in Derschaus Gedicht.

a Sammelt Ideen, welches Ziel ein *Traumtrip* haben kann.

b Formuliert mit eigenen Worten, was das lyrische Ich meint, wenn es „in die Stille / deiner Augen“ verreist (► V. 1–3), z. B.: *Damit ist keine wirkliche Reise gemeint, sondern … Ohne Worte stellt sich …*

c Das lyrische Ich hat sich „verfahren“ (► V. 6). Erklärt die Begründung, die es dafür angibt.

4 a Benennt: Welches Motiv haben die beiden Gedichte gemeinsam?

b Welche Wirkung geht von diesem Motiv in beiden Gedichten aus?

Erich Fried

Was es ist (1983)

Es ist Unsinn
sagt die Vernunft
Es ist was es ist
sagt die [...]

Es ist Unglück
sagt die Berechnung
Es ist nichts als Schmerz
sagt die Angst
Es ist aussichtslos
sagt die Einsicht
Es ist was es ist
sagt die [...]

Es ist lächerlich
sagt der Stolz
Es ist leichtsinnig
sagt die Vorsicht
Es ist unmöglich
sagt die Erfahrung
Es ist was es ist
sagt die [...]

Ernst Stadler

Glück (1914)

Nun sind vor meines Glückes Stimme
alle Sehnsuchtsvögel weggeflogen.
Ich schaue still den Wolken zu,
die über meinem Fenster in die Bläue jagen.
Sie locken nicht mehr,
mich zu fernen Küsten fortzutragen
wie einst, da Sterne, Wind und Sonne
wehrlos mich ins Weite zogen.
In deine Liebe bin ich
wie in einen Mantel eingeschlagen.
Ich fühle deines Herzens Schlag,
der über meinem Herzen zuckt.
Ich steige selig
in die Kammer meines Glückes nieder,
ganz tief in mir, so wie ein Vogel,
der ins flaumige Gefieder
zu sommerdunklem Traum
das Köpfchen niederdrückt.

1 a In Frieds Gedicht fehlt jeweils am Ende der Strophen ein Nomen. Erläutert, welches ihr einsetzen würdet: *Klugheit* oder *Liebe* oder *Geduld*.
b „Dieses Gedicht wirkt wie eine Diskussion." Begründet, ob ihr dieser Aussage zustimmt.
c Benennt das sprachliche Bild, durch das der Eindruck der Diskussion entstehen kann. Handelt es sich um einen Vergleich, eine Metapher oder eine Personifikation (▶ S. 92)?

2 Erläutert das Sprachbild der *Vögel* ins Stadlers Gedicht. Wählt Aufgabe a oder b.
●○○ a Beschreibt die Vögel, die in dem Gedicht vorkommen. Beantwortet:
– Mit welchen Vorstellungen werden sie verbunden?
– Wie verhalten sie sich?
Tipp: Veranschaulicht eure Beschreibungen durch selbst gezeichnete Bilder.
●●● b Erklärt, worin sich die Vögel unterscheiden.
Nutzt Begriffe wie: *Verlangen, Unruhe, Hinauswollen, innerer Frieden, Schlaf, Geborgenheit.*
Die Vögel in Vers ... werden als ... bezeichnet. Damit verbinden sich Vorstellungen ...
In den Versen ... hingegen ist es ein ..., der .... Damit ...
c Tauscht euch über eure Ergebnisse in der Klasse aus.

3 „In deine Liebe bin ich / wie in einen Mantel eingeschlagen" (▶ V. 9–10).
a Benennt das Sprachbild. Woran lässt sich dieses Sprachbild gut erkennen?
b Beschreibt die Wirkung, die von diesem Bild ausgeht. Wie würdet ihr euch fühlen?

Das Metrum erkennen und in Bezug zum Inhalt setzen

Johann Wolfgang Goethe

Rastlose Liebe (1776)

Dem Schnee, dem Regen,
Dem Wind entgegen,
Im Dampf der Klüfte,
Durch Nebeldüfte,
Immer zu! Immer zu!
Ohne Rast und Ruh!

Lieber durch Leiden
Möcht ich mich schlagen
Als so viel Freuden
Des Lebens ertragen.
Alle das Neigen
Von Herzen zu Herzen,
Ach, wie so eigen
Schaffet das Schmerzen!

Wie soll ich fliehen?
Wälderwärts ziehen?
Alles vergebens!
Krone des Lebens,
Glück ohne Ruh,
Liebe, bist du!

1 a Lest nur den Titel des Gedichts. Notiert eure Erwartungen an den Text.
b Vergleicht eure Notizen mit dem gesamten Gedicht.

2 a Lest in Partnerarbeit die ersten sechs Verse mehrmals: Welcher Leserhythmus stellt sich ein: gleichmäßig, ungleichmäßig?
b Bestimmt das hauptsächliche Vermaß des Gedichts. Nutzt die Information.
Tipp: Beachtet Veränderungen innerhalb des Versmaßes.
c Stellt einen Zusammenhang zwischen der Veränderung des Versmaßes und dem Inhalt her.
Tipp: Beachtet auch den Titel.

3 Spielt mit dem Leserhythmus, indem ihr das Versmaß ändert.
Sprecht die ersten Verse wechselweise in der Betonung A und B. Beschreibt die Wirkung.

A Dem **Schnee**, dem **Re**gen,
Dem **Wind** ent**ge**gen,
Im **Dampf** der **Klüf**te,
Durch **Ne**bel**düf**te,

B **Dem** Schnee, **dem** Regen,
Dem Wind **ent**gegen,
Im Dampf **der** Klüfte,
Durch Nebel**düf**te,

Information **Das Metrum (das Versmaß) und der Rhythmus**

Unter **Metrum (Versmaß)** versteht man die **Abfolge von unbetonten und betonten Silben.**
- Unterliegt diese Abfolge einer bestimmten **Gesetzmäßigkeit,** dann ergibt sich daraus ein **Rhythmus,** der entweder mit dem **Leserhythmus übereinstimmt** oder von ihm **abweicht.**
- Das **Metrum** hat in der Regel einen **Bezug zum Inhalt,** z. B. wenn er das Gehen nachahmt.
  - **Jambus:** unbetont (x) – **betont (X),** z. B.: *Es **schlug** mein **Herz** ...*
  - **Trochäus: betont (X)** – unbetont (x), z. B.: ***Früh**ling **lässt** sein **blau**es **Band** ...*
  - **Anapäst:** 2-mal unbetont (xx) – **betont (X),** z. B.: *Ana**päst**, Ele**fant**, Harmo**nie***
  - **Daktylus: betont (X)** – 2-mal unbetont (xx), z. B.: ***Dak**tylus, **Au**tofahrt, **him**melwärts*

Ein Gedicht vortragen und ein Lyrikbuch erstellen

Detlev von Liliencron (1844–1909)

Glückes genug (1890)

Wenn sanft du mir im Arme schliefst,
Ich deinen Atem hören konnte,
Im Traum du meinen Namen riefst,
Um deinen Mund ein Lächeln sonnte –
Glückes genug.

Und wenn nach heißem, ernstem Tag
Du mir verscheuchtest schwere Sorgen,
Wenn ich an deinem Herzen lag
Und nicht mehr dachte an ein Morgen –
Glückes genug.

1 Lest das Gedicht. Entspricht die Darstellung eurer Vorstellung von Glück?

2 Arbeitet in Kleingruppen. Tragt den Text mehrmals laut vor und verändert dabei: Sprechrhythmus, Sprechtempo, Sprechlautstärke, Betonung, Tonfall und Pausen.
a Besprecht die jeweilige Wirkung.
b Bestimmt das Versmaß und achtet auf Veränderungen.
c Deutet die Veränderungen des Versmaßes mit Blick auf den Inhalt.
d Einigt euch auf eine Vortragsart, die dem Inhalt des Gedichts am ehesten entspricht.
e Tauscht euch über eure Ergebnisse in der Klasse aus.

3 a Stellt fest, was in dem folgenden Beispielgedicht gefälscht wurde. Wie verändert das den Inhalt?
b Erstellt in der Klasse ein eigenes Lyrikbuch (▶ Methode). Verfasst zu Originalgedichten Fälschungen.

Detlev von Liliencron
Glückes genug *(Original oder Fälschung?)*

Wenn zart du mir im Arme schliefst,
Jm Traum du meinen Namen riefst,
Jch deinen Atem hören konnte,
Um deinen Mund ein Lächeln sonnte –
Glückes genug.

Und wenn nach schwülem, leichtem Tag,
Wenn ich an deinem Herzen lag,
Du mir verscheuchtest alle Sorgen
Und nicht mehr dachtest an ein Morgen –
Glückes genug.

Methode **Ein Lyrikbuch erstellen**

- Verfasst zu Originalgedichten **Fälschungen. Verändert ein oder mehrere Merkmale** des Originals. Das kann z. B. das Reimschema, der Titel oder ein Sprachbild sein. Wer kann als Erstes Original und Fälschung unterscheiden?
- Verfasst **eigene Liebesgedichte.**
- **Recherchiert** Gedichte, die euch ansprechen.
- **Ordnet** die Auswahl eurer Gedichte **thematisch oder zeitlich.**
- **Gestaltet** euer Lyrikbuch z. B. mit Bildern. Verwendet **gut lesbare** Schriften.

Teste dich!

Ulla Hahn

Nie mehr (1988)

Das hab ich nie mehr gewollt
um das Telefon streichen am Fenster stehn
keinen Schritt aus dem Haus gehen Gespenster sehn
Das hab ich nie mehr gewollt.

Das hab ich nie mehr gewollt
Briefe die triefen schreiben zerreißen
mich linksseitig quälen bis zu den Nägeln
Das hab ich nie mehr gewollt

Das hab ich nie mehr gewollt.
Soll dich der Teufel holen.
Herbringen. Schnell.
Mehr hab ich das nie gewollt.

René Magritte: Die Liebenden (Öl auf Leinwand, 1928)

1 a Erläutere Vers für Vers, um was es in dem Gedicht geht.
b Entscheide, welche Aussagen zu Inhalt, Form und Sprache auf das Gedicht zutreffen. Notiere die jeweilige Buchstabenkombination ins Heft. Sie ergeben ein Lösungswort.

Inhalt
Das Gedicht beschreibt ...
- **SE** das hilflose Hin- und Hergerissensein des lyrischen Ichs als ein Ausdruck von Liebeskummer.
- **BR** die Hilflosigkeit des lyrischen Ichs, das die Beziehung zum Partner beenden möchte.
- **KE** ein hilfloses, verliebtes lyrisches Ich, das über den Sinn des Lebens nachdenkt.

Form
- **HN** Das Gedicht besteht aus drei Strophen zu je vier Versen.
- **DO** Das durchgehende Reimschema verleiht dem Gedicht eine besondere Harmonie.
- **SÜ** Es gibt kein durchgängiges Reimschema. Das passt zum Inhalt.

Sprache und Sprachbilder
- **CH** Die mehrfache Wiederholung des ersten Verses drückt die Verzweiflung des lyrischen Ichs aus.
- **TE** „Briefe die triefen“ (V. 6) ist eine Metapher. Sie bedeutet, dass die Texte von Gefühlen und Gedanken überladen sind und daher kaum ernsthaft zu lesen sind bzw. nichts taugen.
- **KR** Sich „quälen bis zu den Nägeln“ (V. 7) beschreibt das mühsame Lackieren von Fingernägeln, wenn man sehr verzweifelt ist und sich kaum konzentrieren kann.

2 Vergleicht eure Ergebnisse in Partnerarbeit.

7.2 Vom Verstehen zum Schreiben – Eine Gedichtanalyse verfassen

Joseph von Eichendorff

Glück (Liedchen) (um 1811/12)

Wie jauchzt meine Seele
Und singet in sich!
Kaum dass ich's verhehle[1],
So glücklich bin ich.

Rings Menschen sich drehen
Und sprechen gescheut[2],
Ich kann nichts verstehen,
So fröhlich zerstreut. –

Zu eng wird das Zimmer,
Wie glänzet das Feld,
Die Täler voll Schimmer,
Weit, herrlich die Welt!

Gepresst bricht die Freude
Durch Riegel und Schloss,
Fort über die Heide!
Ach, hätt ich ein Ross[3]! –

Und frag ich und sinn[4] ich,
Wie so mir geschehn?: –
Mein Liebchen herzinnig,
Das soll ich heut sehn.

1 verhehlen: verbergen, verschweigen
2 gescheut: gescheit, klug
3 Ross: Pferd
4 sinnen: nachdenken

Claude Monet: Blick auf Vétheuil (Öl auf Leinwand, 1880)

1 a Lest nur den Gedichttitel. Notiert, was euch spontan zu ihm einfällt.
b Vergleicht eure Notizen. Wovon wird das Gedicht eurer Meinung nach handeln?

2 Lest das Gedicht.
Welche Gemeinsamkeiten und welche Unterschiede stellt ihr zu euren Erwartungen fest?

3 Wie kann man das Gedicht verstehen? Untersucht es mit Hilfe der folgenden Schritte.

1. Schritt: Mit dem Gedicht ins Gespräch kommen

Das lyrische Ich spricht von seinem Gefühl; da ist auch ein Ausrufezeichen.

Wie jauchzt meine Seele
Und singet in sich!
Kaum dass ich's verhehle,
So glücklich bin ich.

Na, da ist aber jemand so richtig aus dem Häuschen! Wieso denn? Mal weiterlesen ...

Hier spricht das lyrische Ich von den Menschen um sich herum. Aber wieso „drehen" die sich? Komisch ... Oder dreht sich das lyrische Ich?

Rings Menschen sich drehen
Und reden gescheut,
Ich kann nichts verstehen,
So fröhlich zerstreut. –

Zu eng wird das Zimmer,
Wie glänzet das Feld,
Die Täler voll Schimmer,
Weit, herrlich die Welt!

Das Zimmer ist also eng und draußen ist es weit ... Die Natur scheint genauso zu strahlen wie das lyrische Ich ...

1 Ein Leser ist „mit dem Gedicht ins Gespräch gekommen".
Beschreibt für die ersten zwölf Verse, worin sein „Gespräch" besteht.

2 Kommt selbst mit dem Gedicht ins Gespräch.
a Übertragt das Gedicht in die Mitte eines Blattes.
b Merkt alles an oder notiert als Frage, was euch beim Lesen in den Sinn kommt.

3 Vergleicht in Partnerarbeit die Notizen zu euren Gesprächen.
a Welche Gemeinsamkeiten, welche Unterschiede entdeckt ihr?
b Besprecht, welchen Vorteil ein solches Gespräch haben kann.

2. Schritt: Das Gedicht inhaltlich befragen

A Wer spricht?
B Über wen oder was wird in den einzelnen Strophen gesprochen?
C In welcher Situation befindet sich das lyrische Ich?
D Was macht das lyrische Ich im Einzelnen?
E Wie fühlt sich das lyrische Ich? Wie wird das Gefühl beschrieben?
F Welche weiteren Figuren tauchen auf?

4 Beantwortet knapp die inhaltlichen Fragen A bis F für das Gedicht „Glück (Liedchen)" (▸ S. 135).
Tipp: Nutzt eure Notizen aus Schritt 1.

5 Vergleicht in Partnerarbeit eure Antworten.
a Tauscht euch über Gemeinsamkeiten und Unterschiede aus.
b Prüft unterschiedliche Antworten noch einmal gemeinsam am Text.

3. Schritt: Das Gedicht formal verstehen

VORSICHT FEHLER!

Wie jauchzt meine Seele	*insgesamt 5 Strophen zu je 4 Versen*
Und singet in sich!	*abba = Kreuzreim*
Kaum dass ich's verhehle,	*x X x x X x / x X x x X* } *überwiegend*
So glücklich bin ich.	*x X x x X x / x X x x X* } *Daktylen*

6 Ein Schüler hat das Gedicht formal untersucht.

a Haltet in Stichpunkten fest, welche Aspekte genau untersucht wurden.

b Prüft, ob der Schüler zu richtigen Ergebnissen gekommen ist. Berichtigt ihn.

7 Setzt eure Untersuchungsergebnisse in Bezug zum Gedichttitel, z. B.:

> *Die Ergebnisse der formalen Untersuchung lassen sich ... in Bezug zum Gedichttitel setzen. Die Form unterstützt nämlich den in der Überschrift genannten Charakter als ... So fällt beispielsweise beim ersten Lesen gleich der ... Rhythmus der einzelnen Verse ...*

4. Schritt: Die Gedichtsprache untersuchen

Gepresst bricht die Freude
Durch Riegel und Schloss,
Fort über die Heide!
Ach, hätt ich ein Ross! –

> *Wieso sagt das lyrische Ich nicht einfach: „Ich halte es vor Freude kaum aus!"? Stattdessen formuliert es seine Freude in einer so komischen Sprache.*

8 Vergleicht die vierte Gedichtstrophe aus „Glück" mit der Leserbemerkung.
Tauscht euch über die Bemerkung aus. Was antwortet ihr?

9 Untersucht in Kleingruppen die sprachliche Gestaltung der vierten Strophe.
Wählt Aufgabe a/b oder c/d.

●○○ a Beschreibt, welchen Weg die Freude im Verlauf der Strophe nimmt, z. B.:
Zuerst ist die Freude noch ... Dann kann sie sich ... und ...

●○○ b Beratet, wer oder was mit „Freude" auch gemeint sein könnte.
Ist es das allgemeine Glücksgefühl, das lyrische Ich, seine Seele, die Liebessehnsucht?

●●● c Übersetzt das Sprachbild „Gepresst bricht die Freude / Durch Riegel und Schloss", z. B.:
Bei dem Sprachbild handelt es sich um einen Vergleich/eine Metapher/eine Personifikation. Der Größe der Freude steht die ... entgegen. Also ...

●●● d Vergleicht den Originalvers mit dem folgenden Vers. Erläutert den Unterschied:
Original: ***„Gepresst bricht** die Freude"* ↔ ***„Zart schleicht** die Freude"*.

e Vergleicht in der Klasse eure Gruppenergebnisse.

10 Erklärt den Wunsch, der im letzten Vers der vierten Strophe geäußert wird.

5. Schritt: Einen Schreibplan erstellen

Joseph von Eichendorff „Glück (Liedchen)"

- *Jnhalt*
  - *1. Strophe: Beschreibung des Glücksgefühls des lyrischen Jchs*
  - *2. Strophe: Das lyrische Jch inmitten anderer Menschen*
  - *3. Strophe: Aus dem Zimmer heraus in die Natur*
  - *4. Strophe: ...*
  - *5. Strophe: ...*
- *formale Gestaltung*
  - *Reimschema: Kreuzreim*
  - *Metrum: ...*
  - *Wirkung*
    - *regelmäßig und lebendig*
    - *melodisch*
    - *beschwingt*
- *Sprache*
  - *Titel: Liedchen: Verniedlichung (Sprachspiel: Liedchen – Liebchen)*
  - *Auswahl der Verben: singen, jauchzen*
  - *Ausrufezeichen = Nachdruck des Gefühls*
  - *Sprachbild: Personifikation von „Seele" (V. 1f.) und „Freude" (V. 13f.)*
  - *Verben voller Energie: „drehen" (V. 5), „press[en]" (V. 13), „bricht" (V. 13)*

11 Ein Schüler hat sich für seine Gedichtanalyse von „Glück" einen Schreibplan erstellt.

a Beschreibt, wie er den Schreibplan gestaltet hat. Welche Gesichtspunkte berücksichtigt er?

b Stellt fest, wozu ein solcher Schreibplan dient. Verwendet Ausdrücke wie: *anschaulich, Überblick, Zusammenhang, Orientierung, nichts vergessen.*

12 Erstellt im Heft einen eigenen Schreibplan in Form einer Mind-Map. Ordnet eure Beobachtungen und Untersuchungsergebnisse in Stichworten an.

13 Lest eure Stichpunkte noch einmal aufmerksam. Markiert z. B. mit Pfeilen, welche Ergebnisse in einen Zusammenhang gehören, z. B.: *Titel, Metrum, Sprachspiel, Glücksgefühl in 1. Strophe ...*

6. Schritt: Eine Gedichtanalyse schreiben

Die Einleitung

Joseph von Eichendorffs ? mit dem ? „Glück (?)" aus dem Jahr ? handelt von ?	Textdaten: Verfasser, Textart, Titel, Erscheinungsjahr Thema: ...

14 Der Sinn einer Analyse besteht darin, euer Textverständnis überzeugend zu erläutern. Dazu macht ihr den Leser zunächst mit dem Gedicht bekannt. Aus diesem Grund formuliert ihr einen Einleitungssatz mit den notwendigen Textdaten und dem Thema des Gedichts. Vervollständigt im Heft den Einleitungssatz oben.

Der Hauptteil

A *Jn der ersten Strophe schildert das lyrische Jch sein Glücksgefühl. Die personifizierte Seele „jauchzt" und „singet", als hätte sie ein Eigenleben. Die Verben „jauchzen" und „singen" passen zum Titel des Gedichts „Glück (Liedchen)" und spiegeln das innere Glücksgefühl wider. Die ersten beiden Verse enden mit einem Ausrufezeichen, um das Gefühl besonders zu betonen. Es ist so stark, dass es das lyrische Jch nicht verbergen kann.*
Das Metrum ist in Doppelversen angelegt: Mit Ausnahme der ersten Silbe folgen auf eine betonte Silbe zwei unbetonte Silben. Die Strophe ist also im Daktylus verfasst, der durch seinen beschwingten Rhythmus das Jauchzen und den Liedcharakter unterstreicht.
Die zweite Strophe ...

B *Die erste Strophe handelt vom Glücksgefühl des lyrischen Jchs. Die Seele ist personifiziert. Der Dichter gebraucht Verben wie „jauchzen" und „singen". Die erste Aussage ist mit einem Ausrufezeichen versehen. Das lyrische Jch ist so glücklich, dass es sein Gefühl nicht verbergen kann. Mit Ausnahme der ersten Silbe ist die erste Strophe im Daktylus angelegt, d.h., einer betonten Silbe folgen zwei unbetonte Silben.*
Die zweite Strophe ...

15 Im Hauptteil geht es darum, eure Untersuchungsergebnisse im Zusammenhang darzulegen.
a Vergleicht die beiden Hauptteile A und B. Benennt erste Unterschiede.
b Legt im Heft zwei Spalten A und B an. Tragt darin die Informationen aus A und B ein.
c Unterstreicht die Informationen, die Text A zusätzlich bietet.

16 Verfasst ab Strophe zwei euren Hauptteil zu „Glück".
Bringt eure formalen Beobachtungen in einen Zusammenhang mit dem Inhalt.
Tipp: Nehmt beim Schreiben die Perspektive eures Lesers ein. Ist alles verständlich?

17 Fasst im Schlussteil eure wichtigsten Ergebnisse noch einmal zusammen.

7. Schritt: Den eigenen Text überarbeiten

VORSICHT FEHLER!

Jn der dritten Strophe sagt das lyrische Jch, dass es rausmöchte, weil es dort so schön ist wie auch in ihm selbst. Dies wird an der Wortwahl deutlich. Der Gegensatz zwischen der Enge des Zimmers und der Weite der Welt zeikt, das das lyrische Jch nicht länger in seiner grottigen Umgebung bleiben will.*

Überarbeitungsvorschläge
- *schildert*
- *aus dem Zimmer in die Natur ...*
- *...: Die Natur „glänzet“ (V. 10) und ist „herrlich“ (V. 12).*
- *Verlängern: zeigt → **zeigen***
- *dass*
- *Jugendsprachliches streichen*

18 Einen eigenen Text sollte man mehrfach durchlesen und überarbeiten.
- a Benennt die Fehler, die in dem Schülerbeispiel gemacht wurden.
- b Sammelt in Partnerarbeit Kriterien der Textüberarbeitung, z. B.: *abwechslungsreiche Wortwahl und Satzanfänge, Zeichensetzung, ...*
- c Ergänzt gegebenenfalls eure Kriterien durch die in der Methode genannten.

19
- a Lest vor, wie das Schülerbeispiel mit den Überarbeitungsvorschlägen klingt.
- b Besprecht, was sich durch die Überarbeitung verändert hat.
- c Ordnet die Überarbeitungsvorschläge den folgenden Kriterien zu: *richtiges Schreiben, Genauigkeit im Ausdruck, Grammatik, sachlicher Stil, Zitate als Belege.*

20 Überarbeitet euren eigenen Text mit Hilfe der Kriterien (▸ Aufgabe 18 b/c).

21
- a Lest eure überarbeiteten Texte vor.
- b Gebt euch gegenseitig ein Feedback. Nutzt eure Kriterien.

Methode **Eine Gedichtanalyse schreiben und überarbeiten**

- Nennt in der **Einleitung Verfasser, Textart, Titel, Erscheinungsjahr, Thema.**
- Gebt im **Hauptteil** eurer Analyse den **Gedichtinhalt mit eigenen Worten** wieder.
- **Beschreibt** das **Gedicht formal:** Strophe, Vers, Reimschema, Metrum und **setzt die Ergebnisse mit** dem **Inhalt in Beziehung.**
- Achtet bei der formalen Analyse auf **Auffälligkeiten,** z. B. Abweichungen vom Metrum.
- Legt die **sprachliche Gestaltung** des Gedichts dar, z. B.: Wortwahl, Satzzeichen, Satzbau, Sprachbilder.
- Beweist wichtige Aussagen mit **Textbelegen** (**Zitaten;** ▸ S. 146, 248).
- Nehmt die **Perspektive des Lesers** ein, um eure Analyse nachvollziehbar und klar zu machen.
- Schreibt **deutlich gegliedert und leserlich.**
- Prüft euren Text auf **Wortwahl, Grammatik, Rechtschreibung und Zeichensetzung.**
- Fasst zum **Schluss** eure **wichtigsten Ergebnisse** noch einmal knapp zusammen.

Üben: Gedichte analysieren

Heinrich Heine

Du bist wie eine Blume (1827)

Du bist wie eine Blume,
So hold und schön und rein;
Ich schau dich an, und Wehmut[1]
Schleicht mir ins Herz hinein.

Mir ist, als ob ich die Hände
Aufs Haupt dir legen sollt[2],
Betend, dass Gott dich erhalte
So rein und schön und hold.

1 Wehmut: Gefühl der Traurigkeit, Kummer
2 die Hände / Aufs Haupt dir legen sollt: Geste des Segnens und Behütens

Claude Monet: Frau mit Sonnenschirm (Öl auf Leinwand, 1886)

1 Lest Heines Gedicht mehrmals aufmerksam, bis ihr euch den Inhalt vorstellen könnt.

2 Untersucht das Gedicht.
a Klärt Vers für Vers, um was es in dem Gedicht inhaltlich geht.
b Beschreibt das Gedicht formal. Nutzt die Begriffe Strophe, Vers, Reim und Metrum.
c Beschreibt die sprachliche Gestaltung. Benennt und erläutert vor allem die Sprachbilder

▷ Eine Hilfe zu Aufgabe 2 findet ihr auf Seite 142.

3 Ordnet eure Untersuchungsergebnisse in Stichpunkten in einem Schreibplan, z. B.:

Inhalt	formale Gestaltung	Sprache
Titel: ... *Thema: Die Liebe zu ...* *1. Strophe: lyrisches Ich beschreibt ...*	*– Wechsel im Metrum: Die Geste und das Gebet werden ...*	*– Sprachbilder: bist wie = ...* *– auffällige Verben, Adjektive: ...* *– Klang: dunkle, helle Vokale*

4 Verfasst eine schriftliche Analyse. Legt euer Verständnis des Gedichts dar.
a Formuliert einen Einleitungssatz mit den notwendigen Textdaten und dem Thema des Gedichts:
Heinrich Heines ... mit dem Titel „...“ aus dem ... handelt von ...
Tipp: Nennt bei der Themenformulierung möglichst Oberbegriffe, z. B.: *Liebe, Glaube, ...*
b Legt im Hauptteil der Analyse eure Ergebnisse im Zusammenhang dar, z. B.:
In dem Gedicht schildert ein lyrisches Ich ...
Formal besteht das Gedicht ... Das passt zur beschriebenen Liebe. Sie ist klar und ...
Das Gedicht beginnt mit dem Sprachbild eines ... Es veranschaulicht ...
Das regelmäßige Metrum wird unterbrochen in ... Dadurch wird ... betont.

▷ Hilfe zu 4 Seite 142

5 Formuliert einen Schlussteil und überarbeitet eure Analyse mit Hilfe der Methode auf S. 140.

●○○ Aufgabe 2 mit Hilfe

Untersucht das Gedicht.

a Klärt Vers für Vers, um was es in dem Gedicht inhaltlich geht. Beantwortet im Heft:
- Wer spricht? Was macht das lyrische Ich?
- Über wen wird gesprochen?
- Wie wird über die andere Figur gesprochen?
- Was empfindet das lyrische Ich?
- Wie drückt es sein Empfinden aus?

b Beschreibt das Gedicht formal. Berichtigt im Heft den folgenden Fehlertext:

VORSICHT FEHLER!

Das Gedicht besteht aus zwei Versen und acht Strophen. Das Reimschema erinnert an einen Kreuzreim, wobei sich hier jedoch nur jeweils der erste und dritte Vers reimen. Fast alle Verse beginnen mit einer unbetonten und einer betonten Silbe. Das ist ein Trochäus. Jm siebten und achten Vers ändert sich das Metrum.

c Beschreibt die sprachliche Gestaltung.
Ordnet im Heft die Verse den Sprachbildern und Erläuterungen richtig zu:

A Du bist wie eine Blume	**1** Die Personifikation veranschaulicht …	**I** … wie sehr das lyrische Ich vom Gefühl eingenommen wird.
B Wehmut / Schleicht mir ins	**2** Der Vergleich veranschaulicht …	**II** … wie sehr das lyrische Ich von der Natürlichkeit eingenommen ist.

●○○ Aufgabe 4 mit Hilfe

Verfasst eine schriftliche Analyse. Legt euer Verständnis des Gedichts dar.

a Formuliert einen Einleitungssatz mit den notwendigen Textdaten und dem Thema des Gedichts. Wählt zwischen A und B.

A Heines Gedicht „Du bist wie eine Blume“ von 1827 schildert eine gänzlich reine Liebe, die weiß, dass sie so nicht von Dauer sein kann.

B Das 1827 von Heinrich Heine verfasste Gedicht „Du bist wie eine Blume“ beschreibt ein reines Liebesgefühl und die Hoffnung, dass die Geliebte so wunderbar bleibt.

b Legt im Hauptteil der Analyse eure Ergebnisse im Zusammenhang dar.
Ergänzt im Heft den folgenden Text:

Das Gedicht besteht aus ? Strophen zu je ? . Das Reimschema ? . Es weist in der Regel ein Metrum namens ? auf. In den Versen ? und ? ändert sich allerdings das Metrum ? . Dadurch wird ? besonders herausgestellt.
Während das lyrische Ich in der ersten Strophe beschreibt, wie ? , handelt die zweite Strophe von der Vorstellung und dem Wunsch, dass ? .
Im Titel und in ? findet sich das folgende Sprachbild: „ ? “.
Es handelt sich um einen ? . Dieser veranschaulicht, wie sehr ? .
Die ? in Vers 3 und 4 verbildlicht ? . Das Motiv ? in Vers ? steht für ? .

7.3 Fit in ...! – Gedichte analysieren und interpretieren

Stellt euch vor, ihr bekommt in der nächsten Klassenarbeit die folgende Aufgabe gestellt:

Aufgabe
Analysiere und interpretiere Goethes Gedicht „Willkommen und Abschied".
Berücksichtige folgende Fragen:
- Worum geht es in dem Gedicht?
- Wie ist das Gedicht formal gestaltet?
- Wie erlebt das lyrische Ich die Liebe?
- Welche Sprachbilder kommen in dem Gedicht vor? Wie wirken sie?

Johann Wolfgang Goethe

Willkommen und Abschied (1810)

Es schlug mein Herz, geschwind zu Pferde!
Es war getan fast eh gedacht;
Der Abend wiegte schon die Erde,
Und an den Bergen hing die Nacht:
Schon stand im Nebelkleid die Eiche,
Ein aufgetürmter Riese, da,
Wo Finsternis aus dem Gesträuche
Mit hundert schwarzen Augen sah.

Der Mond von einem Wolkenhügel
Sah kläglich aus dem Duft hervor,
Die Winde schwangen leise Flügel,
Umsausten schauerlich mein Ohr;
Die Nacht schuf tausend Ungeheuer;
Doch frisch und fröhlich war mein Mut:
In meinen Adern welches Feuer!
In meinem Herzen welche Glut!

Dich sah ich, und die milde Freude
Floss von dem süßen Blick auf mich;
Ganz war mein Herz an deiner Seite
Und jeder Atemzug für dich.
Ein rosenfarbnes Frühlingswetter
Umgab das liebliche Gesicht,
Und Zärtlichkeit für mich – ihr Götter!
Ich hofft es, ich verdient es nicht!

Doch ach, schon mit der Morgensonne
Verengt der Abschied mir das Herz:
In deinen Küssen welche Wonne!
In deinem Auge welcher Schmerz!
Ich ging, du standst und sahst zur Erden,
Und sahst mir nach mit nassem Blick:
Und doch, welch Glück, geliebt zu werden!
Und lieben, Götter, welch ein Glück!

Die Aufgabe richtig verstehen

1 Entscheidet, welche Arbeitsschritte die Aufgabe von euch verlangt.
Tipp: Die acht richtigen Lösungsbuchstaben ergeben ein Lösungswort.

RH Ich gebe den Inhalt mit eigenen Worten wieder.
AD Ich begründe mit der Analyse, wie ich das Gedicht finde.
YT Ich beschreibe den Aufbau, den Reim und das Metrum.
HM Ich stelle dar, wie das lyrische Ich Liebe erlebt.
US Ich benenne und erläutere wichtige Sprachbilder.
IG Ich vergleiche es mit anderen Gedichten zum Thema.

Einen Schreibplan erstellen

Johann Wolfgang Goethe

Willkommen und Abschied (1810)

Es schlug mein Herz, geschwind zu Pferde!
Es war getan fast eh gedacht;
Der Abend wiegte schon die Erde,
Und an den Bergen hing die Nacht:
Schon stand im Nebelkleid die Eiche,
Ein aufgetürmter Riese, da,
Wo Finsternis aus dem Gesträuche
Mit hundert schwarzen Augen sah.

Der Mond von einem Wolkenhügel
Sah kläglich aus dem Duft hervor,
Die Winde schwangen leise Flügel,
Umsausten schauerlich mein Ohr;
Die Nacht schuf tausend Ungeheuer;
Doch frisch und fröhlich war mein Mut:
In meinen Adern welches Feuer!
In meinem Herzen welche Glut!

Inhalt

1. Strophe:
- lyrisches Ich ist aufgeregt
- Situation: es ist Abend, das lyrische Ich ist zu Pferd in der Natur unterwegs
- die Natur erscheint bedrohlich

2. Strophe:
- die Nacht ist fortgeschritten
- die Natur wirkt gespenstisch und damit bedrohlich
- im Gegensatz zur schaurigen Atmosphäre der Umgebung wirkt das lyrische Ich mutig und tatkräftig

formale Gestaltung
- Kreuzreim: abab cdcd
- Metrum: Jambus (4x = vierhebig)

Sprache

1. Strophe
- „Der Abend wiegte“ = Personifikation: Man wiegt ein Kind in den Schlaf. → Übergang vom Abend zur Nacht
- „Nebelkleid“ = Metapher: Die Vorstellung von Nebel (weiß, undurchsichtig) wird auf Kleidung übertragen. → gespenstischer Eindruck
- „aufgetürmter Riese“ = Metapher: Die Natur erscheint übermächtig.
- „Finsternis“ sieht mit „hundert schwarzen Augen“ = Personifikation: Die Natur beobachtet das lyrische Ich. → unheimlich

2. Strophe
- „Der Mond“ sieht; „Die Nacht schuf“ = Personifikationen → Verlebendigung der Natur → unheimliche Atmosphäre
- Adjektive und Nomen: „kläglich“, „schauerlich“, „Ungeheuer“ → gespenstisch, bedrohlich
- „Doch“ = kündigt Gegensatz an
- klangliche Gestaltung: frisch und fröhlich → heitere Stimmung
- positive Darstellung des lyrischen Ichs = Mut, Feuer, Glut → mutig, tatkräftig
- „In meinen/-m“ = paralleler Satzbau → einprägsam
- Feuer! Glut! = zwei Ausrufezeichen → Hervorhebung der Aussage

2 a Lest das Gedicht mehrmals. Untersucht es mit der „Brille der Aufgabe“ (▸ S. 143).
b Prüft die Richtigkeit der Ergebnisse zu Inhalt, formaler Gestaltung und Sprache. Beachtet, dass die verschiedenen Unterstreichungen Beziehungen zueinander darstellen.
c Ergänzt den Schreibplan in eurem Heft.

Schreiben

thematisiert • Gedicht • „Willkommen und Abschied“ • zwischen lyrischem Ich und der/dem Geliebten • sehnsuchtsvolle Begegnung • schmerzvoller Abschied • Johann Wolfgang Goethe • 1810

3 Formuliert mit Hilfe der Textbausteine eine Einleitung.

4 Bearbeitet in Partnerarbeit die folgenden Beispiele A und B für den Hauptteil einer Analyse zur zweiten Gedichtstrophe.

a Lest die Beispiele A und B und nehmt eine vorläufige Bewertung dieser Texte vor, z. B.:
- *Ich finde den Text ... gelungen, weil ...*
- *Mir gefällt das Textbeispiel ... besonders, weil ...*

b Prüft, ob die Ergebnisse aus dem Schreibplan (▶ S. 144) eingearbeitet wurden.

c Nennt Textstellen, an denen Aussagen mit Zitaten belegt werden (▶ S. 146).

d Notiert ins Heft Beispiele, wie Ergebnisse miteinander in Beziehung gesetzt werden.

A *Auch in der zweiten Strophe wird der Weg des lyrischen Ichs durch die nächtliche Natur zu seiner/seinem Geliebten beschrieben.*
Die Natur erscheint bedrohlich und gespenstisch. Diese Wirkung entsteht, weil einzelne Naturelemente personifiziert werden. Dadurch wirken sie besonders lebendig. „Der Mond“ beispielsweise kann sehen, „[d]ie Winde“ können mit Flügeln schlagen, während „[d]ie Nacht [...] tausend Ungeheuer“ schafft.
Für die bedrohliche Atmosphäre sind jedoch nicht nur diese Sprachbilder verantwortlich. Adjektive wie „kläglich“, „leise“ oder „schauerlich“, aber auch Nomen wie „Ungeheuer“ verstärken diesen Eindruck ebenso wie die klangliche Gestaltung. Die Wiederholung des Konsonanten w oder des dunklen Doppelvokals au in den Formulierungen „Winde schwangen“ und „Umsausten schauerlich“ wirken unheimlich.
Das Adverb „Doch“ in Vers 14 kündigt einen Gegensatz an. Und tatsächlich wird das lyrische Ich im Gegensatz zur schaurigen Atmosphäre sehr positiv beschrieben. Ihm werden Nomen wie „Mut“, „Feuer“ und „Glut“ zugeordnet, um seine Tatkraft zu unterstreichen. Unterstützt wird dieser Eindruck ebenfalls klanglich, beispielsweise durch die Formulierung mit hellen Vokalen wie in „frisch und fröhlich“.

B *In der zweiten Strophe beschreibt das lyrische Ich den Ritt zur/zum Geliebten durch die Natur. Dabei wird die Natur als Angst einflößend dargestellt. Diese Wirkung entsteht insbesondere durch Sprachbilder. Beispielsweise wird der „Mond“ personifiziert, denn er kann sehen, und „[d]ie Nacht [erschafft] tausend Ungeheuer“ und wirkt auf diese Weise besonders bedrohlich. Die Wahl der Adjektive und die klangliche Gestaltung der Strophe unterstützen diesen Eindruck. Das lyrische Ich wird im Gegensatz dazu als sehr mutig und voller Tatendrang beschrieben. In seinen „Adern“ ist „Feuer“ und in seinem „Herzen“ ist „Glut“. Beide Verse werden mit einem Ausrufezeichen versehen, um die Aussagen zu verstärken.*

5 Erstellt im Heft eine Liste mit Tipps, um eine Gedichtanalyse zu verfassen.

6 Verfasst eine vollständige Gedichtanalyse. Der Leser eures Textes soll euer Gedichtverständnis nachvollziehen können und überzeugend finden.
Tipp: Nutzt Formulierungen aus den Beispielen A und B (► S. 145). Setzt eure Ergebnisse miteinander in Beziehung und zitiert Textstellen, um eure Aussagen zu belegen.

Information **Textstellen zitieren**

- **Zitieren** heißt, dass man **Stellen aus einem Text wiedergibt.** Dadurch kann man seine **Aussagen** zu einem Text **belegen,** damit sie **für andere nachvollziehbar** sind.
- **Zitate** gibt man **meist wortwörtlich** wieder.
- Zitate werden durch **Anführungszeichen gekennzeichnet** und **die Fundstelle** im Text z. B. durch **Nennung der Zeilen oder Verse** angegeben, z. B.:
  „In deinem Auge welcher Schmerz!" (V. 28).
- Zitate dürfen nicht verändert werden. **Auslassungen oder Änderungen,** z. B. im Satzbau, werden durch **[...]** oder **(...)** gekennzeichnet, z. B.:
  Es heißt, dass „[d]er Mond [...] kläglich aus dem Duft hervor[sieht]" (V. 10–11).

Den eigenen Text überarbeiten

7 a Tauscht eure Texte aus und gebt euch mit Hilfe der Checkliste Rückmeldung: Was ist gelungen? Was muss überarbeitet werden?
b Erstellt die Endfassung eurer Gedichtanalyse.

Checkliste

Eine Gedichtanalyse schreiben und überarbeiten
Ich habe ...
- eine **Einleitung** formuliert: Verfasser, Textart, Titel, Erscheinungsjahr, Thema.
- für den Leser meiner Analyse den **Gedichtinhalt mit eigenen Worten** wiedergegeben.
- das **Gedicht formal beschrieben:** Strophe, Vers, Reimschema, Metrum und **mit** dem **Inhalt in Beziehung gesetzt.**
- bei der formalen Analyse auf **Auffälligkeiten geachtet,** z. B. Abweichungen vom Metrum.
- die **sprachliche Gestaltung** dargelegt, z. B. Wortwahl, Satzzeichen, Satzbau, Sprachbilder.
- wichtige Ergebnisse mit **Textbelegen** bewiesen.
- die **Perspektive des Lesers** eingenommen, damit mein Text nachvollziehbar wird.
- meinen Text **deutlich gegliedert und leserlich** geschrieben.
- zum **Schluss** meine **wichtigsten Aussagen** noch einmal zusammengefasst.
- meinen Text auf **Wortwahl, Grammatik, Rechtschreibung und Zeichensetzung** geprüft.

Schreibwörter ► S. 312

die Atmosphäre	der Jambus	der Anapäst	die Personifikation
der Rhythmus	der Trochäus	die Strophe	die Metapher
das Metrum	der Daktylus	auffällig ist	die Textstelle

8 „Andorra“ – Ein Drama untersuchen

1 Vielleicht habt ihr bereits ein oder mehrere Bühnenstücke gesehen. Berichtet von euren Eindrücken und Erfahrungen.

2 Betrachtet das Bühnenbild aus dem Theaterstück „Andorra“.
a Tauscht euch darüber aus, wie es auf euch wirkt.
b Beschreibt das Bühnenbild, indem ihr folgende Fragen beantwortet:
- Welche Gestik und Mimik zeigen die Schauspieler?
- Welche Position nehmen sie auf der Bühne ein?
- Welche Kostüme und Requisiten wurden verwendet?
- Wie wird das Licht auf der Bühne eingesetzt?

3 Stellt Vermutungen darüber an, wovon das Stück handeln könnte.

In diesem Kapitel …

- lernt ihr ein modernes Drama kennen,
- erschließt ihr Figuren und ihre Beziehung zueinander,
- spielt ihr Szenen aus dem Drama „Andorra“,
- untersucht ihr Schritt für Schritt ausgewählte Szenen.

8.1 „Pass auf, was du sagst“ – Dramatische Szenen lesen, verstehen und spielen

Den Handlungsort und die Figuren untersuchen

Max Frisch (1911–1991)

Andorra – Erstes Bild (Auszug 1)

Vor einem andorranischen Haus. Barblin weißelt die schmale und hohe Mauer mit einem Pinsel an langem Stecken. Ein andorranischer Soldat, olivgrau, lehnt an der Mauer.

Barblin: Wenn du nicht die ganze Zeit auf meine Waden gaffst, dann kannst du ja sehen, was ich mache. Ich weißle. Weil morgen Sanktgeorgstag[1] ist, falls du das vergessen hast. Ich weißle das Haus meines Vaters. Und was macht ihr Soldaten? Ihr lungert in allen Gassen herum, eure Daumen im Gurt, und schielt in die Bluse, wenn eine sich bückt.
Der Soldat lacht.
Ich bin verlobt.

Soldat: Verlobt!

Barblin: Lach nicht immer wie ein Michelin-Männchen[2].

Soldat: Hat er eine Hühnerbrust?

Barblin: Wieso?

Soldat: Daß du ihn nicht zeigen kannst.

Barblin: Laß mich in Ruh!

Soldat: Oder Plattfüße?

Barblin: Wieso soll er Plattfüße haben?

Soldat: Jedenfalls tanzt er nicht mit dir.
Barblin weißelt. Vielleicht ein Engel!
Der Soldat lacht. Daß ich ihn noch nie gesehen hab.

Barblin: Ich bin verlobt!

Soldat: Von Ringlein seh ich aber nichts.

Barblin: Ich bin verlobt,
Barblin taucht den Pinsel in den Eimer.
und überhaupt – dich mag ich nicht. [...]

Soldat: *Der Soldat lacht.* Also du magst mich nicht.

Barblin: Nein.

Soldat: Das hat schon manch eine gesagt, aber bekommen hab ich sie doch, wenn mir ihre Waden gefallen und ihr Haar.
Barblin steckt ihm die Zunge heraus.
Und ihre rote Zunge dazu!
Der Soldat nimmt sich eine Zigarette und blickt am Haus hinauf.
Wo hast du deine Kammer?
Auftritt ein Pater, der ein Fahrrad schiebt.

Pater: So gefällt es mir Barblin, so gefällt es mir aber. Wir werden ein weißes Andorra ha-

1 Sanktgeorgstag: Der heilige Georg gilt als Drachentöter; in Andorra eine Art Nationalfeiertag.

2 Michelin-Männchen: Reklamefigur der Reifenfirma Michelin; besteht aus vielen übereinandergestapelten Reifen

ben, ihr Jungfraun, ein schneeweißes Andorra, wenn bloß kein Platzregen kommt über Nacht. *Der Soldat lacht.* Ist Vater nicht zu Hause?

Soldat: Wenn bloß kein Platzregen kommt über Nacht! Nämlich seine Kirche ist nicht so weiß, wie sie tut, das hat sich herausgestellt, nämlich seine Kirche ist auch nur aus Erde gemacht, und die Erde ist rot, und wenn ein Platzregen kommt, das saut euch jedesmal die Tünche[3] herab, als hätte man eine Sau darauf geschlachtet, eure schneeweiße Tünche von eurer schneeweißen Kirche. *Der Soldat streckt die Hand nach Regen aus.* Wenn bloß kein Platzregen kommt über Nacht! *Der Soldat lacht und verzieht sich.*

Pater: Was hat der hier zu suchen?

Barblin: Ist's wahr, Hochwürden, was die Leut sagen? Sie werden uns überfallen, die Schwarzen[4] da drüben, weil sie neidisch sind auf unsere weißen Häuser. Eines Morgens, früh um vier, werden sie kommen mit tausend schwarzen Panzern, die kreuz und quer durch unsere Äcker rollen, und mit Fallschirmen wie graue Heuschrecken vom Himmel herab.

Pater: Wer sagt das?

Barblin: Peider, der Soldat. *Barblin taucht den Pinsel in den Eimer.* Vater ist nicht zu Haus.

Pater: Ich hätte es mir denken können. *Pause.* Warum trinkt er soviel in letzter Zeit? Und dann beschimpft er alle Welt. Er vergißt, wer er ist. Warum redet er immer solches Zeug?

Barblin: Ich weiß nicht, was Vater in der Pinte[5] redet.

Pater: Er sieht Gespenster. Haben sich hierzuland nicht alle entrüstet über die Schwarzen da drüben, als sie es trieben wie beim Kindermord zu Bethlehem[6], und Kleider gesammelt für die Flüchtlinge damals? Er sagt, wir sind nicht besser als die Schwarzen da drüben. Warum sagt er das die ganze Zeit? Die Leute nehmen es ihm übel, das wundert mich nicht. Ein Lehrer sollte nicht so reden. Und warum glaubt er jedes Gerücht, das in die Pinte kommt? *Pause* Kein Mensch verfolgt euren Andri – *Barblin hält inne und horcht* – noch hat man eurem Andri kein Haar gekrümmt. *Barblin weißelt weiter.* Ich sehe, du nimmst es genau, du bist kein Kind mehr, du arbeitest wie ein erwachsenes Mädchen.

Barblin: Ich bin ja neunzehn.

Pater: Und noch nicht verlobt? *Barblin schweigt.* Ich hoffe, dieser Peider hat kein Glück bei dir.

Barblin: Nein.

Pater: Der hat schmutzige Augen. *Pause* Hat er dir Angst gemacht? Um wichtig zu tun. Warum sollen sie uns überfallen? Unsere Täler sind eng, unsere Äcker sind steinig und steil, unsere Oliven werden auch nicht saftiger als anderswo. Was sollen die wollen von uns? Wer unsern Roggen will, der muß ihn sich mit der Sichel holen und muß sich bücken Schritt für Schritt. Andorra ist ein schönes Land, aber ein armes Land. Ein friedliches Land, ein schwaches Land – ein frommes Land, so wir Gott fürchten, und das tun wir, mein Kind, nicht wahr? *Barblin weißelt.* Nicht wahr?

Barblin: Und wenn sie trotzdem kommen? *Eine Vesperglocke[7], kurz und monoton.*

Pater: Wir sehen uns morgen Barblin, sag deinem Vater, Sankt Georg möchte ihn nicht betrunken sehn. *Der Pater steigt auf sein Rad.* Oder sag lieber nichts, sonst tobt er nur, aber hab acht auf ihn. *Der Pater fährt lautlos davon.*

R

3 Tünche: Farbe

4 Schwarze: ein Nachbarvolk

5 Pinte: Kneipe, Gaststätte

6 Kindermord zu Bethlehem: Herodes (um 73–4 v. Chr.), Herrscher über den jüdischen Staat, ließ der biblischen Geschichte zufolge alle Kinder Bethlehems töten.

7 Vesperglocke: Kirchenglocke, die abends läutet

1 Besprecht, welchen ersten Eindruck ihr von „Andorra“ und seinen Bewohnern habt.

2 Fasst den Inhalt der Szene mit eigenen Worten zusammen. Wählt Aufgabe a oder b.

●●● a Verfasst im Heft eine knappe Inhaltsangabe. So könnt ihr beginnen:
Die erste Szene von Max Frischs Drama „Andorra“ (1961) beginnt damit, dass …

●○○ b Beantwortet die Fragen zum Inhalt jeweils schriftlich in einem Satz im Heft, z. B.:
- Was macht Barblin vor dem andorranischen Haus? *Sie streicht die Hauswände mit …*
- Was will der Soldat von Barblin? *Der Soldat möchte …*
- Von welchen Ängsten und Sorgen wird Barblin geplagt? *Barblin hat Angst vor …*
- Was sagt der Pater zu Barblin, um ihr die Ängste zu nehmen? *Der Pater sagt ihr, dass …*

c Vergleicht eure Ergebnisse in der Klasse.

3 Was erfahrt ihr über den Handlungsort?
Schreibt Textstellen heraus, die den Ort „Andorra“ genauer beschreiben.

4 Wie stellt ihr euch das Bühnenbild / die Kulisse vor? Wählt Aufgabe a oder b.

●●● a Zeichnet ein eigenes Bühnenbild auf ein extra Blatt. Erläutert es anschließend.

●○○ b Begründet, welches der nachstehenden Bühnenbilder am besten zur Beschreibung Andorras passt.

c Tauscht euch über eure Ergebnisse in der Klasse aus.

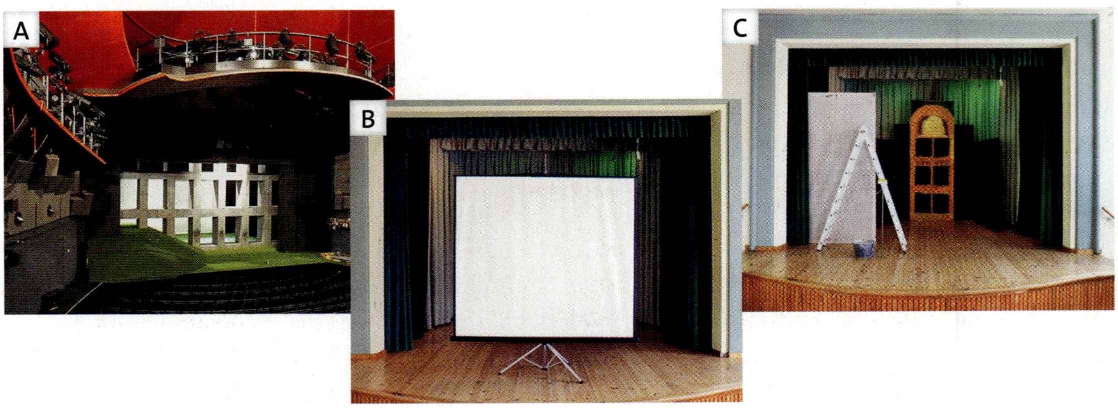

5 a Mit „Andorra“ ist nicht das Land gemeint, das es wirklich gibt.
Stellt Vermutungen darüber an, warum die Handlung in einem erfundenen Land spielt.

b Wäre Frischs „Andorra“ ein Land, in das ihr reisen würdet? Begründet.

6 Welche Probleme bzw. Konflikte zeichnen sich in der ersten Szene ab? Nennt Textstellen.

7 Bildet Gruppen. Tragt die Szene mit verteilten Rollen in der Klasse vor (▶ Methode).

Methode | **Szenen proben und vorspielen**

- Jeder liest seine Rolle mehrmals leise für sich. Beachtet dabei die **Regieanweisungen *(kursiv)***. Sie geben Hinweise auf Sprechweise, Verhalten und Requisiten.
- Übt gemeinsam die Szene ein.
- Gebt euch gegenseitig Tipps, was ihr verbessern könnt.

Andorra – Erstes Bild (Auszug 2)

Auftritt Andri, der seine Jacke anzieht.

SOLDAT: Wo ist sie?

ANDRI: Wer?

SOLDAT: Deine Schwester.

ANDRI: Ich habe keine Schwester.

SOLDAT: Wo ist die Barblin?

ANDRI: Warum?

SOLDAT: Ich hab Urlaub und ein Aug auf sie … *Andri hat seine Jacke angezogen und will weitergehen, der Soldat stellt ihm das Bein, so daß Andri stürzt, und lacht.* Ein Soldat ist keine Vogelscheuche. Verstanden? Einfach vorbeilaufen. Ich bin Soldat, das steht fest, und du bist Jud. *Andri erhebt sich wortlos.*

Oder bist du vielleicht kein Jud?

Andri schweigt.

Aber du hast Glück, ein sozusagen verfluchtes Glück, nicht jeder Jud hat Glück so wie du, nämlich du kannst dich beliebt machen. *Andri wischt seine Hosen ab.*

Ich sage: beliebt machen!

ANDRI: Bei wem?

SOLDAT: Bei der Armee.

ANDRI: Du stinkst ja nach Trester[1].

SOLDAT: Was sagst du?

ANDRI: Nichts.

SOLDAT: Ich stinke?

ANDRI: Auf sieben Schritt gegen den Wind.

SOLDAT: Paß auf, was du sagst.

Der Soldat versucht den eigenen Atem zu riechen.

Ich riech nichts. *Andri lacht.*

's ist nicht zum Lachen, wenn einer Jud ist, 's ist nicht zum Lachen, du, nämlich ein Jud muß sich beliebt machen.

ANDRI: Warum?

SOLDAT *grölt:* „Wenn einer seine Liebe hat und einer ist Soldat, Soldat, das heißt Soldatenleben, und auf den Bock und ab den Rock –" Gaff nicht so wie ein Herr! „Wenn einer seine Liebe hat und einer ist Soldat, Soldat."

ANDRI: Kann ich jetzt gehen?

SOLDAT: Mein Herr!

ANDRI: Ich bin kein Herr.

SOLDAT: Dann halt Küchenjunge.

ANDRI: Gewesen.

SOLDAT: So einer wird ja nicht einmal Soldat.

ANDRI: Weißt du, was das ist?

SOLDAT: Geld?

ANDRI: Mein Lohn. Ich werde Tischler jetzt.

SOLDAT: Pfui Teufel!

ANDRI: Wieso?

SOLDAT: Ich sage: Pfui Teufel! *Der Soldat schlägt ihm das Geld aus der Hand und lacht.* Da! *Andri starrt den Soldaten an.*

1 Trester: Schnaps

So'n Jud denkt alleweil nur ans Geld.
Andri beherrscht sich mit Mühe, dann bückt er sich und sammelt die Münzen auf dem Pflaster.
Also du willst dich nicht beliebt machen?
ANDRI: Nein.
SOLDAT: Das steht fest?
ANDRI: Ja.
SOLDAT: Und für deinesgleichen sollen wir kämpfen? Bis zum letzten Mann, weißt du, was das heißt, ein Bataillon[2] gegen zwölf Bataillone, das ist ausgerechnet, lieber tot als Untertan, das steht fest, aber nicht für dich!
ANDRI: Was steht fest?
SOLDAT: Ein Andorraner ist nicht feig. Sollen sie kommen mit ihren Fallschirmen wie die Heuschrecken vom Himmel herab, da kommen sie nicht durch, so wahr ich Peider heiße, bei mir nicht. Das steht fest. Bei mir nicht. Man wird ein blaues Wunder erleben!
ANDRI: Wer wird ein blaues Wunder erleben?
SOLDAT: Bei mir nicht.
Hinzu tritt ein Idiot, der nur grinsen und nicken kann. Der Soldat spricht nicht zu ihm, sondern zu einer vermeintlichen Menge. Habt ihr das wieder gehört? Er meint, wir haben Angst. Weil er selber Angst hat! Wir kämpfen nicht, sagt er, bis zum letzten Mann, wir sterben nicht vonwegen ihrer Übermacht, wir ziehen den Schwanz ein, wir scheißen in die Hosen, daß es zu den Stiefeln heraufkommt, das wagt er zu sagen: mir ins Gesicht, der Armee ins Gesicht!
ANDRI: Ich habe kein Wort gesagt.
SOLDAT: Ich frage: Habt ihr's gehört?
Idiot nickt und grinst.
SOLDAT: Ein Andorraner hat keine Angst!
ANDRI: Das sagtest du schon.
SOLDAT: Aber du hast Angst! *Andri schweigt.* Weil du feig bist.
ANDRI: Wieso bin ich feig?
SOLDAT: Weil du Jud bist.
Idiot grinst und nickt.
SOLDAT: So, und jetzt geh ich ...
ANDRI: Aber nicht zu Barblin!
SOLDAT: Wie er rote Ohren hat!
ANDRI: Barblin ist meine Braut.
Soldat lacht. Das ist wahr.
SOLDAT *grölt:* „Und mit dem Bock und in den Rock und ab den Rock und mit dem Bock und mit dem Bock –“
ANDRI: Geh nur!
SOLDAT: Braut! hat er gesagt.
ANDRI: Barblin wird dir den Rücken drehn.
SOLDAT: Dann nehm ich sie von hinten!
ANDRI: – du bist ein Vieh.
SOLDAT: Was sagst du?
ANDRI: Ein Vieh.
SOLDAT: Sag das noch einmal. Wie er zittert! Sag das noch einmal. Aber laut, daß der ganze Platz es hört. *Andri geht.*
Was hat er da gesagt? *Idiot grinst und nickt.* Ein Vieh? Ich bin ein Vieh? *Idiot nickt und grinst.* Der macht sich nicht beliebt bei mir. R

2 Bataillon: militärischer Truppenverband

1 a Fasst die Szene mit eigenen Worten zusammen.
b Beschreibt, wie sie auf euch wirkt.

2 Wie verhält sich Andri gegenüber dem Soldaten und wie äußert sich der Soldat zu Andri? Wählt Aufgabe a oder b (▶ S. 153).
●●● a Übertragt die folgende Tabelle ins Heft und ergänzt sie.

Andris Verhalten gegenüber dem Soldaten	Äußerungen des Soldaten zu Andri
Andri hat seine Jacke angezogen und will weitergehen. (Z. 9 f.)	„Ich bin Soldat [...] und du bist Jud.“ (Z. 13)

b Notiert, ob es sich bei den folgenden Textbeispielen um Andris Verhalten und Äußerungen oder um Aussagen des Soldaten handelt. Ergänzt die Zeilenangaben, z. B.: *A = ... (Z. ...)*

A erhebt sich wortlos
B Aber du hast Angst. [...] Weil du feig bist.
C Barblin ist meine Braut.
D Ich bin Soldat [...] und du bist Jud.
E So'n Jud denkt alleweil nur ans Geld.
F Beherrscht sich mit Mühe, dann bückt er sich und sammelt die Münzen auf dem Pflaster.
G Kann ich jetzt gehen?
H Ein Andorraner ist nicht feig.
I Dann nehm ich sie [Barblin] von hinten!

c Vergleicht eure Ergebnisse in der Klasse.

3 a Wie beurteilt ihr Andris Verhalten und die Äußerungen des Soldaten? Belegt euer Urteil mit Textbeispielen. Ihr könnt den folgenden Wortspeicher nutzen.

freundlich höflich unverschämt frech beherrscht aggressiv friedlich genervt traurig verachtend dümmlich intelligent ungeduldig eingebildet überheblich bescheiden selbstbewusst unsicher

b Diskutiert: Wer ist bei diesem Gespräch überlegen? Welche Ziele/Zwecke verfolgen die Figuren?

4 Ein Stereotyp ist eine stark vereinfachte Typisierung von Personen oder Gruppen. Oft sind mit einem Stereotyp negative Vorurteile verbunden. Der Soldat sagt zu Andri „deinesgleichen“ (▸ Z. 62). Was meint er mit diesem Stereotyp?

5 a Verfasst zu einer der beiden Figuren eine Rollenbiografie (▸ Methode).
b Bildet Zweier- oder Dreiergruppen. Spielt die Szene auf S. 151–152 mit Hilfe eurer Rollenbiografien.

Tipps:
– Lernt euren Text möglichst auswendig.
– Achtet auf die Regieanweisungen.
– Führt mehrere Sprechproben durch. Versucht passende Betonungen.
– Probiert auf der Bühne aus, wo ihr euch jeweils am besten hinstellt.
– Übt zu euren Rollen eine passende Mimik und Gestik ein.

Methode **Eine Rollenbiografie anfertigen**

- Schreibt **allgemeine Informationen und Merkmale** zur Figur heraus, z. B.: *Name, Geschlecht, Alter, Wohnort, Nationalität, Beruf.*
- Macht euch Notizen zum **äußeren Erscheinungsbild,** z. B.: *Größe, Statur, Kleidung, besondere Merkmale wie Tätowierungen oder Behinderungen.*
- Beantwortet folgende **Fragen zum Charakter der Figur:**
  – Was hält sie für richtig oder falsch?
  – Welche Einstellung zum Leben hat sie?
  – Ist sie eher fröhlich oder traurig, nachdenklich oder spontan, gebildet oder ungebildet?
  – Welche Ängste, Sorgen und Befürchtungen plagen sie?
  – Was mag sie, was kann sie nicht leiden?
- Notiert, welche **Mimik und Gestik** (Gesichtsausdruck, Bewegungen) zur Figur passen.
- Überlegt euch mögliche **Sprechweisen,** z. B.: langsam, schnell, hektisch, zögerlich, ...

Andorra – Drittes Bild (Auszug)

Man hört eine Fräse[1]*, Tischlerei, Andri und ein Geselle*[2] *je mit einem fertigen Stuhl.*

Andri: Ich hab auch schon Linksaußen gespielt, wenn kein andrer wollte. Natürlich will ich, wenn eure Mannschaft mich nimmt.

Geselle: Hast du Fußballschuh?

Andri: Nein.

Geselle: Brauchst du aber.

Andri: Was kosten die?

Geselle: Ich hab ein altes Paar, ich verkaufe sie dir. Ferner brauchst du natürlich schwarze Shorts und ein gelbes Tschersi[3], das ist klar, und gelbe Strümpfe natürlich.

Andri: Rechts bin ich stärker, aber wenn ihr einen Linksaußen braucht, also einen Eckball bring ich schon herein.

Andri reibt die Hände. Das ist toll, Fedri, wenn das klappt.

Geselle: Warum soll's nicht?

Andri: Das ist toll.

Geselle: Ich bin Käpten, und du bist mein Freund.

Andri: Ich werde trainieren.

Geselle: Aber reib nicht immer die Hände, sonst lacht die ganze Tribüne.

Andri steckt die Hände in die Hosentaschen.

Hast du Zigaretten? So gib schon. Mich bellt er nicht an! Sonst erschrickt er nämlich über sein Echo. Oder hast du je gehört, daß er mich anbellt?

Der Geselle steckt sich eine Zigarette an.

Andri: Das ist toll, Fedri, daß du mein Freund bist.

Geselle: Dein erster Stuhl?

Andri: Wie findest du ihn?

Der Geselle nimmt den Stuhl von Andri und versucht ein Stuhlbein herauszureißen, Andri lacht.

Die sind nicht zum Ausreißen!

Geselle: So macht er's nämlich.

Andri: Versuch's nur! *Der Geselle versucht es vergeblich.* Er kommt.

Geselle: Du hast Glück.

Andri: Jeder Stuhl ist verzapft[4]. Wieso Glück?

Nur was geleimt ist, geht aus dem Leim. *Auftritt der Tischler.*

Tischler: ... schreiben Sie diesen Herrschaften, ich heiße Prader. Ein Stuhl von Prader bricht nicht zusammen, das weiß jedes Kind, so ein Stuhl von Prader ist ein Stuhl von Prader. Und überhaupt: bezahlt ist bezahlt. Mit einem Wort: Ich feilsche nicht.

Zu den beiden: Habt ihr Ferien? *Der Geselle verzieht sich flink.* Wer hat hier wieder geraucht? *Andri schweigt.* Ich riech es ja. *Andri schweigt.* Wenn du wenigstens den Schneid[5] hättest –

Andri: Heut ist Sonnabend.

Tischler: Was hat das damit zu tun?

1 Fräse: Werkzeug zur Bearbeitung von Werkstücken

2 Geselle: junger Handwerker

3 Tschersi: Sport-Shirt (Jersey)

4 verzapfen: etwas mit Stiften oder Zapfen verbinden; Zapfen: meist eine Art Holzstöpsel

5 Schneid: Mut

ANDRI: Wegen meiner Lehrlingsprobe. Sie haben gesagt: Am letzten Sonnabend in diesem Monat. Hier ist mein erster Stuhl.

Der Tischler nimmt einen Stuhl.

Nicht dieser, Meister, der andere!

TISCHLER: Tischler werden ist nicht einfach, wenn's einer nicht im Blut hat. Nicht einfach. Woher sollst du's im Blut haben. Das hab ich deinem Vater aber gleich gesagt. Warum gehst du nicht in den Verkauf? Wenn einer nicht aufgewachsen ist mit dem Holz, siehst du, mit unserem Holz – lobpreiset eure Zedern vom Libanon[6], aber hierzuland wird in andorranischer Eiche gearbeitet, mein Junge.

ANDRI: Das ist Buche.

TISCHLER: Meinst du, du mußt mich belehren?

ANDRI: Sie wollen mich prüfen, meinte ich. *Tischler versucht ein Stuhlbein auszureißen.* Meister, das ist aber nicht meiner!

TISCHLER: Da – *Der Tischler reißt ein erstes Stuhlbein aus.* Was hab ich gesagt? *Der Tischler reißt die anderen drei Stuhlbeine aus.* – wie die Froschbeine, wie die Froschbeine. Und so ein Humbug[7] soll in den Verkauf. Ein Stuhl von Prader, weißt du, was das heißt? – da. *Der Tischler wirft ihm die Trümmer vor die Füße.* Schau's dir an!

ANDRI: Sie irren sich.

TISCHLER: Hier – das ist ein Stuhl!

Der Tischler setzt sich auf den andern Stuhl.

Hundert Kilo, Gott sei's geklagt, hundert Kilo hab ich am Leib, aber was ein rechter Stuhl ist, das ächzt nicht, wenn ein rechter Mann sich draufsetzt, und das wackelt nicht. Ächzt das?

ANDRI: Nein.

TISCHLER: Wackelt das?

ANDRI: Nein.

TISCHLER: Also!

ANDRI: Das ist meiner.

TISCHLER: – und wer soll diesen Humbug gemacht haben?

ANDRI: Ich hab es Ihnen aber gleich gesagt.

TISCHLER: Fedri! Fedri! *Die Fräse verstummt.* Nichts als Ärger hat man mit dir, das ist der Dank, wenn man deinesgleichen in die Bude nimmt, ich hab's ja geahnt. *Auftritt der Geselle.* Fedri, bist du ein Gesell oder was bist du?

GESELLE: Ich –

TISCHLER: Wie lang arbeitest du bei Prader & Sohn?

GESELLE: Fünf Jahre.

TISCHLER: Welchen Stuhl hast du gemacht? Schau sie dir an. Diesen oder diesen? Und antworte. *Der Geselle mustert die Trümmer.* Antworte frank und blank.

GESELLE: – ich …

TISCHLER: Hast du verzapft oder nicht?

GESELLE: – jeder rechte Stuhl ist verzapft …

TISCHLER: Hörst du's?

GESELLE: – Nur was geleimt ist, geht aus dem Leim …

TISCHLER: Du kannst gehen. *Geselle erschrickt.* In die Werkstatt, meine ich.

Der Geselle geht rasch.

Das laß dir eine Lehre sein. Aber ich hab's ja gewußt, du gehörst nicht in eine Werkstatt. *Der Tischler sitzt und stopft sich eine Pfeife.* Schad ums Holz.

Andri schweigt.

Nimm das zum Heizen.

ANDRI: Nein. *Tischler zündet sich die Pfeife an.* Das ist eine Gemeinheit!

Tischler zündet sich die Pfeife an.

… ich nehm's nicht zurück, was ich gesagt habe. Sie sitzen auf meinem Stuhl, ich sag es Ihnen, Sie lügen, wie's Ihnen grad paßt, und zünden sich die Pfeife an. Sie, ja, Sie! Ich hab Angst vor euch, ja, ich zittere. Wieso hab ich kein Recht vor euch? Ich bin jung, ich hab gedacht: Ich muß bescheiden sein. Es hat keinen Zweck, Sie machen sich nichts aus Beweisen. Sie sitzen auf meinem Stuhl. Das kümmert Sie aber nicht? Ich kann tun, was ich will, ihr dreht es immer gegen mich, und der Hohn nimmt

6 Zedern vom Libanon: Baumart; Anspielung auf Andris angebliche Herkunft aus dem Nahen Osten (Israel)

7 Humbug: Betrug, Schwindel, Fälschung

kein Ende. […] – *Der Tischler hat endlich die Pfeife angezündet.* Sie haben keine Scham –.

TISCHLER: Schnorr nicht soviel.[8]

ANDRI: Sie sehen aus wie eine Kröte!

TISCHLER: Erstens ist hier keine Klagemauer[9].

Der Geselle und zwei andere verraten sich durch Kichern. Soll ich eure ganze Fußballmannschaft entlassen?

Der Geselle und die andern verschwinden.

Erstens ist hier keine Klagemauer, zweitens habe ich kein Wort davon gesagt, daß ich dich deswegen entlasse. Kein Wort. Ich habe eine andere Arbeit für dich. Ziehe deine Schürze aus! Ich zeige dir, wie man Bestellungen schreibt. Hörst du zu, wenn dein Meister spricht? Für jede Bestellung, die du hereinbringst mit deiner Schnorrerei, verdienst du ein halbes Pfund. Sagen wir: ein ganzes Pfund für drei Bestellungen. Ein ganzes Pfund! Das ist's, was deinesgleichen im Blut hat, glaub mir, und jedermann soll tun, was er im Blut hat. Du kannst Geld verdienen Andri, Geld, viel Geld …

Andri reglos.

Abgemacht? *Der Tischler erhebt sich und klopft Andri auf die Schulter.* Ich mein's gut mit dir.

Der Tischler geht, man hört die Fräse wieder.

ANDRI: Ich wollte aber Tischler werden …

R

8 Schnorr nicht …: hier i. S. v.: Rede nicht so viel!

9 Klagemauer: Gebetsstätte der Juden, Mauer an der Westseite des Tempelbergs in Jerusalem

1 Bildet Zweiergruppen. Tragt die Szene mit verteilten Rollen laut vor (▸ S. 150).

2 a Findet ihr den Tischlergesellen sympathisch? Begründet eure Entscheidung.
b Beschreibt, inwiefern sich das Verhalten des Tischlergesellen im Szenenverlauf ändert.

3 Begründet mit Hilfe des Lexikoneintrags, ob der Tischler ein Antisemit ist.
Wählt Aufgabe a oder b. Vergleicht anschließend eure Ergebnisse.

●●● a Welchen Vorurteilen hängt der Tischler besonders an?
Vergleicht den Lexikoneintrag zum „Antisemitismus“ mit den im Text markierten Aussagen des Tischlers.

●○○ b Entscheidet, welche der beiden folgenden Aussagen richtig ist.
Begründet mit Hilfe einer der Textstellen, die in der Szene markiert sind.
A Die Aussagen des Tischlers sind nicht judenfeindlich, weil er Andri nur helfen möchte, reich zu werden, z. B. Zeile …
B Die Aussagen des Tischlers sind judenfeindlich, weil sie nur Vorurteile wiederholen, z. B. Zeile …

Der Antisemitismus, auch **Judenhass, Judenfeindlichkeit**
bezeichnet eine allgemeine Ablehnung von Juden und des Judentums, die mit einer Reihe von immer wieder vorgebrachten Vorurteilen im Zusammenhang steht. Juden würden angeblich feige, geldgierig und geizig sein. Sie werden als Schnorrer, Parasiten, Ausbeuter, Verschwörer und heimliche Weltherrscher angesehen und beschimpft. Diese Vorurteile wirken zum Teil bis heute. Menschen, die daran glauben, bezeichnet man als Antisemiten.

4 Welchen Vorurteilen seid ihr schon einmal begegnet? Berichtet davon.

5 Max Frisch schrieb 1961 über sein Theaterstück „Andorra“:
„Eigentlich handelt das Stück gar nicht von Antisemitismus. […] Der Antisemitismus ist nur ein Beispiel.“
Erläutert, was Frisch damit meinen könnte.

Andorra – Vor siebentem Bild

Der Soldat, jetzt in Zivil, tritt an die Zeugenschranke.
Soldat: Ich gebe zu: Ich hab ihn nicht leiden können. Ich hab ja nicht gewußt, daß er keiner ist, immer hat's geheißen, er sei einer. Übrigens glaub ich noch heut, daß er einer gewesen ist. Ich hab ihn nicht leiden können von Anfang an. Aber ich hab ihn nicht getötet. Ich habe nur meinen Dienst getan. Order ist Order[1]. Wo kämen wir hin, wenn Befehle nicht ausgeführt werden! Ich war Soldat. [R]

Andorra – Vor achtem Bild

Der Pater kniet.
Pater: Du sollst dir kein Bildnis machen von Gott, deinem Herrn, und nicht von den Menschen, die seine Geschöpfe sind. Auch ich bin schuldig geworden damals. Ich wollte ihm mit Liebe begegnen, als ich gesprochen habe mit ihm, auch ich habe ihn gefesselt, auch ich habe ihn an den Pfahl gebracht[2]. [R]

1 Order ist Order: Befehl ist Befehl, von frz. *ordre*

2 an den Pfahl bringen: Todesstrafe, bei der der Verurteilte lebendig an einen Pfahl gehängt wird

1 Vergleicht die beiden Monologe miteinander.
- a Was erfahrt ihr über die weitere Handlung des Stücks?
- b Welche Einstellungen zu Andri haben die beiden Figuren nun? Haben sie sich geändert?

Die weitere Handlung von *Andorra*
Andri glaubt weiterhin, Jude zu sein. Ein Gespräch mit dem Pater, der ihm sagt, wie wertvoll es sei, „anders" zu sein, kann Andri nicht aus seiner traurigen Stimmung befreien.
Bei einem gemeinsamen Abendessen mit seinen Adoptiveltern hält Andri um die Hand seiner Adoptivschwester Barblin an. Die Mutter ist erfreut, doch der Vater, der Lehrer Can, will das nicht. Andri glaubt, dass nun auch sein Adoptivvater etwas gegen Juden hat (► S. 161, Z. 87 ff.). Andri läuft von zu Hause weg.
Doch was Can ihm verschwiegen hat, ist, dass Andri sein leiblicher Sohn ist. Seine leibliche Mutter, die Senora, gehört zu den „Schwarzen", einem Nachbarvolk, das Juden verfolgt und ermordet. Bei einem Gespräch zwischen Vater und Sohn versucht Can, ihm die Wahrheit zu sagen, doch Andri glaubt ihm nicht mehr.
Währenddessen kommt die Senora nach Andorra, um nach Andri zu suchen. Als die Senora ermordet wird, glauben alle, dass Andri, „der Jude", diese Tat begangen habe.
Schließlich marschieren die „Schwarzen" in Andorra ein und veranstalten eine „Judenschau". Andri wird von den „Schwarzen" verschleppt und getötet. Barblin wird als „Judenbraut" kahl rasiert und gedemütigt. Der Lehrer Can begeht Selbstmord.

2 a Überlegt, inwiefern sich die Katastrophe um Andri hätte verhindern lassen können.
b Diskutiert die Frage, wer Schuld an Andris Tod hat.

Eine Theateraufführung besuchen

Julia Boes, Noel Uhlemann (Klasse 10 c)

Max Frischs „Andorra“ – Theaterkritik

Am Freitag, dem 16. Dezember, bekamen die Schülerinnen und Schüler der 9. und 10. Klasse die Gelegenheit, eine Theateraufführung des Stückes „Andorra“ von Max Frisch anzuschauen. Nachdem wir uns bereits mit dem Stück im Unterricht befasst hatten, nahmen fast alle Schüler die Gelegenheit wahr, sich das Werk auf der Bühne anzusehen.

Die Geschichte des Dramas, welches das Problem der Ausgrenzung und Diskriminierung behandelt, dreht sich um den jungen Andri, der fälschlicherweise für einen Juden gehalten wird. Dieser muss mit Unterdrückung und den Vorurteilen über das „Judsein“ zurechtkommen, wogegen er sich anfangs noch erfolglos wehrt, schließlich aber aufgibt. Er fügt sich der ihm zugerechneten Rolle, was ihn letzten Endes in den Tod führt.

Die Theatergruppe, bestehend aus vier Schauspielern, wusste dieses Stück sehr textnah umzusetzen. Die Dialoge wurden fast ausschließlich übernommen, jedoch wurden einige Passagen ausgelassen. So kritisierten einige Zuschauer, dass der finale Part, der vom Tode Andris handelt, ausgelassen wurde. Auch wurde die Tatsache, dass alle Figuren des Bühnenstücks von nur vier Schauspielern verkörpert wurden, somit also recht viele Figuren von ein und demselben Darsteller gespielt wurden, mit geteilten Meinungen aufgenommen, denn viele empfanden diese Umsetzung als verwirrend. Ein weiterer Aspekt, welcher auf Kritik stieß, war die musikalische Unterlegung der Szenen. Die heimatnahe Volksmusik sollte die Normalität und Alltagsnähe der Geschichte verstärken, doch sie vermittelte eine gewisse, eher unangebrachte Heiterkeit und schien besonders an den ernsten und dramatischen Teilen des Stücks fehl am Platz.

Letztlich wussten die Schauspieler die Aussage des Werks aber doch überzeugend mitzuteilen. So wurden die Darsteller schließlich mit Beifall belohnt und besonders Publikumsliebling Andri durfte sich über tosenden Applaus freuen. Insgesamt lässt sich sagen, dass es sich bei dieser Bühnenaufführung um eine unterhaltsame Umsetzung von Frischs Drama handelte, die durch ihre Aussagekraft zu beindrucken wusste.

1 a Was erfahrt ihr über die Theateraufführung? Benennt aussagekräftige Textstellen.
b Welche Aussagen informieren über das Stück? Welche Aussagen bewerten das Stück?

2 Würdet ihr die Vorstellung nach dieser Theaterkritik besuchen wollen? Nehmt Stellung.

3 a Schaut euch eine Aufführung von „Andorra“ im Theater oder als Film an.
b Macht euch Notizen zu folgenden Fragen:
- Wie war das Bühnenbild gestaltet? War die Musikauswahl passend?
- Wurden die unterschiedlichen Rollen überzeugend gespielt?
- Orientierte sich die Inszenierung an der Textvorlage oder war sie freier gestaltet?
- Gefiel euch die Vorstellung insgesamt oder war sie eher uninteressant?

4 Verfasst auf der Grundlage eurer Notizen eine eigene Theaterkritik.

Teste dich!

Eine Dramenszene inhaltlich erschließen

Andorra – Viertes Bild (Auszug 1)

Doktor: [...] *Der Doktor schaut Andri in den Hals, dann nimmt er den Löffel heraus.* Ein bißchen entzündet.

Andri: Ich?

Doktor: Kopfweh? [...] Schlaflosigkeit?

Andri: Manchmal. [...]

Der Doktor steckt ihm nochmals den Löffel in den Hals.

Andri: Aaaaaaaa-Aaaaaaaaaaaaaaaandorra

Doktor: So ist's gut, mein Freund, so muß es tönen, daß jeder Jud in den Boden versinkt, wenn er den Namen unseres Vaterlandes hört. *Andri zuckt.* Verschluck den Löffel nicht!

Mutter: Andri ... *Andri ist aufgestanden.* [...]

Andri: Wieso – soll der Jud – versinken im Boden?

Doktor: Wo habe ich sie bloß. *Der Doktor kramt in seinem Köfferchen.* Das fragst du, mein junger Freund, weil du noch nie in der Welt gewesen bist. Ich kenne den Jud. Wo man hinkommt, da hockt er schon, der alles besser weiß, und du, ein schlichter Andorraner, kannst einpacken. Das Schlimme am Jud ist sein Ehrgeiz. In allen Ländern der Welt hocken sie auf allen Lehrstühlen, ich hab's erfahren, und unsereinem bleibt nichts anderes übrig als die Heimat. Dabei habe ich nichts gegen den Jud. Ich bin nicht für Greuel. Auch ich habe Juden gerettet, obschon ich sie nicht riechen kann. Und was ist der Dank? Sie sind nicht zu ändern. Sie hocken auf allen Lehrstühlen der Welt. Sie sind nicht zu ändern. *Der Doktor reicht die Pillen.* Hier deine Pillen! *Andri nimmt sie nicht, sondern geht.* Was hat er denn plötzlich?

Mutter: Andri! Andri!

Doktor: Einfach rechtsumkehrt und davon ...

Mutter: Das hätten sie vorhin nicht sagen sollen, Professor, das mit dem Jud.

Doktor: Warum denn nicht?

Mutter: Andri ist Jud. R

1 Notiere die Buchstaben zu den richtigen Aussagen ins Heft.
Wie lautet das Lösungswort?

- **F** Der Doktor behandelt Andri, weil er ein Jude ist.
- **S** Der Doktor weiß nicht, dass Andri Jude ist.
- **E** Andri stimmt den Aussagen des Doktors über Juden zu.
- **Z** Andri fühlt sich durch die Aussagen des Doktors über Juden gekränkt.
- **E** Die Mutter hält die Äußerungen des Doktors für unangemessen.
- **N** Der Doktor versteht die ganze Aufregung nicht.
- **L** Dem Doktor tut es leid, was er zu Andri gesagt hat.
- **E** Die Mutter macht sich Sorgen um Andri.

2 a Notiere drei Textstellen, in denen die Einstellung des Doktors zu Juden deutlich wird.
b Erläutere, was die Regieanweisung „Andri zuckt" (► Z. 13) beim Publikum bewirken soll.

3 Vergleicht in Partnerarbeit eure Ergebnisse.

8.2 Wie konnte es dahin kommen? – Dramenszenen schriftlich analysieren

Eine Dramenszene zusammenfassen und einordnen

Andorra – Viertes Bild (Auszug 2)

Lehrer, Mutter, Barblin und Andri sitzen am Mittagstisch. Lehrer schneidet das Brot. [...] Mutter schöpft die Suppe.

ANDRI: Vielleicht wißt ihr es aber schon. Nichts ist geschehn. Ihr braucht nicht immer zu erschrecken. Ich weiß nicht, wie man so etwas sagt: – Ich werde einundzwanzig, und Barblin ist neunzehn ...

LEHRER: Und?

ANDRI: Wir möchten heiraten.

Lehrer läßt das Brot fallen.

Ja. Ich bin gekommen, um zu fragen – ich wollte es tun, wenn ich die Tischlerprobe bestanden habe, aber daraus wird ja nichts – Wir wollen uns jetzt verloben, damit die andern es wissen und der Barblin nicht überall nachlaufen.

LEHRER: – – – heiraten?

ANDRI: Ich bitte dich, Vater, um die Hand deiner Tochter.

Lehrer erhebt sich wie ein Verurteilter.

MUTTER: Ich hab das kommen sehen, Can.

LEHRER: Schweig!

MUTTER: Deswegen brauchst du das Brot nicht fallen zu lassen. *Die Mutter nimmt das Brot vom Boden.* Sie lieben einander.

LEHRER: Schweig! *Schweigen.*

ANDRI: Es ist aber so, Vater, wir lieben einander. Davon zu reden ist schwierig. Seit der grünen Kammer, als wir Kinder waren, reden wir vom Heiraten. In der Schule schämten wir uns, weil alle uns auslachten: Das geht ja nicht, sagten sie, weil wir Bruder und Schwester sind! Einmal wollten wir uns vergiften, weil wir Bruder und Schwester sind, mit Tollkirschen, aber es war Winter, es gab keine Tollkirschen. Und wir haben geweint, bis Mutter es gemerkt hat – bis du gekommen bist, Mutter, du hast uns getröstet und gesagt, daß wir gar nicht Bruder und Schwester sind. Und diese ganze Geschichte, wie Vater mich über die Grenze gerettet hat, weil ich Jud bin. Da war ich froh drum und sagte es ihnen in der Schule und überall. Seither schlafen wir nicht mehr in der gleichen Kammer, wir sind ja keine Kinder mehr.

Der Lehrer schweigt wie versteinert.

Es ist Zeit, Vater, daß wir heiraten.

LEHRER: Andri, das geht nicht.

MUTTER: Wieso nicht?

LEHRER: Weil es nicht geht!

MUTTER: Schrei nicht!

LEHRER: Nein – Nein – Nein ...

Barblin bricht in Schluchzen aus.

MUTTER: Und du heul nicht gleich!

Barblin: Dann bring ich mich um.
Mutter: Und red keinen Unfug!
Barblin: Oder ich geh zu den Soldaten, jawohl.
Mutter: Dann straf dich Gott!
Barblin: Soll er.
Andri: Barblin? *Barblin läuft hinaus.*
Lehrer: Sie ist ein Huhn. Laß sie! Du findest noch Mädchen genug.
Andri reißt sich von ihm los. Andri –!
Andri: Sie ist wahnsinnig.
Lehrer: Du bleibst. *Andri bleibt.*
Es ist das erste Nein, Andri, das ich dir sagen muß. *Der Lehrer hält sich beide Hände vors Gesicht.* Nein!
Mutter: Ich versteh dich nicht, Can, ich versteh dich nicht. Bist du eifersüchtig? Barblin ist neunzehn, und einer wird kommen. Warum nicht Andri, wo wir ihn kennen? Das ist der Lauf der Welt. Was starrst du vor dich hin und schüttelst den Kopf, wo's ein großes Glück ist, und willst deine Tochter nicht geben? Du schweigst. Willst du sie heiraten? Du schweigst in dich hinein, weil du eifersüchtig bist, Can, auf die Jungen und auf das Leben überhaupt und daß es jetzt weitergeht ohne dich.
Lehrer: Was weißt denn du!
Mutter: Ich frag ja nur.
Lehrer: Barblin ist ein Kind –
Mutter: Das sagen alle Väter. Ein Kind! – für dich, Can, aber nicht für den Andri.
Lehrer schweigt. Warum sagst du nein?
Lehrer schweigt.
Andri: Weil ich Jud bin.
Lehrer: Andri –
Andri: So sagt es doch.
Lehrer: Jud! Jud!
Andri: Das ist es doch.
Lehrer: Jud! Jedes dritte Wort, kein Tag vergeht, jedes zweite Wort, kein Tag ohne Jud, keine Nacht ohne Jud, ich höre Jud, wenn einer schnarcht, Jud, Jud, kein Witz ohne Jud, kein Geschäft ohne Jud, kein Fluch ohne Jud, ich höre Jud, wo keiner ist, Jud und Jud und nochmals Jud, die Kinder spielen Jud, wenn ich den Rücken drehe, jeder plappert's nach, die Pferde wiehern in den Gassen: Juuuud, Juud, Jud …
Mutter: Du übertreibst.
Lehrer: Gibt es denn keine andern Gründe mehr?!
Mutter: Dann sag sie. *Lehrer schweigt, dann nimmt er seinen Hut.* Wohin?
Lehrer: Wo ich meine Ruh hab.
Er geht und knallt die Tür zu.
Mutter: Jetzt trinkt er wieder bis Mitternacht.
Andri geht langsam nach der andern Seite. Andri? – Jetzt sind alle auseinander. [R]

1 Notiert eure ersten Leseeindrücke über das Verhältnis Andris zu seinen Eltern, z. B.:
- *Beim Lesen der Szene entsteht der Eindruck, dass …*
- *Mir fällt besonders … auf, und zwar aus folgendem Grund: …*
- *Ich finde es seltsam, dass …*
- *Die Szene zeigt …*
- *Das Verhältnis zwischen Andri und seinen Eltern scheint …*

2 Fasst die Szene mit eigenen Worten zusammen. Wählt Aufgabe a oder b.

●●● **a** Gliedert im Heft die Szene in einzelne Handlungsschritte. Gebt die Zeilen an. Notiert für jeden Handlungsschritt einen zusammenfassenden Satz.

●○○ **b** Ordnet die folgenden Zwischenüberschriften den Zeilenangaben passend zu. Schreibt die Zwischenüberschriften in der zeitlich richtigen Reihenfolge in euer Heft.
Z. 6–45: … *Z. 46–68: …* *Z. 69–104: …*

Mutter und Andri suchen nach Gründen für Cans Ablehnung • Der Vater ist gegen die Hochzeit • Andri hält um Barblins Hand an

3 Was ist bisher geschehen?
Ordnet im Heft die Szene in den Handlungsverlauf des Gesamtdramas ein.
Wählt Aufgabe a oder b. Vergleicht anschließend eure Ergebnisse.

●●● **a** Veranschaulicht die Vorgeschichte bis zum vierten Bild als Flussdiagramm, z. B.:

Barblin weißelt die andorranischen Mauern für den Sanktgeorgstag. Sie wird vom Soldaten belästigt. Dem Pater gesteht sie ihre Angst vor den „Schwarzen“.
↓
Andri als Küchenjunge in Kneipe. Der Soldat ...
↓
Andri ist mit Tischlergesellen befreundet: ...
↓
Der Doktor ...
↓
Andri möchte ...

●○○ **b** Schreibt in ganzen Sätzen die Vorgeschichte bis zum vierten Bild auf. Nutzt die folgenden Stichpunkte.

1 Barblin weißelt die andorranischen Mauern für den Sanktgeorgstag. Sie wird vom Soldaten belästigt. Dem Pater gesteht sie ihre Angst vor den „Schwarzen“.
2 Andri, Küchenjunge, der Soldat, Beleidigungen, Streit um Barblin
3 Andri, mit Tischlergesellen befreundet, Stuhl, Tischler, Juden, Andri in den Verkauf
4 Doktor, Vorurteile gegenüber Juden
5 Andri, heiraten

4 Wie konnte es dazu kommen?
Zur Analyse einer Dramenszene gehört, dass man sie in den Handlungsverlauf einordnet.
Ordnet das vierte Bild (▸ S. 160–161) in den abgebildeten Handlungsverlauf eines Dramas ein.

Information **Der Handlungsverlauf in einem Drama**

5 **a** Die Handlung im Drama wird im Wesentlichen durch die Dialoge vorangebracht. Erläutert, von wem welche Gründe im vierten Bild gegen die Heirat vorgebracht werden.
b Deutet anhand eurer Ergebnisse den Satz: „Jetzt sind alle auseinander“ (▸ Z. 110).

Einen Schreibplan zu einer Dramenanalyse anfertigen

1 Eine schriftliche Analyse folgt einem bestimmten Aufbau oder Schreibplan.

a Übertragt den folgenden Schreibplan in euer Heft und ergänzt ihn.

A Einleitung

– Autor/-in:	Max Frisch
– Titel (Uraufführung):	Andorra (1961)
– Textsorte:	Drama, viertes Bild
– Thema des Dramas:	Vorurteile und ihre ...
– erster Leseeindruck:	...

B Hauptteil

1 Einordnung der Szene in den Handlungsverlauf:	Konflikt, steigende Spannung, ...
2 Inhalt der Szene:	Heiratswunsch Andris, Vater ist ...
3 Genaue Analyse	
– **des Gesprächsverlaufs**	→ Vater: anfangs erschrocken, später wütend
	→ Andri: anfangs freudig entschlossen, später ...
	→ Mutter: anfangs ..., später ...
– **des Figurenverhaltens**	→ Vater: ablehnend, verschlossen, ...
	→ Andri: ...
	→ Mutter: ...
– **der Figurenbeziehung**	→ Vater ↔ Andri: Konfrontation, Streit
	→ Mutter ↔ Andri: ...
	→ Vater ↔ Mutter: ...

C Schluss

Zusammenfassung der Ergebnisse:
- Gesprächsverlauf → von familiärer, harmonischer Situation zu ...
- Figurenverhalten/-beziehung → Andri fühlt sich ..., der Vater ..., die Mutter ...

Fazit/Schlusswort: ...

b Schreibt zu Punkt B 3 eures Schreibplans passende Zitate mit Zeilenangabe heraus. Ihr könnt sie bei eurer Analyse als Textbelege verwenden, z. B. zum Gesprächsverlauf:

Z. 11: „Lehrer lässt das Brot fallen“ → verdeutlicht, wie sehr der Vater erschrickt
Z. 107: „Er [Lehrer] geht und knallt die Tür zu“ → zeigt die Wut des Vaters
Z. ...: „...“ → man erkennt Andris ...
Z. ...:

2 Verfasst zum vierten Bild eine Analyse der Dramenszene. Nutzt die folgenden Seiten.

Eine Dramenszene schriftlich analysieren

Die Einleitung

1 ●●● Schreibt eine Einleitung mit Angaben zu Titel, Autor, Textsorte und Thema, z. B.:
Das Drama „…“ (1961), geschrieben von …, handelt von …

▷ Eine Hilfe zu Aufgabe 1 findet ihr auf Seite 165.

Der Hauptteil

2 ●●● Ordnet die Szene in den Handlungsverlauf ein und fasst sie kurz zusammen:

Die Szene gehört zur Exposition / zum Höhepunkt / zur … des Gesamtdramas.
Vor der Szene / Davor / Nach der Szene / Danach … Die Szene beginnt mit …

▷ Hilfe zu 2, Seite 165

3 ●●● Beantwortet zur genaueren Analyse des Gesprächs die folgenden Fragen in ganzen Sätzen:
- Die Gesprächssituation: Aus welchem Anlass sprechen die einzelnen Figuren miteinander?
- Die Gesprächsabsicht: Welche Absicht verfolgen die jeweiligen Gesprächspartner?
- Der Gesprächsverlauf: Erreichen die Figuren ihre Gesprächsabsicht?
  Verändern sich die Gefühle und das Verhalten der Figuren im Gesprächsverlauf?

▷ Hilfe zu 3, Seite 165

4 ●●● Beschreibt das Figurenverhalten von Andri, Vater und Mutter und ihre Beziehung zueinander. Formuliert in ganzen Sätzen. Beginnt z. B. so:
Andri reagiert auf das Nein des Vaters zunächst … Er versucht erneut, … Dann …

▷ Hilfe zu 4, Seite 165

5 Im Hauptteil müssen eure Aussagen durch Zitate belegt oder durch die indirekte Rede wiedergegeben werden. Übt wie folgt das richtige Zitieren an den nachstehenden Sätzen:
LEHRER: Sie ist ein Huhn. (► Z. 61)
→ zitieren: Der Lehrer spricht schlecht über Barblin: „Sie ist ein Huhn“ (► Z. 61).
→ indirekte Rede: Der Lehrer behauptet, Barblin sei ein Huhn (► Z. 61).

A **LEHRER:** Barblin ist ein Kind – (► Z. 82)

B **ANDRI:** Weil ich Jud bin. (► Z. 42)

Der Schluss

6 ●●● Fasst zum Schluss die Ergebnisse eurer Analyse zusammen, z. B.:
Zusammenfassend lässt sich sagen, dass …

▷ Hilfe zu 6, Seite 165

Aufgabe 1 mit Hilfe: Einleitung

Schreibt eine Einleitung mit Angaben zu Titel, Autor, Textsorte und Thema.
Entscheidet euch für einen Einleitungssatz und schreibt ihn ins Heft.

In Max Frischs Drama „Andorra" (1961) geht es um einen Jungen namens Andri, der ...
- *von den Dorfbewohnern Andorras als „der Jude" ausgegrenzt wird.*
- *mit vielen Vorurteilen zu kämpfen hat.*
- *als angeblicher Jude unter Andorranern leben muss.*

Aufgabe 2 mit Hilfe: Der Hauptteil

Ordnet die Szene in den Handlungsverlauf ein und fasst sie kurz zusammen, z. B.:

- *Die Szene steuert auf den Höhepunkt des Dramas zu.*
  Vor der Szene / Davor passiert ... Nach der Szene / Danach geht es weiter mit ...
- *Die Szene beginnt mit Andris Familie, die am Mittagstisch sitzt und isst. Andri verkündet, dass er und ... Nachdem der Vater dies hört, sagt er Andri, dass ...*
  Die Mutter hingegen ... Aber der Vater ... Andri vermutet, dass ... Am Ende ...

Aufgabe 3 mit Hilfe

Beantwortet zur genaueren Analyse des Gesprächs die folgenden Fragen in ganzen Sätzen.
Nutzt die nachstehenden Wortbausteine.

- Die Gesprächssituation: Aus welchem Anlass sprechen die einzelnen Figuren miteinander?
  Familie, gemeinsam, Mittagstisch, Andri
- Die Gesprächsabsicht: Welche Absicht verfolgen die jeweiligen Gesprächspartner?
  Andri, Heirat, viele Gründe, Vater dagegen, keine Gründe, wenig überzeugend, Mutter dafür, viele Gründe, möchte Vater überzeugen
- Der Gesprächsverlauf: Erreichen die Figuren ihre Gesprächsabsicht?
  Verändern sich die Gefühle und das Verhalten der Figuren im Gesprächsverlauf?
  Beginn, harmonisch, Familienidyll, Ende, Streit, Konflikt, Verzweiflung

Aufgabe 4 mit Hilfe

Beschreibt das Figurenverhalten von Andri, Vater und Mutter und ihre Beziehung zueinander.
Formuliert mit Hilfe des folgenden Wortspeichers in ganzen Sätzen.

- *Der Vater verhält sich Andri gegenüber ...*
- *Andri reagiert darauf ...*
- *Die Mutter hingegen wirkt ...*

entschlossen wütend verwirrt
stur fragend wissend unwissend
vermittelnd ruhig unruhig
verzweifelt fahrig aufbrausend
entsetzt erschrocken

Aufgabe 6 mit Hilfe: Schluss

Fasst zum Schluss die Ergebnisse eurer Analyse zusammen. Wählt aus.
- *Zusammenfassend lässt sich sagen, dass Andri sich immer stärker ausgegrenzt fühlt.*
- *Es zeigt sich, dass Andri auch zu seinem Vater kein Vertrauen mehr hat.*
- *Man erkennt, dass das Verhältnis Andris zu seiner Familie stetig schlechter wird.*

8.3 Fit in ...! – Dramenszenen analysieren und interpretieren

Stellt euch vor, ihr bekommt in der nächsten Klassenarbeit die folgende Aufgabe gestellt:

Aufgabe

Verfasse eine Dramenanalyse zur folgenden Szene aus „Andorra“:
- Formuliere eine passende Einleitung.
- Ordne die Szene in den Handlungsverlauf des Dramas ein.
- Untersuche und beschreibe das Verhalten Andris gegenüber dem Pater.

Andorra – Neuntes Bild (Auszug)

Pater: Andri – [...]

Andri: Ich höre.

Pater: Auch ich, Andri, habe nichts davon gewußt, als wir das letzte Mal miteinander redeten. Er habe ein Judenkind gerettet, so hieß es seit Jahr und Tag, eine christliche Tat, wieso sollte ich nicht dran glauben! Aber nun, Andri, ist deine Mutter gekommen –

Andri: Wer ist gekommen?

Pater: Die Senora. *Andri springt auf.* Andri – du bist kein Jud. *Schweigen.* Du glaubst nicht, was ich dir sage?

Andri: Nein.

Pater: Also glaubst du, ich lüge?

Andri: Hochwürden, das fühlt man.

Pater: Was fühlt man?

Andri: Ob man Jud ist oder nicht. *Der Pater erhebt sich und nähert sich Andri.* Rühren Sie mich nicht an. Eure Hände! Ich will das nicht mehr.

Pater: Hörst du nicht, was ich dir sage? *Andri schweigt.*

Pater: Du bist sein Sohn. *Andri lacht.*

Pater: Andri, das ist die Wahrheit.

Andri: Wie viele Wahrheiten habt ihr? *Andri nimmt sich eine Zigarette, die er dann vergißt.* Das könnt ihr nicht machen mit mir ...

Pater: Warum glaubst du uns nicht?

Andri: Euch habe ich ausgeglaubt.

Pater: Ich sage und schwöre beim Heil meiner Seele, Andri: Du bist sein Sohn, unser Sohn, und von Jud kann nicht die Rede sein.

Andri: 's war aber viel die Rede davon ... [...] Seit ich höre, hat man mir gesagt, ich sei anders, und ich habe geachtet drauf, ob es so ist, wie sie sagen. Und es ist so, Hochwürden: Ich bin anders. Man hat mir gesagt, wie meinesgleichen sich bewege, nämlich so und so, und ich bin vor den Spiegel getreten fast jeden Abend. Sie haben recht: Ich bewege mich so und so. Ich kann nicht anders. Und ich habe geachtet auch darauf, ob's wahr ist, daß ich alleweil denke ans Geld, wenn die Andorraner mich beobachten und denken, jetzt denke ich ans Geld, und sie haben abermals recht: Ich denke alleweil ans Geld. Es ist so. Und ich habe kein Gemüt, ich hab's versucht, aber vergeblich: Ich habe kein Gemüt, sondern Angst. Und man hat mir gesagt, meinesgleichen ist feig. Auch darauf habe ich geachtet. Viele sind feig, aber ich weiß es, wenn ich feig bin. Ich wollte es nicht wahrhaben, was sie mir sagten, aber es ist so. Sie haben mich mit Stiefeln getreten, und es ist so, wie sie sagen: Ich fühle nicht wie sie. Und ich habe keine Heimat. Hochwürden haben gesagt, man muß das annehmen, und ich hab's angenommen. Jetzt ist es an Euch, Hochwürden, Euren Jud anzunehmen.

Pater: Andri –

R

Die Aufgabe richtig verstehen

1 a Besprecht in Partnerarbeit, was die Aufgabe auf S. 166 von euch verlangt.
b Schreibt die Buchstaben der richtigen Aussagen in euer Heft.
Tipp: Rückwärtsgelesen ergeben die richtigen Buchstaben ein Lösungswort.

Ich soll ...
R eine Einleitung formulieren.
I die Szene möglichst genau in allen Einzelheiten nacherzählen.
E das Verhalten der Figuren beschreiben.
T meine Aussagen mit Zitaten belegen oder in der indirekten Rede wiedergeben.
R meine Meinung zu Andris Verhalten erörtern.
A die Szene in das Gesamtdrama einordnen.
N die Szene weiterschreiben.
P am Schluss meine Ergebnisse zusammenfassen.

Planen

2 Lest die Szene mehrmals aufmerksam. Unterteilt die Szene in Sinnabschnitte. Setzt dazu im Heft das Flussdiagramm fort.

Der Pater spricht mit Andri über seine Herkunft.
↓
Er erklärt Andri, dass die Senora ...
↓
Doch Andri ...
↓
...

3 Entwickelt im Heft einen Schreibplan (▶ S. 163), z. B.:

A ***Einleitung***
Autor/-in, Titel, Erscheinungsjahr, Textsorte, Thema

B ***Hauptteil***
1 Einordnung der Szene in ...
2 Inhalt ...
3 Genaue Analyse des Gesprächs, des ... und ...

C ***Schluss***
...

Schreiben und überarbeiten

4 Verfasst einen Einleitungssatz (Textsorte, Titel, Autor/-in, Thema des Dramas).
Max Frischs ... „...“ (1961) handelt von ...

5 Ordnet die Szene in den Handlungsverlauf des Dramas ein und fasst sie zusammen.
Tipp: Schreibt im Präsens.
- *Die Szene befindet sich ... Vor der Szene / Davor ... Nach der Szene / Danach ...*
- *Die Szene beginnt mit ... Im weiteren Verlauf ... Nachdem ... Anschließend ...*

6 Welche Aussagen A bis E über Andris Verhalten dem Pater gegenüber treffen zu? Schreibt sie heraus und belegt sie jeweils mit einem Zitat.
A Er ist dem Pater gegenüber misstrauisch und glaubt nicht, was er berichtet.
B Er möchte vom Pater in den Arm genommen und getröstet werden.
C Er erwartet vom Pater, dass er ihn so akzeptiert, wie er sich selbst sieht.
D Andri akzeptiert nun, ein Jude zu sein.
E Andri ist tief verletzt und vertraut keinem mehr.

7 Analysiert die folgende Aussage Andris: „Euch habe ich ausgeglaubt“ (▸ Z. 30).
a Erklärt, wie die Aussage zu verstehen ist.
b Was wird daran über Andris Verhalten gegenüber dem Pater deutlich?

8 Formuliert einen Schlusssatz, der eure Ergebnisse zusammenfasst.
Zusammenfassend lässt sich sagen, dass ...

9 Prüft in Partnerarbeit eure Texte mit Hilfe der Checkliste.

Checkliste

Eine Dramenszene analysieren
- Habe ich meinen Text in **drei Teile gegliedert:** Einleitung, Hauptteil, Schluss?
- Habe ich in der **Einleitung** Autor/-in, Textsorte, Titel und Thema genannt?
- Habe ich im **Hauptteil** die Szene in den **Handlungsverlauf eingeordnet** und **inhaltlich zusammengefasst?**
- Habe ich das **Figurenverhalten und die Figurenbeziehungen beschrieben?**
- Habe ich das **Gespräch analysiert:** Ausgangssituation, Anlass, Absicht, Verlauf?
- Habe ich meine Aussagen durch **Zitate** oder durch die indirekte Redewiedergabe belegt?
- Habe ich einen **Schluss** formuliert, der meine **Ergebnisse** noch einmal **zusammenfasst?**
- Habe ich den Text im **Präsens** verfasst?

Schreibwörter ▸ S. 312

das Drama	das Vorurteil	kritisieren	das Misstrauen
die Szene	das Stereotyp	diskriminieren	die Beziehung
der Konflikt	der Pfahl	der Antisemitismus	zusammenfassend

9 Kommunikation in den Medien – Sachtexte verstehen und analysieren

1 Als Medien bezeichnet man die Gesamtheit der Mittel, mit denen Informationen gespeichert und übermittelt werden können. Menschen können mit ihnen miteinander in Kontakt treten.
a Beschreibt die Abbildung: Welche Medien erkennt ihr?
b Mit welchen Medien könnt ihr euch informieren? Welche dienen eher zur Unterhaltung?

2 a Besprecht: Welche Bedeutung haben moderne Kommunikationsmedien für euch?
b Begründet: Welche Medien nutzt ihr besonders häufig oder selten?

3 a Listet auf, in welchen Medien ihr Sachtexte finden und lesen könnt.
b Notiert, welche Arten von Sachtexten ihr kennt.

In diesem Kapitel ...

– stellt ihr fest, wozu Sachtexte dienen,
– trainiert ihr, Sachtexte zu erschließen,
– beschäftigt ihr euch mit Möglichkeiten der Informationsvermittlung und der Meinungsbildung in verschiedenen Medien,
– übt ihr, Grafiken auszuwerten.

9.1 „Durchgehend online“ – Sachtextformate bestimmen und untersuchen

Informierende und meinungsbildende Texte

Nina Pauer und Kilian Trotier

Ihr checkt's net

Als „Die Lochis“ haben die Zwillinge Heiko und Roman auf YouTube Karriere gemacht. Sie sind 14 Jahre alt – und schon ausgebuffte Medienprofis.

Es ist der Horror der Pubertät: zwei Jungs vor dem Rechner, Cola, Chips und Energydrinks, auf dem Bildschirm ein Gangsterspiel. Kein Bock auf Schule, Hausaufgaben, auf die emsige Pädagogik der Eltern. So präsentiert sich der Alltag von Heiko und Roman Lochmann im Internet.
Auf YouTube nennen sich die 14 Jahre alten Zwillinge *Die Lochis* und sind deutschlandweit berühmt: Über 600 000 Abonnenten hat ihr eigener Kanal, fast neunzig Millionen Mal wurden ihre Videos in den letzten Jahren geklickt. Jeden Samstag, um 14:30 Uhr, laden sie ein neues hoch: selbst komponierte Lieder, Parodien auf Hits, Telefonstreiche. Auf dem Sofa sitzend, beantworten sie Fragen, die Fans ihnen auf Twitter stellen.
„Meine Mom checkt's net, für sie ist alles Hightech“, verzweifeln die *Lochis* am digitalen Graben, der durch die Familie geht. In ihren Clips erscheinen Eltern und Lehrer als verständnislose, nörgelnde Erwachsene, die nicht wissen, wie man ein Smartphone bedient. „Damals gab's kei Internet“, hesselt[1] die Mutter, im Sketch gespielt von einer Freundin der Brüder. „Ich geh auf YouTube, mach den Laptop an, die Onlinegeneration klopft an!“, schleudern die *Lochis* den Älteren zu stressigen Beats entgegen.
„Durchgehend online“ heißt ihr größter Erfolg, auf YouTube fast sechs Millionen Mal geklickt.
Gedreht wird zu Hause bei den Eltern, in ihren Kinderzimmern, draußen, in graffitibesprühten Unterführungen oder vor der Frankfurter Skyline. Ihr Equipment haben sich die *Lochis* in den letzten Monaten neu gekauft. „Durchgehend online“ drehten sie mit einer Kamera, die auch bei Kinoproduktionen wie dem *Hobbit* eingesetzt wird. „Total fett“ sei das gewesen, sagt Heiko. Mittlerweile sind die Lochis offizielle Partner von YouTube, die am Werbegewinn beteiligt werden. Bei großen Drehs hilft Mediakraft, das wichtigste europäische YouTube-Netzwerk, bei dem sie unter Vertrag stehen. Die *Lochis* sind zu einer Marke geworden.

1 hesselt: Hessisch sprechen (Dialekt)

1 Habt ihr schon einmal etwas von den „Lochis“ gehört oder gesehen? Berichtet davon.

2 Untersucht, was diesen Text zu einem Sachtext macht. Wählt Aufgabe a oder b.
●○○ a Welche Sachinformationen erfahrt ihr über die Lochis? Notiert sie knapp.
●●● b Begründet, warum der Text ein Sachtext ist.
Nutzt Stichworte wie: *informieren, sachlich, wirkliche Ereignisse, Reportage.*
c Tauscht eure Ergebnisse aus.

Ein Diagramm lesen und auswerten

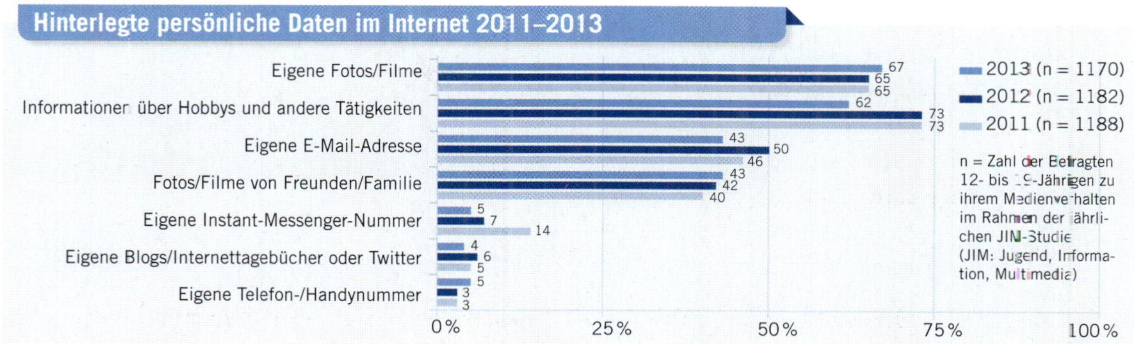

1 Ähnlich wie die „Lochis“ (▸ S. 170) nutzen viele junge Menschen das Internet als Plattform für sich, um interessant zu wirken und gemocht zu werden.

a Berichtet: Habt ihr auch schon einmal Texte, Bilder oder Filme ins Internet gestellt?

b Erläutert, worauf man achten sollte, wenn man Persönliches im Internet veröffentlicht

2 a Betrachtet die Grafik. Worüber wird darin informiert?

b Bestimmt die Art der Grafik: A Kreisdiagramm, B Säulendiagramm, C Balkendiagramm.

3 Prüft anhand der Grafik, ob die folgenden Aussagen A bis D zutreffend sind oder nicht. Korrigiert sie, sofern sie nicht stimmen.

A Die meisten Internetnutzer nennen ihre Hobbys und stellen eigene Fotos und Filme ein.

B Mehr als die Hälfte aller Befragten veröffentlicht eigene Telefon-/Handynummern.

C Von 2011 bis 2013 wurden immer mehr Fotos/Filme von Freunden / der Familie ins Netz gestellt.

D Während 2013 43 % eigene Blogs/Internettagebücher schrieben, gaben nur 4 % ihre eigene E-Mail-Adresse bekannt.

4 Man hat eine Grafik verstanden, wenn man sie mit eigenen Worten zusammenhängend darstellen kann. Wählt Aufgabe a oder b. Tauscht anschließend eure Ergebnisse aus.

●○○ a Verfasst für das Jahr 2013 einen Informationstext zum Diagramm.

●●● b Vergleicht die Angaben für die Jahre 2011–2013 und stellt in einem Informationstext die Entwicklung der Datenveröffentlichung im Internet dar.

Information **Diagramme (Grafiken, Schaubilder) lesen und auswerten**

- Lest zuerst die **Überschrift** und die **Erläuterungen:** Worüber wird informiert?
- Benennt die **Art des Diagramms,** z. B.: *Säulen-, Balken-, Kreisdiagramm.*
- Bestimmt die **Herkunft bzw. Quelle** und die **Einheiten der Angaben,** z. B.: *in Prozent.*
- Vergleicht **auffällige Angaben,** z. B.: *höchste/niedrigste Werte, Altersklassen im Vergleich.*
- Fasst die **wesentlichen Aussagen** zusammen: Was sagen die Zahlen im Vergleich aus?

Selfies – Fotos auf Armlänge

Wer kennt diese Fotos nicht? Die Welt streckt den Arm aus, hält das Smartphone in der Hand, drückt ab und stellt das Selbstporträt ins Netz. Dabei ist nicht selten ein Arm im Bild zu sehen. Wenn man dann solch ein Selfie veröffentlicht hat, muss man auf Reaktionen warten: auf die Daumen, die Likes und die Kommentare. Das bedeutende englische Wörterbuch, das Oxford Dictionary, hat „Selfie" sogar zum Wort des Jahres 2013 gewählt.
Doch müssen wir es Stars und Sternchen aus Film und Fernsehen gleichtun, die uns mit ihren Selfies einen Blick in ihre vermeintlich lustige Welt vortäuschen? Müssen wir die Trainingsfortschritte unserer Mitmenschen in Sachen Bauch-Beine-Po ständig verfolgen? Ist es nicht geschmacklos, auf der Beerdigung der Oma ein Selfie hochzuladen, das lachende Jugendliche zeigt? Offenbar haben viele Menschen das Gefühl, dass sie nur existieren, wenn sie über das Selfie Lob und Anerkennung aus der digitalen Welt erhalten. Sonst nicht!
Sicherlich besteht die Welt nicht nur aus perfekt bearbeiteten Bildern, die man sonst täglich in den Medien sieht. Entsprechend kann der Hang zum Selbstporträt als Gegenbewegung angesehen werden. Ob Selfies die Realität abbilden, bleibt jedoch fraglich! Jegliche Schamgrenze fallen zu lassen, um seinen Style selbstverliebt zur Schau zu stellen, anstatt eine gesunde Einstellung zu sich selbst zu entwickeln, das ist peinlich und lächerlich zugleich.

1 a Habt ihr auch schon einmal Selfies ins Netz gestellt? Welche Reaktionen gab es?
b Gebt knapp wieder, welche Meinung zu Selfies in diesem Text vertreten wird.
c Könnt ihr die im Text formulierte Meinung nachvollziehen? Begründet.

2 Um in Sachtexten eine Meinung zu formulieren, kann man sprachliche Mittel nutzen wie: *rhetorische Fragen, Ausrufe, direkte Wertungen.*
a Lest Textstellen vor, an denen mit Hilfe dieser sprachlichen Mittel Stellung bezogen wird.
b Fasst eure Ergebnisse in einem kurzen Text zusammen, z. B.:
Im Text „..." finden sich vor allem ... So wird der Leser aufgefordert, ... Antwort ...

3 Ein Sachtext kann informierend oder auch meinungsbildend sein. Wählt Aufgabe a oder b.
●○○ a Verfasst einen Informationstext, in dem ihr sachlich erläutert, was Selfies sind.
●●● b Formuliert einen Kommentar als Befürworter der Selfies.
c Stellt eure Texte vor.

Information **Informierende und meinungsbildende Sachtexte**

Sachtexte sollen vor allem **informieren** und zur **Meinungsbildung** beitragen.
- **Informieren:** Diesem Zweck dienen insbesondere die **sachlichen Darstellungsformen** wie **Nachrichten, Berichte** oder **Grafiken** und **Schaubilder.**
- **Meinungsbildung:** Der **Kommentar** ist eine typische Sachtextform, um eine **persönliche Meinung** zu einem **Sachthema** öffentlich zu verbreiten.

Ein Thema in verschiedenen Medien unterscheiden

Möglichkeiten von Onlinetexten bestimmen

Dienstag
12.05.2015

Rhein-Sieg-Anzeiger

HOME | KÖLN | REGION | FREIZEIT | ABO | SERVICE | ANZEIGEN

Rhein-Berg/Oberberg | **Rhein-Sieg/Bonn** | Rhein-Erft | Euskirchen-Eifel | Leverkusen | NRW | Lokalsport | Junge Zeiten

1 → Vorlesen

0 KOMMENTARE ← 2

APP „MENTHAL“ ZUR SUCHTKONTROLLE

Wann beginnt die Sucht?

ERSTELLT 18.02.2014

Der Psychologe Christian Montag hat zusammen mit Informatikprofessor Alexander Markowetz eine weltweit erste App („Menthal“) entwickelt, die festhalten soll, wie oft das Smartphone aktiviert wird, welche Apps man nutzt und wie viel Zeit man damit verbringt. Foto: dpa

Laut einer Studie der Universität Bonn aktiviert ein Durchschnittsnutzer alle zwölf Minuten sein Smartphone. Der Psychologe Dr. Christian Montag spricht von „erschreckenden Ergebnissen“. Die App „Menthal“ soll gegen die Sucht helfen.

3, 4

Twittern 0 | g+1 0 | Empfehlen 0 | per Mail | Drucken

5, 6

Bonn. Viele Jugendliche legen ihr Handy kaum noch aus der Hand. Oft haben sie ein Smartphone, mit dem sie ins Internet gehen, mit Freunden kommunizieren oder Spiele herunterladen. Bei Vielnutzern bleibt das Smartphone selbst bei der Nachtruhe oder im Unterricht angeschaltet.

Bonner Forscher wollen nun mit Aufzeichnungen beleuchten, inwieweit eine Suchtgefahr droht. Dazu soll die eigens entwickelte App „Menthal“ dienen, die Smartphonenutzer kostenlos herunterladen können, um ihr Verhalten zu messen und zu kontrollieren.

1 a Diese Seite zeigt einen Sachtext in einer Onlinezeitung. Benennt das Thema.
b Diskutiert, was ihr von der App „Menthal“ haltet.

2 a Benennt: Welche Möglichkeiten bietet ein Text im Onlineformat? Die Pfeile geben euch Hinweise.
b Ein Satz ist blau markiert: Durch Mausklick gelangt man zu einem weiteren Sachtext. Welche Vorteile bietet dieser so genannte Hypertext (vernetzte Text) dem Leser?

Ein Radiointerview lesen und hören

Herr Montag, wenn ich während unseres Gespräches das Verlangen verspüre, auf mein Handy zu schauen: Muss ich mir dann Sorgen machen?

Christian Montag: Das wäre zu vereinfacht gesagt. Grundsätzlich gibt es noch keine Diagnose der Handyabhängigkeit. Auch wenn Sie jetzt einmal den Drang verspüren nachzuschauen, ist das natürlich für sich genommen noch kein Suchtmerkmal. Wir kennen aber einige Symptome aus der Suchtforschung, die möglicherweise auch in der Erforschung der Mobiltelefonabhängigkeit eine Rolle spielen. Dazu gehören Toleranzentwicklung, ständige gedankliche Beschäftigung, Entzugserscheinungen, sozialer Rückzug. All das sind Dinge, die wir bei der Handynutzung auch beobachten können.

Entzugserscheinungen vom Handy? Wie sehen die aus?

Christian Montag: Das fängt im Kleinen an. Wenn man aus dem Haus geht und kurz erstarrt, weil man sich nicht sicher ist, ob man das Handy eingepackt hat. Die Hände fangen an zu schwitzen, der Herzschlag erhöht sich. Das sind körperliche Veränderungen, die wir bereits sehen.

Haben Sie bereits Erkenntnisse darüber, welche Apps das größte Suchtpotenzial besitzen?

Christian Montag: Ja, wir wissen was die Top-Apps der Nutzer sind. Ganz vorne sind es die sozialen Netzwerke wie WhatsApp und Facebook. Auch Games – Candy Crush Saga ist zum Beispiel auf sehr vielen Geräten vertreten. Dabei spielt auch das Geschlecht eine Rolle. Die Trends aus benachbarten Forschungszweigen wie der Internetsucht zeigen: Spiele sind eher was für Jungs, während auf den sozialen Netzwerken die Mädchen verstärkt aktiv sind. Übrigens: Das klassische Geschäft eines Mobiltelefons – telefonieren – findet kaum noch statt.

Der Ansturm auf die App ist derart groß, dass Sie die Registrierungen einschränken mussten. Wie viele Daten haben Sie eigentlich schon gesammelt?

Christian Montag: Wir haben von Anfang an eine wahnsinnige Berichterstattung erfahren. Als im Nachtjournal[1], direkt nach dem Dschungelcamp[2], über uns berichtet wurde, sind wir fast überrannt worden. An den ersten Tagen hatten wir schon 20000 User, es hätten locker mehr sein können. Mittlerweile geht die Registrierung wieder.

1 Nachtjournal: Nachrichtensendung im Fernsehen
2 Dschungelcamp: Unterhaltungssendung im Fernsehen

1 Auch das Radio gehört zu den Medien, das Sachinformationen bietet.
- a Lest das Radiointerview mit verteilten Rollen laut vor. Die anderen schließen das Buch und hören zu. Merkt euch wichtige Informationen zur Handyabhängigkeit.
- b Sammelt und vergleicht: Welche Informationen habt ihr euch gemerkt?
- c Erklärt, was ihr euch besonders gut oder weniger gut merken konntet. Woran liegt das?

2 Notiert: Welche Vor- oder Nachteile bietet ein Radiointerview im Vergleich zu einem Zeitungsbericht oder Onlinetext?

Merkmale eines Fernsehfeatures bestimmen

Starrer Blick, gebeugte Haltung und flinke Finger auf dem Touchscreen, das sind die typischen Merkmale von Smartphone- oder Tabletnutzern. Forscher der Uni Bonn empfehlen Handybesitzern, einmal eine Pause zu machen. Dafür haben Studenten eine App entwickelt.

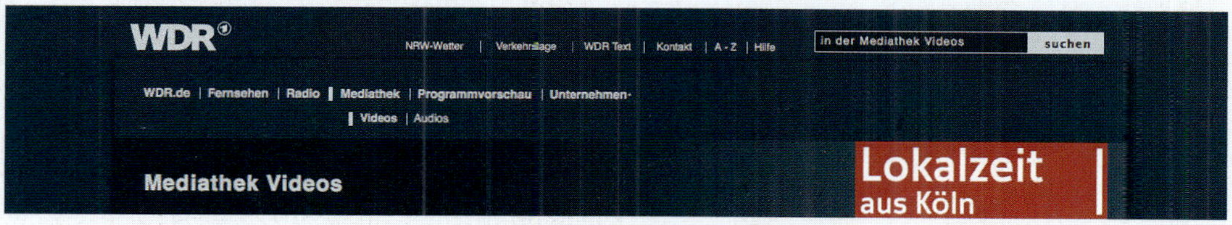

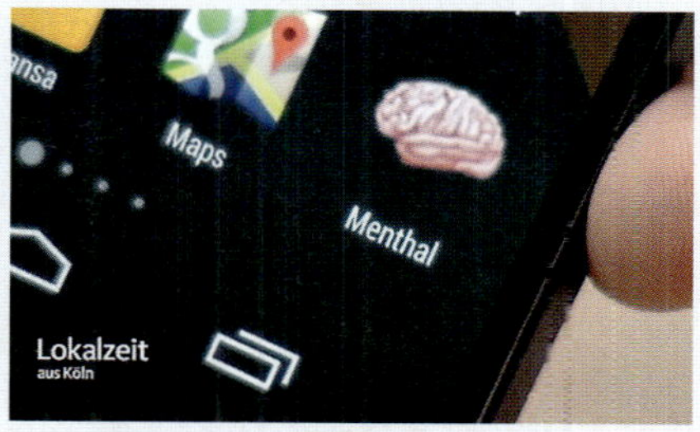

STIMME EINER SPRECHERIN: Spielen, twittern, posten – oder einfach nur Mails checken. Vor allem für Jugendliche ist das Smartphone unverzichtbar geworden. Ohne geht gar nichts!
Mit Sorge beobachten Wissenschaftler dieselben Mechanismen wie beim Geldspielautomaten. Ein Spiel nonstop, das süchtig macht. Digitale Pausen sind dringend geboten.

PROF. MARKOWETZ: All diese vielen kleinen elektronischen Geräte, was machen die mit unserem Gehirn? Die Geräte machen uns die Gehirne kaputt!

STIMME EINER SPRECHERIN: Vor dem Aufstehen schon online und danach immer weiter kommunizieren und interagieren. Das Handy hat den Menschen im Griff – nicht umgekehrt.

MARK *(Student)*: Wir haben eine App entwickelt, die im Prinzip eine Waage ist für Informationen. Wir alle haben eine Waage zu Hause für unser Gewicht, für unsere Fitness – und die Waage lügt nicht, das wissen wir alle. Und genau das Gleiche haben wir versucht, für das Handy zu machen.

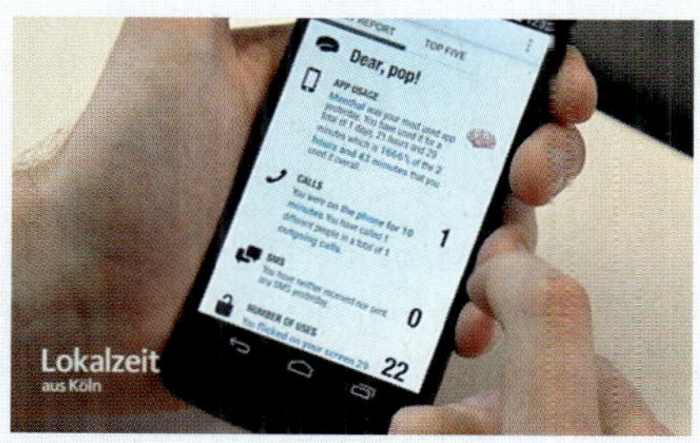

STIMME EINER SPRECHERIN: Die installierte Software schreibt genau mit, wann man den Bildschirm am Handy anschaltet; wie und wann und für welche Zwecke man es nutzt. Die Aufzeichnungen sollen den Usern die Nutzung nicht verleiden.

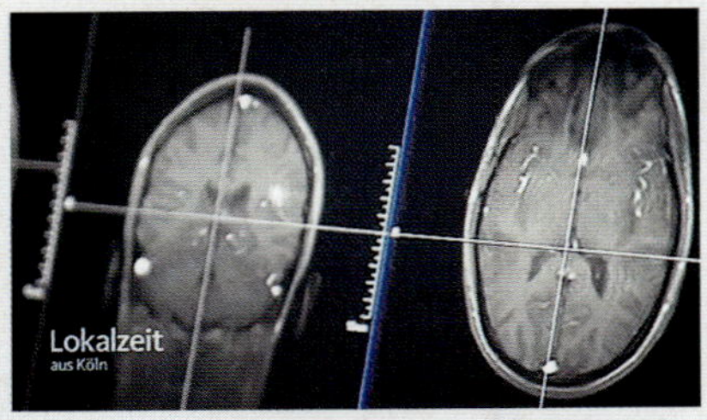

Stimme einer Sprecherin: Psychologen an der Uni Bonn untersuchen zurzeit die Internetsucht und vergleichen sie mit anderen Suchtkranken. Eins ist klar: Übermäßiger Handygebrauch hinterlässt Spuren im Gehirn. Die neue App könne das Problem spiegeln.
Die Wissenschaftler wollen Handys nicht grundsätzlich verteufeln. Schließlich nutzen sie sie auch. Aber jedem Nutzer sei hin und wieder eine digitale Diät anzuraten, bevor er womöglich danach süchtig wird.

1 Lest die Auszüge aus der Fernsehsendung. Notiert:
Was wusstet ihr bereits? Was ist neu für euch? Worüber würdet ihr gern mehr wissen?

2 Ein Feature ist ein besonderes Format, um sachliche Inhalte zu vermitteln.
Untersucht es in Partnerarbeit.
- a In dem Feature kommen verschiedene Menschen zu Wort. Wer spricht und welche Funktion haben die jeweiligen Wortbeiträge: *Information, Kommentar, ...?*
- b Erläutert, welche Bedeutung die Bilder für den Zuschauer haben: Welche Informationen verschaffen euch die Bilder über den Text hinaus?
- c Wie ergänzen sich Bild und Text? Belegt mit Textstellen.

3 Vergleicht, wie das Thema „Menthal-App“ in den Medien Internet, Radio und Fernsehen vorgestellt wird (► S. 173–176).
- a Stellt Gemeinsamkeiten und Unterschiede fest.
- b Welches Medium gefällt euch am besten? Begründet.

4 Stellt ein Fernsehfeature eurer Wahl näher vor. Beachtet vor allem Aufgabe 2.

Information **Medienformate unterscheiden**

Ein Thema kann in unterschiedlichen Medien dargestellt werden.
Jedes Medium bietet seine eigenen Vor- und Nachteile.
- **Onlineformate:** Informationen werden in **Onlinesachtexten** vermittelt. Der Leser hat die Möglichkeit, **Artikel unmittelbar zu kommentieren** oder **mit anderen Lesern** dazu in **Kontakt** zu treten. Als **Hypertext mit anderen Texten vernetzt,** können zusätzliche Informationen herangezogen werden.
- **Radiotexte:** Informationen, die durch **Hörtexte** im Radio vermittelt werden, bieten die Möglichkeit, durch **Originalstimmen, Geräusche** etc. **Emotionen, Stimmungen** und **Zusatzinformationen** zu transportieren.
- **Fernsehfeature:** Bei dieser Darstellungsform wird ein **Sachthema mit Szenen, Zitaten** und dazu **passenden Bildern** aufbereitet. Das heißt, die hörbaren Textinformationen werden um bewegte Bilder ergänzt.
Der Zuschauer kann sich die Informationen gut merken, weil er sie zugleich **hört und sieht.**

Teste dich!

A Eine Berichterstattung erfolgt sachlich und objektiv.
B Ein Geschehen wird aus persönlicher Sicht dargestellt.
C Antworten auf möglichst viele W-Fragen werden gegeben.
D Ein Sachverhalt wird neutral dargestellt.
E Besonders die Gefühle der Beteiligten werden vorgestellt.
F Diagramme, Schaubilder, Nachrichten und Berichte gehören dazu.
G Kommentare und manchmal auch Interviews gehören dazu.
H Bewertungen bestimmen die Textaussage.

1 Entscheide, ob die Aussagen A bis H jeweils eher auf einen informierenden (I) oder einen meinungsbildenden (M) Sachtext zutreffen. Schreibe ins Heft: *A = ..., B = ...*

A Rolf Schwartmann (Kölner Stadt-Anzeiger, 3.2.2014)

Handyverbot im Unterricht, warum?

Schüler ab der zehnten Klasse müssen in unserem Bundesland bald einen Grafiktaschenrechner im Mathematikunterricht benutzen. Unabhängig vom umstrittenen Nutzen dieses Spezialgeräts kann man die Frage stellen, warum die Kinder nicht gleich ihre Smartphones im Unterricht verwenden dürfen. Dass man Antworten auf die Frage des Lehrers googeln soll, klingt befremdlich. Aber schult nicht gerade das für das Leben, wo der Helfer in der Handfläche ja auch so manche Frage sofort beantwortet? […] Jedes Kind müsste wissen, dass man wütende Lehrer oder Mitschüler in peinlichen Situationen im Unterricht nicht filmt und sie dann am digitalen Pranger weltöffentlich macht. Dennoch ist das in Schulen leider so sehr Alltag wie Datenschutzverstöße oder Urheberrechtsverletzungen in Klassenräumen beim Einsatz mobiler Endgeräte. Hier sind die Lehrer gefragt. Sie müssen den Einsatz des Bunsenbrenners im Unterricht anleiten, überwachen und ihn pädagogisch sowie rechtlich verantworten. Das gilt auch für den richtigen Einsatz des Smartphones.

B

Die „Generation Kopf unten“ ist gar nicht so einsam (Bonner General-Anzeiger, 13.5.2014)

Die Kommunikation von Heranwachsenden erfolgt heute zunehmend durch den Austausch von Kurznachrichten. Dafür gibt es eine neue Bezeichnung: die „Head-down-Generation“ oder „Generation Kopf unten“ – benannt nach der Kopfhaltung der mit Smartphone oder Tablet beschäftigten Jugendlichen. Eltern sind besorgt darüber, dass ihre Kinder sich isolieren und von der Außenwelt abkapseln. Diese Sorge spiegelt sich auch in einem mit mehr als 35 Millionen Abrufen belegten YouTube-Beitrag, der den Titel ,,Look Up“ (Schau hoch!) trägt.

2 Bestimme, welcher von den beiden Zeitungstexten A und B informierend und welcher meinungsbildend ist. Belege am Text und notiere Zeilenangaben.

3 Vergleiche deine Ergebnisse mit einem Lernpartner.

9.2 Nett im Netz – Einen Sachtext analysieren

Johanna Heinz

Nett im Netz

(Bonner General-Anzeiger, 24./25. 5. 2014)

❶ Pöbeleien. Üble Beleidigungen. „Shitstorms“, die Einzelnen urplötzlich und mit brutaler Härte entgegenschlagen. Menschen, die an den Pranger gestellt werden. Die tägliche Barbarei im World Wide Web. Mit Fug und Recht wird das zunehmend schlechte Benehmen im Internet beklagt. Wer sich die Kommentarspalten in Foren und sozialen Netzwerken wie Facebook anschaut, der ist tatsächlich geneigt, den Glauben an die Intelligenz und Güte der Menschen zu verlieren. Aber das ist zum Glück nur ein Teil der Wahrheit.

Shitstorm? Was ist das?

Nachteil

❷ Es gibt nämlich auch das Gegenteil: die Nettigkeit im Netz. Grundsätzlich ist das Internet ja keine böse Sache. Nie war es so einfach, mit Menschen rund um den Erdball in Kontakt zu treten und zu bleiben. Niemals so einfach, Gleichgesinnte oder Leidensgenossen zu finden – ganz gleich, wie exotisch das Hobby oder wie selten die Krankheit auch sein mag. Unzählige Menschen teilen ihr Wissen mit anderen (die Onlineenzyklopädie Wikipedia ist nur ein Beispiel von vielen). Wer möchte, kann von seinem deutschen Wohnzimmer aus kostenlos eine Vorlesung der amerikanischen Elite-Universität Harvard besuchen, sich von thailändischen Experten in die Kunst der asiatischen Küche einführen lassen oder bei jungen englischen Computerfreaks als Programmierer in die Lehre gehen.

Vorteil

Beispiel

❸ Doch nicht nur der Globus wächst zu einem Dorf zusammen. Zu beobachten ist, dass zum Beispiel die Facebook-Gruppe „Nett-Werk Bonn“ seit Monaten immer mehr Zulauf hat. Inzwischen haben sich hier rund 10000 Bonner zusammengefunden – und das nicht nur, um nicht mehr benötigte Sofas und Fahrräder zu verschenken oder für kleines Geld zu verkaufen. Das Nett-Werk ist mehr als ein lokaler Marktplatz. Bonner fragen hier Bonner um Rat und Hilfe – ob einer einen guten DJ für die nahende Hochzeit sucht, ein anderer die Lösung für ein Computerproblem oder ob einer am Sonntag dringend Milchpulver braucht, weil der Nachschub fürs Baby ausgegangen ist. Täglich kommen zwischen 50 und 100 neue Mitglieder dazu. „Es ist einfach schön, in Kontakt mit Nachbarn zu kommen, die man vorher gar nicht kannte, und sich auszutauschen“, sagt Ulrike Löschen. Die 32 Jahre alte Bonnerin ist eine der Administratoren des Bonner Nett-Werks.

❹ Innerhalb der Gruppe gelten klare Regeln. Werbung, kommerzielle Angebote und Tierverkäufe werden gelöscht. Wer unfreundlich ist (etwa die nette Anrede vergisst), wird ermahnt – auch von den anderen Nutzern, die sich die Atmosphäre nicht kaputt machen lassen wollen. „Danke, bitte, eine nette Anrede: Für mich macht das einen angenehmen Ton“, sagt Ulrike Löschen.

❺ Es geht den Nett-Werkern nicht darum, in den technischen Errungenschaften des Internetzeitalters ein Allheilmittel oder die Erlösung aus allen Alltagsproblemen zu sehen – das wäre fraglos genauso engstirnig wie eine generell technikfeindliche Haltung. Zweifellos ist es sinnvoll, die Missstände zu benennen und Sorge um den Datenschutz zu äußern.

Mit dem Text „ins Gespräch kommen" („talking to the text")

1 Lest die Überschrift des Zeitungstextes auf Seite 178.
Überlegt in Partnerarbeit, worum es in dem Text gehen könnte.

2 a Kopiert den Text, damit ihr ihn besser bearbeiten könnt, oder legt eine Folie über ihn.
b Kommt mit dem Text wie folgt ins Gespräch („talking to the text"):
– Markiert wie im Beispiel zu Abschnitt 1 nur einzelne Wörter oder kurze Formulierungen, die Wesentliches aussagen.
– Notiert wie im Beispiel auf S. 178 am Rand Fragen, Bemerkungen, Feststellungen.
– Markiert besonders Wichtiges extra mit einem Ausrufezeichen und Fragwürdiges mit einem Fragezeichen.

3 Klärt in Partnerarbeit unbekannte Begriffe, z. B. indem ihr im Wörterbuch nachschlagt.

Die Argumentationsstruktur untersuchen

4 Wie wird im Text argumentiert? Warum sollte man auch im Internet höflich sein?
a Veranschaulicht die wichtigsten Argumente in einer Übersicht:
Formuliert für die Abschnitte 1 bis 5 jeweils das Hauptargument wie folgt.
Tipp: Nutzt eure Vorarbeiten aus Aufgabe 2 b.
b Vergleicht in Partnerarbeit eure Übersichten.

1. Abschnitt: Negative Erscheinungsformen rund um das Internet
2. Abschnitt: …
3. Abschnitt: …

5 Begründet, welche der beiden grafischen Darstellungen das Argumentationsmuster des Sachtextes richtig abbildet: A oder B?

A	vorbildliches Verhalten im Netz	Beispiel	schlechtes Verhalten im Netz	Beispiel	Fazit
B	schlechtes Verhalten im Netz	vorbildliches Verhalten im Netz	Beispiel	Beispiel	Fazit

6 Ist der Sachtext eher meinungsbildend oder informierend? Wählt Aufgabe a oder b.
●○○ a Begründet, ob die beiden folgenden Zitate aus dem Text auf einen informierenden oder meinungsbildenden Text hinweisen.
– Z. 6–7: „Aber das ist zum Glück nur ein Teil der Wahrheit."
– Z. 36: „… das wäre fraglos genauso engstirnig wie …"
●●● b Beantwortet die Frage zu Aufgabe 6. Begründet mit Hilfe von Textbelegen.
c Tauscht euch über eure Ergebnisse aus.

7 Welche Position vertritt die Autorin des Sachtextes (▶ S. 178)? Wählt Aufgabe a oder b.

●○○ a Begründet, welche Antwort stimmt: A oder B?

A Die Autorin beschreibt mit Hilfe eines Beispiels, dass man sich im Internet vernünftig verhalten soll und in der Kommunikation an Regeln halten muss.	**B** Die Autorin vertritt die Meinung, dass man im Internet grundsätzlich die Möglichkeit haben sollte, das zu äußern, was man möchte, und so aufzutreten, wie man ist.

●●● b Formuliert anhand des folgenden Zitats die Position der Autorin mit eigenen Worten:

> „Es geht den Nett-Werkern nicht darum, in den technischen Errungenschaften des Internetzeitalters ein Allheilmittel oder die Erlösung aus allen Alltagsproblemen zu sehen – das wäre fraglos genauso engstirnig wie eine generell technikfeindliche Haltung." (▶ Z. 34–36)

Die sprachlichen Mittel und deren Wirkung untersuchen

8 a Einige sprachliche Mittel dienen dazu, eine Meinung nachdrücklich zu formulieren und zu unterstützen. Ein Schüler hat einige sprachliche Besonderheiten herausgefunden.
Dabei ist die Anordnung auf dem Notizzettel durcheinandergeraten.
Ordnet im Heft den Beispielen das jeweils richtige sprachliche Mittel und seine Wirkung zu.

Beispiele aus dem Text	*Sprachliche Mittel und ihre Wirkung*
A „Pöbeleien. Üble Beleidigungen. ‚Shitstorms' …" (Z. 1)	*1 Fachsprache: soll zeigen, dass man sich in der Sache auskennt und gut informiert ist*
B „Es ist einfach schön, …" (Z. 25)	*2 Aufzählung: Vielfalt und Sachkenntnis wird aufgezeigt.*
C Nett-Werk, Nett-Werkern	*3 Zitate: Zitierte Redebeiträge verdeutlichen wichtige Punkte. Expertenmeinungen unterstützen die eigene Aussage.*
D Foren, Netzwerk, Facebook, World Wide Web, Wikipedia	*4 Neologismus (Wortneuschöpfung): wirken auffällig und wecken Interesse*

b Sucht weitere Beispiele für Fachsprache, Aufzählungen und Zitate im Text.
Schreibt sie heraus und notiert ihre Wirkung.

9 Um Vorteile oder Nachteile herauszustellen, stehen in Sachtexten häufig Wörter, die für den Leser etwas Positives oder Negatives bedeuten (Konnotation, ▶ S. 80).
Wählt Aufgabe a oder b.

●○○ a Findet im ersten Abschnitt Wörter mit negativer Konnotation.

●●● b Findet im zweiten Abschnitt Wörter mit positiver Konnotation.

c Tauscht euch über eure Ergebnisse aus. Fasst sie in einigen Sätzen zusammen, z. B.:
Im ersten Abschnitt finden sich viele Wörter mit … Konnotation. Dadurch wird …

Die Sachtextanalyse verfassen

10 Erklärt anhand des Schreibplans, wie eine Sachtextanalyse aufgebaut sein sollte.

Schreibplan Sachtextanalyse

1. Einleitung

2. Hauptteil
- *Argumentationsstruktur*
- *Sprache / Sprachliche Mittel und ihre Wirkung*

3. Schluss
- *Stellungnahme*

11 Formuliert eine **Einleitung:** Nennt Autorin, Titel, Textsorte, Erscheinungsjahr und Thema.

12 Beschreibt im **Hauptteil** eurer Sachtextanalyse zunächst den Aufbau des Texts. Fasst die wesentlichen Aussagen und Argumente mit eigenen Worten zusammen, z. B.:

In ihrem Text „Nett im Netz" vom ... geht ... auf Nachteile und besonders auf Vorteile der Internetkommunikation ein. Zu Beginn werden viele Vorbehalte gegenüber dem Internet und Beispiele für schlechtes Benehmen dargelegt. Im Anschluss daran präsentiert ...

Formulierungshilfen
- Dabei greift sie auf die Argumente ... zurück, die ...
- Die Autorin beendet ihre Ausführungen mit ...

13 Stellt im **zweiten Teil eures Hauptteils** die Ergebnisse eurer sprachlichen Analyse dar. Nennt die sprachlichen Mittel, belegt sie mit Zitaten und erläutert ihre Wirkung, z. B.:

Die Verfasserin verwendet in ihrem Artikel viele Fachbegriffe, wie z. B. „World Wide Web" (Z. 3), „Onlineenzyklopädie" (Z. 12), „Administratoren" (Z. 27), um zu zeigen, dass sie sich mit dem Internet gut auskennt und sich umfassend über das Thema informiert hat. Darüber hinaus benutzt sie ..., um ...

Formulierungshilfen
- Um das Leseinteresse zu wecken, verwendet sie ...
- Im Text werden mehrere Beispiele angeführt, um ...
- Um das gute Benehmen vieler Menschen im Netz zu verdeutlichen, ...
- Der Text wirkt außerdem sehr wissenschaftlich und glaubhaft, weil ...

14 Wie ist eure Meinung zum Verhalten und zur Kommunikation der Menschen im Internet? Fertigt einen **Schlussteil** für eure Sachtextanalyse an: Nehmt darin begründet Stellung zur Position der Autorin.

Formulierungshilfen
- Meiner Ansicht nach ...
- Ich kann der Ansicht von Johanna Heinz (gar nicht / nur zum Teil) zustimmen: ...
- Dies kann ich durch eigene Erfahrungen ...

Die Sachtextanalyse überarbeiten

15 a Prüft eure Sachtextanalyse zunächst allein mit Hilfe der folgenden Methode.
b Überarbeitet sie in Partnerarbeit oder in einer Schreibkonferenz.

Methode **Sachtexte analysieren – Untersuchungsergebnisse zusammenhängend beschreiben**

Einleitung
Macht Angaben zu:
Autor/-in, Titel, Textsorte, Erscheinungsjahr, Thema.

Hauptteil
Untersucht und beschreibt zusammenhängend Form und Inhalt (= Analyse).
Das bedeutet, ihr müsst darin vor allem die **Argumentationsstruktur,** die **sprachlichen Mittel** und deren **Wirkung** sowie die **Position der Autorin / des Autors** darstellen.
Geht so vor:
- Gebt den Inhalt des Texts kurz mit eigenen Worten wieder.
- Beschreibt den gedanklichen Aufbau des Texts Abschnitt für Abschnitt.
- Formuliert die im Text vertretene Meinung und benennt die dazu angeführten Argumente.
- Erläutert die sprachlichen Mittel und ihre Wirkung, z. B.: *Fremdwörter, Fachwörter, bildhafte Sprache, Wiederholungen, Zitate, ...*
- Belegt eure Aussagen mit Zitaten.

Schluss
Begründet im Schlussteil mit Hilfe von Argumenten und Beispielen eure **eigene Meinung zum Thema.**

Darstellung
Beachtet in eurer Sachtextanalyse **Rechtschreibung und Zeichensetzung.**
- Formuliert im **Präsens.**
- Markiert Einleitung, Hauptteil und Schluss durch **Absätze** oder **freie Schreibzeilen.**
- Kennzeichnet auch einen **neuen Gedanken** durch einen **Absatz.**

Üben: Einen Sachtext analysieren

Astrid Herbold

(14. 1. 2013)

Führen Chats, Smileys und Kurznachrichten zum Verfall der Sprache?

1 Alle haben allen etwas mitzuteilen, ständig, dauernd, überall. Über WhatsApp werden stündlich 41 Millionen Mitteilungen verschickt. 100 Millionen Menschen sind weltweit bei Twitter angemeldet. Facebook hat gerade die Milliardenmarke geknackt. Und selbst die SMS ist beliebt wie nie. Es ist, als habe die Menschheit das Schreiben neu entdeckt. Kleinschreibung, Abkürzungen, fehlende Artikel und verkürzte Syntax zeichnen die schriftlichen Unterhaltungen aus, geschmückt sind die Dialoge dafür mit grinsenden Gesichtern oder auf der Seite liegenden Gefühlsbekundungen. Ich schenk dir mein Herz? Das schreibt man jetzt so: <3.

Müssen Lehrer, Ausbilder, Bildungsbürger sich Sorgen machen?

2 Bislang gibt es keine einzige Studie, die den oft vermuteten Sprachverfall beweisen würde. Dabei ist die Internetkommunikation gut erforscht. Unter die Lupe haben die Sprachwissenschaftler so ziemlich alles genommen: Was passiert mit der Satzstellung, was mit den Zeitformen, was mit der Rechtschreibung? Wann und wozu werden lachende, zwinkernde oder weinende Smileys eingesetzt?

3 „Eine Zeit lang ging man davon aus, dass in der Chatkommunikation im Gegensatz zum mündlichen Gespräch etwas fehlt“, erklärt Georg Albert von der Universität Landau, „und dass diese fehlende Verständigungsebene von den Nutzern unter anderem mit Smileys aufgefüllt werden müsse.“ Aber ganz so eindeutig, meint der Wissenschaftler, sei die Sache nicht.

4 Eine andere gängige Forschungsmeinung lautete: Es ist alles der Geschwindigkeit geschuldet. Typische Merkmale wie Kleinschreibung, Wortabkürzungen oder unvollständige Sätze entstünden vor allem aus Platzmangel. Albert, der seit Jahren Internetunterhaltungen analysiert, glaubt das nicht. „Viele Stilmerkmale sprechen gegen die Geschwindigkeitsthese.“ Die Nutzer lieben es zum Beispiel, ellenlang Ausrufezeichen oder Buchstabenwiederholungen aneinanderzureihen. „Andere schreiben absichtlich im Dialekt, obwohl es länger dauert, die Worte zu tippen. Und sie auch für das Gegenüber schwerer lesbar sind.“ Schwerer zu entziffern – aber möglicherweise unterhaltsamer. Und darum scheint es zu gehen.

5 Vielen Nutzern macht das Experimentieren mit den Buchstaben und Zeichen schlicht Spaß. „Da wird Kreativität mit der Tastatur ausgelebt“, sagt Albert.

Die meisten Nutzer wechseln mühelos zwischen unterschiedlichen Stilen und Schreibweisen hin und her. „Man könnte deshalb sogar von einer gestiegenen Schriftkompetenz sprechen“, sagt eine Sprachwissenschaftsprofessorin der Universität Mannheim. Mal wird mehr, mal weniger regelkonform geschrieben, je nachdem, was die Nutzer in der jeweiligen Situation als angemessen empfinden. Von den Schreibenden erfordert das viel Fingerspitzengefühl und eine hohe soziale und sprachliche Kompetenz. Die Forschung zeigt also: Chats belegen das Gegenteil von Sprachverfall.

1 Um welches Thema geht es in dem Sachtext? Wählt die richtige Aussage.

A In dem Sachtext geht es um die Verwendung von Alltagssprache in E-Mails.
B Der Sachtext berichtet von dem Einfluss des Fernsehens auf den Sprachgebrauch.
C In dem Sachtext geht es um ein neues Unterrichtsfach, in dem Sprache untersucht wird.
D Der Sachtext berichtet vom Einfluss der Internetkommunikation auf die Sprache.

2 Zitiert aus dem Text die Ausgangsfrage sowie die abschließende Beantwortung dieser Frage, mit der die Autorin ihre Position klarstellt. Arbeitet im Heft:

- *Ausgangsfrage: „...“*
- *abschließende Beantwortung der Frage: „...“ (Z. ...)*

▶ Eine Hilfe zu Aufgabe 2 findet ihr auf Seite 185.

3 Formuliert für die Abschnitte 1 bis 5 das jeweils darin enthaltene Argument in einem ganzen Satz. Der Wortspeicher kann euch helfen.

Abschnitt 1 = Jm ersten Abschnitt geht es darum, wie ...
Abschnitt 2 = ...

Beeinflussung der Sprache   Verfall   Chatsprache   nicht eindeutig   Forschungsmeinung
Geschwindigkeit   Untersuchungsbereiche   Platzmangel   keine Veränderung
moderne Kommunikation   Schlussfolgerung

▶ Hilfe zu 3, Seite 185

4 Welche sprachlichen Mittel werden im Sachtext verwendet und wie wirken sie? Ergänzt und beendet im Heft die folgenden Sätze.

Durch die Verwendung von Aufzählungen, wie z. B. in Z. ... und Z. ... wird verdeutlicht, dass ...
Mit Hilfe von Zitaten einiger Experten ...
Die rhetorische Frage in Z. ... soll ...
Auch die Fachsprache, z. B. Wörter wie „...“, „...“ (Z. ... u. ...), unterstreicht ...

▶ Hilfe zu 4, Seite 185

5 a Entscheidet euch mit Hilfe des folgenden Schlussteils einer Sachtextanalyse für eine Position. Wählt die passenden Erläuterungen und schreibt den Schluss in euer Heft.
b Formuliert einen eigenen Schluss für eure Sachtextanalyse.

Jch stimme mit der Autorin überein/nicht überein, dass es durch die modernen Kommunikationsformen (nicht) zu einem Verfall der Sprache kommt. Ganz besonders möchte ich unterstreichen, dass die Sprache meiner Meinung nach in Chats oder bei Kurznachrichten viel kreativer/langweiliger ist als ihr Gebrauch in Schulaufsätzen.

●○○ **Aufgabe 2 mit Hilfe**

Zitiert aus dem Text die Ausgangsfrage sowie die abschließende Beantwortung dieser Frage, mit der die Autorin ihre Position klarstellt.
Beachtet die Textüberschrift und den letzten Textabschnitt.

- *Ausgangsfrage: „…“*
- *abschließende Beantwortung der Frage: „…“ (Z. …)*

●○○ **Aufgabe 3 mit Hilfe**

Formuliert für die Abschnitte 1 bis 5 das jeweils darin enthaltene Argument in einem ganzen Satz. Ordnet dazu im Heft die folgenden Argumente A bis E den Abschnitten richtig zu.

Abschnitt 1: …	A	Hier wird zusammengefasst, dass Sprache durch die modernen Kommunikationsmedien nicht verfällt.
Abschnitt 2: …	B	Dass Geschwindigkeit und Platzmangel zu sprachlicher Veränderung im Chat führen, wird in diesem Abschnitt widerlegt.
Abschnitt 3: …	C	In diesem Abschnitt geht es darum, welche allgemeinen Auswirkungen das Internet bisher auf unsere Kommunikation hatte.
Abschnitt 4: …	D	Dieser Abschnitt stellt klar, dass die Forschung die Chatsprache bisher nicht richtig beschrieben und bewertet hat.
Abschnitt 5: …	E	In diesem Textabschnitt wird vorgestellt, mit welchen Fragen die Internetkommunikation erforscht wird.

●○○ **Aufgabe 4 mit Hilfe**

Welche sprachlichen Mittel werden im Sachtext verwendet und wie wirken sie?
Ergänzt und beendet im Heft die folgenden Sätze. Fügt jeweils Möglichkeit A oder B an.

	A oder B?
1 Durch die Verwendung von Aufzählungen, wie z. B. in Z. … und Z. …, wird verdeutlicht, dass …	A das Thema vielfältig ist und viele Menschen betrifft. B die meisten Menschen irritiert sind.
2 Mit Hilfe von Zitaten einiger Experten …	A wird der Text lebendiger. B werden die Aussagen fachkundig unterstützt.
3 Die rhetorische Frage in Z. … soll …	A zeigen, dass die Autorin gut informiert ist. B den Leser zum Nachdenken anregen.
4 Auch die Fachsprache, die dem Leser z. B. durch Wörter wie … auffällt, unterstreicht, …	A dass die Sprache sehr bildhaft ist. B dass die Autorin gut informiert ist.

9.3 Fit in ...! – Einen Sachtext analysieren

Stellt euch vor, ihr bekommt in der nächsten Klassenarbeit die folgende Aufgabe gestellt:

Aufgabe

Untersuche und beschreibe den folgenden Sachtext.

1. a Stelle die Argumentationsstruktur dar und erläutere die Position des Autors.
   b Benenne auffällige sprachliche Mittel und beschreibe ihre Wirkung.
2. Nimm im Schlussteil deines Texts Stellung zu folgender Frage:
   Dürfen Lehrer und Schüler Facebookfreunde sein?

Paul Zimmermann

Lehrer und Schüler – Facebookfreunde? *(24.7.2014)*

❶ Französischstunde, 9. Klasse, eine Gesamtschule in NRW. Die Lehrerin Susanne L. behandelt französische Grammatik. Steigerung der Adjektive, Präpositionen, normaler Schulalltag. Nach Schulschluss geht es so weiter. Im sozialen Netzwerk trifft sie sich wie in einer Nachhilfestunde mit ihren Schülerinnen und Schülern. In einer eigenen Facebookgruppe sprechen sie über Übungsaufgaben, Termine und Lernschwierigkeiten, hier stellt sie Links zu Grammatikseiten zur Verfügung und nutzt die Internetplattform für ihren Unterricht. Aber können Lehrer und Schüler wirklich befreundet sein?

❷ Laut einer Befragung des Branchenverbandes für Informationswirtschaft, Telekommunikation und neue Medien (Bitkom) meint etwa die Hälfte der Lehrkräfte, dass Onlinediskussionen unter Schülerinnen und Schülern dem Unterricht guttun könnten. Auch würde die „Freundschaft“ mit Schülern persönliche Beziehungen stärken und neue Unterrichtsformen ermöglichen.

❸ Doch Dienste wie Facebook stellen Lehrende auf der anderen Seite vor neue Herausforderungen. Sie müssen private und berufliche Kontakte im selben Netzwerk verwalten. Dazu kommen Datenschutzbedenken und die Befürchtung, dass Schüler Zugriff auf private Daten haben könnten. Experten warnen vor Freundschaften zwischen Schülern und Lehrern bei Facebook: „Soziale Netzwerke sind reine Freundschaftsplattformen. Lehrer und Schüler sind keine Freunde. Sollte man nicht jeglichen Anlass für Missverständnisse vermeiden?“

❹ Leider kommen auch immer wieder persönliche Angriffe im Netzwerk vor, wenn z. B. ein Schüler dem anderen seine mangelhaften Leistungen in einem Schulfach vorwirft. Einige Lehrer fürchten durch die Onlineverbindung ihre professionelle Distanz und den neutralen Blick auf den Schüler zu verlieren und entscheiden sich daher bewusst gegen virtuelle Freundschaften mit den Jugendlichen.

❺ Schulische Kommunikation über Facebook sollte daher gewissen Regeln folgen. Auf keinen Fall dürfen z. B. Lehrer Schüler benachteiligen, weil sie nicht über Facebook kommunizieren wollen. Wichtig ist, dass zwischen Lehrern und Schülern die Rollen klar sind. Eingehalten werden sollte eine professionelle pädagogische Distanz, die Trennung von dienstlichen und privaten Belangen sowie ein sensibler und bewusster Umgang mit dem Datenschutz.

Die Aufgabe richtig verstehen

1 Was verlangt die Aufgabe im Einzelnen von euch?
Notiert die Buchstaben der richtigen und der falschen Aussagen ins Heft.
Tipp: Die Buchstaben ergeben zwei Lösungswörter.

Wir sollen ...	
FALS	... erzählen, wie wir in Netzwerken in Bezug auf die Schule unterwegs sind.
NSCH	... den Aufbau der Argumentation darstellen.
CHAUS	... uns weitere Fragen an den Autor ausdenken.
DATE	... die sprachlichen Mittel des Sachtexts untersuchen.
UTZ	... die dargestellte Position näher aufzeigen.
SAGE	... keine eigene Stellungnahme vornehmen.

Planen

2 a Veranschaulicht die wichtigsten Argumente in einer Übersicht:
Formuliert im Heft für die fünf Abschnitte das jeweilige Hauptargument.
1. Abschnitt (Z. 1–14): Hier wird ein Beispiel für eine Lehrer-Schüler-Onlinefreundschaft vorgestellt.
2. Abschnitt: ...

b Prüft je Abschnitt, ob der Autor seine Argumente durch Beispiele unterstützt.

3 Der Autor des Sachtexts bezieht nicht eindeutig Position für eine Seite, sondern gibt zum Schluss nur einige Empfehlungen.

a Formuliert mit eigenen Worten, wie seine Empfehlungen lauten.

b Stimmt ihr dem Autor zu? Notiert einige Stichworte zu eurer Meinung.

4 Übertragt die folgende Tabelle ins Heft. Ergänzt die fehlenden Angaben.

Textbeispiel	**sprachliches Mittel**	**Wirkung**
„Im sozialen Netzwerk trifft sie sich wie in einer Nachhilfestunde ...“ (▸ Z. 6–7)	...	*anschauliche Darstellung*
„Französischstunde, 9. Klasse, eine Gesamtschule in NRW.“ (▸ Z. 1–2)	...	*Argument wird durch Beispiel genauer verdeutlicht*
...	*Fachbegriffe*	...
„Aber können Lehrer und Schüler wirklich befreundet sein?“ (▸ Z. 13–14)	...	*regt den Leser zum Nachdenken an*
...	*Zitat*	*Expertenmeinung unterstützt die Aussage*

Schreiben und überarbeiten

5 Verfasst einen Einleitungssatz:
Macht Angaben zu Autor, Titel, Textart, Erscheinungsjahr und Thema, z. B.:
In ... Sachtext „Lehrer und Schüler – Facebookfreunde?“ aus dem Jahr/vom ... geht es um ...

6 Formuliert im Anschluss den Hauptteil eurer Analyse. Nutzt dazu eure Vorarbeiten.
a Gebt mit eigenen Worten die jeweiligen Argumente wieder, die angeführt werden.
b Benennt sprachliche Mittel, die im Text verwendet werden, und beschreibt ihre Wirkung.
Tipp: Ihr könnt euch an dem folgenden Stichwortzettel orientieren.

Mit Expertenzitaten möchte der Autor ... Sie wirken ...
Rhetorische Fragen führen dazu, dass ...
Der Vergleich in Z. ... veranschaulicht ...
Die verwendete Fachsprache unterstützt ...

7 Nehmt im Schlussteil Stellung zur Frage „Dürfen Lehrer und Schüler Facebookfreunde sein?“.
Begründet eure Entscheidung.
- *Genauso wie/Anders als im Artikel ... bin ich der Meinung, dass ...*
- *Ich kann ... (nicht) verstehen, weil ...*
- *Ich stimme dem Autor (nicht) zu, wenn er ...*
- *Das Argument ... kann ich (überhaupt nicht) nachvollziehen, da ...*
- *Wie/Im Gegensatz zu ... bin ich überzeugt, dass ...*

8 Prüft und verbessert in Partnerarbeit eure Sachtextanalysen.
Nutzt die Checkliste.

Checkliste

Eine Sachtextanalyse verfassen

Habe ich darauf geachtet, ...
- in der **Einleitung** Autor/-in, Textsorte, Titel, Erscheinungsjahr/-datum und Thema zu nennen?
- im **Hauptteil** den argumentativen Aufbau des Textes Abschnitt für Abschnitt zu beschreiben?
- die im Sachtext vertretene Meinung darzustellen?
- die sprachlichen Mittel und deren Wirkung zu erläutern?
- am **Schluss** meine eigene Meinung zum Thema des Sachtexts deutlich zu formulieren?
- die Regeln der **Rechtschreibung und Zeichensetzung** anzuwenden?
- den Text im **Präsens** zu schreiben?
- sinnvolle **Absätze** zu bilden?

Schreibwörter ▸ S. 312

die Kommunikation	die rethorische Frage	werten	kommunizieren
der Hypertext	der Kommentar	meinungsbildend	die Argumentationsstruktur
das Feature	das Diagramm	informieren	nachvollziehen

10 „On the road“ – Einen Roman und einen Film untersuchen

1 Vergleicht das Titelbild des Romans „Tschick“ und das darunterliegende Szenenbild aus dem Film „Vincent will Meer“. Welche Gemeinsamkeiten stellt ihr fest?

2 Stellt Vermutungen darüber an, worum es in dem Jugendroman und in dem Film gehen könnte.
Tipp: Bezieht die Kapitelüberschrift mit ein.

3 Berichtet: Habt ihr selbst schon einmal allein mit Freunden einen Ausflug oder eine Reise unternommen?
Was war dabei wichtig für euch?

In diesem Kapitel …

- lernt ihr eine Roadnovel und ein Roadmovie kennen und vergleicht sie,
- erschließt ihr, wie der Erzähler des Romans die Figuren und die Handlung darstellt,
- untersucht ihr, mit welchen Mitteln ein Film arbeitet,
- dreht ihr selbst eine Filmszene.

10.1 „Tschick" – Einen Jugendroman untersuchen

Die Hauptfiguren kennen lernen und charakterisieren

Wolfgang Herrndorf

Tschick (2010) – Auszug 1

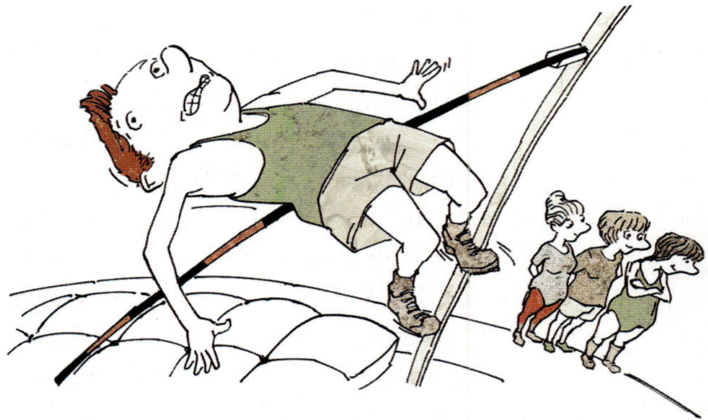

Ich hatte nie einen Spitznamen. Ich meine, an der Schule. Aber auch sonst nicht. Mein Name ist Maik Klingenberg. Maik. Nicht Maiki, nicht Klinge und der ganze andere Quatsch auch nicht, immer nur Maik. Außer in der Sechsten, da hieß ich mal kurz Psycho. Das ist auch nicht der ganz große Bringer, wenn man Psycho heißt. Aber das dauerte auch nicht lang, und dann hieß ich wieder Maik.

Wenn man keinen Spitznamen hat, kann das zwei Gründe haben. Entweder man ist wahnsinnig langweilig und kriegt deshalb keinen, oder man hat keine Freunde. Wenn ich mich für eins von beiden entscheiden müsste, wär's mir, ehrlich gesagt, lieber, keine Freunde zu haben, als wahnsinnig langweilig zu sein. Weil, wenn man langweilig ist, hat man automatisch keine Freunde, oder nur Freunde, die noch langweiliger sind als man selbst.

Es gibt aber auch noch eine dritte Möglichkeit. Es kann sein, dass man langweilig ist *und* keine Freunde hat. Und ich fürchte, das ist mein Problem. Jedenfalls seit Paul weggezogen ist. Paul war mein Freund seit dem Kindergarten, und wir haben uns fast jeden Tag getroffen, bis seine endbescheuerte Mutter beschlossen hat, dass sie lieber im Grünen wohnen will. […]

Ich bin nicht wahnsinnig gut im Kennenlernen. Und das war auch nie das ganz große Problem für mich. Bis Tatjana Cosic kam. Oder bis ich sie bemerkte. Denn natürlich war Tatjana schon immer in meiner Klasse. Aber bemerkt hab ich sie erst in der Siebten. Warum, weiß ich nicht. Aber in der Siebten hatte ich sie auf einmal voll auf dem Schirm, da fing das ganze Elend an. Und ich sollte jetzt wahrscheinlich langsam mal anfangen, Tatjana zu beschreiben. Weil sonst alles, was danach kommt, unverständlich ist.

Tatjana heißt mit Vornamen Tatjana und mit Nachnamen Cosic. Sie ist vierzehn Jahre alt und 1,65 m groß, und ihre Eltern heißen mit Nachnamen ebenfalls Cosic. Wie sie mit Vornamen heißen, weiß ich nicht. Sie kommen aus Serbien oder Kroatien, jedenfalls kommt der Name daher, und sie wohnen in einem weißen Mietshaus mit vielen Fenstern – badabim, badabong. Schon klar: Ich kann hier noch lange rumschwafeln, aber das Erstaunliche ist, dass ich überhaupt nicht weiß, wovon ich rede. Ich kenne Tatjana nämlich überhaupt nicht. Ich weiß über sie, was jeder weiß, der mit ihr in eine Klasse geht. Ich weiß, wie sie aussieht, wie sie heißt und dass sie gut in Sport und Englisch ist. Und so weiter. Dass sie 1,65 groß ist, weiß ich vom Tag der Schuluntersuchung. Wo sie wohnt, weiß ich aus dem Telefonbuch, und mehr weiß ich praktisch nicht. Und ich könnte logisch noch ihr Aussehen ganz genau beschreiben und ihre Stimme und ihre Haare und alles. Aber ich glaube, das ist überflüssig. Weil, kann sich ja jeder vorstellen, wie sie aussieht: Sie sieht super aus. Ihre Stimme ist auch super. Sie ist einfach insgesamt super. So kann man sich das vorstellen.

Eines Tages sieht Maik im Sportunterricht eine Gelegenheit, Tatjana auf sich aufmerksam zu machen. Maik ist, obwohl er zu den Kleinsten in der Klasse gehört, sehr gut im Hoch- und Weitsprung. Er hofft, Tatjana bei einem Hochsprungwettkampf mit seinen sportlichen Leistungen zu beeindrucken. Während die Mädchen und ihre Sportlehrerin Frau Beilcke den Jungen zuschauen, legt Sportlehrer Wolkow die Latte für die Jungen immer höher.

Und dann war nur noch ich drin. Wolkow ließ eins fünfundsechzig auflegen, und ich merkte schon beim Anlauf, das ist mein Tag. Es war der Tag des Maik Klingenberg. Ich hatte dieses Triumphgefühl schon beim Absprung. Ich sprang überhaupt nicht, ich segelte über die Anlage wie ein Flugzeug, ich stand in der Luft, ich schwebte. Maik Klingenberg, der große Leichtathlet. Ich glaube, wenn ich mir mal selber einen Spitznamen gegeben hätte, wäre es Aeroflot[1] gewesen oder so. Oder Air Klingenberg. Der Kondor von Marzahn[2]. Aber leider darf man sich ja selbst keine Spitznamen geben. Als mein Rücken in die weiche Matte sank, hörte ich, wie auf der Jungsseite verhalten geklatscht wurde. Auf der Mädchenseite hörte ich nichts. Als die Matte mich wieder hochdrückte, war mein erster Blick zu Tatjana, und Tatjana guckte Frau Beilcke an. Natalie guckte auch Frau Beilcke an. Sie hatten meinen Sprung überhaupt nicht gesehen, die blöden Kühe. Keins von den Mädchen hatte meinen Sprung gesehen. Es *interessierte* sie nicht, was die psychotische[3] Schlaftablette sich da zusammensprang. Aeroflot mein Arsch.

Das hat mich noch den ganzen Tag fertiggemacht, obwohl es mich ja selbst nicht interessiert hat. Als ob mich der Scheißhochsprung eine Sekunde lang interessieren würde! [...]

Wenn *mich* irgendwas interessierte, dann auch nur die Frage: Warum guckt keiner hin, wenn Air Klingenberg Schulrekord fliegt und warum gucken sie hin, wenn ein Mehlsack unter der Latte durchrutscht? Aber so war das eben. Das war die Scheißschule, und das war das Scheißmädchenthema, und da gab es keinen Ausweg.

Dachte ich jedenfalls immer, bis ich Tschick kennenlernte. Und dann änderte sich einiges. Und das erzähle ich jetzt.

1 Aeroflot: russische Fluggesellschaft
2 Marzahn: Stadtteil von Berlin
3 psychotisch: geistig bzw. seelisch schwer erkrankt

1 Tauscht euch darüber aus, welchen Eindruck der Ich-Erzähler Maik auf euch macht.

2 Wie kommt der Eindruck zu Stande, den ihr von Maik habt?
Untersucht genauer, welche Einzelheiten ihr über Maik in diesem Romanauszug erfahrt.
Wählt Aufgabe a oder b. Tauscht euch anschließend über eure Ergebnisse aus.

- ●○○ **a** Erstellt im Heft einen Steckbrief zu Maik: *Name, Alter, „Beruf", ...*
  Beachtet vor allem die besonderen Eigenschaften.
- ●●● **b** Charakterisiert Maik in einem kurzen Text (▶ S. 193, Information).
  Beachtet: äußere Umstände/Lebensumstände, Aussehen und Eigenschaften, Verhältnis zu anderen. Ihr könnt so beginnen:
  Maik besucht in der Schule die siebte Klasse, in der er zu den Kleinsten gehört. Er hat in der Schule anscheinend keine Freunde und fürchtet, dass ...

3 **a** Wie erzählt Maik über sich und seine Erlebnisse? Wählt drei Begriffe, die Maiks Erzählweise treffend kennzeichnen. Nennt dafür Beispiele aus dem Text, z. B.:
hochsprachlich, lebendig, jugendtypisch, übertrieben, nachlässig, gefühlsbetont ... vgl. Zeile ...
b Überlegt, welche Wirkung Maiks Erzählweise auf erwachsene oder jugendliche Leser hat.

Tschick – (Auszug 2)

Ich konnte Tschick von Anfang an nicht leiden. Keiner konnte ihn leiden. Tschick war ein Asi, und genau so sah er auch aus. Wagenbach schleppte ihn nach Ostern in die Klasse, und wenn ich sage, er *schleppte* ihn in die Klasse, dann meine ich das auch so. Erste Stunde nach den Osterferien: Geschichte. [...]

„Andrej“, sagte Wagenbach, starrte auf seinen Zettel und bewegte lautlos die Lippen.

„Andrej Tsch... Tschicha... tschoroff.“

Der Russe nuschelte irgendwas.

„Bitte?“

„Tschichatschow“, sagte der Russe, ohne Wagenbach anzusehen.

Wagenbach zog Luft durch ein Nasenloch ein. Das war so eine Marotte von ihm. Luft durch ein Nasenloch.

„Schön, Tschischaroff. Andrej. Willst du uns vielleicht kurz was über dich erzählen? Wo du herkommst, auf welcher Schule du bisher warst?“

Das war Standard. Wenn Neue in die Klasse kamen, mussten sie erzählen, wo sie her waren und so. Und jetzt ging die erste Veränderung mit Tschick vor. Er drehte den Kopf ganz leicht zur Seite, als hätte er Wagenbach erst in diesem Moment bemerkt. Er kratzte sich am Hals, drehte sich wieder zur Klasse und sagte: „Nein.“ Irgendwo fiel eine Stecknadel zu Boden.

Wagenbach nickte ernst und sagte: „Du willst nicht erzählen, wo du herkommst?“

„Nein“, sagte Tschick. „Mir egal.“

„Na schön. Dann erzähle ich eben etwas über dich, Andrej. Aus Gründen der Höflichkeit muss ich dich schließlich der Klasse vorstellen.“

Er sah Tschick an. Tschick sah die Klasse an.

„Ich nehme dein Schweigen als Zustimmung“, sagte Wagenbach. Und er sagte es in einem ironischen Ton, wie alle Lehrer, wenn sie so was sagen.

Tschick antwortete nicht.

„Oder hast du was dagegen?“, fragte Wagenbach.

„Beginnen Sie“, sagte Tschick und machte eine Handbewegung.

Irgendwo im Mädchenblock wurde jetzt doch gekichert. *Beginnen Sie!* Wahnsinn. Er betonte jede Silbe einzeln, mit einem ganz komischen Akzent. Und er starrte immer noch die hintere Wand an. Vielleicht hatte er sogar die Augen geschlossen. Es war schwer zu sagen. Wagenbach machte ein Gesicht, das zur Ruhe aufforderte. Dabei war es schon absolut ruhig.

„Also“, sagte er. „Andrej Tschicha...schoff heißt unser neuer Mitschüler, und wie wir an seinem Namen bereits unschwer erkennen, kommt unser Gast von weit her, genau genommen aus den unendlichen russischen Weiten, die Napoleon in der letzten Stunde vor Ostern erobert hat – und aus denen er heute, wie wir sehen werden, auch wieder vertrieben werden wird. Wie vor ihm Karl XII. Und nach ihm Hitler.“

Wagenbach zog die Luft wieder durch ein Nasenloch ein. Die Einleitung machte keinen Eindruck auf Tschick. Er rührte sich nicht.

„Jedenfalls ist Andrej vor vier Jahren mit seinem Bruder hier nach Deutschland gekommen, und – möchtest du das nicht lieber selbst erzählen?“

Der Russe machte eine Art Geräusch.

„Andrej, ich spreche mit dir“, sagte Wagenbach.

„Nein“, sagte Tschick. „Nein im Sinne von ich möchte es lieber nicht erzählen.“

Unterdrücktes Kichern. Wagenbach nickte kantig.

„Na schön, dann werde *ich* es erzählen, wenn du nichts dagegen hast, es ist schließlich sehr ungewöhnlich.“

Tschick schüttelte den Kopf.

„Es ist nicht ungewöhnlich?“

„Nein.“

„Also, *ich* finde es ungewöhnlich“, beharrte Wagenbach. „Und auch bewundernswert. Aber um es kurz zu machen – kürzen wir das hier mal ab. Unser Freund Andrej kommt aus einer deutschstämmigen Familie, aber seine Muttersprache ist Russisch. Er ist ein großer Formulierer, wie wir sehen, aber er hat die deutsche Sprache erst in Deutschland gelernt und verdient folglich unsere Rücksicht in gewissen ... na ja, Bereichen. Vor vier Jahren besuchte er zuerst die Förderschule. Dann wurde er auf die Hauptschule umgeschult, weil seine Leistungen das zuließen, aber da hat er es auch nicht lange ausgehalten. Dann ein Jahr Realschule, und jetzt ist er bei uns, und das alles in nur vier Jahren. So weit richtig?“

Tschick rieb sich mit dem Handrücken über die Nase, dann betrachtete er die Hand. „Neunzig Prozent“, sagte er.

Wagenbach wartete einen Moment, ob da noch mehr käme. Aber da kam nichts mehr. Die restlichen zehn Prozent blieben ungeklärt.

1 Stellt euch vor, Tschick wäre neu in eure Klasse gekommen.
Begründet mit Hilfe des Textes, was ihr über Tschick denken würdet.

2 Stellt zusammen, was ihr über Tschick erfahrt. Notiert Stichworte zu folgenden Punkten:
Herkunft/Familie, Schulerfahrung, Verhalten und Sprache, Wirkung auf die Klasse.

3 Untersucht, wie der Ich-Erzähler Maik Tschick charakterisiert. Wählt Aufgabe a oder b.

●○○ a Schreibt Textstellen ab, in denen der Ich-Erzähler Tschick direkt beschreibt, z. B.:
- *Z. 2 f.: „Tschick war ein Asi, und genau so sah er auch aus.“*

●●● b Notiert mindestens drei Textstellen, in denen der Ich-Erzähler beschreibt, wie Tschick handelt und spricht. Haltet fest, was ihr daraus über Tschick schließen könnt, z. B.:
- *Z. 46: „‚Beginnen Sie‘, sagte Tschick und machte eine Handbewegung.“*

→ *Tschick erteilt dem Lehrer das Wort und untermauert dies mit einer wortlosen Geste. Das Verhalten ist ungewöhnlich, weil ...*

Information **Figuren direkt und indirekt charakterisieren**

Fasst man die **äußeren und inneren Merkmale von Figuren** zusammen, dann **charakterisiert** man sie. In einem Text können diese **Merkmale direkt** oder **indirekt** zu finden sein:

- **Direkt charakterisiert** wird eine Figur z. B., wenn **ein Erzähler oder eine andere Figur** sie beschreibt oder beurteilt, z. B.: *„Tschick war ein Asi, und genau so sah er auch aus“ (Z. 2).*
- **Indirekt charakterisiert** wird eine Figur durch die Art, **wie sie handelt, spricht, denkt und fühlt,** z. B.: *„‚Beginnen Sie‘, sagte Tschick und machte eine Handbewegung“ (Z. 46).*
- In literarischen Texten kommen meist beide Formen der Figurendarstellung vor.

Einen Romandialog lesen und verstehen

Tschick – Auszug 3

Bald werden Maik und Tschick Freunde. In den Ferien kommt Tschick mit einem alten Lada zu Maik. Mit diesem geklauten Auto unternehmen sie Spritztouren. Eine führt zu Tatjana. Maik überreicht ihr ein Geburtstagsgeschenk, obwohl er gar nicht zu ihrer Feier eingeladen ist. Nach der Tour unterhalten sich Maik und Tschick, während sie am Computer spielen. Tschick schlägt vor:

„Und wenn wir einfach wegfahren?“, fragte er.
„Was?“
„Urlaub machen. Wir haben doch nichts zu tun. Machen wir einfach Urlaub wie normale Leute.“
„Wovon redest du?“
„Der Lada und ab.“
„Das ist nicht ganz das, was *normale* Leute machen.“
„Aber könnten wir, oder?“
„Nee. Drück mal auf Start.“
„Warum denn nicht?“
„Nee.“
„Wenn ich dich krieg“, sagte Tschick. „Sagen wir, wenn ich dich in fünf Runden einmal krieg. Oder in zehn Runden. Sagen wir zehn.“
„Du kriegst mich in hundert nicht.“
„In zehn.“
Er gab sich große Mühe. Ich steckte mir eine Handvoll Chips in den Mund, wartete, bis er die Kettensäge hatte, und ließ mich zerteilen.
„Im Ernst“, sagte ich. „Nehmen wir mal an, wir machen das. [...] Wo willst du überhaupt hin?“
„Ist doch egal.“
„Wenn man wegfährt, wär irgendwie gut, wenn man weiß, wohin.“
„Wir könnten meine Verwandtschaft besuchen. Ich hab einen Großvater in der Walachei.“
„Und wo wohnt der?“
„Wie wo wohnt der? In der Walachei.“
„Hier in der Nähe oder was?“
„Was?“
„Irgendwo da draußen?“
„Nicht *irgendwo* da draußen, Mann. In der Walachei.“
„Das ist doch dasselbe.“
„Was ist dasselbe?“
„Irgendwo da draußen und Walachei, das ist dasselbe.“
„Versteh ich nicht.“

„Das ist nur ein *Wort,* Mann“, sagte ich und trank den Rest von meinem Bier. „Walachei ist nur ein Wort! So wie Dingenskirchen. Oder Jottwehdeh.“

„Meine Familie kommt von da.“

„Ich denk, du kommst aus Russland?“

„Ja, aber ein Teil kommt auch aus der Walachei. Mein Großvater. Und meine Großtante und mein Urgroßvater und – was ist daran so komisch?“

„Das ist, als hättest du einen Großvater in Jottwehdeh. Oder in Dingenskirchen.“

„Und was ist daran so komisch?“

„Jottwehdeh gibt's nicht, Mann! Jottwehdeh heißt: *janz weit draußen.* Und die Walachei gibt's auch nicht. Wenn du sagst, einer wohnt in der Walachei, dann heißt das: Er wohnt in der Pampa.“

„Und die Pampa gibt's auch nicht?“

„Nein.“

„Aber mein Großvater wohnt da.“

„In der Pampa?“

„Du nervst, echt. Mein Großvater wohnt irgendwo am Arsch der Welt in einem Land, das Walachei heißt. Und da fahren wir morgen hin.“

Er war wieder ganz ernst geworden und ich wurde auch ernst.

1 Lest das Gespräch zwischen Maik und Tschick zunächst allein und anschließend mit verteilten Rollen. Beachtet, dass ihr drei Personen zum Vorlesen braucht.

2 Worüber unterhalten sich die beiden bis Z. 20?

a Formuliert mit eigenen Worten, was Tschick vorschlägt.

b Erläutert Maiks Vorbehalte zu Tschicks Vorschlag.

3 Ab Z. 21 kommt es im Gespräch über die „Walachei“ zu einem Missverständnis. Wie kommt dieses Missverständnis zu Stande? Wählt Aufgabe a oder b.

●○○ a Ordnet im Heft die folgenden Satzbausteine zu richtigen Aussagen:

Für Maik ist die Walachei ein Ort, ...

Für Tschick ist die Walachei ein Ort, ...

den es wirklich gibt.

den es gar nicht gibt.

Sie wird im Deutschen umgangssprachlich als Bezeichnung für weit entfernte Gegenden verwendet.

Es handelt sich um ein Gebiet im heutigen Rumänien.

●●● b Stellt euch vor, ihr wärt eine weitere Figur im Roman und ihr könntet die beiden während des Gesprächs über die Ursache ihres Missverständnisses aufklären.
Beginnt im Heft euren Gesprächsbeitrag z. B. so:
„Stopp Maik, du meinst, dass es die Walachei nicht gibt. Doch ... Tschick hingegen ...“

c Tauscht euch über eure Ergebnisse aus.
Besprecht auch, wie dieses Missverständnis auf euch als Leser wirkt.

4 Formuliert, was eine solche Reise für Maik und Tschick jeweils bedeuten könnte. Bezieht eure Ergebnisse aus euren Charakterisierungen mit ein (▶ S. 191 u. 193).

5 „On the road“: Die beiden fahren los.
Stellt euch vor, was ihnen auf der Reise alles zustoßen könnte.
Achtet darauf, dass das Geschehen zu den Figuren und ihrem Verhalten passt.

Figurenbeziehungen untersuchen

Tschick – Auszug 4 und 5

Maik lässt sich auf Tschicks Vorschlag ein, mit dem Lada wegzufahren. Noch in der Nacht brechen die beiden auf und fahren einfach drauflos. Nach einigen turbulenten Tagen geht das Benzin aus. Maik und Tschick trauen sich nicht, an einer Tankstelle zu tanken. Sie kommen auf die Idee, sich einen Schlauch zu besorgen, um damit Benzin aus einem anderen Auto in den eigenen Tank zu leiten. Die beiden finden auf einer Müllhalde einen Schlauch und versuchen dann auf einem Parkplatz, Benzin aus dem Tank eines fremden Autos zu saugen. Dabei werden sie von einem Mädchen beobachtet, dem sie zuvor schon auf der Müllhalde begegnet sind.

„Ihr Schwachköpfe!“, brüllte jemand hinter uns. Wir schauten in die Dunkelheit, aus der die Stimme gekommen war.
„Eine halbe Stunde macht ihr rum und kriegt's nicht raus, ihr Schwachköpfe! Ihr Vollprofis!“
„Kannst du vielleicht noch etwas lauter schreien?“, sagte Tschick und blieb stehen.
„Und dann noch rauchen!“
„Geht's noch lauter? Kannst du bitte über den ganzen Parkplatz schreien?“
„Ihr seid doch zum Ficken zu blöd!“
„Stimmt. Kannst du dich jetzt wieder verpissen?“
„Schon mal was von ansaugen gehört?“
„Und was machen wir hier die ganze Zeit? Los, hau ab!“
„Pschhhht!“, sagte ich.
Geduckt standen Tschick und ich zwischen den Autos, nur dem Mädchen war natürlich alles egal. Sie überblickte den ganzen Parkplatz.
„Ist doch eh keiner da, ihr Angsthasen. Wo habt ihr denn den Schlauch?“
Sie zog unsere Gerätschaften unter dem Golf hervor. Dann steckte sie ein Ende vom Schlauch in dem Tank und das andere Ende und einen Finger in ihren Mund. Sie saugte zehn-, fünfzehnmal, als würde sie Luft trinken, dann nahm sie den Schlauch mit dem Finger drauf aus dem Mund.
„So. Jetzt, wo ist der Kanister?“
Ich stellte ihr den Kanister hin, sie hielt den Schlauch in die Öffnung, und das Benzin schoss aus dem Tank. Von ganz allein, und es hörte auch überhaupt nicht mehr auf.
„Wieso ging das bei uns nicht?“, flüsterte Tschick.
„Das hier muss unter dem Wasserspiegel sein“, sagte das Mädchen. […]
„Ach ja“, sagte Tschick, und wir sahen zu, wie der Kanister sich langsam füllte. Das Mädchen kauerte am Boden, und als nichts mehr kam, schraubte sie den Verschluss wieder drauf, und Tschick flüsterte: „Was für ein *Wasser*spiegel?“
„Frag sie, du Arsch“, flüsterte ich zurück.

Und so lernten wir Isa kennen. Die Ellenbogen auf die vorderen Sitzlehnen gelegt, schaute sie von der Rückbank genau zu, wie Tschick den Lada anließ und Gas gab. Und natürlich hatten wir da überhaupt keine Lust drauf. Aber nach dieser Benzinsache war es schwer, sie nicht wenigstens ein Stück mitzunehmen. Sie wollte unbedingt, und nachdem sie gehört hatte, dass wir Berliner waren, sagte sie, das wäre genau ihre Richtung. Und als wir erklärten, dass wir gerade nicht nach Berlin fahren würden, sagte sie, das wäre auch genau richtig. Außerdem versuchte sie rauszukriegen, wo wir eigentlich hinwollten, aber weil sie uns nicht sagen konnte, wo sie hinwollte, sagten wir ihr auch nur, dass wir ungefähr in den Süden führen, und dann fiel ihr ein, dass sie eine Halbschwester in Prag hätte, die sie dringend besuchen müsste. Und das läge ja praktisch auf dem Weg, und es war, wie gesagt, schwer, ihr den Wunsch abzuschlagen, weil wir ohne sie ja nicht mal Benzin gehabt hätten.

Als wir auf die Autobahn rollten, hatten wir alle Fenster geöffnet.

1 a Mit Isa tritt eine neue Figur auf. Erläutert euren ersten Eindruck von ihr. Bezieht ihre Sprache und ihr Verhalten mit ein.

b Veranschaulicht durch ein Standbild die Beziehung der Figuren zueinander. Wie stehen Maik und Tschick zu Isa? Welche Körperhaltung nimmt Isa ein?

2 Überlegt, wie sich die Beziehung zwischen den Figuren auf ihrer Fahrt entwickeln könnte.

Auf ihrer Weiterfahrt gelangen die drei an einen See. Nachdem sie aus dem Auto ausgestiegen sind, haben Maik und Tschick die gleiche Idee. Sie werfen Isa samt einer Flasche Shampoo ins kalte Wasser. Dann stößt Tschick Maik hinterher und amüsiert sich über die beiden im Wasser.

Die Betonsperre war zu hoch zum Wiederrausklettern, und wir mussten quer durch den ganzen See bis zur einzigen Stelle mit flacher Böschung schwimmen, und während wir schwammen, beschimpfte Isa mich unaufhörlich und meinte, ich wäre ein noch größerer Volltrottel als mein Homofreund, und versetzte mir unter Wasser Tritte. Wir gerieten in eine Balgerei. Währenddessen spazierte Tschick zum Auto, zog sich pfeifend eine Badehose an und kam mit einer Zigarette im Mundwinkel und einem Handtuch über der Schulter zurück.

„So badet der Gentleman", sagte er, machte ein vornehmes Gesicht und sprang mit einem Köpper in den See.

Wir verfluchten ihn gemeinsam.

Als wir an Land kamen, zog Isa sofort Shirt und Hose und alles aus und fing an, sich einzuseifen. Das war ungefähr das Letzte, womit ich gerechnet hatte.

„Herrlich", sagte sie. Sie stand im knietiefen Wasser, schaute in die Landschaft und schäumte sich ihre Haare ein, und ich wusste nicht, wo ich hingucken sollte. Ich guckte mal hier-, mal dahin. Sie hatte eine wirklich tolle Figur und eine Gänsehaut. Ich hatte auch eine Gänsehaut. Als Letztes kam Tschick zu der flachen Stelle gekrault, und komischerweise gab es überhaupt keine Diskussionen mehr. Keiner sagte etwas, keiner fluchte, und keiner machte einen Witz. Wir wuschen uns nur und keuchten vor Kälte und benutzten alle dasselbe Handtuch.

3 Stellt die Beziehung der Figuren nach dieser Szene dar. Wählt Aufgabe a oder b.

a Baut ein Standbild. Was ändert sich im Vergleich zum Standbild aus Aufgabe 1b?

b Fertigt in Einzelarbeit eine Skizze an. Erläutert sie anhand von Textstellen.

Den Aufbau von Spannung untersuchen

Tschick – Auszug 6

Maik und Tschick setzen ihre Fahrt ohne Isa fort. Dabei fliehen sie vor der Polizei, bauen einen Unfall und kommen ins Krankenhaus. Danach brechen sie noch ein letztes Mal mit dem Lada auf. Tschick ist noch verletzt. Maik fährt.

Ich hatte den Fuß immer noch voll auf dem Gas, und ich muss dazusagen, dass ich in diesem Moment gar nicht wahnsinnig aufgeregt war. Dieses Schlangenlinienfahren kannte ich von der PlayStation. Schlangenlinienfahren kam mir viel normaler vor als Geradeausfahren, und der Schweinetransporter benahm sich wie ein typisches Hindernis. Ich hielt also auf das Hindernis zu, um im letzten Moment auf die Standspur zu ziehen, und ich nehme an, genau das hätte ich auch getan, wenn Tschick nicht gewesen wäre. Wenn Tschick nicht gewesen wäre, hätte ich das nicht überlebt.
„BREMS!", schrie er. „BREEEEEEMS!", und mein Fuß bremste, und ich glaube, erst sehr viel später habe ich den Schrei gehört und verstanden. Der Fuß bremste von allein, weil ich ja auch vorher schon immer gemacht hatte, was Tschick sagte, und jetzt schrie er „Bremsen", ich bremste, ohne zu wissen, warum. Denn es gab eigentlich keinen Grund zu bremsen.
Zwischen dem Laster und der Leitplanke wäre Platz für mindestens fünf Autos gewesen, und es wäre mir frühestens im Jenseits aufgefallen, dass der Lkw diese Seite der Autobahn gar nicht frei gemacht hatte, sondern frei *gerutscht*. Sein Heck war nach links geschmiert, und obwohl wir genau hinter dem Laster fuhren, sah ich auf einmal direkt vor mir die Fahrerkabine auf der Mitte der Autobahn – und wie sie vom Heck links überholt wurde. Der Lastwagen verwandelte sich in eine Schranke. Die Schranke rutschte vor uns davon, auf der ganzen Breite der Autobahn, und wir rutschten hinterher. Es war ein so ungewohnter Anblick, dass ich hinterher dachte, es hätte mehrere Minuten gedauert. In Wirklichkeit dauerte es nicht einmal so lange, dass Tschick ein drittes Mal „BREMS!" schreien konnte.
Der Lada drehte sich leicht seitwärts. Die Schranke vor uns neigte sich unentschlossen nach hinten, kippte krachend um und hielt uns zwölf rotierende Räder entgegen. Dreißig Meter vor uns. In absoluter Stille glitten wir auf diese Räder zu, und ich dachte, jetzt sterben wir also. Ich dachte, jetzt komme ich nie wieder nach Berlin, jetzt sehe ich nie wieder Tatjana, und ich werde nie erfahren, ob ihr meine Zeichnung gefallen hat oder nicht. Ich dachte, ich müsste mich bei meinen Eltern entschuldigen, und ich dachte: Mist, nicht zwischengespeichert.
Ich dachte auch, ich sollte Tschick sagen, dass ich seinetwegen fast schwul geworden wäre, ich dachte, sterben muss ich sowieso, warum nicht jetzt, und so rutschten wir auf diesen Lkw zu – und es passierte nichts. Es gab keinen Knall. In meiner Erinnerung gibt es keinen Knall. Dabei muss es wahnsinnig geknallt haben. Denn wir rauschten vollrohr in den Laster rein.
Einen Moment lang spürte ich nichts. Das Erste, was ich wieder spürte, war, dass ich keine Luft bekam. Der Sicherheitsgurt schnitt mich in der Mitte entzwei, und mein Kopf lag fast auf dem Gaspedal. Dort lag auch Tschicks Gipsbein irgendwo. Ich richtete mich auf. Oder ich drehte jedenfalls den Kopf. Über der gesprungenen Windschutzscheibe hing ein Lkw-Rad und verdunkelte den Himmel. Das Rad drehte sich geräuschlos. Auf der Radnabe war

ein schmutziger, blitzförmiger Aufkleber, ein roter Blitz auf gelbem Grund. Ein faustgroßer Klumpen Dreck pendelte von der Achse, löste sich ganz langsam und flatschte auf die Windschutzscheibe.

„So viel dazu", sagte Tschick. Er hatte es also auch überlebt. [...]

Und dann sah ich am Horizont die Polizei auftauchen. Ich wollte erst wegrennen, aber ich wusste, es hat keinen Sinn, und die letzten beiden Bilder, an die ich mich erinnere, sind: Tschick, der mit seinem Gipsfuß die Böschung runterhumpelt. Und der Autobahnpolizist, der mit freundlichem Gesichtsausdruck neben mir steht und meine Hand von der Antenne löst und sagt: „Die kommt auch ohne dich klar."

1 a In welche Situation geraten Maik und Tschick in diesem Romanauszug? Fasst die äußere Handlung zusammen.

b Maik und Tschick nehmen die Situation unterschiedlich wahr. Erklärt, inwiefern.

2 Untersucht, ob und wie in diesem Text Spannung aufgebaut wird.

a Teilt die Klasse in zwei Gruppen anhand der folgenden zwei Untersuchungspunkte auf.
- Gruppe A: Stellt die Ereignisabfolge anschaulich dar, z. B. durch ein Flussdiagramm.
- Gruppe B: Findet im Textauszug spannungserzeugende sprachliche Mittel und erklärt sie, z. B.:

> *– Tschick brüllt mehrfach, dass ... Das wird in Großbuchstaben gedruckt. Das deutet hör- und sichtbar auf eine ... hin.*
> *– ...*

b Tauscht euch über eure Ergebnisse aus.

3 Stellt euch vor, dass ihr die Handlung dieses Romanauszugs verfilmen sollt. Sammelt Ideen, z. B. für Kameraeinstellungen, Kameraperspektiven, Musik, ...

4 Entscheidet mit Hilfe der folgenden Information, welchem Romantyp ihr „Tschick" zuordnen würdet. Begründet eure Entscheidung.

Information **Romantypen unterscheiden**

- **Roadnovels** (engl. *novel* = Roman) handeln hauptsächlich vom **Unterwegssein.** Dabei geht es vor allem um **das Reisen selbst** und nicht darum, an einem bestimmten Ort anzukommen.
- **Coming-of-Age-Story:** „Coming of Age" bedeutet **Heranwachsen oder Erwachsenwerden.** Eine solche Story (Geschichte) schildert die Entwicklung eines Menschen zum Erwachsenen.

Teste dich!

A Die Geschichte wird von einem Erzähler dargestellt, der nicht am Geschehen beteiligt ist.
B Tschick erzählt die Geschichte.
C Der Erzähler kennt die Gedanken und Gefühle aller Figuren.
D Der Erzähler ist eine Figur, die gleichzeitig erzählt und in das Geschehen verwickelt ist.
E Die Geschichte wird aus der Sicht von Maik erzählt.
F Manchmal gibt es in diesem Roman auch einen Er-Erzähler.
G Der Erzähler erzählt in der Ich-Form.
H Der Erzähler kann nur über seine eigenen Gedanken und Gefühle berichten.

1 Bestimme den Erzähler in „Tschick“. Wähle die richtigen Aussagen aus: *A = ... Charakterisierung, ...*

direkte Charakterisierung | indirekte Charakterisierung

A Ein Erzähler stellt dar, wie eine Figur handelt, spricht, denkt und fühlt.
B Ein Erzähler oder eine andere Figur beschreiben die Merkmale und Eigenschaften einer Figur.

2 a Ordne den Begriffen direkte/indirekte Charakterisierung die richtige Erklärung zu: *A = ...*
b Notiere, ob in den folgenden Auszügen aus „Tschick“ die Figuren direkt (d) oder indirekt (i) charakterisiert werden. Formuliere jeweils eine kurze Begründung.

A „Herr Tschichatschow, sind Sie da?“
„Bei der Arbeit.“
„Haben Sie die Hausaufgaben gemacht?“
„Selbstverständlich.“
„Hätten Sie die Güte, sie uns vorzulesen?“
„Äh ja.“
Tschick sah sich kurz auf seinem Tisch um, entdeckte dann seine Plastiktüte auf dem Boden, hievte sie hoch und suchte nach dem Heft.

B Tschick schaute mich ganz ernst an, und das mochte ich an ihm. Er war jemand, der ziemlich komisch sein konnte. Aber wenn's drauf ankam, war er eben auch nicht komisch, sondern ernst.

3 Formuliere in 3 bis 5 Sätzen, wodurch im folgenden Text Spannung erzeugt wird.

Der Dorfsheriff wandte sich wieder seinem Fahrrad zu. Doch dann guckte er noch mal hoch und entdeckte Tschick. Tschick war in diesem Moment beim Lada angekommen, hatte seine Einkaufstaschen auf die Rückbank gehievt und war im Begriff, sich auf den Fahrersitz zu setzen. Die Hände des Polizisten hörten auf gegeneinanderzureiben. Er schaute starr in die Richtung, machte einen Schritt vorwärts und blieb wieder stehen. Ein Junge, der in ein Auto einsteigt [...].

4 Vergleiche deine Ergebnisse mit einem Lernpartner.

10.2 „Vincent will Meer“ – Die Wirkung filmischer Mittel verstehen

Die Exposition des Films untersuchen

Der Film „Vincent will Meer“ aus dem Jahr 2010 wurde von Ralf Huettner gedreht. Im Mittelpunkt des Films stehen die drei jungen Leute Vincent, Marie und Alexander.
Vincent leidet unter dem so genannten Tourette-Syndrom, das dazu führt, dass er plötzlich unkontrollierte Bewegungen macht sowie Ausrufe und Schimpfwörter von sich gibt.

1 Der Pfarrer eröffnet die Trauerfeier.

2 Vincent ruft ungewollt Schimpfwörter.

3 Vincent verlässt während der Trauerfeier die Kirche.

4 Vincent sitzt vor der Kirchentür.

1 Die Bilder zeigen die Ausgangssituation des Films: Vincents Mutter wird beerdigt.
a Beschreibt, wie Vincent und die anderen Figuren auf den Bildern gezeigt werden.
b Notiert, wie Vincent sich fühlen könnte.

2 Als Exposition bezeichnet man die Einführung in die Ausgangssituation einer Handlung. Die Hauptfigur wird vorgestellt und es gibt Hinweise auf den Konflikt.
Überlegt, welcher Konflikt aus dieser Situation heraus entstehen könnte.

3 Schaut euch die Exposition des Films an.
Verteilt folgende Beobachtungsaufgaben:
– Wie handeln und sprechen die Hauptfiguren? Gibt es einen Konflikt?
– Welche Musik begleitet die Handlung? Inwiefern unterstützt sie das Geschehen?
– Welche Kameraperspektiven (▶ S. 291) werden verwendet? Wie wirken sie?
– Welche Einstellungsgrößen (▶ S. 290) werden verwendet? Was wollen sie zeigen?

Einen Filmdialog erschließen

Am Tag nach der Beerdigung bringt Vincents Vater, Robert Galler, seinen Sohn in ein Heim. Dort soll Vincents Tourette-Erkrankung behandelt werden. Bevor Vater und Sohn zum Heim aufbrechen, räumt Robert Galler das Zimmer seiner verstorbenen Frau auf und stopft ihre Sachen in Müllsäcke. Vincent betrachtet ein altes Foto, das seine Mutter in einem Hafen in Italien zeigt. Auf dem Foto lacht die Mutter und sieht sehr glücklich aus. Das Foto löst ein Gespräch wie folgt aus:

- Vincent stellt seinem Vater die Frage, wo San Vicente sei. Er fügt hinzu, dass seine Mutter noch einmal dorthin gewollt habe. Sie habe sich aber nicht getraut, den Vater darum zu bitten.
- Robert Galler fordert Vincent dazu auf, ihm das Foto zu geben. Er fragt Vincent, wann die Mutter das gesagt habe.
- Vincent möchte wissen, wann das Foto gemacht worden sei.
- Robert sagt, dass es vor Vincents Geburt entstanden sei.
- Vincent fragt, ob Robert mit seiner neuen Partnerin in das Haus der Familie einziehen werde.
- Robert verneint dies und teilt Vincent mit, dass das Haus verkauft werden solle.
- Als Robert einen Koffer entdeckt, der mit Kleidern der Mutter gepackt ist, stellt er Vincent zur Rede: Er will wissen, warum Vincent den Koffer gepackt hat.
- Vincent entgegnet, dass er seine Mutter nach San Vicente habe bringen wollen.
- Robert will wissen, warum ausgerechnet Vincent seine Mutter ans Meer habe begleiten wollen.
- Vincent weist darauf hin, dass sein Vater ja nicht anwesend gewesen sei.
- Der Vater bemerkt, dass Vincent ja noch nicht einmal bis zum Bäcker gehen würde.

1 Formuliert, was die *Einleitung* zum Dialog bereits über den Vater und Vincent aussagt.

2
a Formt in Partnerarbeit den Dialog in direkte Rede um.
b Lest eure Dialoge mit verteilten Rollen laut vor.

3 Was sagt die Kommunikation der beiden über die Beziehungsebenen aus (▸ S. 121)?
Wählt Aufgabe a oder b. Tauscht euch anschließend über eure Ergebnisse aus.
●○○ a Notiert, was ihr in dem Dialog über die Mutter und über Vincents Verhältnis zu ihr erfahrt.
●●● b Notiert, was ihr in dem Dialog über Vincents Verhältnis zu seinem Vater erfahrt.

4 In diesem Filmdialog erfahren wir nicht, was in den Figuren vorgeht.
Verfasst für jede Figur einen kurzen Text, der ausdrückt, was sie in dieser Situation denken oder fühlen könnten, z. B.:

Wie glücklich meine Mutter früher einmal war …

Vincent

Ach je, jetzt wird Vincent nur wieder viele Fragen zu früher stellen …

Vater

Einstellungsgröße und Kameraperspektive untersuchen

In der Klinik trifft Vincent auf Marie und Alexander. Marie ist magersüchtig und Alexander leidet unter einem Reinlichkeits- und Ordnungszwang. Alle drei sind in der Klinik unglücklich. Sie reißen aus, klauen das Auto der Heimärztin Dr. Rose. Sie wollen nach Italien ans Meer.

1 Vincent in der Klinik.

2 Marie, Vincent und Alexander brechen auf.

3 Sie fahren auf der Autobahn in Richtung Süden.

4 Nach dem Tanken hauen die drei ab, ohne zu bezahlen.

1 Beschreibt, was ihr auf den vier Bildern seht und wie sie auf euch wirken.
Bestimmt dazu je Bild die Einstellungsgröße und die Kameraperspektive (▸ S. 290, 291), z. B.:

> ***Bild 1*** *zeigt Vincent. Er steht hinter ... Es veranschaulicht ...*
> *Für das Bild wurde die Einstellungsgröße ... gewählt. Auf diese Weise sind seine Haltung und vor allem sein ... gut erkennbar. Man erkennt, wie sehr ...*
> *Die Kamera ist etwa auf Augenhöhe. Diese Perspektive nennt man ... Der Zuschauer bekommt das Gefühl, ...*

2 Seht euch den Film an. Verteilt folgende Beobachtungsaufgaben:

- Wie entwickelt sich die Handlung nach der Flucht aus der Klinik?
- Wie verändert sich die Beziehung zwischen Vincent und Marie im weiteren Verlauf?
- Wie verhält sich Alexander im Laufe des Films?
- Wie werden die Verfolger Dr. Rose und Robert Galler im Handlungsverlauf gezeigt?
- Wie verändert sich die Beziehung zwischen Vincent und seinem Vater?

3 a Welche Gemeinsamkeiten gibt es zwischen dem Roman „Tschick" und diesem Film?
b Notiert und begründet, wie ihr die Tankszene aus „Tschick" (▸ S. 196–197) verfilmen würdet.

Schnitt, Montage und Kamerabewegung beschreiben

Nachdem die drei aus der Klinik ausgerissen sind, nehmen Dr. Rose und Vincents Vater die Verfolgung auf. Bald entdecken die beiden sie und Robert fordet Vincent auf, mit ihm zurückzufahren. Vincent sitzt bereits im Auto, als sein Vater noch einmal anhält und aussteigt, um Dr. Rose ihre im Pkw liegen gelassene Tasche zu geben. In diesem Moment rutscht Vincent auf den Fahrersitz und auch Marie springt zu ihm ins Auto. Alexander wirft noch schnell Dr. Roses Autoschlüssel weg, um dann hinter dem fahrenden Wagen herzurennen und einzusteigen.

1 Die erste Filmreihe zeigt Vincent und Marie, nachdem Robert (rechts) sie erwischt hat. Die Bilder werden im Film hintereinandergeschnitten. Was genau zeigen sie? Wie wirkt das?

2
a Die zweite Filmreihe zeigt die erneute Flucht. Wie wirkt die Bilderfolge ohne Schnitt?
b In dieser Reihe bewegt sich die Kamera mit dem Auto weg. Wie wirkt diese Kamerafahrt?

Information **Schnitt, Montage und Kamerabewegung**

- **Schnitt:** Nach den Dreharbeiten wird das Filmmaterial in einzelne Szenen zerlegt. Ein **Schnitt** bezeichnet die **Verknüpfung von zwei Einstellungen.**
- **Montage:** Einzelne **Szenen** werden umgestellt und **neu zusammengefügt** (montiert).
- Durch **Schnitt und Montage** kann man z. B. Handlungen verknüpfen, die zeitgleich an verschiedenen Orten spielen.
- Bei der **Kamerabewegung** unterscheidet man Kameraschwenk und Kamerafahrt.
  - Beim **Kameraschwenk steht die Kamera fest** und **dreht sich** – ähnlich der Kopfbewegung – **um** einen **festen Punkt.**
  - Bei der **Kamerafahrt bewegt sich die Kamera durch den Raum,** z. B. mit dem Gegenstand weg oder auf einen Gegenstand oder eine Figur zu.

Eine Filmszene untersuchen

Nachdem Vincent, Marie und Alexander dem Vater und Dr. Rose entkommen sind, fahren sie über einen Bergpass weiter in Richtung Süden. Überwältigt von der Berglandschaft, legen sie einen Stopp ein.

1

2

3

4

1 Fasst mit Hilfe der Bilder 1 bis 4 zusammen, was in dieser Szene passiert.

2 Untersucht die einzelnen Bilder im Hinblick auf ihre Filmsprache (Einstellung, Perspektive, Farben und Licht) und ihre Wirkungen.
Wählt Aufgabe a oder b.

●○○ a Beschreibt die Filmbilder 1 und 2, z. B.:

> *Bild 1 zeigt ..., das sich auf einem Berggipfel befindet. Das graue Kreuz ragt in ... Auf dem Bild sind Lichtreflexe zu sehen. Das Kreuz wird halbnah aus der Untersicht = ... Dadurch wirkt es ...*
> *Bild 2 stellt dar, wie Vincent ...*

●●● b Beschreibt die Filmbilder 3 und 4.
Beachtet vor allem den Wechsel in der Kameraeinstellung.

c Tauscht euch über eure Ergebnisse in der Klasse aus.

3 a An welcher Stelle im Film kommt diese Situation vor? Haltet in wenigen Stichworten fest, was zuvor passiert ist und was danach passiert. Seht euch den Film eventuell erneut an.

b Erklärt, welche Bedeutung das Erklimmen des Gipfelkreuzes für jede der drei Figuren hat.

c Überlegt, was der knappe Dialog in dieser Szene über die Stimmung von Vincent, Marie und Alexander und über ihr Unterwegssein ausdrückt.

d Erläutert, wie die Bilder und der Dialog zueinander in Beziehung stehen.

Die Mise en Scène erkennen und untersuchen

Caspar David Friedrich: Frau vor der untergehenden Sonne (um 1818)

1 Betrachtet das Gemälde. Haltet euren ersten Eindruck in Stichworten fest.

2 a Untersucht, wie das Bild gestaltet ist. Beachtet folgende Punkte:
- Welche Figur ist zu sehen? Wie sieht sie aus?
- Wie ist das Bild aufgebaut? Was sieht man im Vordergrund, in der Mitte, im Hintergrund?
- Wie ist das Bild farblich gestaltet? Wie sind die Lichtverhältnisse?

b Erklärt, wie das Bild durch seine Gestaltung wirkt.

▷ Eine Hilfe zu Aufgabe 2 a und b findet ihr auf Seite 207.

3 Untersucht das Filmbild so wie das Gemälde in Aufgabe 2 a und b.
Berücksichtigt zusätzlich Kameraeinstellung und Kameraperspektive. ▷ Hilfe zu 3, Seite 207

4 Vergleicht Gemälde und Filmbild. Hebt vor allem die Gemeinsamkeiten hervor.

Aufgabe 2 a mit Hilfe

Untersucht, wie das Bild gestaltet ist.
Ergänzt im Heft die folgenden Notizen:

Bildaufbau
Vordergrund: – eine Frau, die als Rückenfigur gezeigt wird
– Frau befindet sich auf einem Weg und blickt ...
– Weg wird gesäumt von ...
Mitte: – Berg, hinter dem ...
Hintergrund: – Himmel im Abend...
farbliche Gestaltung / Lichtverhältnisse
vorherrschende Farben: Braun, Grün, ...
Lichtverhältnisse: dunkler Vordergrund, ...

Aufgabe 2 b mit Hilfe

Erklärt, wie das Bild durch seine Gestaltung wirkt, z. B.:

Das Bild wirkt insgesamt ruhig und friedlich. Die Frau scheint in das Naturschauspiel, das ... zeigt, versunken zu sein. Dadurch, dass der Himmel ...

Aufgabe 3 mit Hilfe

Untersucht das Filmbild so wie das Gemälde in Aufgabe 2 a und b.
Berücksichtigt zusätzlich Kameraeinstellung und Kameraperspektive.
Vervollständigt die folgenden Satzanfänge:

Das Filmbild zeigt die Figuren Vincent und Alexander, die ...
Sie sind als Rückenfiguren im ... zu sehen.
Beide Figuren blicken ...
Die Mitte des Bildes wird beherrscht von ...
Im Hintergrund ist der Himmel zu sehen, der ...
Die vorherrschenden Farben in dem Bild sind ...
Farblich hebt sich besonders ... ab. Die Lichtverhältnisse ...
Für das Bild wurde folgende Kameraeinstellung gewählt: ...
Bei der Kameraperspektive handelt es sich um ...
Insgesamt wirkt das Bild ...

Information **Die Mise en Scène – Die Bildinszenierung**

- In vielen Filmen gibt es Bilder, die einem **Gemälde oder Kunstfoto nachempfunden** werden.
- Durch den gezielten Einsatz von **Bildaufbau, Farbe und Licht** wirkt das Bild besonders eindrucksvoll und bedeutsam. Im Film nennt man das **Bildinszenierung,** frz. **Mise en Scène.**

10.3 Projekt – Eine Filmszene drehen

Ideen sammeln

1 Dreht eine eigene Filmszene von ca. 3 Minuten zum Thema „Wir sind dann mal weg!“. Bildet Filmteams. Geht dann in folgenden Schritten vor.

2 a Sammelt Ideen für eure Filmszene, z. B. so:
b Wählt eine Idee aus, die ihr verfilmen wollt.

Einen Drehplan erstellen

3 Organisiert eure Filmszene mit Hilfe eines Drehplans, z. B.:

Ort, Handlung	Figuren	Kamera (Einstellung, Perspektive, Bewegung)	Ton (Geräusche, Musik, Dialoge)
Schulhof, der von einer Mauer begrenzt wird	*Schülergruppen in der Nähe der Mauer*	*Totale: Überblick über den Schulhof; Vogelperspektive auf die Schülergruppen*	*Stimmen*
vor einer Mauer	*zwei Schülerinnen ...*	*halbnah, Normalperspektive*	*Dialog*
...	...	...	...

Die Filmszene drehen und das Filmmaterial aufbereiten

4 a Verteilt die Aufgaben für die Dreharbeiten: Regie, Kamera, Schauspielerinnen und Schauspieler, Kostüm und Maske.
b Dreht die Szene zwei- oder dreimal.
c Schneidet euer Filmmaterial am Computer mit Hilfe eines Schnittprogramms.

Die Filmszenen präsentieren

5 a Zeigt eure Filmszenen.
b Gebt euch Rückmeldungen:
Was ist euch gut gelungen? Was könnte verbessert werden?

Schreibwörter ▶ S. 312

das Roadmovie
die Kameraperspektive
die Inszenierung
der Lichtreflex
die Montage
das Missverständnis
die Exposition
die Umstände

11 Grammatiktraining – Stil und Ausdruck

1 a Frau Hansen ist unzufrieden mit der Grammatik und dem Ausdruck in Janines Entschuldigungsschreiben. Tragt zusammen, was Janine falsch gemacht haben könnte, z. B.:
umgangssprachliche Wendungen, Wiederholungsfehler, ...

b Erläutert, warum Frau Hansen Janine auf solche Fehler in einem solchen Schreiben hinweist:
In offiziellen Schreiben ..., weil ...

2 a Erklärt, bei welchen Texten es außerdem besonders wichtig ist, auf die Grammatik und den Ausdruck zu achten.

b Sammelt Tipps, wie ihr vorgehen könnt, um Texte ohne Grammatikfehler und mit einem guten Ausdruck zu schreiben.

In diesem Kapitel ...

- wiederholt ihr wichtige Regeln rund um Wörter und Wortarten,
- lernt ihr Möglichkeiten kennen, Sätze treffend und abwechslungsreich zu formulieren,
- überarbeitet ihr in einem Text Grammatik und Ausdruck.

11.1 (Un-)Sachliche Briefe – Wortarten richtig und sinnvoll einsetzen

Den richtigen Kasus finden

VORSICHT FEHLER!

Liebe Frau Lehmann,

ich möchte Sie bitten, mein Fehlen gestern in der ersten Stunde zu entschuldigen. Aus folgenden Gründen konnte ich leider am Unterricht bei Herr Huller nicht teilnehmen: Zuerst bin ich nach den Klingeln des Weckers wieder eingeschlafen. Dann stieg ich versehentlich in dem falschen Bus ein. Das merkte ich erst, als ich außerhalb dem Ort war. Als ich für die Rückfahrt ein Ticket lösen wollte, kam aus dem Automat kein Fahrschein heraus. Mangels geeigneten Alternativen fuhr ich dann per Anhalter den ganzen Weg zurück, um zumindest zur 2. Stunde in der Schule zu sein.

Mit freundlichen Grüßen
Meike

1 a Lest den Entschuldigungsbrief. Sollte Frau Lehmann Meikes Verspätung entschuldigen?
b Welchen Grammatikfehler macht Meike immer wieder? Berichtigt ihn im Heft.
c Notiert im Heft, welche Präposition mit welchem Kasus (Fall) verknüpft wird, z. B.:
- *in der ersten Stunde = Dativ,* – ...

2 Bildet Sätze mit Präpositionen und dem richtigen Kasus (Fall). Wählt Aufgabe a, b oder c.

●○○ a Schreibt die Sätze A bis C richtig ab und bestimmt den Kasus.
A Ich musste auf *den Lieferant / den Lieferanten* meines Päckchens warten.
B Ich konnte erst nach *die Pause / der Pause* kommen, weil ich mich verlaufen hatte.
C Innerhalb *eines Tages / einem Tag* habe ich mich dreimal verspätet.

●●○ b Formuliert mit jeder der folgenden Präpositionen einen lustigen Entschuldigungssatz und bestimmt den jeweiligen Kasus: *ohne, nach, außerhalb, mit.*

●●● c Erklärt, wann man bei dem folgenden Satz nach *wegen* den Genitiv verwenden sollte und wann auch die Verwendung des Dativs in Ordnung ist:
Ich konnte wegen *eines Unwetters / einem Unwetter* nicht zur Schule kommen.

Information **Präpositionen bestimmen den Kasus** (Fall) **von Nomen und Pronomen**

- Den **Akkusativ** fordern: ***durch, für, gegen, ohne, um,*** z. B.: *für den Kollegen.*
- Den **Dativ** fordern z. B. ***aus, bei, mit, nach, seit, von, zu,*** z. B.: *mit dem Bus.*
- Den **Genitiv** fordern z. B. ***außerhalb, halber, mangels,*** z. B.: *innerhalb des Schulhofs.*
- Manche Präpositionen können **mit Akkusativ und Dativ** stehen, z. B.: ***an das*** *Fenster,* ***an dem*** *Fenster.*
- Andere Präpositionen verlangen den **Genitiv,** können **umgangssprachlich** aber auch **mit** dem **Dativ** verwendet werden, z. B.: ***wegen seines*** *Hungers,* ***wegen seinem*** *Hunger.*

Der Numerus – Einzahl oder Mehrzahl?

VORSICHT FEHLER!

Sehr geehrte Frau Moritz,

die große Menge an Hausaufgaben <u>haben</u> mich gestern den ganzen Nachmittag gekostet.
Danach <u>habe</u> Ronja und ich nicht mehr geschafft, auch noch das Referat vorzubereiten.
Wir haben es ehrlich versucht und damit angefangen. Allerdings wären wir wegen des langweiligen Themas fast eingeschlafen. Wir hatten daher Angst, dass einer von uns vom Stuhl fallen.
Daher mussten wir sofort wieder mit der Arbeit aufhören.
Mein Vater und meine Mutter hat das auch so gesehen.

Mit freundlichen Grüßen
Karl

1 Lest den Entschuldigungsbrief. Was fällt euch sprachlich auf?

2 Prüft, bei welchen Sätzen das Prädikat in einem anderen Numerus (Singular oder Plural) stehen muss.
Wählt Aufgabe a oder b.

●○○ **a** Schreibt die ersten beiden Sätze richtig in euer Heft. Korrigiert dabei die markierten Prädikate.
Unterstreicht jeweils das Subjekt und das Prädikat.

●●● **b** Berichtigt das Schreiben ab Satz 3 in eurem Heft.
Unterstreicht jeweils das Subjekt und das Prädikat.

c Tauscht euch über eure Ergebnisse aus.
Erklärt auch, was man beachten muss, damit Subjekt und Prädikat zusammenpassen.

3 Prüft bei den folgenden Sätzen, welche Personalform man verwenden kann.
Wählt Aufgabe a/c oder b/c. Tauscht euch dann über eure Ergebnisse aus.

●○○ **a** Schreibt die Sätze A und B mit der richtigen Personalform in euer Heft.

A Die meisten Schülerinnen und Schüler *hat/haben* sich schon einmal eine Ausrede für nicht gemachte Hausaufgaben ausgedacht.

B Ein Schüler erzählte sogar, dass einer seiner beiden Hunde sein Arbeitsblatt gefressen *hat/haben*.

●●● **b** Erklärt bei Satz C, warum das Verb im Singular oder im Plural stehen kann.

C Eine große Anzahl von Schülerinnen und Schülern *behauptet/behaupten*, das Heft zu Hause vergessen zu haben.

c Formuliert Satz C gemeinsam so um, dass das Verb im Plural stehen muss.

Information **Der Numerus** (die Anzahl) **von Subjekt und Prädikat**

Subjekt und **Prädikat** müssen **im Numerus** (Singular oder Plural) **übereinstimmen.**
Besteht das **Subjekt** (Wer oder was?) aus einer **Reihung mit *und*,** so gilt das in der Regel **als Plural.** Entsprechend muss auch das Prädikat im Plural stehen, z. B.:
Ronja und ihr Bruder ***machen*** *Hausaufgaben.*

Vergangenes durch Verben ausdrücken

Sehr geehrte Mitarbeiterinnen und Mitarbeiter vom Wetterdienst,

wir wenden uns heute mit einigen Beschwerden an Sie: Nachdem Sie letzte Woche strahlenden Sonnenschein vorhergesagt hatten, regnete es zwei Tage lang. Wir *(werden)* auf dem Schulweg mehrmals nass, weil wir keinen Schirm *(mitnehmen)*. Außerdem *(können)* unser Fußballturnier, das wir extra auf diese Tage *(legen)*, nicht draußen stattfinden. Wir *(müssen)* es in die Halle verlegen.
Vorgestern standen wir wieder vor einem Problem: Unsere Klassenarbeit *(sollen)* in der siebenten Stunde stattfinden. Bevor wir dafür *(lernen)*, *(sehen)* wir Ihren Wetterbericht. Nachdem Sie darin Temperaturen von 30 Grad *(vorhersagen)*, *(sein)* klar, dass die Klassenarbeit wegen Hitzefrei ausfallen wird. Dann *(sein)* es aber nur 20 Grad und die Arbeit *(stattfinden)*, obwohl wir nicht *(lernen)*. Wir möchten Sie dringend bitten, an der Zuverlässigkeit Ihrer Wettervorhersagen zu arbeiten.

Mit freundlichen Grüßen
Ihre 9 b

1 Erklärt, was die Verfasser des Briefs sprachlich noch tun müssen.

2 Untersucht den markierten Satz genauer.
- a Erläutert, welches der beiden Ereignisse zuerst passierte.
- b Bestimmt: Welcher der beiden Teilsätze steht im Präteritum? Welcher Teilsatz steht im Plusquamperfekt?
- c Formuliert: Wann verwendet man bei vergangenen Ereignissen das Präteritum und wann das Plusquamperfekt?

3 Entscheidet, wann in dem Brief das Präteritum und wann das Plusquamperfekt verwendet werden muss. Wählt Aufgabe a oder b.
- ●○○ a Schreibt die Briefzeilen 2 bis 6 ab und setzt die richtigen Zeitformen ein.
  Tipp: Ihr müsst zweimal das Plusquamperfekt verwenden. Beginnt so: *Wir wurden auf …*
- ●●● b Schreibt die Briefzeilen 7–12 ab und setzt die richtigen Zeitformen ein.
- c Vergleicht in der Klasse eure Ergebnisse.

Information **Verben im Präteritum und Plusquamperfekt**

- Wenn ein **Ereignis in der Vergangenheit** liegt, wird **schriftlich** in der Regel das **Präteritum** verwendet, z. B.: *Wir schrieben einen Brief. Du last meine Zeilen.*
- Geschah etwas **vor einem vergangenen Ereignis im Präteritum,** wird das **Plusquamperfekt** verwendet, z. B.:
  Nachdem sie sich sehr über den Wetterbericht geärgert hatte, schrieb die 9 b den Brief.
  (geärgert hatte: Plusquamperfekt; schrieb: Präteritum)

Verben im Aktiv und Passiv unterscheiden

Sehr geehrter Herr Blaubach,

wir waren gestern in Jhrem Freibad und möchten uns über das beschweren, was wir dort erlebt haben. Es fing damit an, dass wir ins Schwimmbecken sprangen. Schon nach kurzer Zeit durchnässte uns das Wasser völlig. Selbst unsere Haare wurden vom Wasser nicht verschont. Als Nächstes wollten wir vom Fünf-Meter-Sprungturm springen. Der Bademeister öffnete ihn extra für uns. Aber der Turm war so hoch, dass es unzumutbar gewesen wäre, dort hinunterzuspringen. Als wir uns dann an der Jmbissbude stärken wollten, gab es schon wieder ein Problem. Eine freundliche Frau verkaufte jedem von uns eine Portion Pommes. Die Portionen waren allerdings so groß, dass uns nach dem Essen schlecht war. Wegen all dieser Unannehmlichkeiten fordern wir als Entschädigung eine Freikarte für den Rest des Sommers.

Mit freundlichen Grüßen
Jan Ludowski und Timur Aydin

1 a Habt ihr euch schon einmal schriftlich oder mündlich über etwas beschwert? Berichtet davon.
b Wieso wird Herr Blaubauch die Beschwerde kaum akzeptieren? Begründet.

2 a Findet im Brief den Satz, der im Passiv steht.
b Erläutert anhand des Satzes, wie das Passiv gebildet wird.
c Formt die markierten Sätze ins Passiv um.

3 Ist es sinnvoll, in einem Text zwischen Passiv und Aktiv abzuwechseln? Begründet.

4 a Formuliert einen lustigen Beschwerdebrief, z. B. über einen Besuch im Kino oder in einem Freizeitpark. Wechselt zwischen Aktiv- und Passivformulierungen.
b Tauscht eure Briefe mit einem Lernpartner.
Unterstreicht alle Aktivsätze blau und alle Passivsätze grün.

Information **Verben im Aktiv und Passiv**

Das Aktiv und das Passiv drücken eine **unterschiedliche Sicht auf ein Geschehen** aus:

- Das **Aktiv betont** denjenigen, **der** etwas tut oder **handelt,** z. B.:
  Die Verkäuferin verkauft den Jugendlichen ein Eis.
- Das **Passiv betont, mit wem oder was etwas geschieht,** z. B.:
  Den Jugendlichen wird ein Eis verkauft.
  Das Passiv wird gebildet aus der Personalform des Hilfsverbs *werden* + Partizip II:

	Aktiv	Passiv
Präsens:	*Jan ärgert Timur.*	*Timur wird geärgert.*
Präteritum:	*Jan ärgerte Timur.*	*Timur wurde geärgert.*

Den Konjunktiv I und II erkennen und anwenden

VORSICHT FEHLER!

Mit dem Fahrrad in der falschen Richtung unterwegs

Gestern fuhr ich mit meinem Fahrrad auf dem Radweg in die falsche Richtung. Dabei wurde ich von einem Polizisten angehalten. Er sagte, das Fahren in die falsche Richtung sei auch für Radfahrer verboten und ich müsse eine Strafe zahlen. Ich erklärte, ich muss schnell zur Schule und bin deshalb auf dem falschen Radweg gefahren. Der Polizist antwortete, diese Begründung akzeptiere er nicht, ich soll zehn Euro bezahlen. Weil ich nur wenig Taschengeld bekomme, schlug ich vor, ich kann den Betrag auch bei der Stadt abarbeiten. Ich erklärte, ich bin bereit, selbst für ein paar Stunden auf der Polizeiwache auszuhelfen. Er entgegnete, er darf und will diesen Vorschlag aber nicht akzeptieren.

1 In welcher sprachlichen Form will der Verfasser die jeweilige Rede wiedergeben?

2 a Schreibt den markierten Satz ab.
Unterstreicht im Heft den Redebegleitsatz grün und die Verbformen im Konjunktiv I blau.

b Beschreibt anhand des Satzes, wie der Konjunktiv I gebildet wird.
Nutzt die Fachbegriffe *Stamm des Verbs* und *Personalendung*.

c Erklärt, warum in dem markieren Satz der Konjunktiv I verwendet wurde.

3 Prüft in Partnerarbeit, wo im Bericht noch der Konjunktiv I zu verwenden ist.
Schreibt den Text richtig in euer Heft.

4 a Prüft die beiden folgenden Sätze:
- Welches Verb steht im Konjunktiv I?
- Bei welchem Verb kann man nicht erkennen, ob es im Konjunktiv I oder im Indikativ Präsens steht?

Ich erklärte, ich müsse mich beeilen, um nicht zu spät zu kommen. Ich achte sonst aber immer auf den richtigen Radweg.

b Wenn sich das Verb im Konjunktiv I nicht von seiner Form im Indikativ Präsens unterscheidet, kann das beim Leser zu einem Missverständnis führen.
Erläutert, worin das bestehen könnte:
Man weiß nicht, ob …

c Schreibt den Satz zweimal um:
- Ersetzt den Konjunktiv I durch den Konjunktiv II.
- Ersetzt den Konjunktiv I durch die *würde*-Ersatzform.

d Welche der beiden Formen ist geeigneter:
Konjunktiv II oder *würde*-Ersatzform?

5 Übt, Sätze in die indirekte Rede umzuformulieren. Wählt Aufgabe a oder b.

●○○ **a** Formt die Sätze A bis D in die indirekte Rede um: *Der Polizist erklärte, er …*

Tipp: Verwendet bei Satz B den Konjunktiv II und bei Satz C die *würde*-Ersatzform.

A Ich kann der Schülerin in dieser Sache auch nicht helfen.

B Strafzettel müssen immer bezahlt werden.

C Auf besondere Umstände nehmen wir bei der Polizei keine Rücksicht.

D Ich komme mit zu den Eltern, damit sie das Bußgeld bezahlen.

●●● **b** Formt die Sätze E bis H in die indirekte Rede um. Prüft jeweils, ob ihr besser den Konjunktiv I, den Konjunktiv II oder die *würde*-Ersatzform verwendet. *Der Polizist erklärte, er …*

E Leider kann ich der Schülerin keinen Job anbieten, damit sie ihre Schulden abarbeitet.

F Wir haben bei der Polizei genügend Mitarbeiter und benötigen keine Hilfe.

G Die Schülerin muss sich also selbst überlegen, wie sie das Geld beschafft.

H Dabei kann ich ihr nicht helfen.

6 **a** Habt ihr auch schon einmal eine gute Ausrede gehabt, wenn ihr etwas angestellt hattet? Berichtet euch davon in Partnerarbeit.

b Was hat euer Lernpartner berichtet? Formuliert in indirekter Rede drei Sätze, z. B.: *Can hat erzählt, er habe letztens …*

Wegen des Zwischenfalls mit der Polizei bin ich zu spät zur Schule gekommen. Jch erklärte, dass ich zu spät bin, weil ich aufgehalten wurde. Meine Lehrerin antwortete leider, dass ich ihr das genauer erklären muss. Jch erzählte also, dass ich mit dem Fahrrad auf der falschen Seite gefahren bin und dass ich dabei von einem Polizisten erwischt worden bin. Die Lehrerin erwiderte, dass sie eine solche Begründung für eine Verspätung nicht noch einmal akzeptiert. Sie meinte, dass ich künftig früher von zu Hause losfahren soll, um nicht noch einmal zu spät zu kommen.

7 **a** Wenn die indirekte Rede mit *dass* eingeleitet wird, kann auch der Indikativ stehen. Erklärt, was einen Leser an diesem Text dennoch stören könnte.

b Ersetzt einige Sätze in der indirekten Rede durch Sätze ohne *dass*. Verwendet den Konjunktiv I, z. B.: *Jch erklärte, ich sei zu spät, weil …*

Information **Der Konjunktiv I und II in der indirekten Rede**

Wenn man deutlich ausdrücken möchte, dass **jemand anderes etwas gesagt hat,** dann verwendet man die **indirekte Rede.** Die indirekte Rede steht **nicht in Anführungszeichen.** Das Verb steht im **Konjunktiv I,** z. B.: *Sie sagt, sie **fahre** sonst immer auf der richtigen Seite.*

- Wenn der **Konjunktiv I sich nicht vom Indikativ Präsens** unterscheidet, dann wird der **Konjunktiv II** oder die ***würde*-Ersatzform** verwendet, z. B.: *„Wir haben keinen Job für dich."*
  Konjunktiv I: *Sie erklärten, sie **haben** keinen Job für mich.*
  → Konjunktiv II: *Sie erklärten, sie **hätten** keinen Job für mich.*
  → *würde*-Ersatzform: *Sie erklärten, sie **würden** keinen Job für mich **haben.***
- Wenn die **indirekte Rede** mit ***dass, ob*** oder mit **wo** und ***wofür*** eingeleitet wird, kann auch der **Indikativ** stehen.

Teste dich!

Aufgaben für Partner 1: Entschuldigungen	**richtig**	**falsch, gehe zu:**
1 Mangels einem Stadtplan konnte meine Schwester und ich die Schule nicht finden. *Korrigiere die beiden Grammatikfehler.*	Mangels *eines Stadtplans konnten* meine Schwester und ich ...	Seite 210, 211
2 Nachdem ein Hund mir die Hose (zerreißen), (müssen) ich eine neue Hose holen. *Setze die Verben im richtigen Tempus ein.*	Nachdem ein Hund mir die Hose *zerrissen hatte, musste* ich eine neue Hose holen.	Seite 212
3 Meine Oma hielt mich auf, weil ich noch ihren Kuchen probieren sollte. *Forme den Aktiv-Satz ins Passiv um.*	Ich *wurde* von meiner Oma *aufgehalten,* weil ihr Kuchen noch von mir *probiert werden sollte.*	Seite 213
4 Er behauptete: „Ich bin zu spät, weil meine beiden Wecker verschlafen haben." *Forme die direkte Rede in die indirekte um.*	Er behauptete, er *sei* zu spät, weil seine beiden Wecker verschlafen *hätten.*	Seite 214, 215

Aufgaben für Partner 2: Beschwerden	**richtig**	**falsch, gehe zu:**
1 Statt dem vielen Sand hatte meine Frau und ich am Meer eine Wiese erwartet. *Korrigiere die beiden Grammatikfehler.*	Statt *des vielen Sandes hatten* meine Frau und ich am Meer ...	Seite 210, 211
2 Während es den ganzen Mai über kalt (sein), (regnen) es den ganzen Juni über. *Setze die Verben im richtigen Tempus ein.*	Während es den ganzen Mai über kalt *gewesen war, regnete* es ...	Seite 212
3 Der Händler verkaufte mir Zwiebeln, die mir beim Schneiden Tränen in die Augen trieben. *Forme den Aktiv-Satz ins Passiv um.*	Mir *wurden* vom Händler Zwiebeln *verkauft,* von denen mir beim Schneiden Tränen in die Augen *getrieben wurden.*	Seite 213
4 Ein Gast beschwert sich: „Das Essen hat mir nicht geschmeckt. Die Köche haben alles versalzen." *Forme die direkte Rede in die indirekte um.*	Ein Gast beschwert sich, das Essen *habe* ihm nicht geschmeckt. Die Köche *hätten* alles versalzen.	Seite 214, 215

1 Testet euch gegenseitig: Jeder prüft seinen Lernpartner mit einem Aufgabenbogen (Aufgaben für Partner 1 oder Partner 2). Deckt dabei die Lösungen ab und notiert die Antworten.

2 Übe weiter: Hast du höchstens 2 Antworten falsch, bearbeite die Aufgaben auf den Seiten 219–220. Hast du mehr als 2 Antworten falsch, bearbeite die Aufgaben auf den Seiten 217–218.

Üben: Wortarten richtig einsetzen

A Ich möchte mich bei Ihnen über *Ihren/Ihre* Milchverpackungen beschweren.
B Meine Frau und ich *konnte/konnten* diese leider nicht öffnen.
C Die Gebrauchsanweisung auf der Milchtüte ist so klein gedruckt, dass wir keinen einzigen *Buchstaben/Buchstabe* lesen konnten.
D Die Lesebrille von mir oder meiner Frau *war/waren* zunächst nicht zu finden.
E Als ich die Brille endlich gefunden hatte, las ich, dass man die Lasche oberhalb *dem Verschluss/des Verschlusses* mit *beiden/beide* Daumen zurückziehen soll.
F Allerdings *war/waren* die Lasche dafür zu klein oder die Daumen von mir oder meiner Frau *war/waren* zu groß.
G Daher *entschied/entschieden* meine Frau und ich uns, die Milchtüte mit *eine/einer* Schere zu öffnen.
H Allerdings *war/waren* unsere beiden Scheren nicht zu finden.
I Wir mussten uns von unserem *Nachbar/Nachbarn* eine Schere leihen.
J Insgesamt haben wir einen ganzen Vormittag mit *dem/den* Öffnen der Milchverpackung verbracht.

1 Schreibt die Sätze A bis J mit den richtigen Kasus (Fall) und Numerus (Anzahl) ins Heft.

Sehr geehrte Damen und Herren,

ich muss mich bei Ihnen wegen der Waschmaschine beschweren, die ich bei Ihnen gekauft habe: Nachdem sich mal wieder viel dreckige Wäsche *(ansammeln)*, *(entscheiden)* ich mich, eine Maschine Wäsche zu waschen. Ich *(befüllen)* also die Waschmaschine mit den Kleidungsstücken. Bevor ich die Maschine *(anstellen)*, *(füllen)* ich selbstverständlich auch noch Waschmittel in den Behälter. Als die Waschmaschine fertig *(sein)*, *(nehmen)* ich die Wäsche heraus. Dabei *(bemerken)* ich, dass eine Socke *(fehlen)*. Ich bitte Sie daher, mir eine neue Waschmaschine zu liefern, die keine Socken frisst.

Mit freundlichen ...

2 Entscheidet bei dem Brief, wann das Präteritum und wann das Plusquamperfekt verwendet werden muss. Schreibt die Verben richtig in euer Heft.
Tipp: Ihr müsst zweimal das Plusquamperfekt verwenden.

Sehr geehrte Damen und Herren aus der Überraschungseier-Abteilung,

ich muss mich bei Jhnen leider über Jhre Überraschungseier beschweren. Gestern schenkte meine Oma meinem kleinen Bruder ein solches Ei. Er ist schon 9 Jahre alt, aber er weiß nie, wie man den Jnhalt der Eier zusammenbaut. Daher bastle ich ihm immer die verschiedenen Figürchen und Fahrzeuge zusammen. Allerdings war gestern ein Flugzeug in dem Ei, das mich zur Verzweiflung gebracht hat. Die Anleitung war nämlich völlig unverständlich. Jch möchte Sie daher dringend bitten, mir eine vernünftige Bauanleitung zu schicken.

Mit freundlichen …

3 Formt alle unterstrichenen Sätze ins Passiv um. Beginnt so: *Gestern wurde mir …*

VORSICHT FEHLER!

Sehr geehrte Damen und Herren,

Sie sagen in Jhrer Werbung: „Man kann gleich zweimal hintereinander niesen. Die neuen Taschentücher der Marke ‚Supersanft' verkraften das, ohne zu reißen." Leider muss ich Jhnen mitteilen, dass Jhr Taschentuch bei mir schon nach dem ersten Niesen reißt. Meine Mutter meint: „Taschentücher müssen doch nicht so stabil sein. Man muss sich in einem solchen Fall halt schnell ein zweites Taschentuch nehmen. Wenn man immer ein ganzes Päckchen in der Tasche hat, ist das gar kein Problem." Jch niese aber immer sehr schnell hintereinander, sodass ich keine Hand frei habe, um ein neues Taschentuch aus der Packung zu nehmen. Jch möchte Jhnen daher sehr empfehlen, noch reißfestere Taschentücher herzustellen.

Mit freundlichen …

4 Formt die direkte Rede im Text in die indirekte Rede um. Verwendet bei der Unterstreichung die *würde*-Ersatzform und bei der Unterlegung den Konjunktiv II.

Lösungen

1 A … über *Jhre* Milchverpackungen … B Meine Frau und ich *konnten* …
C … keinen einzigen *Buchstaben* lesen … D Die Lesebrille von mir oder meiner Frau *war* …
E … oberhalb *des Verschlusses* … mit *beiden* Daumen … F … *war* die Lasche … *waren* zu groß.
G … *entschieden* meine Frau und ich … mit *einer* Schere … H Allerdings *waren* unsere beiden Scheren …
I … von unserem *Nachbarn* … J … mit *dem* Öffnen der Milchverpackung …

2 angesammelt hatte, entschied, befüllte, anstellte, hatte gefüllt, war, nahm, bemerkte, fehlte

3 Gestern *wurde* meinem kleinen Bruder (von meiner Oma) ein Überraschungsei *geschenkt*. … wie der Inhalt der Eier *zusammengebaut wird*. Daher *werden* ihm die verschiedenen Figürchen und Fahrzeuge immer (von mir) *zusammengebastelt*. … von dem ich zur Verzweiflung *gebracht wurde*.

4 Sie sagen in Ihrer Werbung, man *könne* gleich zweimal hintereinander niesen. Die neuen Taschentücher der Marke „Supersanft" *würden* das *verkraften*, ohne zu reißen. Meine Mutter meint, Taschentücher *müssten* doch nicht so stabil sein. Man *müsse* sich in einem solchen Fall halt schnell ein zweites Taschentuch nehmen. Wenn man immer ein ganzes Päckchen in der Tasche *habe*, *sei* das gar kein Problem.

Üben: Wortarten richtig einsetzen

A Ich habe an Sie wegen Ihr ? Müsliriegel ? eine wichtige Frage.
B Zunächst einmal muss ich betonen, dass ich mit Ihre ? Müsliriegel ? grundsätzlich sehr zufrieden bin und mir in der Schule häufig welche aus d ? Automat ? hole.
C Trotz d ? verschieden ? Geschmacksrichtung ? ist mir und meinem besten Freund Ihr Angebot aber mittlerweile zu einseitig.
D Mein Freund und ich *(essen)* auch gerne Fast Food.
E Ein Hamburger oder ein Döner *(sein)* uns dabei am liebsten.
F Vielleicht *(können)* Sie und Ihre Kollegen für uns deshalb einen Riegel mit Hamburger- oder Dönergeschmack erfinden?
G Es *(geben)* auch eine große Menge weiterer Schülerinnen und Schülern, die Interesse an solchen Riegeln *(haben)*.

1 a Schreibt die Sätze A bis C jeweils mit dem richtigen Kasus ab.
b Notiert hinter den Sätzen A bis C, um welchen Kasus es sich jeweils handelt.
c Schreibt die Sätze D bis G mit dem richtigen Numerus in euer Heft.

Sehr geehrte Damen und Herren,

ich plane demnächst einen Banküberfall. Gestern *(ergeben)* sich dabei für mich folgendes Problem: Nachdem ich bereits alle anderen Details gut *(planen)*, *(wollen)* ich mich um meine Maskierung kümmern. Ich *(entscheiden)* mich, mir eine Damenstrumpfhose über den Kopf zu ziehen. Bevor ich die Strümpfe *(kaufen)*, *(recherchieren)* ich, dass Ihre Strümpfe besonders gut seien. Allerdings *(sein)* ich mit der gekauften Strumpfhose dann gar nicht zufrieden. Die Strumpfhose der Größe 42–44 *(sein)* so eng, dass ich kaum Luft *(bekommen)*. Außerdem *(reichen)* sie mir bis über die Arme, sodass es mir damit nicht *(gelingen)*, meine Pistole zu halten. Vielleicht haben Sie mit dem Problem Erfahrung und können mir einen Tipp geben, welche Strümpfe aus Ihrem Sortiment sich für meinen Zweck eignen.

Mit freundlichen ...

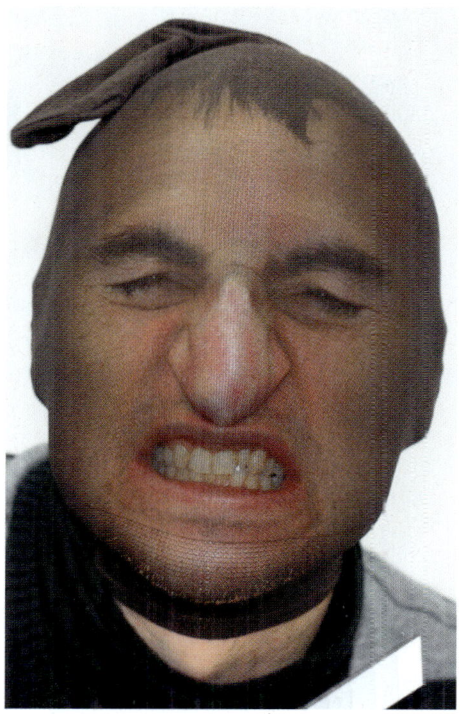

2 Entscheidet, wann im Brief das Präteritum und wann das Plusquamperfekt verwendet werden muss. Schreibt die jeweiligen Verben richtig in euer Heft.

Sehr geehrte Damen und Herren,

ich habe vor ein paar Wochen einen Batman-Film gesehen und war sehr begeistert. Nun möchte ich so werden wie Batman. Eine freundliche Schneiderin hat mir schon ein Kostüm geschneidert. Nun brauche ich noch ein Batmobil. Das möchte ich mir selbst bauen. Aber ich habe ein Problem mit dem Fahrgestell, denn ich brauche dafür eine Turbine. Eine Turbine beschleunigt das Batmobil nämlich sehr schnell. Jch habe mich danach erkundigt und man hat mir erklärt: „Die kleinste Turbine wiegt 75 Kilo und benötigt 150 Liter Kerosin pro Stunde. Sie haben daher also ein Problem mit dem Platz. Die Turbine und der riesige Tank benötigen nämlich viel Stauraum.“ Nun habe ich mir Folgendes überlegt: Man muss das Fahrgestell für die Turbine um einen Meter verlängern. Aber ich weiß nicht, wo man den Tank unterbringen kann. Man kann das Fahrzeug ja nicht auf acht Meter verlängern. Sie haben doch viel Erfahrung mit dem Autobau. Können Sie mir vielleicht mitteilen, ob es nicht einen Spezialtank gibt, den man geschickt unterbringen könnte?

Mit freundlichen ...

3 Formt in dem Brief alle unterstrichenen Sätze ins Passiv um.

4 Formt die direkte Rede im Brief in die indirekte Rede um. Prüft jeweils, ob ihr besser den Konjunktiv I, den Konjunktiv II oder die *würde*-Ersatzform verwendet.

Lösungen

1 a/b A wegen *Jhrer* Müsliriegel ... (Genitiv), B ... mit *Jhren* Müsliriegel*n* ... (Dativ), ... aus *dem* Automat*en* ... (Dativ),
C ... trotz *der* verschieden*en* Geschmacksrichtung*en* ... (Genitiv)
c D Mein Freund und ich *essen* ... E Ein Hamburger oder ein Döner *ist* ... F Vielleicht *können* Sie ...
G Es *gibt* auch eine große Menge ..., die Interesse an solchen Riegeln *haben*.

2 ergab, geplant hatte, wollte, entschied, kaufte, hatte ... recherchiert, war, waren, bekam, reichte, gelang

3 Mir *wurde* von einer freundlichen Schneiderin schon ein Kostüm *geschneidert*. Das Batmobil *wird* (von einer Turbine) nämlich sehr schnell *beschleunigt*. ... und mir *wurde erklärt*: Das Fahrgestell für die Turbine einfach um einen Meter *verlängert werden*. Aber ich weiß nicht, wo noch der Tank *untergebracht werden* kann. Das Fahrzeug kann ja nicht auf acht Meter *verlängert werden*, ... der geschickt *untergebracht werden* könnte.

4 Mir wurde erklärt, die kleinste Turbine *wiege* 75 Kilo und *benötige* 150 Liter Kerosin pro Stunde. Ich *hätte* daher also ein Problem mit dem Platz. Die Turbine und der riesige Tank *würden* nämlich viel Stauraum *benötigen*.

11.2 Praktikumsberichte – Sätze treffend formulieren

Die Textsorte beachten

VORSICHT FEHLER!

A *An meinem ersten Praktikumstag im Zirkus lernte ich die Arbeit mit den verschiedenen Tieren genauer kennen. Der Tierpfleger gab mir gleich am Morgen den ersten Job: Ich sollte den Elefanten frisches Heu geben. Das sind echt megacoole Tiere! Anschließend durfte ich dem Pfleger, der ziemlich strange war, beim Füttern der Tiger und Löwen zusehen. Dabei musste ich allerdings außerhalb des Käfigs bleiben, weil die wirklich krass gefährlich sind. Vor der Nachmittagsvorstellung konnte ich dabei helfen, die Pferde zu putzen und ihre Mähnen zu bürsten. Bei der Zirkusvorstellung selbst durfte ich dann ganz chillig von einem Zuschauerplatz aus zugucken – voll spannend!*

B *Am zweiten Tag habe ich verschiedene Aufgaben rund um den Verkauf kennen gelernt. So durfte ich am Nachmittag der Frau des Zirkusdirektors beim Ticketverkauf helfen. Auch am Vormittag habe ich schon mit ihr an der Kasse gesessen und sie beim Vorverkauf von Tickets unterstützt. Am Morgen habe ich dem Souvenirverkäufer geholfen, seine Regale mit Stofftieren, Programmheften etc. aufzufüllen. Außerdem schaute ich der Frau von der Süßwarenbude beim Hersteller von Schokobananen, gebrannten Mandeln und Popcorn zu.*

1 Würdet ihr gern ein Praktikum in einem Zirkus machen? Was würdet ihr lieber machen?

2 a Schreibt aus Text A alle Wendungen heraus, die man weglassen sollte, weil sie unsachlich sind.
b Notiert für alle umgangssprachlichen Wendungen andere Begriffe, z. B.:
Job: Aufgabe, ...

3 a Welche der folgenden Aussagen trifft zu? Was sollte bei Text B verbessert werden?
– Der Schüler schreibt unsachlich und verwendet umgangssprachliche Wendungen.
– Der Praktikumsbericht enthält einige Grammatikfehler. So wurde nicht durchgängig das Präteritum verwendet.
– Die Ereignisse sind nicht in der chronologischen Reihenfolge wiedergegeben und es wird nicht immer das Präteritum verwendet.
b Überarbeitet Praktikumsbericht B im Heft.

Information **Die Textsorte beachten**

Wenn man einen Text schreibt, muss man die **Textsorte beachten.** So ist es z. B. wichtig, dass man bei einem **Praktikumsbericht sachlich** und in **chronologischer Reihenfolge** über seine Tätigkeiten informiert. Außerdem sollte der Bericht im **Präteritum** verfasst sein.

Mit Adverbialsätzen nähere Umstände ausdrücken

Mein erster Praktikumstag beim Bundestrainer der deutschen Fußballnationalmannschaft der Männer begann um 10:30 Uhr. Ich durfte zunächst bei der ersten Trainingseinheit zuschauen. Anschließend begleitete ich den Bundestrainer zur täglichen Pressekonferenz. Das war sehr interessant. Um 13:30 Uhr sind wir alle gemeinsam zum Mittagessen gegangen. Es gibt immer sehr gesundes Essen. Am Nachmittag hatte ich frei. Um 17 Uhr schaute ich noch bei der zweiten Trainingseinheit zu.

1 Begründet: Würdet ihr auch gern ein Praktikum beim Bundestrainer der deutschen Fußballnationalmannschaft machen?

2 a Sicher ist euch aufgefallen, dass in dem Bericht einige Angaben fehlen, die den Ablauf näher erklären.
Setzt die folgenden Adverbialsätze an den passenden Stellen ein. Arbeitet im Heft.
- *weil der Nachmittag auch den Spielern zur freien Verfügung steht*
- *damit die Spieler fit bleiben*
- *nachdem die Mannschaft gefrühstückt hatte*
- *obwohl ich selbstverständlich nur von den Zuschauerplätzen aus zusehen durfte*

b Welche näheren Informationen enthalten die von euch eingesetzten Adverbialsätze? Bestimmt jeweils, um was für Adverbialsätze es sich handelt (► Information, S. 223).

c Erklärt, warum die Adverbialsätze zum näheren Textverständnis beitragen.

3 a Ersetzt bei den folgenden Sätzen A bis C die Adverbialsätze durch adverbiale Bestimmungen. Beginnt z. B. so:
A Nach dem Mittag …   B Durch …   C Wegen …

A Nachdem wir zu Mittag gegessen hatten, stand den Spielern und mir der Nachmittag zur freien Verfügung.
B Indem die Mannschaft regelmäßig trainiert, bereitet sie sich bestens auf das Spiel vor.
C Weil die zweite Trainingseinheit um 19 Uhr beendet war, endete um diese Zeit auch mein Praktikumstag.

b Bestimmt jeweils die Art der adverbialen Bestimmung (► Orientierungswissen, S. 297).

c Besprecht je Beispiel aus Aufgabe 3 a, ob ihr eher Adverbialsätze oder die adverbiale Bestimmung bevorzugt.

4 Bildet selbst Satzgefüge mit Adverbialsätzen. Wählt Aufgabe a und b oder c und d.

●○○ **a** Verknüpft im Heft die folgenden Teilsätze zu sinnvollen Satzgefügen.

An meinem zweiten Praktikumstag durfte die deutsche Mannschaft ausschlafen, ... Um 11:30 Uhr gab es nur ein leichtes Training, ... Ich durfte die Spieler dabei nur von einem Platz aus beobachten, ... Die Mannschaftsbesprechung fand um 14 Uhr statt, ...	... nachdem die Spieler ein leichtes Mittagessen eingenommen hatten. ... weil sie ein Spiel hatte. ... damit die Mannschaft vor dem Spiel nicht zu erschöpft ist. ... wo mich niemand sehen konnte.

●○○ **b** Notiert jeweils, um welchen Adverbialsatz es sich handelt.
Tipp: Es gibt einen Final-, einen Kausal-, einen Temporal- und einen Lokalsatz.

●●● **c** Verknüpft die Sätze zu A, B und C zu sinnvollen Satzgefügen mit Adverbialsätzen.
Nutzt Verknüpfungswörter wie *damit, weil, indem, wohin, wo, ...*

A Am Nachmittag hatte die Mannschaft Ruhezeit.
\+ Sie konnte danach ausgeruht ins Spiel gehen.

B Um 16 Uhr bereitete der Trainer seine Mannschaft ein letztes Mal vor.
\+ Er schwor sie auf das Spiel ein.

C Beim Spiel durfte ich gleich hinter der Trainerbank sitzen.
\+ Ich hatte von dort eine sehr gute Sicht auf das Spielfeld.

●●● **d** Notiert jeweils, um welchen Adverbialsatz es sich handelt.

Information **Adverbialsätze**

In einem **Satzgefüge** aus Hauptsatz und Adverbialsatz drückt der **Adverbialsatz genauere Umstände eines Geschehens** aus, z. B.:

Adverbialsatz	Fragen	Beispiel
der Zeit: Temporalsatz	Wann? Wie lange? Seit wann? ...	***Nachdem** sie gegessen hatten,* *fand eine Trainingseinheit statt.*
des Ortes: Lokalsatz	Wo? Von wo? Wohin? ...	*Ich durfte sitzen, **wo** ich die Spieler besonders gut sehen konnte.*
der Art und Weise: Modalsatz	Wie? Woraus? Womit? Wodurch? ...	***Indem** er mit den einzelnen Spielern spricht, motiviert der Trainer sie besonders.*
des Grundes: Kausalsatz	Warum? Warum nicht? ...	*Die Mannschaft trainiert regelmäßig, **weil** das für den Erfolg wichtig ist.*
der Bedingung: Konditionalsatz	Unter welcher Bedingung? ...	***Wenn** man seinen Trainingsplan einhält, ist man eher erfolgreich.*
des Zwecks: Finalsatz	Wozu? ...	***Damit** die Spieler sich auch erholen können, gibt es regelmäßige Ruhepausen.*
der Einschränkung: Konzessivsatz	Mit welcher Einschränkung? ...	***Obwohl** sie gut gespielt hat, hat die Mannschaft das Spiel verloren.*

Mit Attributen und Relativsätzen genau beschreiben

Gleich an meinem ersten Tag durfte ich den Kaufhausdetektiv bei seiner Vormittagsschicht, die von 9 bis 13 Uhr dauerte, begleiten. Dabei beobachteten wir unauffällig verschiedene Kunden. Auf einmal fiel uns ein Mann in einem braunen Mantel auf, der eine große Reisetasche trug. Er trieb sich lange Zeit in der fast leeren Lederwarenabteilung herum. Plötzlich sahen wir, dass der Mann, der sich hektisch umsah, blitzschnell mehrere teuer aussehende Geldbörsen in seiner Reisetasche verschwinden ließ. Ich wollte sofort auf den eilig weglaufenden Mann zustürzen, aber der umsichtige Detektiv hielt mich zurück und stellte den Dieb erst am Ausgang. Anschließend rief er den Abteilungsleiter, der dem Dieb Hausverbot erteilte und bei der Polizei Anzeige erstattete. Während der Nachmittagsschicht, die im Büro des Detektivs stattfand, durfte ich ihm helfen, die Kunden auf den mehr als 70 Monitoren zu beobachten.

1 Erklärt, warum es spannend sein könnte, ein Praktikum bei einem Kaufhausdetektiv zu machen.

2 a Sucht die 5 Relativsätze im Bericht. Woran kann man sie erkennen?
b Listet alle Relativsätze wie folgt im Heft auf. Unterstreicht in der linken Spalte, woran ihr sie erkennen könnt.
c Notiert in der rechten Spalte, welche wichtigen Angaben die Relativsätze enthalten.

Relativsatz	wichtige Angaben über
..., die von 9 bis 13 Uhr dauerte (Z. 1 f.) *..., ...*	*– Beginn und Dauer der Vormittagsschicht* *– ...*

3 Bildet aus Attributen Relativsätze und schreibt sie auf, z. B.:
ein Mann in einem braunen Mantel → ein Mann, der einen braunen Mantel trug
Wählt Aufgabe a oder b.
●○○ a Formt die beiden im Bericht markierten Attribute in Relativsätze um.
●●● b Formt zwei nicht markierte Attribute aus dem Bericht in Relativsätze um.
c Stellt euch gegenseitig eure umgeformten Sätze vor. Tauscht euch darüber aus, wann man eher Attribute und wann man eher Relativsätze verwenden sollte.

Information **Attribute und Relativsätze**

Mit **Attributen** (Beifügungen) und **Relativsätzen** kann man genauer beschreiben.
- **Attribute** bleiben **im Satz fest mit ihrem Bezugswort verbunden** (▶ Umstellprobe).
- **Relativsätze** werden durch **Relativpronomen** eingeleitet, z. B.: *der, die, das, welcher, welche, welches.* Man trennt sie durch **Komma** vom Hauptsatz ab, z. B.:
  Ich habe einen großen Mann, der einen Koffer trug, gesehen.
  Attribut (großen) – Relativsatz (der einen Koffer trug)

Mit Proben den Stil verbessern

Ich durfte an meinem ersten Praktikumstag den Darsteller der Fernsehserie den gesamten Drehtag lang begleiten. Der Drehtag begann um 10 Uhr. Ich habe zunächst dabei zugesehen, wie der Schauspieler in der Maske geschminkt und frisiert wurde und sich umgezogen hat. Ich bin dann mit ihm und den anderen Darstellern zum eigentlichen Drehort, dem Studio, gegangen. Ich war sehr erstaunt festzustellen, dass alle Häuser aus der Serie nur Kulissen sind. Weil noch nicht alle Kamera- und Tonleute im Studio waren, mussten wir noch eine Weile warten. Weil beim Dreh alles gut funktionieren soll, haben die Darsteller die Szene zunächst noch mehrere Male geprobt. Ich durfte dabei zusehen.

Endlich wurde die Szene schließlich zum ersten Mal gedreht. Der Regisseur kontrollierte, was noch verändert werden muss. Daraufhin musste die Szene dann noch einmal gedreht werden. Insgesamt passierte das viermal, bis der Regisseur zufrieden und er mit der Szene einverstanden war. Danach sind wir zusammen mit allen in die Mittagspause zum Mittagessen gegangen.

Es wurden die nächsten Szenen gedreht. Währenddessen musste mehrmals umgebaut werden. Beim Drehen dieser Szenen zuzuschauen, war allerdings nicht mehr so interessant.

Am Ende des Drehtags um 19 Uhr bin ich wieder gefahren.

1 a Begründet: Würdet ihr auch einmal gern ein Praktikum an einem Filmset machen?
b Besprecht, was man an dem Bericht verbessern könnte.

2 Überarbeitet den Praktikumsbericht.
a Stellt die Sätze von Z. 1 bis Z. 13 so um, dass die Satzanfänge nicht immer gleich sind.
Tipp: Überlegt, welches Satzglied man an den Anfang stellen könnte, z. B.:
An meinem ersten Praktikumstag …
b Erklärt, warum es sinnvoll ist, einen Satz nicht immer mit den gleichen Wörtern zu beginnen.

3 Findet im Bericht von Z. 14 bis 17 die Stellen, die überflüssig sind oder umständlich klingen. Schreibt die Sätze ohne diese Stellen in euer Heft.

4 a Im dritten Absatz ab Z. 18 bleiben die nachstehenden Fragen unbeantwortet.
Überlegt euch in Partnerarbeit mögliche Antworten.
Schreibt den Text mit passenden Ergänzungen in euer Heft.
– Wann wurden die nächsten Szenen gedreht?
– Warum musste mehrmals umgebaut werden?
– Warum war der Nachmittag vielleicht nicht mehr so interessant?
– Wohin ist der Verfasser des Berichts am Ende des Drehtags gefahren?
b Erklärt, warum man in einem Praktikumsbericht möglichst genaue Angaben macht.

Mein vierter Praktikumstag war besonders interessant, weil ich da Komparse sein durfte. Das heißt, dass ich in einer kurzen Szene durch das Bild laufen durfte. Der Tag begann damit, dass ich selbst in die Maske durfte. Dort wurde ich geschminkt und frisiert. Anschließend wurde mir gesagt, dass ich mein Kostüm anziehen darf. Dann wurde mir genau gesagt, was ich machen muss. Der Regisseur sagte mir, in welchem Moment ich über den Markplatz laufen soll. Außerdem sagte er, welchen Weg ich nehmen soll. Dann durfte ich die Szene einmal proben. Der Regisseur sagte mir, was ich noch verbessern kann. Anschließend wurde die Szene mehrmals gedreht. Alle sagten, dass ich meine Rolle sehr gut gespielt habe. Nach der Mittagspause war ich froh, dass ich nicht mehr selbst spielen musste, sondern den anderen Schauspielern in Ruhe beim Dreh zusehen durfte.

1 Lest den Bericht vom vierten Praktikumstag. Wie wirkt der Stil auf euch?

2 Überlegt, wie man den Stil des Texts verbessern könnte.
Wählt Aufgabe a oder b.

●○○ a Findet geeignete Synonyme für *sagen*, also Wörter mit einer gleichen oder ähnlichen Bedeutung, z. B.: *erklären, ...*

●●● b Wenn man Synonyme sucht, kann man sich im Rechtschreibprogramm von dem so genannten Thesaurus Wortvorschläge anbieten lassen. Sucht aus dem abgebildeten Thesaurus Synonyme für *durfte* heraus, die für die Textüberarbeitung geeignet wären.
Notiert weitere geeignete Synonyme.

c Tauscht eure Ergebnisse in der Klasse aus.

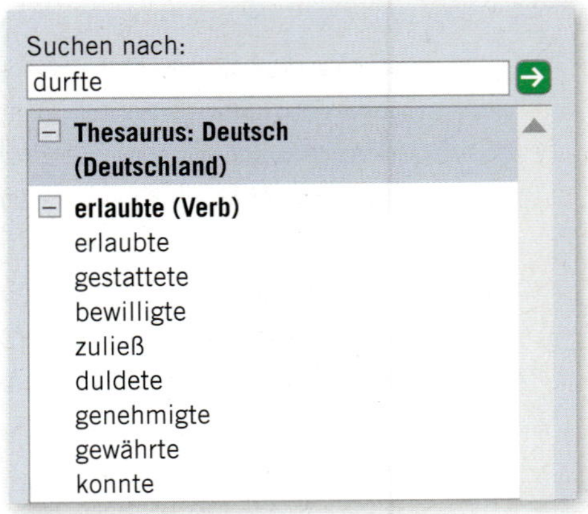

3 Überarbeitet den Tagesbericht.
Setzt für *sagen* und *dürfen* an den geeigneten Stellen passende Synonyme ein.

Information **Mit Proben den Stil verbessern**

Mit Hilfe der folgenden **Proben** könnt ihr in euren Texten den **Stil verbessern:**

- Durch die **Umstellprobe** könnt ihr eure Texte **abwechslungsreicher** gestalten. Ihr stellt die Satzglieder so um, dass die Satzanfänge nicht immer gleich sind. Außerdem kann man das Satzglied an den Anfang stellen, das besonders wichtig ist.
- Mit der **Weglassprobe** könnt ihr prüfen, welche **überflüssigen Wörter** in einem Text gestrichen werden sollten.
- Mit der **Erweiterungsprobe** könnt ihr prüfen, ob eine **Aussage genau oder anschaulich genug** ist oder ob man noch etwas ergänzen sollte.
- Mit der **Ersatzprobe** werden eure Texte abwechslungsreicher. Dafür ersetzt ihr Begriffe, die immer wieder vorkommen, durch **Synonyme.** Das sind **Wörter mit einer gleichen oder ähnlichen Bedeutung,** z. B. *denken, meinen, glauben, ...*
  Um Synonyme zu finden, kann man sich im Rechtschreibprogramm vom **Thesaurus** Synonyme nennen lassen.

Nominal- und Verbalstil verwenden

A *Durch mein Praktikum habe ich erste Einblicke in den Beruf eines Seriendarstellers erhalten. Zu seinen Aufgaben gehören vor allem das Lernen der Rolle und das Proben. Hinzu kommt natürlich das Drehen der jeweiligen Szenen. Wegen der häufigen Wiederholungen der einzelnen Szenen besteht die Notwendigkeit zu Geduld und Kritikfähigkeit. Das Spielen verschiedener Rollen macht aber auch großen Spaß.*

B *Ich habe während meines Praktikums erfahren, was ein Seriendarsteller alles macht. Zu seinen Aufgaben gehören vor allem, seine Rollen zu lernen und zu proben. Außerdem dreht er natürlich die jeweiligen Szenen. Weil die einzelnen Szenen mehrmals gedreht werden, muss man geduldig und kritikfähig sein. Es macht aber auch großen Spaß, verschiedene Rollen zu spielen.*

1
- **a** Vergleicht die Wirkung der beiden Auszüge aus den Praktikumsberichten.
- **b** Text A ist im Nominalstil und Text B ist im Verbalstil geschrieben. Findet Beispiele, wie sich das in den beiden Texte jeweils sprachlich ausdrückt.
- **c** Begründet, welcher Stil eurer Ansicht nach leichter lesbar ist.

2 Bildet Sätze im Verbalstil. Wählt Aufgabe a oder b. Arbeitet im Heft.

●○○ **a** Formt die folgenden Sätze A bis D in den Verbalstil um, z. B.: *Bevor die Dreh…*
Tipp: Die Nomen, die ihr durch Verben ersetzen solltet, sind unterstrichen.
- **A** Vor Beginn der Dreharbeiten findet das Schminken und Frisieren der Schauspieler statt.
- **B** Nach dem Besuch der Maske folgt das Verkleiden.
- **C** Es besteht fast immer die Notwendigkeit zum mehrmaligen Drehen der einzelnen Szenen.
- **D** Gründe dafür sind z. B. die falsche Beleuchtung der Szenen oder Versprecher der Schauspieler.

●●● **b** Formt die folgenden Sätze in den Verbalstil um.

Das Drehen einer Daily Soap ist für Schauspieler eine besondere Herausforderung. Die Anfertigung einer ganzen Serienfolge pro Tag ist Pflicht. Für lange Proben und zahlreiche Wiederholungen einzelner Szenen bleibt daher nur wenig Zeit. Das heißt, dass ein professionelles Arbeiten der Schauspieler von besonderer Wichtigkeit ist.

Information **Nominal- und Verbalstil unterscheiden**

Eine Tätigkeit kann auf verschiedene Weise beschrieben werden. Man unterscheidet:
- **Nominalstil** (setzt vor allem Nomen und Nominalisierungen ein), z. B.:
  Das Lernen der Rolle und das Proben der Szenen sind eine große Herausforderung.
- **Verbalstil** (setzt vor allem viele Verben ein), z. B.:
  Es fordert den Schauspieler sehr, seine Rolle zu lernen und die Szenen zu proben.
  In der Regel sollte man **eher im Verbalstil** schreiben, weil dieser besser lesbar und lebendiger ist.

Teste dich!

Aufgaben für Partner 1: Beim Zirkus	richtig	falsch, gehe zu:
1 Man muss die Tiere im Zirkus gut versorgen, damit sie gesund bleiben. *Bestimme die Art des Adverbialsatzes.*	Finalsatz	Seite 222–223
2 Wenn die Vorstellung zu Ende ist, erhalten alle Tiere ihr Abendessen. *Ersetze den Adverbialsatz durch eine adverbiale Bestimmung und benenne sie.*	*Nach der Vorstellung ...* = adverbiale Bestimmung der Zeit	Seite 222–223
3 Der Tierpfleger wies mich darauf hin, wie gefährlich Raubkatzen sind, und erzählte von einem Unfall mit einem Löwen. *Benenne in dem Satz Synonyme für „sagen".*	hinweisen, erzählen	Seite 225–226
4 Weil Tiger und Löwen so schöne Tiere sind, macht das Füttern dieser Tiere großen Spaß. *Stelle den Satz so um, dass der große Spaß betont wird.*	Großen Spaß macht das Füttern dieser Tiere, weil Tiger und Löwen so schöne Tiere sind.	Seite 225–226

Aufgaben für Partner 2: Beim Detektiv	richtig	falsch, gehe zu:
1 Wenn ein Detektiv einen möglichen Dieb verfolgt, muss er sich unauffällig verhalten. *Bestimme die Art des Adverbialsatzes.*	Konditionalsatz	Seite 222–223
2 Weil das eine große Herausforderung ist, werden Diebe mit Kameras beobachtet. *Ersetze den Adverbialsatz durch eine adverbiale Bestimmung und benenne sie.*	*Wegen dieser großen Herausforderung ...* = adverbiale Bestimmung des Grundes	Seite 222–223
3 Der Kaufhausdetektiv erklärte mir, wie man Detektiv wird, und beschrieb mir die Arbeit. *Benenne in dem Satz Synonyme für „sagen".*	erklären, beschreiben	Seite 225–226
4 Er erwähnte auch, dass es sich um einen besonders interessanten Beruf handelt. *Stelle den Satz so um, dass der besonders interessante Beruf betont wird.*	Dass es sich um einen besonders interessanten Beruf handelt, beschrieb er auch.	Seite 225–226

1 Testet euch gegenseitig: Jeder prüft seinen Lernpartner mit einem Aufgabenbogen.

2 Übe weiter: Hast du höchstens 2 Antworten falsch, bearbeite die Aufgaben auf den Seiten 231–232. Hast du mehr als 2 Antworten falsch, bearbeite die Aufgaben auf den Seiten 229–230.

Üben: Adverbialsätze bilden und bestimmen

An meinem ersten Praktikumstag als Tester von Onlinespielen wurden mir zunächst meine Kollegen vorgestellt, …	… weil das die Grundlage für die Verbesserung des Spiels ist.
Dann wurde mir gezeigt, …	… weil ich wissen wollte, mit wem ich zusammenarbeiten würde.
Anschließend bekam ich eine Checkliste, …	… damit ich wusste, worauf ich beim Testen achten soll.
Schließlich sollte ich das Spiel systematisch testen, …	… indem ich Schritt für Schritt alle Funktionen ausprobiert habe.
Den Rest des Tages habe ich mein erstes Spiel getestet, …	… wo ich in den nächsten Wochen arbeiten sollte.

1 a Bildet aus den Teilsätzen sinnvolle Satzgefüge mit Adverbialsätzen. Arbeitet im Heft.
b Notiert jeweils, um welchen Adverbialsatz es sich handelt.
Tipp: Es gibt einen Finalsatz (Wozu?), zwei Kausalsätze (Warum?), einen Lokalsatz (Wo?) und einen Modalsatz (Wie?).

A Das Testen von Onlinespielen macht Spaß, weil ständig neue Spiele entwickelt werden.
B Indem man die Spiele erprobt, erfüllt man als Tester eine wichtige Aufgabe.
C Nachdem man den Test durchgeführt hat, gibt man den Entwicklern eine Rückmeldung zur Verbesserung der Spiele.

2 a Ersetzt in den Sätzen A bis C die unterstrichenen Adverbialsätze durch adverbiale Bestimmungen. Schreibt ins Heft: *A Wegen … macht das Testen von Computerspielen …*
b Notiert, um welche adverbialen Bestimmungen es sich jeweils handelt.
Tipp: Lest noch einmal auf Seite 297 nach, welche adverbialen Bestimmungen es gibt.

1 An meinem ersten Praktikumstag als Tester von Onlinespielen wurden mir zunächst meine Kollegen vorgestellt, weil ich wissen wollte, mit wem ich zusammenarbeiten würde. (Kausalsatz)
Dann wurde mir gezeigt, wo ich in den nächsten Wochen arbeiten sollte. (Lokalsatz)
Anschließend bekam ich eine Checkliste, damit ich wusste, worauf ich beim Testen achten soll. (Finalsatz)
Schließlich sollte ich das Spiel systematisch testen, weil das die Grundlage für die Verbesserung des Spiels ist. (Kausalsatz)
Den Rest des Tages habe ich mein erstes Spiel getestet, indem ich Schritt für Schritt alle Funktionen ausprobiert habe. (Modalsatz)

2 A Wegen der ständigen neuen Entwicklungen von Spielen macht das … (adverbiale Bestimmung des Grundes)
B Durch das Erproben der Spiele erfüllt man als Tester … (adverbiale Bestimmung der Art und Weise)
C Nach dem Test gibt man den Entwicklern eine Rückmeldung … (adverbiale Bestimmung der Zeit)

Üben: Proben anwenden

Ich traf mich an meinem fünften Praktikumstag zum ersten Mal mit den Spieleentwicklern. Ich berichtete ihnen zunächst von meinen Erfahrungen mit dem von mir getesteten Spiel. Ich beantwortete ihnen danach verschiedene Fragen zu meinen Erfahrungen mit dem Spiel. Ich wurde von den Entwicklern sehr gelobt, weil ich so systematisch gearbeitet hatte.

3 Stellt in dem Text die Sätze so um, dass nicht alle Sätze mit *Ich* beginnen.
Tipp: Überlegt, welches Satzglied man am besten an den Anfang stellen sollte.

Am Nachmittag erklärte meine Chefin mir, welches Onlinespiel ich als Nächstes ausprobieren und testen sollte. Außerdem erklärte die Chefin mir ausführlich und lang und breit, worauf ich beim nächsten Test noch besser achten sollte. Dann erklärte die Chefin mir als Nächstes, welche Spiele in der nächsten Zeit getestet werden sollen. Meine Chefin erklärte mir, dass ich mir aussuchen und auswählen darf, welches Spiel ich testen möchte.

4 a Findet in dem Berichtsauszug die Stellen, die überflüssig sind oder umständlich klingen.
Schreibt diese Stellen aus dem Text heraus.
Tipp: Ihr solltet vier Stellen herausschreiben.

b In dem Text kommt häufig *erklären* und *Chefin* vor.
Sucht aus dem folgenden Wortspeicher geeignete Synonyme heraus, durch die ihr diese Begriffe ersetzen könntet.

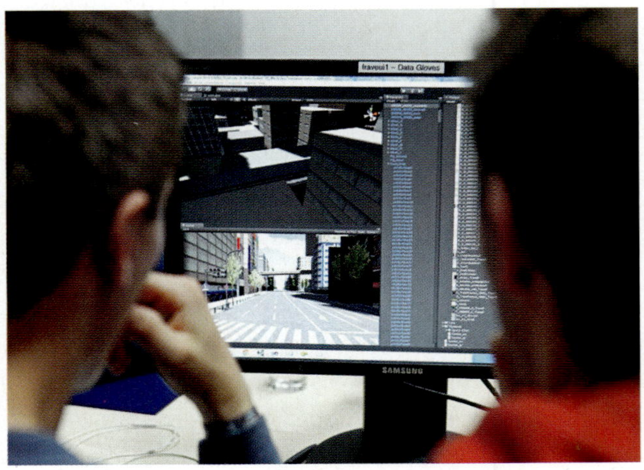

sagen betteln Vorgesetzte sie Chef die Mitarbeiterin erläutern beschreiben
befehlen auf etwas hinweisen anordnen verbieten zeigen Direktorin

3 z. B.: An meinem fünften Praktikumstag traf ich mich zum ersten Mal mit den Spieleentwicklern. Zunächst berichtete ich ihnen von meinen Erfahrungen mit dem von mir getesteten Spiel. Danach beantwortete ich verschiedene Fragen zu meinen Erfahrungen mit dem Spiel. Weil ich so systematisch gearbeitet hatte, wurde ich von den Entwicklern sehr gelobt.

4 a ausprobieren und, und lang und breit, als Nächstes, und auswählen
b geeignete Synonyme für *Chefin*: Vorgesetzte, sie
geeignete Synonyme für *erklären*: sagen, erläutern, beschreiben, auf etwas hinweisen, zeigen

●●● Üben: Adverbialsätze bilden und bestimmen

A Am ersten Praktikumstag zeigte die Chefin mir zuerst die ganze Pralinenwerkstatt.
+ Ich lernte alle Arbeitsbereiche kennen.

B Sie führte mich durch den Betrieb.
+ Ich durfte alle Schokoladen und Pralinen probieren.

C Am Nachmittag wollte ich das erste Mal bei der Pralinenherstellung helfen.
+ Ich wollte die Hauptaufgabe eines Chocolatiers kennen lernen.

D Es darf kein Schmutz in die Pralinen gelangen.
+ Ich musste Gummihandschuhe und ein weißes Hütchen anziehen.

E Ich half meiner Chefin.
+ Ich hielt Marzipankugeln in einen Topf mit Kuvertüre und legte sie auf ein Gitterrost.

1 a Verknüpft die Sätze zu A bis E jeweils zu sinnvollen Satzgefügen mit Adverbialsätzen.
b Notiert jeweils, um welchen Adverbialsatz es sich handelt.

A Während man Schokolade schmilzt, muss man auf die richtige Temperatur achten.

B Die Temperatur misst man, indem man ein Thermometer verwendet.

C Die Schokolade meiner Chefin glänzte schön, weil sie die richtige Temperatur hatte.

2 a Ersetzt in den Sätzen A bis C die Adverbialsätze durch adverbiale Bestimmungen. Arbeitet im Heft.
b Notiert, um welche adverbialen Bestimmungen es sich jeweils handelt.

1 A Am ersten Praktikumstag zeigte die Chefin mir zuerst die ganze Pralinenwerkstatt, damit ich alle Arbeitsbereiche kennen lerne. (Finalsatz)
B Während sie mich durch den Betrieb führte, durfte ich alle Schokoladen und Pralinen probieren. (Temporalsatz)
C Am Nachmittag wollte ich das erste Mal bei der Pralinenherstellung helfen, weil ich die Hauptaufgabe eines Chocolatiers kennen lernen wollte. (Kausalsatz)
D Da kein Schmutz in die Pralinen gelangen darf, musste ich Gummihandschuhe und ein weißes Hütchen anziehen. (Kausalsatz)
E Ich half meiner Chefin, indem ich die Marzipankugeln in einen Topf mit Kuvertüre hielt und auf ein Gitterrost legte. (Modalsatz)

2 A Während des Schmelzens der Schokolade muss man … (adverbiale Bestimmung der Zeit)
B Die Temperatur misst man mit einem Thermometer. (adverbiale Bestimmung der Art und Weise)
C Die Schokolade meiner Chefin glänzte wegen der richtigen Temperatur schön. (adverbiale Bestimmung des Grundes)

Üben: Proben anwenden

Ich durfte an meinem dritten Praktikumstag selbstständig eine neue Aufgabe erfüllen.
Ich wurde am Vormittag von meiner Chefin gebeten, so genannte Hohlkörper herzustellen. Weil sie Schokoladenfiguren herstellen wollte, brauchte sie diese Hohlkörper.
Weil bald Ostern war, gab es Hohlkörper für Schokoladeneier und Schokoladenhasen.
Am Nachmittag verzierte der Chocolatier die Osterhasen. Ich durfte ihm dabei zusehen. Ich bekam am Schluss sogar die Erlaubnis, für mich selbst einen eigenen Osterhasen zu verzieren.

3 Stellt in dem Textauszug die Sätze so um, dass sie unterschiedliche Satzanfänge haben.
Tipp: Überlegt, welches Satzglied man am besten an den Anfang stellen sollte.

Am meinem vierten Praktikumstag musste ich dabei helfen, die einzelnen verschiedenen Schokoladenprodukte zu verpacken. Ich musste zunächst immer sechs oder zwölf Pralinen in Pappschachteln einordnen. Dann musste ich die Schachteln aus Pappe zukleben und mit einer Schleife schön verzieren. Dann musste ich die ganzen Osterhasen alle in Tütchen stecken und diese auch mit einer Schleife zubinden. Dann musste ich alle Pralinenschachteln und Osterhasen sorgfältig und ordentlich in ein Regal einräumen. Dann musste ich beim Aufräumen helfen.

4 **a** Schreibt aus dem Text die Stellen heraus, die überflüssig sind oder umständlich klingen.
b In dem Text kommen häufig *musste* und *dann* vor.
Notiert jeweils drei Synonyme, mit denen man diese Wörter ersetzen könnte.

3 z. B.: An meinem dritten Praktikumstag durfte ich selbstständig eine neue Aufgabe erfüllen. Am Vormittag wurde ich von meiner Chefin gebeten, so genannte Hohlkörper herzustellen. Sie brauchte diese Hohlkörper, weil sie Schokoladenfiguren herstellen wollte. Weil bald Ostern war, gab es Hohlkörper für Schokoladeneier und Schokoladenhasen. Am Nachmittag verzierte der Chocolatier die Osterhasen. Ich durfte ihm dabei zusehen. Am Schluss bekam ich sogar die Erlaubnis, für mich selbst einen eigenen Osterhasen zu verzieren.
4 a verschiedenen, aus Pappe, schön, alle, und ordentlich
b geeignete Synonyme für *musste*: sollte, durfte, hatte die Aufgabe
geeignete Synonyme für *dann*: als Nächstes, danach, anschließend

11.3 Fit in ...! – Einen Text überarbeiten

Stellt euch vor, ihr bekommt in der nächsten Klassenarbeit die folgende Aufgabe gestellt

Aufgabe

1. Der folgende Brief muss überarbeitet werden, bevor er abgeschickt werden kann:
   a Z. 1–5: Setze alle Wörter in den richtigen Kasus (Fall) und Numerus (Anzahl).
   b Z. 6–12: Verwende an den richtigen Stellen das Plusquamperfekt und den Konjunktiv I oder II.
   c Z. 13–18: Wende die Umstellprobe an und finde Synonyme für *dürfen* und *müssen*.

VORSICHT FEHLER!

Sehr geehrte Damen und Herren,

ich habe in der Zeit vom 1. bis zum 15. April ein Praktikum in Jhren Verlag absolviert, weil das Reisen, das Schreiben und das Gestalten von Reiseführern mich sehr interessiert. Innerhalb diesen beiden Wochen habe ich leider nichts von dem erlebt, was ich mir erhofft hatte. Stattdessen waren die Enttäuschung groß.
Zunächst möchte ich Jhnen schildern, wie ich zu dem Praktikumsplatz bei Jhnen kam. Bevor ich die Bewerbung an Sie abschickte, las ich gründlich Jhre Praktikumsanzeige. Darin wiesen Sie darauf hin, dass man bei Jhnen Einblicke in die Arbeit eines Redakteurs bekommen könnte. Weil Sie damit mein Jnteresse weckten, rief ich bei Jhrem Verlag an, um mich über die genauen Tätigkeiten zu informieren. Sie erklärten mir, ich darf bei Jhnen zu ausgewählten Themen selbstständig recherchieren und kann auch ein paar kleinere Texte selbst schreiben. Außerdem habe ich auch die Möglichkeit, bei der Auswahl geeigneter Fotos zu helfen.
Jch musste während des Praktikums leider feststellen, dass Sie keines Jhrer Versprechen eingehalten haben. Jch durfte weder selbst etwas recherchieren noch etwas schreiben. Jch durfte auch keine Fotos auswählen. Jch musste stattdessen den ganzen Tag lang am Kopierer stehen oder den Müll raustragen. Jch musste außerdem ständig für die Redakteure Kaffee kochen. Jch durfte aber nicht zum Mittagessen mit in die Kantine kommen. Jch durfte so keinerlei Einblicke in die Arbeit eines Redakteur bekommen und bin deshalb von Jhrem Verlag sehr enttäuscht.

Mit freundlichen ...

Die Aufgabe richtig verstehen

1 Notiert, bei welchen Textzeilen ihr welche Aufgabe erledigen sollt, z. B.: *Z. 1–5 = ...*

A Ich soll *dürfen* und *müssen* durch Synonyme ersetzen.
B Ich soll den richtigen Kasus und Numerus verwenden.
C Ich soll an den richtigen Stellen das Plusquamperfekt verwenden.
D Ich soll die Sätze so umstellen, dass Wiederholungen vermieden werden.
E Ich soll an den richtigen Stellen den Konjunktiv I oder II verwenden.

Den Text Schritt für Schritt überarbeiten

2 Lest den gesamten Brief auf S. 233.
Notiert, an welchen Stellen euch beim ersten Lesen ein Überarbeitungsbedarf auffällt.

3 Überarbeitet im Heft den **ersten Teil des Briefs** (▶ Z. 1–5).

a Wiederholt, worauf man beim Kasus (Fall) und Numerus (Anzahl) achten muss. Vervollständigt dazu die folgenden Sätze:

> *... bestimmen den Kasus des folgenden Nomens oder Pronomens.*
> *... und ... müssen im Numerus übereinstimmen.*

b Sucht die beiden Stellen, an denen nach der Präposition ein anderer Kasus folgen muss.

c Sucht die beiden Stellen, an denen das Verb in einem anderen Numerus stehen muss.

d Führt mit Hilfe eurer Vorbereitungen den ersten Teil eurer Überarbeitung durch.

4 Überarbeitet im Heft den **zweiten Teil des Briefs** (▶ Z. 6–12).

a Wiederholt, wann man das Plusquamperfekt verwendet. Ergänzt den folgenden Satz:
Das Plusquamperfekt verwendet man, wenn etwas ... dem Ereignis im Präteritum stattgefunden hat.

b Sucht aus dem Text die beiden Stellen heraus, an denen das Plusquamperfekt verwendet werden muss.

c Sucht aus dem Text die indirekte Rede heraus. Notiert zu den Verben jeweils den Konjunktiv I und, wenn nötig, den Konjunktiv II, z. B.: *ich darf → ich dürfe.*

d Führt mit Hilfe eurer Vorbereitungen den zweiten Teil eurer Überarbeitung durch.

5 Überarbeitet im Heft den **dritten Teil des Briefs** (▶ Z. 13–18).

a Überlegt, wo und wie der dritte Teil des Briefs sprachlich verbessert werden sollte.

b Sucht die Sätze mit gleichen Satzanfängen heraus. Wie könnt ihr sie sinnvoll umstellen?

c Notiert Synonyme für *dürfen* und *müssen,* z. B.: *die Möglichkeit haben, ...*

d Führt mit Hilfe eurer Vorbereitungen den dritten Teil eurer Überarbeitung durch.

Die Überarbeitung prüfen

6 Prüft eure Überarbeitung mit Hilfe der Checkliste.

Checkliste

Meine Textüberarbeitung prüfen

Rechtschreibung: Prüfe in einem ersten Durchgang:
Hast du keine Rechtschreibfehler eingebaut?

Überarbeitung: Gehe die drei Teile des Briefes noch einmal durch:
Stimmen im ersten Teil Kasus und Numerus?
Hast du im zweiten Teil an den richtigen Stellen das Plusquamperfekt, den Konjunktiv I oder II verwendet?
Gibt es im dritten Teil keine Wiederholungen?

12 Rechtschreibung – Texte überarbeiten

1 a Betrachtet das Wort-Bild, das für eine Aktion der Welthungerhilfe wirbt. Formuliert, was es erreichen soll.
b Erklärt das Wortspiel mit dem Verb *ISST*. Wie wirkt dieses Wortspiel auf euch?

2 a Durch welche Strategie ist die Schreibweise des Verbs zu erklären?
b Erklärt die Schreibweise von *„Ändern ...!"*, indem ihr ein Ableitungswort findet.
c Sammelt weitere Rechtschreibstrategien, die euch zur Verfügung stehen.

In diesem Kapitel ...

- lernt ihr Projekte kennen, die Menschen zum Mitmachen auffordern,
- wiederholt ihr euer Strategie- und Regelwissen zur Rechtschreibung,
- überarbeitet ihr informierende und argumentierende Texte.

12.1 Mach mit! – Strategien und Regeln anwenden

Die Welthungerhilfe ist eine Organisation, die sich gegen Hungersnot und Armut in der Welt einsetzt. Sie veranstaltete 2013 eine Mitmachaktion mit dem Thema „Die Welt isst nicht gerecht".

VORSICHT FEHLER!

A Aussagen	B Erläuterungen
Die Welt isst nicht gerecht. Ändern wir's.	Mit dieser Aktion will die Welthungerhilfe darauf aufmerksam machen, dass 842 Millionen Menschen auf der Welt hungern. Sie will über die ungleiche Verteilung der Nahrung informieren und viele Menschen auforden, vor Ort etwas zu endern.
Mehr als die Hälfte der Deutschen ist übergewichtig.	Noch aussagekreftiger ist der Umfank der Taille, der die Fetansammlung besonders gut zeigt.
Ein Drittel aller unterernährten Menschen lebt in Afrika.	Weltweit sind über 842 000 000 Menschen untererneht. Über 31 % von ihnen leben in Afrika, fast genauso viele in Indien. In Afrika hat die Zahl entgegen dem Trend in den letzten Jahren sogar dramatisch zugenomen.
In Äthiopien herrscht extreme Mangel- und Fehlernährung.	Ein erwachsener Mensch mus täglich mindestens 2100 Kalorien zu sich nehmen, um gesund zu bleiben. Ein Äthiopier komt nur auf 1840 Kalorien pro Tag.
In Deutschland decken wir unseren Kalorienbedarf mit zu vielen und falschen Nahrungsmitteln.	Zwar essen wir so viel, wie wir solen, allerdings nicht das Richtige. Zu viel Zucker, Fleisch und Milchprodukte führen bei uns zu Zivilisationskrankheiten wie Übergewicht, Diabetes und Herzkrankheiten.
In Deutschland wird jedes Jahr zu viel Geld für Produkte ausgegeben, die halb als Nahrungsmittel und halb als Medikament gelten.	Diese Nahrungsergenzungsmittel sind z. B. Stoffe, mit denen wir schlanker, schöner und gesünder wirken wollen. Zudem werfen wir große Mengen an Nahrung in den Müll.

1 Besprecht anhand der Aussagen und Erläuterungen, welche Mitmachaktionen zum gerechten Umgang mit Lebensmitteln ihr seht.

2 Wendet die Rechtschreibstrategien an. Wählt Aufgabe a, b oder c.

●○○ **a** Prüft, ob ihr in der Spalte „A Aussagen" Beispielwörter für das Schwingen, Verlängern, Zerlegen und Ableiten findet.

●●○ **b** Erstellt im Heft eine Tabelle wie in Aufgabe c. Ordnet die korrigierten Fehlerwörter aus „B Erläuterungen" ein.

●●● **c** Erstellt im Heft eine Tabelle mit den folgenden Spalten: , , , .
Ordnet die korrigierten Fehlerwörter aus B ein. Notiert zu jedem Wort ein Beweiswort.

d Vergleicht in Partnerarbeit eure Arbeitsergebnisse.

Rechtschreibstrategien wiederholen

die Lage er kommt die Unruhe der Zug die Welten der Sarg der Tod es bleibt
der Falke aufschütteln der Tipp ambulant der Bann der Anzug

1 Welche Wörter müssen verlängert werden, um ihre Schreibweise zu erklären?
Schreibt diese Wörter mit ihren Verlängerungswörtern ins Heft.

Gehe ich vor dir, dann weiß ich nicht, ob ich dich auf den rechten Weg bringe.
Gehst du vor mir, dann weiß ich nicht, ob du mich auf den rechten Weg bringst.
Gehe ich neben dir, werden wir gemeinsam den rechten Weg finden. *(afrikanisches Sprichwort)*

2 a Bestimmt, welche Wörter verlängert werden müssen.
b Bei welchem Verb würde das Verlängern zu einem Fehler führen?

das Handballtor die Sicherheitsauflagen die Krankenhausbetten der Bannkreis
der Barfußgang der Beinbruch beieinanderstehen die Handreichung

3 a Klärt die Bedeutung der zusammengesetzten Wörter, z. B. von hinten nach vorn:
Das Handballtor ist das Tor für das Handballspiel.
b Zerlegt die Wörter und entscheidet, wo sich Verlängerungsstellen befinden.
Schreibt sie mit den Verlängerungswörtern ins Heft, z. B.: *Hand|ball|tor – denn: die Hände, die Bälle.*

die Veränderung die Erklärung die Erläuterung die Betätigung das Versäumnis die Behälter
das Ärgernis die Äußerlichkeit die Gefährlichkeit die Säuberung die Lähmung

4 Findet zu den Ableitungswörtern die Beweiswörter mit *a* bzw. *au*. Arbeitet im Heft.

der Präsident der Gerichtstermin der Abschluss der Gerichtsbeschluss der Fahrer
die Kannbestimmung die Fahrkartenausgabe der Hangweg der Berghang die Monatsgehälter

5 Schreibt die Wörter ab. Markiert sie sinnvoll mit den Strategiezeichen: Ⓜ.

Methode **Strategien anwenden**

- **Zweisilbige Wörter** kann man **beim Schreiben mitsprechen.** Sie werden **meistens lauttreu geschrieben.**
- **Einsilber** muss man **verlängern, zusammengesetzte Wörter** sollte man in ihre Bestandteile **zerlegen,** um zu prüfen, wo sich Verlängerungsstellen befinden.
- **Wörter mit *ä* und *äu*** kann man oft **von verwandten Wörtern mit *a* und *au* ableiten.**

Fremdwörter erkennen und richtig schreiben

A Foodsharing – Nutzer/-in werden

Du kannst dich hier direkt bei *foodsharing.de* registrieren und schon heute beginnen, deine überschüssigen Lebensmittel *online* anzubieten bzw. abzuholen.
Die Registrierung ist ganz einfach und schnell. Entweder meldest du dich mit deinem *Facebook-Account* an oder registrierst dich mit deinem Namen, deiner *E-Mail* und einem *Passwort* und schon kann das *Fairteilen* von Lebensmitteln beginnen.
Als Freiwilliger kannst du dabei helfen, *Flyer, Sticker* und *Poster* zu verteilen, um die Idee in deiner Umgebung zu verbreiten.

B Foodsharing

Ziel der Mitglieder von Foodsharing ist es, ein Bewusstsein für die Verschwendung von Lebensmitteln zu schaffen und selbst aktiv Lebensmittel zu retten. Alle Unterstützer setzen sich mit innerer Überzeugung für eine gute Sache ein. Die Lebensmittel werden bei den jeweiligen Spenderbetrieben abgeholt und an Menschen verteilt, die sie brauchen.
Für die Spender hat eine Kooperation nur Sinn, wenn die Lebensmittelretter verlässlich zu den ausgemachten Zeiten erscheinen und die Produkte sofort verteilen. Wer mitmacht, muss die Abholung also gut koordinieren. Um eine 100 %ige Abholquote zu gewährleisten, können nur zuverlässige, mobile Menschen mitmachen. Für Köln hat ein Informatiker eine Website entwickelt, auf der die Informationen zusammenlaufen. Sie wird bundesweit zur Verfügung gestellt.

1
a Gebt wieder, welche Ziele die Foodsharer haben. Wie organisieren sie sich?
b Überlegt, welche Aufgaben die Texte haben. Wozu dienen die Fremdwörter darin?

2 Was bedeuten die Fremdwörter im Text? Wählt Aufgabe a oder b.
●○○ a Übertragt die *kursiv* gesetzten Wörter englischer Herkunft aus Text A ins Heft. Schreibt eine deutsche Übersetzung dazu.
●●● b Schreibt aus Text B mindestens 6 lateinische Fremdwörter heraus. Fügt die Bedeutung hinzu, z. B.: *aktiv = tätig, eifrig, …*
Tipp: Meist steht in einem Wörterbuch, aus welcher Sprache ein Wort stammt.
c Vergleicht entweder eure Ergebnisse mit einem Lernpartner, der dieselbe Aufgabe gelöst hat, oder tauscht euch mit einem Lernpartner aus, der eine andere Aufgabe gelöst hat.

Information **Fremdwörter als Fachbegriffe und Lehnwörter**

- **Fremdwörter** sind Wörter, die wir **aus fremden Sprachen übernehmen.**
Handelt es sich bei den Fremdwörtern gleichzeitig um **Fachbegriffe,** dann behalten sie meist **ihre Aussprache und Schreibung bei.** Dann erkennt man sie an **typisch fremdsprachlichen Buchstaben** und **Buchstabengruppen,** z. B.: *Asyl, Strophe, Theater.*
- Von **Lehnwörtern** spricht man, wenn **Fremdwörter in ihrer Schreibung und Lautung** den Regeln der **deutschen Sprache angepasst** werden, z. B.: *Phantasie → Fantasie.*

Realityshow die Kavallerie Thermometer Soap Hydrant Karies Publicity Defensive Alphabet Catering offensiv chillen Outdoor Break Pyjama Peanuts Triumph City Trenchcoat Station Evolution Querulant Rhabarber Labyrinth Physik Container Shop

3 a Verständigt euch in Partnerarbeit über die jeweilige Bedeutung der Fremdwörter.
b Bei welchen Fremdwörtern hilft das genaue Lesen in Silben, um sie richtig zu schreiben?
c Bei welchen Fremdwörtern seid ihr unsicher in der Aussprache?
d Klärt, warum es bei vielen der Fremdwörter in der Schreibung Probleme geben könnte

Griechisch: häufig Wörter mit *th, ph, rh, y* und auf *-ik* endend	**Englisch:** häufig Wörter mit *ch, sh, oa, ea, ou* und auf *-y, -ing, -ity* endend	**Latein:** häufig geschrieben, wie man sie spricht; typische Nachsilben *-iv, -ie, -ion*

4 Fremdwörter haben je nach ihrer Herkunft unterschiedliche Merkmale.
a Übertragt die Tabelle oben ins Heft. Ordnet die Wörter aus Aufgabe 3 ihrer Herkunft zu.
b Wettbewerb: Wer findet zuerst drei weitere Beispiele pro Tabellenspalte?

A Photographie Joghurt Portemonnaie Phantasie Reaktion Mayonnaise Delphin Spaghetti

B Geldbörse Lichtbild Milchprodukt Vorstellungskraft Folge einer Aktion weiße Soße Meeressäuger Nudelform

5 Bei manchen Fremdwörtern ist neben der Herkunftsschreibweise auch eine eingedeutschte Form richtig.
a Ordnet im Heft den Fremdwörtern A ihre jeweilige Bedeutung B richtig zu.
b Prüft mit Hilfe des Wörterbuchs, ob zwei Schreibweisen zulässig sind.
c Schreibt die zweite Schreibweise ins Heft, sofern sie laut Wörterbuch zulässig ist.

Lateinisch	Deutsch	Spanisch	Englisch
medicina	die Medizin	la medicina	the medicine
familia	die Familie	la familia	the family
problema	das Problem	el problema	the problem
centrum	das Zentrum	el centro	the centre

6 Bei einigen Wörtern ist die ursprüngliche lateinische Herkunft gut erkennbar.
a Überlegt, welche Vorteile das beim Erlernen der Fremdsprache bzw. beim Verreisen hat.
b Findet weitere Beispielwörter.

7 Die folgenden Wörter sind aus dem Deutschen ins Englische übernommen worden. Gebt Tipps, worauf man bei der Rechtschreibung jeweils achten muss:
das Gemüt, der Rucksack, der Kindergarten, das Glockenspiel, der Kohlrabi, der Ersatz.

Zusammen- und Getrenntschreibung

–/+

zu|sam|men	
– zusammen mit ihr – zusammenarbeiten, zusammenballen, zusammenbeißen – zusammenbinden: ich binde zusammen, habe zusammengebunden, um zusammenzubinden *Von einem folgenden Verb oder Partizip wird getrennt geschrieben, wenn „zusammen" so viel wie „gemeinsam, gleichzeitig" bedeutet (das Verb wird in diesen Fällen meist deutlich stärker betont):* – sie können nicht zusammen [in einem Raum] arbeiten	– wir sind zusammen angekommen – jetzt sollen alle zusammen singen *Nur getrennt:* – zusammen sein: wenn er mit uns zusammen ist; sie waren zusammen gewesen; *aber:* das Zusammensein

1 Diese Erklärung findet man im Wörterbuch zum Wort *zusammen*.
Lest den Text mehrmals. Schlagt das Buch zu und gebt wieder, wann man *zusammen* mit anderen Wörtern getrennt oder zusammenschreibt.

2 Wendet die Ergebnisse aus Aufgabe 1 auf andere Wörter an. Wählt a oder b.

●○○ a Entscheidet, ob die folgenden Verbindungen mit *zurück* getrennt oder zusammengeschrieben werden. Schreibt sie richtig ins Heft: **zurück** + *behalten, blättern, bleiben, legen, treten, rudern, stellen, weichen, weisen, wollen, zahlen, stehen, sein, blicken, müssen, gezogen.*

●●● b Findet fünf Zusammensetzungen mit **wieder** + Verben. Bildet mit ihnen Sätze im Heft.

A Bei der Zusammensetzung von Wörtern sollte man sich klarmachen, aus welchen Wörtern sie bestehen. Man sollte sich fragen, ob sich die Wörter durch die Zusammensetzung in ihrer Bedeutung verändern. Man kann zum Beispiel beim Fahrradfahren schwer fallen oder einem kann das Lernen von etwas schwerfallen. Wenn man frischen Teig gegessen hat, können Bauchschmerzen davon kommen. Normalerweise wird man ohne Folgen davonkommen.

B
- Man kann eine Klassenarbeit *krank/schreiben.*
  Man kann sich vom Arzt *krank/schreiben* lassen.
- Bei einem Vortrag sollte man *frei/sprechen.*
  Der Richter kann einen von der Anklage *frei/sprechen.*
- Man kann in der Gruppe *zusammen/halten.*
  Man kann mit anderen einen schweren Gegenstand *zusammen/halten,* damit er nicht hinfällt.
- In der Schule lernt man, sich mit der rechten Schreibung *auseinander/zu/setzen.*
- Ohne die Bedeutung zu prüfen, kann man nicht *sicher/sein,* wie das Wort zu *schreiben/ist.*
- Nominalisierungen schreibt man zusammen, sodass *das Zusammenschreiben* immer richtig ist.

3 a Begründet die Schreibweise der markierten Verben in Text A.
b Entscheidet in Text B, welche Zusammensetzungen eine neue Bedeutung haben.
Tipp: Diese Bedeutungen kommen vor:
eine Bescheinigung besorgen, für unschuldig erklären, gemeinschaftlich handeln, beschäftigen.
c Schreibt die Sätze aus Text B in der richtigen Schreibung in euer Heft.

Heimwegtelefondienst

A Jede Frau kennt es: Straßen, die am Tag gut besucht sind, sind abends oft menschenleer. Auch wenn man in der Dunkelheit eigentlich nicht alleine nach Hause gehen will, muss man manchmal dunkle Straßen durchlaufen. Da sollte man zusehen, dass man möglichst zügig aus der unangenehmen Situation herauskommt.

B Zwei junge Frauen aus Berlin haben sich jetzt *vor+genommen,* eine Lösung für Frauen *zu+finden,* die nachts allein die Stadt *durch+queren+müssen.* Sie haben ein Heimwegtelefon ins *Leben+gerufen.* Es bietet Frauen, die unterwegs sind, eine Hotline an, die sie *anrufen+können,* wenn sie sich *verfolgt+fühlen.* Die Gründerinnen sitzen freitags und samstags vom 22 bis 2 Uhr am Hörer. Zu Beginn muss die Anruferin *mit+teilen,* wo sie sich *auf+hält* und wo sie *hin+will.* Dann wird auf ihrem Weg ein Gespräch über alles Mögliche *statt+finden,* bis die Anruferin zu Hause *an+gekommen+ist.* Dazwischen wird regelmäßig der Standort *ab+gefragt,* sodass die Route auf dem Laptop *verfolgt+werden+kann.* In Notfällen können der Polizei konkrete Daten *durch+gegeben+werden.* Die Erfahrung zeigt, dass das Telefonieren Täter *ab+schreckt,* sich an die Frauen *heran+zu+machen.*

1 Überlegt, ob ihr das Projekt sinnvoll findet. Würdet ihr dabei mitmachen?

2 Klärt die Zusammen- oder Getrenntschreibung der markierten Wörter in Text A.
Tipp: Nutzt die folgende Information.

3 Getrennt oder zusammen? Überarbeitet Text B. Wählt Aufgabe a, b oder c.
●○○ **a** Entscheidet mit Hilfe der Information, wie die Verbindungen mit Verben geschrieben werden. Schreibt sie richtig ins Heft.
●●○ **b** Schreibt die Verbindungen mit Verben richtig ins Heft. Begründet eure Schreibweise der drei markierten Verbindungen mit Hilfe der Wortarten.
●●● **c** Schreibt die Verbindungen mit Verben richtig ins Heft.
Welche Regel der Getrennt- und Zusammenschreibung trifft im Text B am häufigsten zu?
d Vergleicht eure Ergebnisse in der Klasse.

Information **Getrennt- und Zusammenschreibungen bei Verbindungen mit Verben**

Getrennt schreibt man **in der Regel Wortgruppen**
- aus **Nomen und Verb,** z. B.: *Fußball spielen,*
- mit dem Verb ***sein,*** z. B.: *weg sein,*
- aus **Verb und Verb,** z. B.: *spielen lernen, einkaufen gehen,*
- aus **Adjektiv und Verb,** z. B.: *gut argumentieren, schnell reden,*
- aus **abgeleiteten Wörtern und Verb,** z. B.: *getrennt fahren.*

Zusammen schreibt man **Verbindungen**
- aus **unveränderlichen Wörtern und Verb,** z. B.: *hinfallen, ausfallen,*
- aus **Adjektiv und Verb** nur dann, wenn sie **zusammen** eine ganz **neue Bedeutung** ergeben, z. B.:
  Die Arbeit wird mir schwerfallen = sie wird mich anstrengen.
  Man darf nicht schwarzfahren = ohne Fahrschein fahren.

Nomen und Nominalisierungen schreibt man groß

Wheelmap

In Gütersloh haben Rollstuhlfahrer es neuerdings leichter, sich zu orientieren, wo sie sich ohne Hindernisse in der Stadt bewegen können. Diese Informationen sind in einem digitalen Stadtplan notiert. Sie erleichtern das Leben vieler Betroffener sehr. Diese Auflistung ist dem Projekt „wheelmap“ zu verdanken, das im Internet alle Mitbürger dazu auffordert, behindertengerechte Orte zu melden. Es braucht dazu viele Menschen, die sich an diesem bundesweiten Projekt beteiligen. Das tat in Gütersloh beispielsweise ein Schüler, der sein Praktikum bei der Stadt machte und drei Wochen lang Orte auf Rollstuhltauglichkeit prüfte.

1 Trainiert, wie ihr die Nomen im Text erkennen könnt.
a Schreibt je drei Beispiele für Artikel, Numerale und Adjektiv als Begleiter ins Heft.
b Führt bei drei Nomen ohne Begleiter eine der Nomenproben (▶ S. 243) durch.

VORSICHT FEHLER!

Wie findet man interessante Mitmachprojekte, wie z. B. Wheelmap? Darüber kann man sich im Internet *informieren.* Dort findet man schnell *das neueste* an Entwicklungen. Beim *lesen* kann man sofort *feststellen,* ob mitmachen für einen selbst in Frage kommt. Zur *suche* sollte man treffende Suchwörter für die Bereiche *eingeben,* die einen *interessieren.* Das *eingeben* zielführender Wörter erspart viel Zeit beim *finden* des *gewünschten.* Immerhin bietet das Internet sehr viele Informationsquellen. Dadurch ist das *vergleichen* von Ergebnissen sehr gut möglich. Man findet das *gesuchte* eigentlich immer.

2 Entscheidet, ob es sich bei den *kursiv gesetzten Wörtern* um Nominalisierungen handelt. Schreibt die Sätze richtig ins Heft.

des abends   am abend   den ganzen abend über   guten abend   abends   in der nacht
von morgens bis abends   gestern abend   am frühen morgen   immer morgens   zur nacht
spätabends   am späten abend   zu mittag   mittags   nachmittags   am späten nachmittag

3 Werden Tageszeiten von einem Artikel oder Adjektiv begleitet, schreibt man sie groß.
a Übertragt die folgende Tabelle ins Heft und ordnet die Wörter richtig ein.
b Formuliert im Heft einen Tipp für die Kleinschreibung. Beachtet dazu die Wortenden.
c Vergleicht in Partnerarbeit eure Lösungen und korrigiert sie bei Bedarf.

Großschreibung der Tageszeiten	Kleinschreibung der Tageszeiten
am = **an dem** Vormittag	vormittags

4 a Bildet im Heft fünf Sätze, in denen Tageszeiten vorkommen.
b Stellt euch in Partnerarbeit eure Sätze vor. Begründet die Schreibweisen.

VORSICHT FEHLER!

Sozialhelden und ihre Projekte

A Die „Sozialhelden“ wurden vor zehn Jahren von Jan und Raul Krauthausen gegründet. Inzwischen haben die beiden Gründer mit vielen Ideen ein großes Netzwerk an Freiwilligen mit vielen verschiedenen Projekten ins Leben gerufen. Wer die Welt zum Umdenken bewegen will, braucht Ideen, Kraft, Geduld und ein starkes Team. Damit soziales Engagement Spaß macht und Aufmerksamkeit hervorruft, braucht es ein Fünkchen Witz, ein bisschen Querdenkerei und vor allem einen ansprechenden Namen. Jede/-r kann ein/-e „Sozialheld/-in“ sein. Denn in jedem Menschen stecken verborgene Kräfte. Informationen unter www.sozialhelden.de/wir/

B Unter www.wheelmap.org wird weltweit über ein ampelsystem bewertet, ob ein ort behindertengerecht ist. Dies ist eines der ersten projekte der sozialhelden. Die seit 2010 im internet verfügbare karte wird durch die mithilfe vieler täglich erweitert. Aktuell sind über 400 000 cafés, bibliotheken, schwimmbäder und andere öffentlich zugängliche orte erfasst. Ein weiteres projekt sind gutscheine, die man an nette menschen verteilt. Der gutschein zum gutsein soll seinen besitzer anstiften, einer person innerhalb von fünf tagen etwas gutes zu tun. Danach übergibt er seinen gutschein dem menschen, dem er gerade geholfen hat. Dieser überlegt sich nun selbst eine gute tat und alles beginnt von vorn. Dabei ist egal, was man tut: Ob man einem fremden beim beladen seines autos hilft, der lieblingsverkäuferin ein stück torte vorbeibringt oder in der nacht verlorenen seelen hilft, nach hause zu finden.

SOZIALHELDEN

1 Tauscht euch mit Hilfe der Texte darüber aus, worin die Idee der „Sozialhelden“ besteht.

2 Wendet die Regeln zur Großschreibung von Nomen an. Wählt Aufgabe a, b oder c.

●○○ **a** Schreibt die Nomen mit ihren Begleitern aus Text A ins Heft.
Bei Nomen ohne Begleiter wendet eine der Nomenproben an (▸ Methode).

●●○ **b** Welche Wörter in Text B sind Nomen? Prüft das anhand der Begleiter oder mit Hilfe der Nomenproben. Schreibt die Wörter richtig mit ihren Begleitern ins Heft.

●●● **c** Findet in Text A und B Bespiele für Nomen, Nominalisierungen und Tageszeiten.
Notiert an je einem Beispiel, woran man Nomen sicher erkennen kann.
Tipp: Ihr könnt nach Aufgabe 3 eure Ergebnisse auch als Vortrag der Klasse vorstellen.

3 Prüft in Partnerarbeit eure Lösungen zu der von euch bearbeiteten Aufgabe 2.

Methode **Nomen durch Proben erkennen und großschreiben**

- **Artikelprobe:** Vor Nomen kann man einen Artikel setzen, z. B.: *der, die, das.*
  Artikel können sich „verstecken“, z. B.: *zur (= zu der) Brücke, beim (= bei dem) Schwimmen.*
- **Zählprobe:** Nomen kann man zählen, z. B.: *zwei, zehn, viele, einige, keine, alle Fahrräder.*
- **Adjektivprobe:** Nomen kann man durch Adjektive näher beschreiben, z. B.:
  hilfreiche Projekte, große Vorhaben, interessante Ideen.
- **Tageszeiten** werden mit **einem Begleiter großgeschrieben,** z. B.: *eines Abends, heute Abend.*
  Ohne Begleiter und mit einem **angehängten *s*** schreibt man sie **klein,** z. B.: *morgens, mittags.*

Strategie- und Regelwissen trainieren

Felix Finkbeiner und Lena Scheifgen berichten, wie sie zu der Mitmachaktion „Plant-for-the-Planet“ gekommen sind. Diese hat sich mittlerweile zu einer weltweiten Aktion entwickelt.

VORSICHT FEHLER!

A Felix: Weihnachten 2006 bletterte ich in Al Gores Buch „Die unbequeme wahrheit“, das mein Opa meinem Vater geliehenhatte. Am ersten Schultag sagte meine Vierte-Klasse-Lehrerin, dass wir jetzt zwei Wochen das Sondertema „Klimakrise“ behandeln. Sie war wegen des ungewöhnlich warmen Winterwetters drauf gekommen. Ich meinte, sie würde Klima mit Wetter verwechseln, denn ein warmer Winter mache noch keine Klimakrise. So „durfte“ ich ein Referat halten. Ich scante Bilder von Al Gore ein und bei meiner Recherhe stieß ich auf Wangari Maathai. Sie hat zusammen mit anderen Frauen in Afrika in dreißig Jahren dreißig millionen Bäume gepflanzt. Am Ende des Vortrags sagte ich: „Last uns in jedem Land der Erde eine Million Bäume pflanzen.“ Anfangs wollte ich keine organisation gründen. Gregor und Sascha, zwei Abiturienten im Nachbarort, erfuhren von der Idee. Sie erstellten mit mir eine Wepsite und luden Medien zur pflanzung des ersten Baumes an unserer Schule ein. Ein Radiosender und eine Zeitung berichteten. Schnel schlossen sich Kinder und Jugendliche aus anderen Stedten an. Nach einem Jahr hatten wir 50 000 Bäume gepflanzt.

1 Gebt wieder, wie der damals 9-jährige Felix zur Gründung der Organisation kam.

2 Korrigiert die in Text A markierten Fehlerwörter.
●○○ Tragt sie im Heft in die richtige Tabellenspalte ein.

Strategiefehler	Fremdwortfehler	Großschreibung	zusammen/getrennt

B Lena: Ich habe in der Schule in der 8. Klasse über einen Flyer von „Plant-for-the-Planet“ erfahren. Der Fleier hat sich interessant angehört und mich hat das Tema „Klimakrise“ angesprochen. Außerdem fant ich es gut, dass auch Kinder und Jugendliche aktif werden und versuchen, durch das bäumepflanzen und durch vorträge etwas zu verendern.
Felix: Mit mehreren Tausend Kindern und Jugendlichen aus über hundert Ländern haben wir uns gefragt, was wir machenwürden, wenn wir die Regierungsschefs der Welt seinkönnten. Wir haben einen 3-Punkte-Plan zur Rettung unserer Umwelt entwickelt. Erstens: Pflanzt 1 000 Milliarden Bäume bis 2020. Zweitens: Lasst die fossilen Energietreger im Boden. Drittens: Bekempft Armut durch Klimagerechtigkeit. Wir haben schon 16 000 Botschafter in 26 Ländern, die helfen, das Ziel um zu setzen.

VORSICHT FEHLER!

3 Formuliert, was „Plant-for-the-Planet“ erreichen will.

4 a Übertragt die Tabelle zu Aufgabe 2 ins Heft.
●●● b Korrigiert alle 12 Fehlerwörter des Textes B. Tragt sie in die richtige Tabellenspalte ein.

Teste dich!

R *Wortgruppen mit Verb*
Wortgruppen aus Verb und Verb werden in der Regel getrennt geschrieben (► S. 240–241).

E *Wortgruppen mit sein*
Wortgruppen mit sein müssen immer getrennt geschrieben werden (► S. 240–241).

T *Verbindungen mit Verben*
Verbindungen mit Verben, deren erster Bestandteil nicht veränderbar ist, schreibt man zusammen (► S. 240–241).

P *Verbindungen mit Verben*
Verbindungen mit Verben, die eine neue Bedeutung haben, schreibt man zusammen (► S. 240–241).

E *Nomen*
Nomen erkennt man am Begleiter oder man findet sie mit Hilfe einer Nomenprobe (► S. 242–243).

M *Nominalisierungen*
Nominalisierte Verben und Adjektive kann man durch eine Nomenprobe sicher erkennen (► S. 242–243).

E *Tageszeiten*
Tageszeiten schreibt man groß, wenn sie einen Begleiter haben. Man schreibt sie klein, wenn sie ohne Begleiter sind und ein s angehängt wird (► S. 242–243).

B *Zerlegen*
Man zerlegt zusammengesetzte Wörter und verlängert dann den Einsilber (► S. 236–237, 303).

L *Verlängern*
Verlängern muss man zweisilbige Wörter und Wörter mit unklarem Auslaut (► S. 236–237, 302).

N *Fremdwörter*
Wenn man Fremdwörter schreibt, wie man sie spricht, macht man keine Fehler (► S. 238–239, 303).

S *Ableiten*
Beim Ableiten sucht man bei Wörtern mit ä und äu verwandte Wörter mit a und au (► S. 236–237, 303).

1 Prüfe, welche der Aussagen richtig sind.
Tipp: Die Buchstaben vor den richtigen Aussagen ergeben einen Monatsnamen.

2 a Ergänze im Heft die richtigen Aussagen durch ein passendes Beispiel. Du kannst die folgenden Wörter und Wortgruppen nutzen.
b Berichtige die falschen Aussagen im Heft.

die Physik laufen können fertig sein hinschauen säubern zusammenfalten
die Häfen beim Denken viel Schönes ein schönes Tuch morgens am frühen Morgen
die Wandtafel krumm der Bussard

3 Vergleicht in Partnerarbeit eure Lösungen.

12.2 Meinungen begründen – Zeichensetzung üben

Kommas in Satzgefügen setzen

Pro: In Italien und Spanien gehört es zum täglichen Leben dazu, dass man seinen Kaffee in einem Café trinkt. Weil sich durch die Weltwirtschaftskrise nicht mehr jeder seinen Kaffee kaufen kann, ist die Idee zu einem interessanten Projekt entstanden. Menschen, die es sich leisten können, bezahlen zwei Kaffee, obwohl sie nur einen trinken wollen. Der zweite Kaffee wird einem Menschen gespendet, der kein Geld für einen Kaffee übrig hat. Nun möchte eine junge Frau erreichen, dass diese Idee auch in Deutschland umgesetzt wird. Diese Idee sollte unbedingt unterstützt werden.

VORSICHT FEHLER!

Kontra: In Spanien und Italien wo der Kaffee ein Grundnahrungsmittel ist gehört der Besuch eines Cafés zum Alltag. Für Menschen die sich das auf Grund der Wirtschaftskrise nicht mehr leisten können bedeutet das eine Einschränkung der Lebensqualität. Daher ist die Idee gut dass Menschen die in diesen Ländern Geld genug verdienen zwei Kaffee bezahlen und einen spendieren. Dass eine junge Frau das Projekt auch auf Deutschland übertragen will ist weniger sinnvoll.

1 a Formuliert den strittigen Punkt, mit dem sich die beiden Texte beschäftigen.
b Begründet in Partnerarbeit, welcher Meinung ihr euch anschließt.

2 Im Pro-Text sind die Kommas gesetzt. Im Kontra-Text fehlen sie. Wählt zur Frage der richtigen Kommasetzung Aufgabe a oder b.

●○○ a Schreibt den Pro-Text ab und vollzieht die Kommasetzung nach. Unterstreicht nachgestellte Nebensätze, unterschlängelt vorangestellte Nebensätze, umkreist eingeschobene Nebensätze.

●●● b Schreibt den Kontra-Text ab und setzt die fehlenden Kommas. Unterstreicht nachgestellte Nebensätze, unterschlängelt vorangestellte Nebensätze, umkreist eingeschobene Nebensätze.

VORSICHT FEHLER!

- *Eine solche Idee die die Gemeinschaft stärkt sollte man unterstützen.*
- *Die Bedürftigen fühlen sich beschämt sodass sie den Kaffee sicher nicht annehmen.*
- *Weil Kaffee bei uns kein Grundnahrungsmittel ist hilft eine solche Spende hier nicht.*
- *Wenn viele Menschen mitmachen wächst das Bewusstsein dafür dass es auch bei uns Armut gibt.*
- *Durch die Kaffeespende ist es möglich dass sich Betroffene im Winter aufwärmen und in Ruhe Zeitung lesen können.*

3 Ein Schüler hat Pro- und Kontra-Argumente gesammelt. Wählt Aufgabe a oder b.

●○○ a Übertragt die Argumente, die für eure Meinung sprechen, mit der richtigen Zeichensetzung ins Heft.

●●● b Ordnet im Heft die Argumente nach Pro und Kontra. Setzt die Kommas.

Das Komma in das/dass-Sätzen

VORSICHT FEHLER!

Sevil: Wenn man denkt dass in Deutschland andere Hilfen wichtiger wären als Kaffee, so kann ich das nachvollziehen. Aber ich denke doch dass es gut ist auf verschiedenste Arten ein Bewusstsein dafür zu wecken dass es auch bei uns Menschen gibt die sich selbst diesen kleinen Luxus nicht mehr leisten können. Dazu kann die Aktion beitragen.

Jan: Zwar finde ich sehr positiv dass sich Menschen für soziale Ideen einsetzen aber ich denke doch dass sie sich dafür Projekte suchen sollten die eine größere Hilfe für Betroffene darstellen und besser in unseren Kulturkreis passen.

4 Pro oder kontra? Wählt Aufgabe a/b oder c/d.

●○○ **a** Schreibt den Text ins Heft, dem ihr zustimmt, und ergänzt die Kommas.

●○○ **b** Unterstreicht die Wörter, die anzeigen, dass ein Gegenargument entkräftet wird.

●●● **c** Entkräftet das Argument, das gegen eure Meinung spricht.
Nutzt Formulierungen wie *obwohl, auch wenn, doch auch, sondern, jedoch.*

●●● **d** Prüft eure Kommasetzung.

VORSICHT FEHLER!

Abschließend kann ich sagen ? ich dem Projekt positiv gegenüberstehe. ? Argument ? bei mir den Ausschlag gibt, ist die Idee ? man viele Menschen mobilisieren kann, mit wenig Aufwand etwas Gutes zu tun. Dabei ist nicht nur die gute Tat entscheidend. Viel wichtiger scheint mir zu sein ? ? Problem der Armut in den Blick gerät. Und ? ist der erste Schritt dahin ? man sich für Veränderungen einsetzt. Besonders gut gefällt mir ? ? Projekt von vielen jungen Menschen getragen und organisiert wird.

5 **a** Begründet, ob die abschließende Erläuterung besser zu Sevil oder Jan passt.
Wählt dann Aufgabe b oder c. Vergleicht zum Schluss in der Klasse eure Ergebnisse.

●○○ **b** Schreibt den Text ins Heft.
Entscheidet, ob ihr *das* oder *dass* einsetzen müsst, und setzt die fehlenden Kommas davor.

●●● **c** Seid ihr gegen das Projekt? Dann formuliert eine eigene abschließende Erläuterung. Achtet auf die *das/dass*-Schreibung und die Kommasetzung.

Information **Die Kommasetzung im Satzgefüge – *das/dass*-Sätze**

Ein **Satz**, der aus einem **Hauptsatz und** mindestens einem **Nebensatz** besteht, heißt **Satzgefüge.**

- Der Nebensatz kann vor oder nach dem Hauptsatz stehen oder in ihn eingefügt sein. Nebensätze werden **immer durch ein Komma** vom Hauptsatz getrennt. Enthält ein **Satzgefüge mehrere Nebensätze,** werden sie alle durch Kommas abgetrennt.
- Die **Konjunktion *dass*** leitet in der Regel einen Nebensatz ein, der auf die Frage „Was?“ antwortet, z. B.: *Es ist deutlich geworden,* ***dass*** *es mehrere Kontra-Argumente gibt.*
- Das **Relativpronomen *das*** leitet einen Nebensatz ein, der sich auf ein sächliches Nomen im Satz zuvor bezieht, z. B.: *Der hohe Preis ist ein Problem,* ***das*** *man nicht vergessen sollte.*

Zitate richtig kennzeichnen

VORSICHT FEHLER!

In dem Buch mit dem Titel „Jetzt tu ich was" berichten junge Menschen über die Gründe für ihr Engagement. Michaela sagt z. B.: „Weil es Freude macht." Und sie ergänzt: „Weil ich die Kraft, die ich in solche Projekte investiere, auf so viel Arten […] zurückbekomme." Für sie ist „ein Ehrenamt immer eine Chance, den verschiedensten Menschen zu begegnen und viele neue Dinge zu lernen".
Hannah meint: „Ich habe durch das Ehrenamt sehr viele Erfahrungen gemacht, zu denen ich sonst keinen Zugang gehabt hätte […]. Ich habe auch viel über Projektarbeit, Teamarbeit, Organisation und den Umgang mit Menschen, die Hilfe benötigen, gelernt.", und das ist für mein Berufsleben hilfreich.

1 Aussagen anderer kennzeichnet man als Zitate deutlich mit Hilfe von Satzzeichen.

a Beschreibt die Zeichensetzung bei den Zitaten im Text. Erläutert insbesondere auch das Zeichen […].

b Findet bei der Kennzeichnung der Zitatenden einen Fehler im Text.

VORSICHT FEHLER!

Julia arbeitet bei der Berliner Kältehilfe, weil sie die Arbeit so interessant findet. Das ist ein Projekt, in dem im Winter Obdachlose versorgt werden. Die Menschen bekommen neben einer warmen Übernachtungsmöglichkeit auch viel Zuspruch und Beratung. Sie hat hierbei viele tolle Leute getroffen, und zwar sowohl unter den Gästen als auch unter den Mitarbeitern. Sie ist zum Beispiel immer ganz gerührt zu sehen, wie liebevoll unsere Gäste mit ihren wohlgenährten Hunden umgehen.
Das war ihr selbst wichtig: über den Tellerrand zu schauen und andere Lebenswelten kennen zu lernen. Allen Jugendlichen, die sich engagieren möchten, rät sie, schau dich im Netz nach Organisationen um, die für dich in Frage kommen. Und dann gehst du am besten einfach mal Probe arbeiten, um zu sehen, ob dir das Ganze liegt. Sie fordert auf, es einfach mal auszuprobieren und findet, Möglichkeiten, sich zu engagieren, gibt es jedenfalls genug.

2 Im diesem Textteil wurden zwar die Zitate gekennzeichnet, aber nicht die Zeichen gesetzt. Wählt Aufgabe a oder b. Vergleicht anschließend in der Klasse eure Ergebnisse.

●●○ **a** Schreibt den Text mit den richtigen Satzzeichen ins Heft.

●●● **b** Entscheidet, welche Zitate ihr nutzen und welche ihr durch eigene Formulierungen ersetzen würdet. Schreibt eure Überarbeitung ins Heft.

Information **Zeichensetzung bei Zitaten**

- **Zitate** sind **wörtlich wiedergegebene Aussagen** oder Textstellen. Sie werden durch **Anführungszeichen** gekennzeichnet.
- **Innerhalb des Zitats** darf der **Wortlaut nicht verändert** werden.
  Lässt man einen Textteil aus, kennzeichnet man die **Auslassungen** so: **[…]** oder **(…)**.
- Nach einem **vorangestellten Begleitsatz** steht ein **Doppelpunkt,** z. B.: *Du sagst: „Das ist so einfach."*
- **Folgt der Begleitsatz** dem Zitat, wird er durch ein **Komma** abgetrennt. Den Punkt in einem zitierten Satz lässt man weg, z. B.: *„Wir brauchen neue Botschafter für die Sache", meint Felix.*
- **Frage- oder Ausrufezeichen** gehören zum Zitat und stehen innerhalb der Anführungszeichen.

Der Bindestrich verbindet, was zusammengehört

Felix Finkbeiner aus Weinheim-Schongau in Bayern gründete das Projekt „Plant for the Planet“. Er hat mit anderen Jugendlichen einen 3-Punkte-Plan zur Rettung der Erde entwickelt. Es geht darum, den CO_2-Ausstoß weltweit zu senken. Die Jugendlichen halten zu ihrem Anliegen Vorträge, zum Beispiel auf der UN-Kinderkonferenz. In anderen Gremien arbeiten sie als Komoderatoren. Mit Hilfe von E-Mails verständigen sie sich.

1 a Nennt die in den Sätzen mit Bindestrich geschriebenen Wortverbindungen.
b Übertragt die nachstehende Tabelle ins Heft. Bearbeitet dann Aufgabe c oder d.
●○○ c Ordnet die Wörter mit Bindestrich der richtigen Spalte zu.
●●● d Findet für die Spalten mindestens zwei eigene Beispiele.

Abkürzungen, Ziffern und Buchstaben als Bestandteile	Drei und mehr Wörter (auch Fremdwörter)	Doppelnamen

2 Ordnet die folgenden Wörter mit Bindestrich in eure Tabelle zu Aufgabe 1 ein.

der Drei-Tage-Workshop die DLRG-Gruppe die Hand-Mund-Fuß-Krankheit das T-Shirt 6-teilig
das Abend-Make-up die Freiherr-vom-Stein-Allee die Geschwister-Scholl-Schule

3 Prüft, welche der folgende Aussagen A bis C für diese Wortgruppen zutreffen:
der Trimm-dich-Pfad, die Mund-zu-Mund-Beatmung, das Auf-der-Lauer-Liegen, das Zu-spät-nach-Hause-Kommen, der Erste-Hilfe-Lehrgang, das Sich-für-andere-Einsetzen

A In mehrteiligen Zusammensetzungen schreibt man alle Bestandteile groß.
B In mehrteiligen Zusammensetzungen schreibt man das erste und letzte Wort groß, die anderen Wörter schreibt man je nach der Wortart.
C Das letzte Wort bestimmt den Artikel der Wortverbindung.

Eingang und Ausgang Einkauf und Verkauf Brautschuhe und Tanzschuhe
Bratwurst und Heißwurst Weltmeisterschaft und Europameisterschaft hingehen und vergehen

4 Ersetzt das jeweils gemeinsame Wort durch einen Bindestrich, z. B.: *Ein- und Ausgang.*

Information **Wörter mit Bindestrich schreiben**

- **Doppelnamen,** z. B.: *Nordrhein-Westfalen, Frau Müller-Lüder, der Flughafen Köln-Bonn.*
- **Abkürzungen:** Einzelne Buchstaben und Ziffern sind Teil der Verbindung, z. B.: *das E-Book.*
- **Verbindungen aus drei und mehr Wörtern,** z. B.: *die Magen-Darm-Grippe.*
  Das **erste und letzte Wort** schreibt man **groß,** die anderen Wörter je nach ihrer Wortart.
- Einen Bindestrich setzt man auch, um einen **Bestandteil,** der **zu beiden Wörtern** gehört, **einzusparen,** z. B.: *Ein- und Aus**gang**, der Dreh- und Angel**punkt**.*

Zeichensetzung trainieren

VORSICHT FEHLER!

Helden in der Natur

Entflieh dem Alltag indem du an einem Bergwaldprojekt teilnimmst. Wenn du ein Bäumchen im Schutzwald pflanzt dann bewahrst du Menschen vor Katastrophen wie Lawinenabgängen weil der Schutzwald die Dörfer im Tal schützt. Und wenn du auf der Alm mithilfst freuen sich Bauern und Tiere gleichermaßen. Melde dich gleich für ein Bergwaldprojekt oder eine Umweltbaustelle an und widme eine Woche deiner Freizeit der Natur. Arbeite unentgeltlich gegen Kost und Unterkunft mit Menschen die die gleiche Motivation haben. Gemeinsam mit anderen Freiwilligen setzt du Bäume oder befreist sie von Ranken und anderen Schmarotzern sodas die Schutzwaldbäume besser wachsen können. Die Voraussetzung ist das du dich nicht vor steilen Hängen, Muskelkater und einer guten Tat fürchtest. Wenn das für dich zutrifft dann solltest du dich über die Alternative zum Faulenzerurlaub informieren.

1 Mit diesem Text sollen Menschen zum ehrenamtlichen Einsatz im Bergwald bewegt werden. Was erfahrt ihr über die Ziele solcher Projekte?

2 ●○○
- a Schreibt den Text richtig ab und setzt die 8 fehlenden Kommas.
- b Berichtigt die markierten Fehler.
- c Unterstreicht im Text den Relativsatz.
- d Vergleicht in Partnerarbeit eure Lösungen.

VORSICHT FEHLER!

Auf die Frage: „Was möchte das Bergwaldprojekt erreichen?“ antwortet Melissa W.:
[...] Ich finde es toll ? den Menschen eine Möglichkeit gegeben wird den Wald hautnah zu erleben. So werden sie zum Überdenken eigener Gewohnheiten gebracht. [...] Dafür müssen keine großen Vorträge gehalten werden weil die direkte Arbeit in der Natur meist schon ausreicht. Die Arbeit draußen in die man ausführlich eingewiesen wird gefällt mir auch sehr gut. Die Hintergründe die beispielsweise eine Baumfällung notwendig machen werden erläutert. [...] Neben dem Wissen über das Ökosystem Wald ? ich in dem Projekt erlangt habe fand ich es spannend ? ich einen direkten Einblick in die Strukturen und Hintergrundarbeit bekommen habe die die Durchführung der Projektarbeiten erst möglich gemacht haben. ? bringt mich auch für mein Studium weiter.

3 Nennt zwei Gründe, weshalb Melissa W. beim Bergwaldprojekt mitmacht.

4 ●●●
- a Übertragt den Text mit allen Kommas und Zitatsatzzeichen in euer Heft.
- b Wo fehlt ein Bindestrich? Ergänzt ihn an der richtigen Stelle.
- c Fügt für ? richtig *das* oder *dass* ein.
- d Unterstreicht im Text einen Relativsatz.
- e Vergleicht in Partnerarbeit eure Lösungen.

Teste dich!

Das Komma in Satzreihen
Hauptsätze werden durch ein Komma getrennt. Werden sie durch *und* verbunden, kann man/muss man ein Komma setzen (▶ S. 246–247).

Das Komma in Satzgefügen
Haupt- und Nebensätze werden durch ein Komma getrennt/nicht getrennt (▶ S. 246–247).

Bindestriche
Bindestriche setzt man z. B., um mehrteilige Wörter oder Doppelnamen zu verbinden/setzt man nur bei Verbindungen mit Abkürzungen und Ziffern (▶ S. 249).

Zitate
Zitate werden durch Anführungszeichen gekennzeichnet. Sie geben wörtlich wieder, was eine andere Person gesagt hat. Man darf den Wortlaut auch verändern/nicht verändern (▶ S. 248).

Zitate
Ein dem Zitat nachgestellter Begleitsatz wird hinter dem Anführungszeichen mit Komma/mit Punkt abgetrennt (▶ S. 248).

Bindestriche
Bindestriche setzt man, wenn man zwei und mehr Wörter/drei oder mehr Wörter verbindet (▶ S. 249).

Zitate
Will man innerhalb eines Zitats etwas weglassen, dann formuliert man diese Auslassung mit eigenen Worten/kennzeichnet man das durch [...] (▶ S. 248).

Bindestriche
Bindestriche setzt man, wenn man ein gleiches Wort in einer Verbindung einsparen möchte/wenn man ein Wort einer Verbindung betonen möchte (▶ S. 249).

Bindestriche
Wenn Ziffern oder Abkürzungen in der Verbindung vorkommen, schreibt man immer/nie einen Bindestrich (▶ S. 249).

1 Wie müssen die Regeln jeweils richtig lauten?
Schreibe sie im richtigen Wortlaut ins Heft.

2 a Ordne die folgenden Sätze den Regeln als Beispiele sinnvoll zu.
b Für welche Regeln gibt es noch kein Beispiel? Finde je einen Beispielsatz und schreibe ihn dazu.

- Viele Jugendliche engagieren sich, denn das Engagement macht Spaß.
- „Man bekommt viel zurück“, meint Klara über ihr ehrenamtliches Engagement.
- Für das Ehrenamt darf man kein In-den-Tag-hinein-Träumer sein.
- Wer saft- und kraftlos ist, ist vielleicht auch nicht geeignet.
- Viele Menschen arbeiten daran, die UN-Menschenrechtskonvention umzusetzen.
- Wenn man sich die Ziele anschaut, dann bleibt noch viel zu tun.

3 Vergleicht in Partnerarbeit eure Lösungen.

12.3 Fit in ...! – Richtig schreiben

Helmut Luther

Das Basislager auf der Nockeralm

A Die Turboziege auf der Nockeralm heißt Cappuccino. Mein Prachtstück nent Helga Hagers ihre braun-weiß gefleckte Tauernscheckenziege mit den weit abstehenden Hörnern die vor Kurzem sogar einen Auftritt in einem Fernsehfilm hatte. Wirklich stolzmachen die Sennerin jedoch die bis zu sechs Liter Milch die ihre Turboziege teglich gibt. Milch die nach den Wildkräutern der ringsum steil aufragenden dreitausender des Tuxer Hauptkammes duftet.

Doch die Weiden von Cappuccino drohen zu verschwinden: Weil im Valsertal nur noch wenige Bauern ihre Höfe bestellen breiten, sich erst Büsche, dann Bäume aus. Deshalb wurde das Tal in die Bergwaldprojekte auf genommen, und freiwillige sollen unter Anleitung helfen, diese Kulturlantschaft zu erhalten. Auf der Alm von Helga Hagers die als Basislager dient, haben sich 14 Freiwillige ein gefunden: Acht Frauen und sechs Männer wollen in dieser Woche gemeinsam in den Bergen arbeiten. Sie haben einen Schlafsack dabei, wie vom Projektleiter an geordnet. Dazu haben sie Handschuhe und Berkstiefel sowie eine wasserdichte Garnitur dabei weil im informationsschreiben stand, dass uns Regen nicht von der Arbeit abhält.

B Die erste Schicht beginnt am Montagmorgen um halb acht in einem Grauerlenwald der an eine Hütte grenzt. Der schüttere Wald dient den Tieren der Bauern als Weidefläche. An diesem Morgen geht Bauer Jenewein vorsichtig mit der Motorsäge um: Er fällt nur geknickte Erlen, damit die Kühe zu den Weideplätzen gelangen können. Seine Helfer sammeln die Zersägten stämme ein oder reißen mit den Händen Junge, in den Grauerlenbestand nachgerückte Fichten aus. Größere Bäumchen werden mit armlangen Astscheren gekapt. Wenn wir dass nicht machen würden, würde die Pionierpflanze Erle in etwa 80 Jahren von der Fichte kompletverdrengt werden, sagt Jenewein. Wir schützen hier also die Natur nicht nur vor uns Menschen, sondern auch vor sich selbst. Der Grauerlenwald umfasst mehrere Hektar. Ein Hektar ist verdamt groß wenn man mittendrin steht und Baumstamm für Baumstamm beseitigenmus. Bald schmerzt der Rücken, in den Armen ziept es. Die Gruppe schichtet Stämme und Bäumchen zu haufen auf. Mit der Zeit wird das Holz verrotten. Ist ein Waldstück geseubert ziehen die Freiwilligen weiter und die Prozedur beginnt von vorne. Am Waldrand liegen die mit Wasser oder Holundersaft gefüllten Flaschen der Helfer. Wer langsam trinkt, hat mehr Zeit zum verschnaufen. Und diese Prozedur nehmen Menschen freiwillig auf sich, im Urlaub und ohne jede Bezahlung.

1 Beim Abtippen eines Textes kann es passieren, dass man viele Fehler macht. Man sollte daher stets kontrollieren, was man geschrieben hat. Überarbeitet den Text.

- **a** Prüft Teil A: Welche Fehler hat das Rechtschreibprogramm des Computers markiert? Findet mit Wörterbuch oder Internet heraus, ob es markierte Wörter gibt, die richtig sind.
- **b** Prüft, ob es Fehler gibt, die das Programm nicht markiert hat.
- **c** Beurteilt, ob man einem Rechtschreibprogramm die Prüfung überlassen kann.

2

- **a** Findet im Textabschnitt B die Fehler. Schreibt die Korrekturen ins Heft.
- **b** Der gesamte Text enthält fünf Relativsätze. Schreibt sie mit der richtigen Kommasetzung ins Heft.

Eigene Fehlerschwerpunkte erkennen

Korrekturbogen zu S. 252 – Fehlerschwerpunkte	Fehler	Übungen siehe
Strategiefehler Verlängern: *nennt, komplett, verdammt, muss* Zerlegen: *Kulturlandschaft, Bergstiefel, gekappt* Ableiten: *täglich, verdrängt, gesäubert*		▶ Station 1, S. 254 ▶ Hilfen, S. 236–237, 297–298
Getrennt- und Zusammenschreibung: Verb + Verb *stolz machen, aufgenommen, eingefunden, angeordnet, beseitigen muss*		▶ Station 2, S. 254 ▶ Hilfen, S. 240–241
Groß- und Kleinschreibung *vor Kurzem/kurzem, Dreitausender, Freiwillige, Informationsschreiben, die zersägten Stämme, junge, zu Haufen, zum Verschnaufen*		▶ Station 3, S. 255 ▶ Hilfen, S. 242–243
Kommasetzung bei Satzgefügen *Weil im Valsertal ... bestellen, breiten ...* *Dazu haben sie Handschuhe ... dabei, weil ...* *Wenn wir das nicht machen würden, würde ...* *Ein Hektar ist verdammt groß, wenn ...* *Ist ein Waldstück gesäubert, ziehen ...*		▶ Station 4, S. 255 ▶ Hilfen, S. 246–247
Relativsätze *Die Ziege mit den ... Hörnern,* ***die*** *...* *... Milch,* ***die*** *ihre Turboziege ...* *Auf der Alm ...,* ***die*** *als ...* *Milch, die nach Wildkräutern ...* *In einem Grauerlenwald,* ***der*** *...*		▶ Station 5, S. 256 ▶ Hilfen, S. 246–247
das **oder** ***dass*** *... im Informationsschreiben stand,* ***dass*** *...* *... wenn wir* ***das*** *nicht ...*		▶ Station 6, S. 256 ▶ Hilfen, S. 247
Zitate *„Mein Prachtstück“* *„uns Regen nicht von der Arbeit abhält“.* *„Wenn wir das nicht ... verdrängt werden“, sagt Jenewein.* *„Wir schützen hier ... vor sich selbst.“*		▶ Station 3, S. 254, Aufgabe 3 ▶ Hilfen, S. 248

1 Vergleicht in Partnerarbeit eure Überarbeitung zu S. 252 mit dem Korrekturbogen.

2 Findet eure Fehlerschwerpunkte. Geht so vor:

a Kopiert den Korrekturbogen oder legt eine beschreibbare Folie darüber.
b Markiert in der linken Spalte alle Fehler, die ihr bei eurer Korrektur nicht gefunden habt.
c Tragt in die Spalte „Fehler“ die Anzahl der Fehler ein, die ihr nicht erkannt habt.
d Entscheidet anhand eurer Fehlerzahl: Wo seid ihr sicher? Was solltet ihr erneut üben?
Tipp: In der rechten Spalte der Tabelle seht ihr, wo ihr noch einmal üben könnt.

3 Keine oder nur wenige Fehler? Bearbeitet die folgenden Profiaufgaben in jeder Station.

Station 1: Strategien kennen

Verlängern	Zerlegen	Ableiten	Merken
Bergkr**äu**ter	Ber**g**kräuter	sowo**h**l	Bergkr**äu**ter
verdrän**gt**	braun gebra**nn**t	**ver**drängt	verdr**ä**ngt
Kilmaerw**ä**rmung	Erlebensstan**d**	komple**tt**	Mara**th**onlauf
Eins**atz**	Eins**atz**	Eins**atz**	Eins**atz**
hautps**ä**chlich	T**ou**risten	Werbekau**ff**rau	Bezu**g**sperson
f**ä**llt	Baumsta**mm**	umfa**ss**t	fä**ll**t

1 a Prüft die Zuordnung der Wörter zu den vier den Strategien.
b Übertragt die Tabelle richtig ins Heft. Lasst die falsch zugeordneten Wörter weg.

2 **Profiaufgabe:** Formuliert eine verstehbare Hilfe für unsichere Rechtschreiber.
Erläutert je Strategie, wie sie anzuwenden ist und welche Fehler sich mit ihr vermeiden lassen.

Station 2: Getrennt- und Zusammenschreibung

ab weg zurück da davon dahinter aus schwer locker leicht sauber	laufen fahren können sollen wischen lassen sein kommen lernen kennen fallen stehen bleiben

1 Bildet im Heft Verben. Ihr könnt sie aus beiden Spalten bilden oder nur mit der rechten.

A Über den Witz kann man sich *tod/lachen.*
B Er will das Missverständnis *richtig/stellen.*
C Man sollte sein Gegenüber nicht *blos/stellen.*
D Wir müssen ihn auf Grund seiner Krankheit von der Arbeit *frei/stellen.*
E Wenn man *sicher/gehen* will, dass man nicht fällt, dann ...
F Vielleicht wird das Urteil nicht *voll/streckt.*
G *Blau/machen* hört sich nett an, ist aber in der Schule unmöglich.
H Du solltest in deinen beruflichen Möglichkeiten nicht so *schwarz/sehen.*

2 a Schreibt die Sätze A bis H richtig ins Heft. Lasst zwischen den Sätzen je eine Zeile frei.
b Ordnet zu: Welche der folgenden Bedeutung passt zu welcher Verbindung von Adjektiv + Verb?
Gewissheit haben, sich sehr vergnügen, pessimistisch sein, klären, lächerlich machen, befreien, durchführen, schwänzen

3 **Profiaufgabe:** Formuliert eine verstehbare Hilfe für unsichere Rechtschreiber.
Erklärt mit Hilfe von Beispielen aus dieser Station, wann man Verbverbindungen zusammenschreibt.

Station 3: Großschreibung

Projekte, die zum mitmachen auffordern, waren früher viel schwerer zu organisieren als heute. Früher fehlten die modernen kommunikationsmöglichkeiten. Wer heute eine gute idee hat, wie man die welt verbessern könnte, kann sie mit der hilfe von plattformen im internet leicht verbreiten. Außerdem kann er um unterstützung werben. Die durchführung ist auf onlineportalen gut zu organisieren. Das geht mit einer solchen schnelligkeit, dass heute selbst verderbliche lebensmittel rechtzeitig vom spender zum empfänger gebracht werden können.

VORSICHT FEHLER!

1 a Schreibt den Text in der richtigen Groß- und Kleinschreibung ins Heft.
b Markiert die Nominalisierungen und drei Wörter mit typischer Nomenendung.

Im Internet kann man sich leicht über das neueste informieren. Diese Art des informierens spricht besonders jüngere Menschen an. Sie haben ein unkompliziertes Verhältnis zum Netz und verfügen über wissen, wie man im sich im Netz organisiert. Deshalb wundert es nicht, dass viele Projekte von jungen Menschen entwickelt werden, die sich durch viel kreatives auszeichnen.

VORSICHT FEHLER!

2 Schreibt die Sätze richtig ins Heft. Markiert die Begleiter der vier Nominalisierungen.

3 **Profiaufgabe:** In einer Lkw-Werbung heißt es: „Wir fahren gut und wir fahren Gut."
Erläutert im Heft, wieso beide Schreibweisen richtig sind.

Station 4: Satzgefüge

VORSICHT FEHLER!

Wer sich im Internet die Plattform der Lebensmittelretter ansieht findet viele Informationsangebote.
Das wäre nicht gegangen wenn sich nicht viele Ehrenamtliche engagiert hätten.
Damit alles reibungslos ablaufen kann braucht man Menschen mit Spezialkenntnissen.

1 Schreibt die Sätze ab und setzt die fehlenden Kommas. Kreist die Nebensatzkonjunktionen ein.

A Man will einen Projekttermin ausmachen. Das geht über Doodle problemlos.
B Man möchte regelmäßig informiert werden.
Ein Newsletter versorgt die Interessenten mit den neuesten Nachrichten.
C Die mitmachenden Betriebe und Verteiler sind auf der Plattform zu finden.
Man kann sich schnell eine Übersicht verschaffen.

2 Bildet aus den Sätzen A, B, C Satzgefüge, z. B.: *A Wenn man einen ...*

3 **Profiaufgabe:** Notiert eine Merkhilfe zum Thema „Zeichensetzung bei Satzgefügen".

VORSICHT FEHLER!

Station 5: Relativsätze

A Bergwälder die beschädigt sind können ihre natürliche Schutzfunktion nicht mehr erfüllen.
B Das bedeutet eine Gefahr die sich vor allem bei starkem Schnee und Regen zeigt.
C Regen der nicht in den Boden sickern kann läuft ab und kann zu Schlammmassen führen.
D Lawinen die nicht durch einen Bannwald um Dörfer herumgeleitet werden zerstören diese.

1 a Schreibt die Sätze A bis D ab und setzt die fehlenden Kommas.
b Markiert die Relativpronomen, die die Nebensätze einleiten.

A Bergwälder sind von Zerstörung bedroht. Bergwälder müssen unbedingt geschützt werden.
B Wälder sind wichtige Lebensräume. Wälder sind große Wasserspeicher und Sauerstoffproduzenten.
C Bergwaldprojekte greifen ordnend in den Wald ein. Der Wald sollte nicht nur aus wenigen Baumsorten bestehen.
D Früher wurden die Bergwaldprojekte von jungen Leuten getragen. Die jungen Leute hatten kein Geld für anderen Urlaub.
E Heute kommen die Helfer aus allen Schichten. Die Helfer wollen aus Überzeugung Arbeit im Naturschutz leisten.

2 Überarbeitet die Sätze A bis E: Vermeidet Wortwiederholungen, bildet Relativsätze.

3 **Profiaufgabe:** Ein Schüler meint: „Relativsätze können Texte verbessern, weil sie Wortwiederholungen überflüssig machen."
Begründet anhand von Beispielen, ob ihr dieser Auffassung zustimmt.

Station 6: *das* oder *dass*

Es gibt keinen Zweifel darüber, ? ? Bergwaldprojekt sinnvoll ist.
Es ist wichtig, ? die Baumvielfalt erhalten bleibt, so ? sich ein Mischwald ausbilden kann.

1 Schreibt die Sätze ab und setzt *das* oder *dass* richtig in die Lücken ein.

Es ist ein Projekt, ...	Das Projekt macht Spaß. Es ist für den Umweltschutz sinnvoll.
Ich finde, ... Manche denken, ... Viele meinen, ... Ich glaube, ...	Das Projekt macht keinen Sinn. Das Projekt ist eine unnütze Freizeitbeschäftigung. Das Vorgehen ist ein sinnvoller Eingriff in die Waldpflege.

2 Bildet aus den beiden Spalten sinnvolle Sätze. Verbindet sie mit *dass* oder *das*.

3 **Profiaufgabe:** Eine Schülerin sagt: „Ob man *das* oder *dass* schreiben muss, ist keine Frage der Rechtschreibung, sondern der Grammatik." Begründet eure Meinung dazu.

13 „Hier rein, da raus?“ – Einen Vortrag gestalten

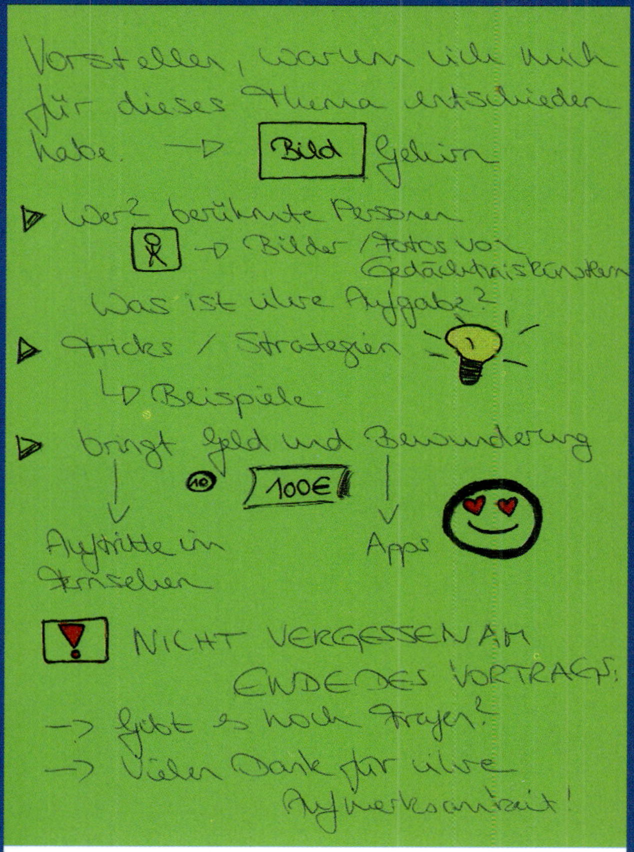

Schüler A

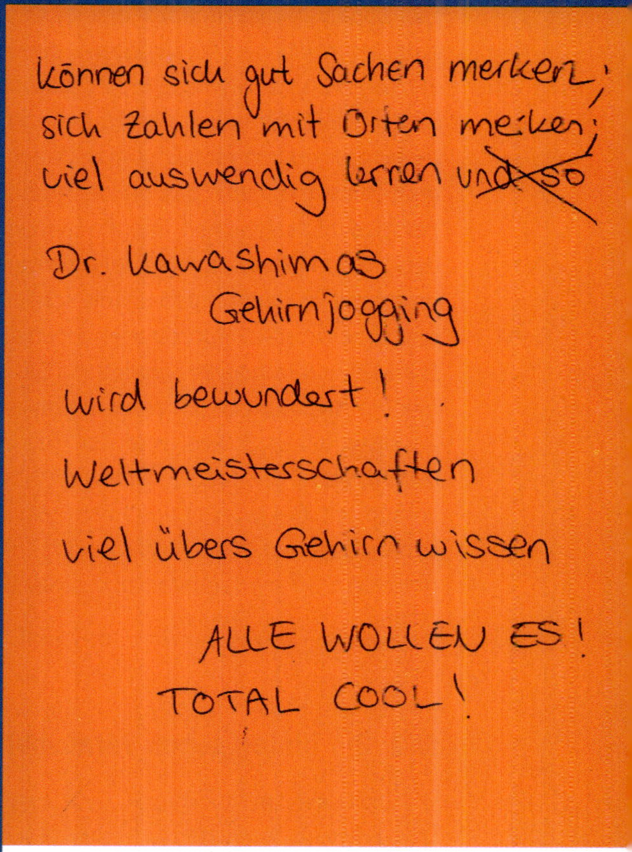

Schüler B

1 **a** Notiert, worum es in den Vorträgen von Schüler A und Schüler B geht.
b Vergleicht die Notizen. Welche Unterschiede und Gemeinsamkeiten könnt ihr feststellen?
c Erläutert, wie die Schüler bei der Vorbereitung vorgegangen sein könnten.

2 Wie bereitet ihr Themen für Vorträge vor? Berichtet von euren Erfahrungen.

In diesem Kapitel …

- gliedert ihr einen Vortrag zum Thema „Lernen“,
- gestaltet ihr Folien zu eurem Vortrag,
- lernt ihr, Symbole zielgerichtet einzusetzen,
- übt ihr das sichere und lebendige Vortragen mit Moderationskarten,
- lernt ihr, das Publikum in euren Vortrag einzubeziehen und Feedback einzuholen.

13.1 Gedächtniskünstler – Informationen erschließen, zusammenfassen und ordnen

M1 Wie funktioniert unser Gedächtnis?

Das Gedächtnis ist zunächst einmal nichts anderes als die Fähigkeit des Gehirns, neue Informationen zu speichern, diese zu einem späteren Zeitpunkt wieder zu aktivieren und unwichtige, nicht gebrauchte Informationen zurückzudrängen, um Speicherplatz für neue, wichtigere Informationen zu schaffen.

Abspeichern von Jnfos

Grundsätzlich unterscheidet man dabei den Arbeitsspeicher (auch Ultrakurzzeitgedächtnis genannt), das Kurzzeit- und das Langzeitgedächtnis. Das Ultrakurzzeitgedächtnis speichert Informationen für bis zu vier bis höchstens zehn Sekunden ab. Im Kurzzeitgedächtnis werden Informationen für bis zu 20 Minuten bewahrt. Das Langzeitgedächtnis schließlich kann, solange unser Gehirn gesund bleibt, bestimmte Informationen lebenslang speichern.

verschiedene Formen des Gedächtnisses

Damit eine Information Eingang ins Gedächtnis finden kann, muss zunächst einmal ein Reiz auf eine Sinneszelle treffen. In Form eines elektrischen Erregungsimpulses (eines Spikes) wird der Reiz an ein Neuron, also eine Nervenzelle im Gehirn, weitergeleitet. Die einzelnen Neuronen sind über Synapsen[1] miteinander verbunden. Bei jeder neuen Information werden Synapsen neu aktiviert. Je mehr Synapsen – und damit Nervenzellen – beteiligt sind, umso stärker wird die Information im Gehirn verankert und desto besser kann man sich an sie erinnern.

1 Synapse: Verbindung, über die eine Nervenzelle in Kontakt zu einer anderen Zelle steht

M2 Die biologischen Voraussetzungen des Lernens

Ob und wie leicht wir uns eine Information merken, wird auch dadurch beeinflusst, über welchen Sinneskanal wir sie aufnehmen. Denn jeder Mensch ist für bestimmte Sinnesreize empfänglicher als für andere. Man spricht in diesem Zusammenhang von unterschiedlichen Lerntypen.

Der visuelle Lerntyp speichert Informationen am besten, wenn er sie über die Augen aufnimmt: durch Lesen oder durch das Betrachten von Bildern und Tabellen. Demgegenüber lernt der auditive Typ am leichtesten durch Hören. Den Inhalt von Vorträgen, Gesprächen und Lern-CDs kann er sich gut merken. Der kommunikative Typ schätzt es, wenn er sich mit anderen Menschen austauschen kann, zum Beispiel indem er Fragen stellt oder selbst etwas erklärt. Er lernt besonders gut durch die Teilnahme an Gesprächen, Diskussionen, Arbeitsgruppen oder Rollenspielen. Der motorische Typ kann den Lernprozess durch Bewegung unterstützen. Ihm hilft es, beim Lernen im Zimmer auf und ab zu gehen, beim Lesen Textstellen anzustreichen und die wichtigsten Informationen herauszuschreiben. Handlungsabläufe merkt er sich am besten durch eigenes Nachmachen. Er schätzt Experimente und Rollenspiele.

Zwar überwiegt in der Regel einer dieser Lerntypen, dennoch treten sie bei den meisten Menschen gemischt auf. Deshalb ist es sinnvoll, Wissen über möglichst viele Eingangskanäle aufzunehmen.

M 3 Die Tricks der Gedächtniskünstler

Gedächtniskünstler nutzen verschiedene Techniken, um sich Orte, Zahlen oder Anordnungen sicher zu merken. Bei der Loci-Methode bestimmt man zuerst am eigenen Körper oder im Raum feste Punkte. Genau diese so genannten Routenpunkte verbindet man dann mit Schlüsselwörtern aus dem vorbereiteten Lernthema. Am besten ist, wenn die Routenpunkte insgesamt ein lustiges Bild oder eine Art Spazierweg ergeben.
Bei der Loci-Methode geht man also in drei Schritten vor:

1. Man sucht sich Schlüsselwörter aus dem Lernthema heraus.
2. Mit Hilfe der Schlüsselwörter legt man auf dem Körper oder im Raum eine Route mit verschiedenen Punkten fest.
3. Zuletzt verbindet man die Schlüsselwörter des Lernthemas mit den festgelegten Punkten.

Wenn man dann später in der Vorstellung die Route abwandert, dann erinnert man sich in der Regel auch gleich an die Schlüsselbegriffe, und zwar in der richtigen Reihenfolge.
Eine weitere Technik eines Gedächtniskünstlers ist die „Eselsbrückenmethode“.
Als Eselsbrücke kann ein Reim dienen, den

man sich leicht merken kann – z. B.: *Wer nämlich mit h schreibt ist dämlich!*, oder ein Satz, bei dem die Anfangsbuchstaben seiner Wörter mit den Anfangsbuchstaben der Dinge gleich sind, die man sich merken möchte, z. B.: *Mein Vater erklärt mir jeden Sonntag unseren Nachthimmel* für die Reihenfolge der Planeten im Sonnensystem: Merkur, Venus, Erde, Mars, Jupiter, Saturn, Uranus, Neptun.
Die Ankermethode schließlich eignet sich sehr gut, um z. B. neue Namen von Mitschülern sicherer zu behalten. Dazu muss man nur eine besondere Eigenschaft oder ein auffälliges Merkmal desjenigen auswählen, dessen Namen man sich merken möchte. Das kann ein lautes Lachen, eine große Nase oder eine typische Frisur sein. Hat jemand z. B. so viele Sommersprossen, dass man an solche Schlüsselwörter (Nomen) wie Sonne oder Ferien denkt, dann lässt sich das mit einem Nachnamen verknüpfen, der vielleicht Sonnenschein oder Urlaub lautet.

1 Die Materialien M 1 bis M 3 auf den Seiten 258–259 sollen für einen Vortrag zum Thema „Wie Gedächtniskünstler arbeiten“ verwendet werden.

a Beschreibt anhand der ersten Markierungen in M 1 (▶ S. 258), wie der Text inhaltlich erschlossen wurde.

b Besprecht, welche Schlüsselwörter ihr noch markieren würdet. Was notiert ihr am Rand?

2 Bearbeitet wie M 1 die Materialien M 2 und M 3 auf einer Kopie. Wählt Aufgabe a oder b.

●●● **a** Fasst jeden Abschnitt mit eigenen Worten zusammen.

●○○ **b** Welche Randnotiz passt zu welchem Material (M 1–M 3)? Ordnet die folgenden Notizen den Materialien richtig zu und notiert die Zeile, z. B.: *Lernen mit … = M …, Z. …–…*

> Lernen mit verschiedenen Sinnen • Routenpunkte abwandern •
> Wie können Informationen leichter abgespeichert werden? • Reime als Eselsbrücke •
> Verbindung von Eigenschaft oder Merkmal und Schlüsselwort

c Stellt eure Ergebnisse in der Klasse vor.

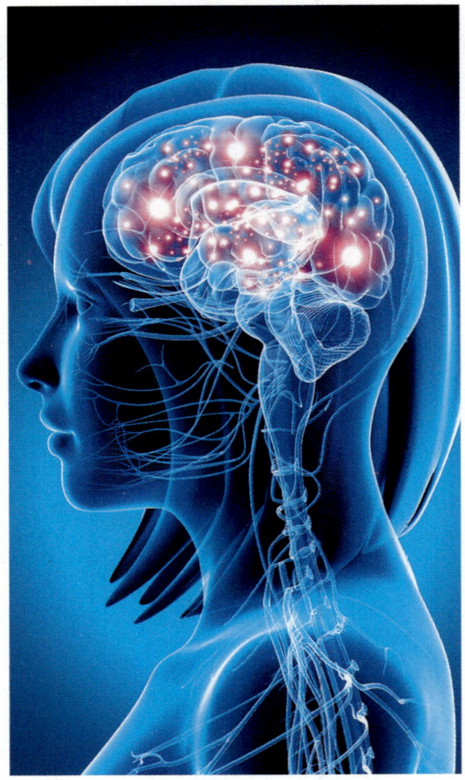

3 Im Folgenden findet ihr zwei Aussagen zum Gedächtnis. Erläutert, ob diese nach M1 (► S. 258) richtig sind.

A Informationen gelangen in das Langzeitgedächtnis, wenn eine Synapse einmal aktiviert wurde.

B Ohne Sinneszellen gibt es keine Erinnerungen.

4 Bereitet einen Vortrag zum Thema „Lernen“ oder zu einem anderen Thema vor, z. B.: *Gedächtnismeisterschaften, Einträge in das Guinnessbuch der Rekorde* etc. Recherchiert in Bibliotheken und im Internet nach Material.

Tipp: Vier Augen sehen mehr als zwei. Recherchiert zu einem Thema in Partnerarbeit.

5 Wertet die Materialien aus, die ihr recherchiert habt. Geht so vor:

a Druckt Texte aus dem Internet aus und kopiert die für euch wichtigsten Seiten aus Büchern.

b Bearbeitet eure Kopien wie die Materialien M1 bis M3 auf den Seiten 258–259:
- Unterstreicht Schlüsselwörter zu eurem Thema.
- Notiert zu den Abschnitten, die für euer Thema wichtig sind, eine Zwischenüberschrift.

6 Bündelt die Informationen all eurer Materialien mit Hilfe von Oberbegriffen (► S. 306). Anhand dieser Oberbegriffe könnt ihr anschließend euren Vortrag besser gliedern. Wählt Aufgabe a oder b.

●●● **a** Geht nochmals eure Schlüsselwörter und Randnotizen durch. Gibt es darin bereits gemeinsame Begriffe oder sind manche Informationen so ähnlich, dass sie sich durch einen gemeinsamen Obergriff zusammenfassen lassen? Notiert diese.

●○○ **b** Notiert alle Begriffe, die euch nach eurer Recherche zu eurem Thema einfallen. Überlegt, ob sich die folgenden Begriffe eignen, um eure Informationen zu bündeln, z. B.:

Gedächtnisformen Merktricks Lerntypen Ankermethode Langzeitgedächtnis Routenpunkte

7 Überlegt euch eine sinnvolle Reihenfolge für eure Informationen.

a Gliedert z. B. zur Übung die folgenden Oberbegriffe sinnvoll oder nutzt eines eurer Beispiele aus Aufgabe 6.

Gedächtniskünstler Lernen und Sinne Einflüsse auf Lernprozesse Gehirneigenschaften

b Diskutiert, welche Reihenfolge die sinnvollste sein könnte, z. B.:
Meiner Meinung nach sollten wir mit ... beginnen, weil ...
Diese Informationen erscheinen mir wichtiger/unwichtiger, weil ...

Ein Flussdiagramm

Ein Baumdiagramm

Loci-Methode • Hörsinn • Eselsbrückenmethode • Tricks/Strategien der Gedächtniskünstler • Abspeichern von Informationen (Reiz, Synapsen) • Ankermethode • Sehsinn • Bewegungssinn • Ultrakurzzeitgedächtnis • Kurzzeitgedächtnis • Langzeitgedächtnis • Kommunikation

8 Ein Fluss- oder ein Baumdiagramm dient dazu, den Aufbau eines Textes, Themas oder Vortrags zu veranschaulichen.

a Ergänzt im Heft das Baumdiagramm mit Hilfe des Wortspeichers unter dem Diagramm.

b Benennt Vor- und Nachteile des Fluss- bzw. Baumdiagramms.

9 **a** Entscheidet euch für ein Diagramm, das ihr für euren Vortrag nutzen wollt. Begründet eure Wahl.

b Erstellt das Diagramm für euren Vortrag zum Thema „Wie Gedächtniskünstler arbeiten" oder zu einem anderen Thema.

Methode **Gliederungen mit einem Fluss- oder Baumdiagramm veranschaulichen**

- Mit **Diagrammen** kann man **Informationen und Zusammenhänge anschaulich verdeutlichen.** Sie können als Gliederungsmuster bzw. als **roter Faden für einen Vortrag** dienen.
- Mit einem **Flussdiagramm** verdeutlicht man **Abläufe.**
- Beim **Baumdiagramm** schreitet man von den **Obergriffen eines Themas** hin zu den jeweiligen **Unterbegriffen.**
- Die jeweiligen Begriffe werden **mit Pfeilen verbunden,** wenn sie zusammengehören.

13.2 Mit Power auf den Punkt gebracht! – Bildschirmfolien erstellen

Folien richtig gestalten

A

Wie das Lernen beeinflusst wird

👍	👎
sinnvoll gegliedertes Material	negative Gefühle
häufiges Wiederholen	Zeitdruck
mehrere Sinne ansprechen	zu viel Lernstoff

! Lernen mit verschiedenen Sinnen begünstigt erfolgreiches Lernen.

B

Wie kann das Lernen positiv und negativ beeinflusst werden?

Einige Punkte:

- Lernstoff kann besser aufgenommen werden, wenn er „gut gegliedert“ ist.
- Negative Gefühle, wie **Angst und Sorge,** behindern das Lernen.
- Lernstoff muss häufig wiederholt werden, damit synaptische Bahnen stabil werden und nichts vergessen wird.
- Die Atmosphäre beeinflusst erfolgreiches Lernen, ist aber vom Lerntyp abhängig.
- LERNT MAN ZU VIEL STOFF IN ZU KURZER ZEIT, ENTSTEHT ZEITDRUCK, WAS SICH NEGATIV AUF DEN LERNPROZESS AUSWIRKT.

1 Beschreibt die beiden Folien zum Thema „Sinnvoll lernen“. Geht ein auf:
- die grundsätzliche Gestaltung: Textmenge, Abbildungen (Symbole) und Leerräume
- den Inhalt
- die Lesbarkeit: Schrift, Größe, Farben und Hintergrund

2 Haltet jeweils mit einer der beiden Folien spontan einen kurzen Vortrag.
a Erläutert, welcher Vortrag eurer Meinung nach besser geklappt hat.
b Notiert die Nachteile der Folie, mit der der Vortrag schlechter geklappt hat.
c Erklärt, welchen Zweck die Symbole (Bildzeichen) in der ersten Folie erfüllen sollen.

3 Formuliert bis zu fünf Regeln, wie eine Vortragsfolie richtig gestaltet sein sollte.

Inhalte durch Symbole veranschaulichen

A Idee	**B** Lernen/Wissen	**C** Erinnerung/Merktrick	**D** Frieden
E Toilette	**F** Liebe	**G** Nachdenken	

1 Im Alltag begegnen euch viele Symbole. Das sind z. B. solche Bildzeichen wie oben, über deren Bedeutung ihr nicht lange nachdenken müsst.

a Ordnet die Symbole den sieben Begriffen A bis G richtig zu.

b Begründet, welche Symbole zum Vortragsthema „Lernen – Gedächtniskünstler" passen.

Notausgang rechts neben der Cafeteria

2 Manchmal eignen sich Symbole besser als Wörter, um etwas auszudrücken. Betrachtet die beiden Schilder. Wählt Aufgabe a oder b.

●●● **a** Begründet, wann der Einsatz von Symbolen sinnvoll ist, und findet ein weiteres Beispiel, z. B. ein Stoppschild im Straßenverkehr.

●○○ **b** Begründet, welches Schild bei einem Hochhausbrand besser geeignet ist.

Methode **Symbole verwenden**

- Der Begriff **Symbol** kommt vom altgriechischen Wort *sýmbolon* und bedeutet **Sinnbild, Zeichen.** Viele Symbole sind sehr bekannt, z. B.:
  das *Herz* für *Liebe oder Zuneigung*, der *Ring* für *Verbundenheit bzw. Ehe.*
- Oft kann es sinnvoll sein, mit Symbolen zu arbeiten, um z. B. den **Inhalt** eines Vortrags oder einen **Warnhinweis anschaulich** zu unterstützen.
- Symbole bieten sich bei der Darstellung **eindeutiger Sachverhalte** an.
- Zu viele Symbole können allerdings auch verwirren.
- Man prüft am besten anhand **folgender Fragen,** ob es sinnvoll ist, Symbole bei einer Folienpräsentation oder einem Vortrag zu verwenden:
  – Passt das Symbol zum Inhalt?
  – Ist es eindeutig?
  – Lässt es sich leicht in Worte fassen?

Eine Folie überarbeiten

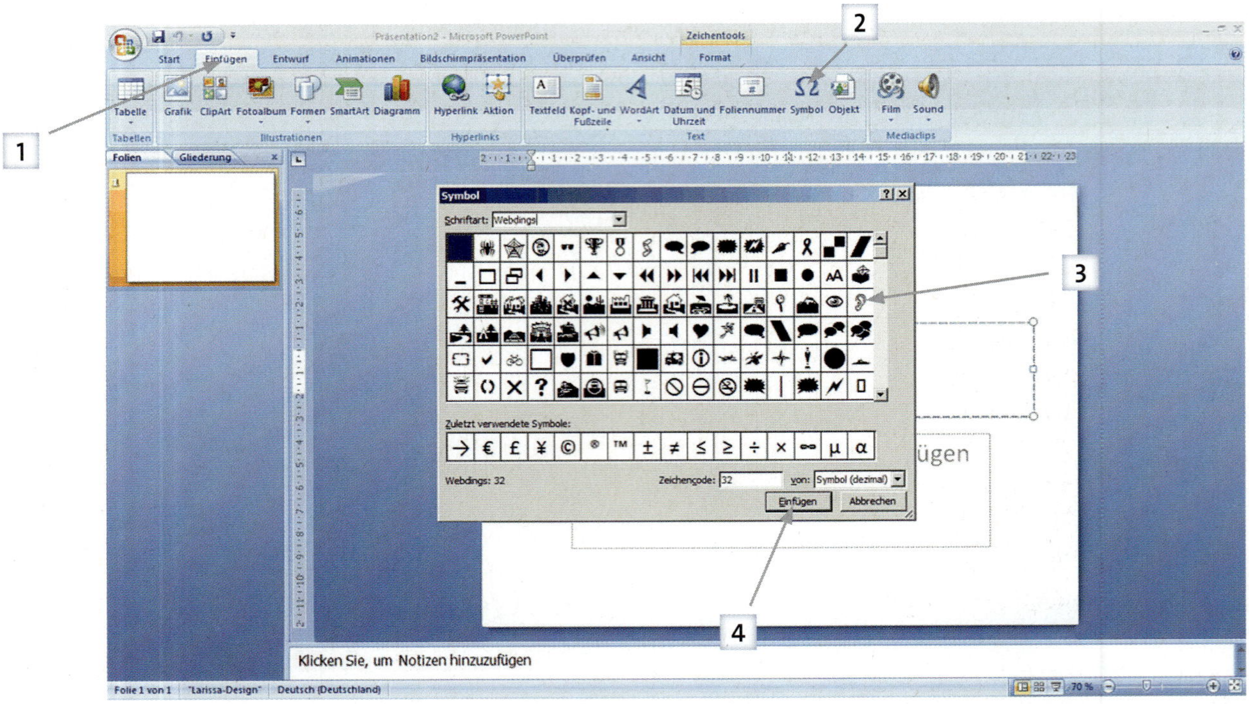

1 Betrachtet die Abbildung. Wie kann man Symbole in eine Vortragsfolie mit dem Computer einfügen? Beschreibt mit Hilfe der Pfeile, wie man bei diesem Programm vorgeht.

Egal welcher Lerntyp man eher ist, niemand lernt mit nur einem Sinn. Daher wäre es auch unangebracht, eine Schulklasse nach Lerntypen aufzuteilen und sie entsprechend zu unterrichten. Je unterschiedlicher man Dinge lernt, desto besser erinnert und behält man diese. Man sollte also so viele Sinne wie möglich am Lernprozess beteiligen, um das Behalten zu steigern:

- Wer nur hört, merkt sich 20 Prozent.
- Wer nur sieht, merkt sich 30 Prozent.
- Wer sieht und hört, merkt sich 50 Prozent.
- Wer sieht, hört und über den Lernstoff spricht, merkt sich 70 Prozent.
- Wer sieht, hört, spricht und den Lernstoff selbst erarbeitet, merkt sich 90 Prozent.

2 Überarbeitet in Partnerarbeit die Folie im Heft oder am Computer.

a Einigt euch auf wenige wichtige Schlüsselwörter, um die Folie übersichtlicher zu gestalten.

b Ergänzt die Folie mit passenden Symbolen und einer Überschrift.

c Tauscht euch über eure Ergebnisse in der Klasse aus.

Folien gezielt gestalten und einsetzen

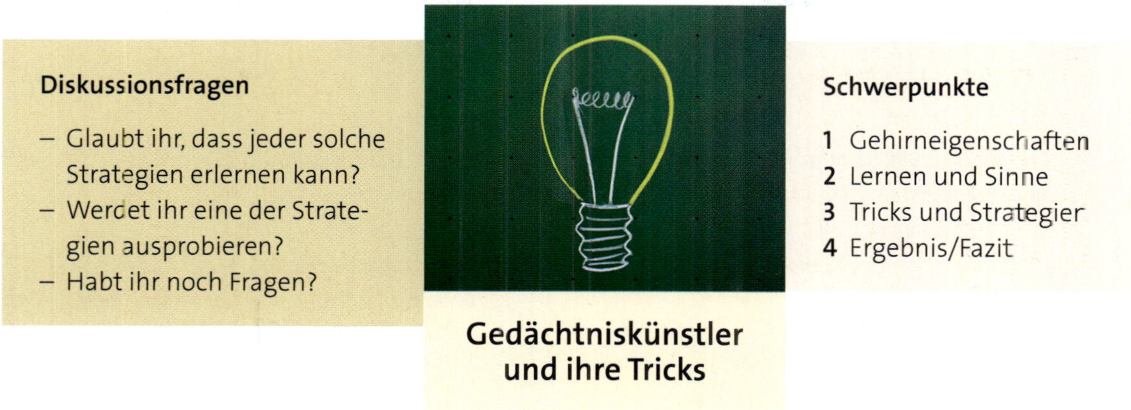

1 Betrachtet die drei Folien. Wählt Aufgabe a oder b.

●●● **a** Erklärt, an welcher Stelle im Vortrag welche Folie am besten einzusetzen ist.

●○○ **b** Ordnet die Folien den folgenden Begriffen zu:
Einstiegsfolie, Gliederungsfolie, Abschlussfolie.

c Tauscht euch über eure Ergebnisse in der Klasse aus.

2 Überlegt, was eine Einstiegs-, eine Gliederungs- und eine Abschlussfolie leisten sollte. Welchem Zweck dienen sie jeweils? Notiert eure Ergebnisse.

3 Gestaltet Folien zu eurem Thema.

Methode **Bildschirmfolien erstellen**

- Eine Folie dient zur **Unterstützung eines Vortrags.** Sie gibt ihn nicht Wort für Wort wieder.
- Prüft eure Folien mit Hilfe folgender **Checkliste:**
  – Sind sie **gut lesbar:** Schrift, Schriftgröße, Farbe?
  – Liegt allen Folien ein **einheitliches Gestaltungsmuster** zu Grunde?
  – Steht auf jeder einzelnen Folie **nicht zu viel?** Weniger ist mehr!
  – Besitzt jede Folie **höchstens fünf knapp formulierte Stichpunkte?**
  – Wird auf jeder Folie der **Inhalt mit eindeutigen Symbolen veranschaulicht?**
  Tipp: Im Internet findet ihr auch Websites mit frei verwendbaren Symbolen, z. B. *www.clipartsfree.de* oder *www.flaticon.com.*
- Folien dienen dazu, einen **Vortrag zu gliedern** und **Inhalte mit Symbolen und Grafiken zu veranschaulichen.** Man unterscheidet grob:
  – **Die Einstiegsfolie:** Sie soll das **Thema** des Vortrags **nennen** und das Publikum mit einem Bild, einer herausfordernden Frage oder Ähnlichem **neugierig machen.**
  – **Die Gliederungsfolie:** Sie stellt den **Aufbau des Vortrags** vor. Zu den einzelnen Gliederungspunkten werden weitere Folien gezeigt.
  – **Die Abschlussfolie:** Sie rundet den Vortrag ab, indem sie **die wichtigsten Ergebnisse** auflistet. Sie kann auch durch **Fragen** einen weiteren **Ausblick** zum Thema geben.

13.3 Sicher auftreten – Lebendig vortragen

Moderationskarten gestalten und einsetzen

Eselsbrückenmethode (Folie 9)
- Beginn: „Den Satz: ‚Wer nämlich mit h schreibt, ist dämlich‘ kennt jeder.“
- kurze Erklärung der Methode
  Beispiele geben
- Fragen an Zuhörer: Welche Eselsbrücken habt ihr schon einmal benutzt?

! Zuhörern Zeit geben

9

Abschluss (letzte Folie)
- bedanken
- „Habt ihr noch Fragen?“
- Feedbackbögen verteilen

! währenddessen Diskussionsfragen aufwerfen
- mögliche Diskussionsfrage: „Sind Gedächtnisstrategien (Loci-Methode) überhaupt alltagstauglich?“

13

1 Beschreibt den Aufbau und die Gestaltung der beiden Moderationskarten.

2 Schätzt die Gestaltung der beiden Moderationskarten ein. Wählt Aufgabe a oder b.
●●● **a** Notiert, ob die Moderationskarten gut gestaltet sind.
Besprecht anschließend in Partnerarbeit eure Einschätzungen.
●○○ **b** Notiert Regeln für eine gelungene Moderationskarte.
Tipp: Beachtet die Methode „Bildschirmfolien erstellen“ (► S. 265).
c Tauscht euch über eure Ergebnisse in der Klasse aus.

3 Erstellt Moderationskarten zu eurem Thema.
a Notiert, was ihr wann sagen und wie ihr euer Publikum zum Zuhören anregen möchtet.
b Bereitet euch auf mögliche Fragen der Zuhörer vor. Welche könnten sie stellen?
c Überlegt, was ihr sagt, wenn eine Frage nicht zum Thema gehört oder unsachlich ist.

4 Während des Vortrags solltet ihr darauf achten, wie ihr auftretet und wie ihr euch bewegt.
a Beschreibt, wie die Vortragenden auf den drei Bildern auf euch wirken.
Beachtet den Standort im Raum, die Körperhaltung, die Gestik und die Mimik.
b Formuliert gemeinsam Tipps, worauf man beim Vortragen achten sollte.

5 Arbeitet zu zweit. Übt mit euren Moderationskarten den Vortrag.
Tipp: Trainiert euren Vortrag mehrmals vor Freunden oder euren Eltern.

Ohröffner und Aufmerksamkeitsanker – Zuhörer einbeziehen

A Wetten, dass sich keiner von euch auf Anhieb 20 Ziffern auf einmal merken kann?
B Insbesondere im Fach Englisch habe ich das Gefühl, dass Vokabeln „hier rein- und da rausgehen".
C Ich beginne jetzt meinen Vortrag zum Thema „Das Gedächtnis".
D Habt ihr schon mal darüber nachgedacht, dass euer Gehirn wie eine riesige Festplatte ist?

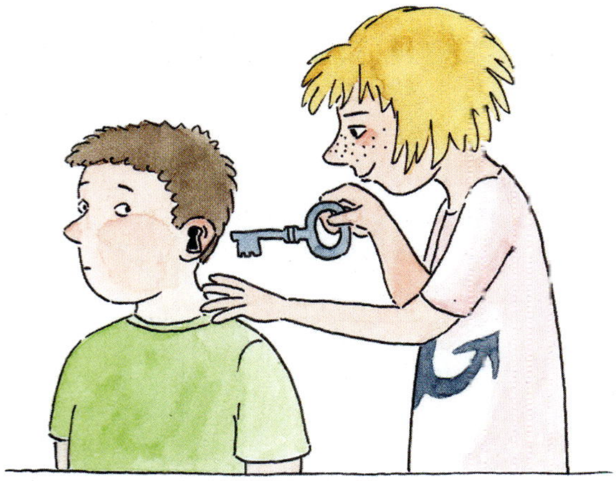

1 Als „Ohröffner" bezeichnet man Sätze, mit denen man ein Publikum zu Beginn auf einen Vortrag neugierig macht.
Findet einen Ohröffner zum Vortragsthema „Das Gedächtnis". Wählt Aufgabe a oder b.

●○○ **a** Wählt aus den Sätzen A bis D einen passenden Ohröffner zum Thema aus. Begründet eure Wahl.

●●● **b** Formuliert einen eigenen Ohröffner. Ihr könnt z. B.
- eine Alltagssituation beschreiben, die zum Thema „Das Gedächtnis" passt,
- eine Aussage formulieren, die herausfordert und provoziert, oder
- mit einer rhetorischen Frage (► S. 40) beginnen.

c Tauscht euch über eure Ergebnisse in der Klasse aus.

A *In meinem Vortrag möchte ich auf Gedächtniskünstler eingehen. Interessant ist dabei vor allem die Frage, wie sich ein Gedächtniskünstler die Eigenschaften unseres Gehirns zu Nutze macht und Tricks entwickelt, um sich Informationen besser zu merken.*

B *Wer von euch hat sich nicht auch schon einmal gedacht, wie schön es wäre, wenn man sich Vokabeln einfach viel schneller und länger merken könnte? Wisst ihr, dass es Menschen gibt, die sich zum Beispiel 50 verschiedene Gegenstände in einer bestimmten Reihenfolge ohne Probleme merken können? In meinem Vortrag mache ich euch mit den so genannten Gedächtniskünstlern bekannt, die scheinbar Unmögliches möglich machen.*

2 Vergleicht die beiden Anfänge eines Vortrags. Begründet, welcher Anfang geeigneter ist.

3 Als „Aufmerksamkeitsanker" bezeichnet man Ideen, mit denen man ein Publikum immer wieder einbezieht. Überlegt euch Fragen, die ihr an geeigneter Stelle an die Zuhörer richten könnt, z. B.:
- *Welcher Lerntyp bist du?*
- *...?*

Thema	Ohröffner/Aufmerksamkeitsanker
Gedächtnismeisterschaften	*Duell zwischen zwei Gedächtniskünstlern nachspielen oder Bild dazu zeigen*
Einträge ins Guinnessbuch der Rekorde	*Guinnessbuch hochhalten und herumgeben sowie Modell von einem Gehirn zeigen*
Gedächtnisverlust	*„Stellt euch vor, ihr könnt euch morgen an nichts mehr aus eurem Leben erinnern.“*
Synapsen und ihre Funktion	*(computergestützter) Filmausschnitt*
Gehirnjogging als neuer Trend	*„Sollte nicht jeder die neue Gehirnjogging-App auf seinem Smartphone haben?“*
Lerntricks	*Zuhörer testen selber einen Lerntrick*
Gedächtniskünstler im Fern-sehen	*„Mich hat es immer total fasziniert, wenn ich im Fernsehen Menschen gesehen habe, die sich in kürzester Zeit Nummern aus einem Telefonbuch merken konnten.“*

4 Es gibt verschiedene Möglichkeiten, mit Ohröffnern oder Aufmerksamkeitsankern ein Publikum neugierig zu machen und während des Vortrags anzusprechen. Ordnet zu: Welche der folgenden Möglichkeiten passt zu welchem Ohröffner/Aufmerksamkeitsanker in der Tabelle?
- Publikum selbst etwas machen lassen
- rhetorische Frage stellen
- Publikum mit einer ungewöhnlichen Vorstellung ansprechen
- den eigenen persönlichen Bezug zum Thema herstellen
- Anschauungsmaterial mitbringen und zeigen
- einen Sachverhalt veranschaulichen
- ein Geschehen zum Thema nachspielen

5 Notiert auf euren Moderationskarten (► S. 266) Ohröffner und Aufmerksamkeitsanker.

Methode **Sicher und lebendig vortragen**

Ein Vortrag sollte lebendig gestaltet sein und der Vortragende sollte sicher auftreten. Das gelingt umso eher, je besser man sich mit dem Thema auskennt und vorbereitet.
- **Moderationskarten:** Sie sollten stets nur **wenige Punkte in großer Schrift** enthalten, damit man während des Vortrags kurz draufschauen kann, während man frei spricht.
- **Ohröffner und Aufmerksamkeitsanker** (► S. 267): Sie machen das Publikum von Beginn an neugierig und beziehen es während des Vortrags mit ein, z. B. durch gezielte Fragen.
  Tipp: Auch diese kann man auf die Moderationskarten notieren.
- Weiterhin sollte man beim Vortrag auf die **Körperhaltung und Vortragsweise** achten:
  - **aufrecht** vor der Klasse **stehen,**
  - klare, **einfache Sprache** verwenden, **mit eigenen Worten** und **nicht zu schnell sprechen,**
  - **Bildschirmfolien nutzen** und **erläutern.**

Ein Handout erstellen, Mitschriften ermöglichen

Referentin: Maike Altershaus
Datum: 24. 05. 20...
Fach: Deutsch

Thema: Gedächtniskünstler

1 **Voraussetzungen des Gehirns**
– Synapsen → *Verbindungen von Sinneszellen*
→ *bei jeder neuen Jnfo neu angeregt*

2 **Lernen mit verschiedenen Sinnen**
– auditiv, visuell ... = *hören, sehen, ...*
→ *am besten mehrere Sinne ansprechen*

3 **Tricks und Strategien der Gedächtniskünstler**
3.1 **Die Loci-Methode**
– Routen „abwandern" → *gut, um Vokabeln zu lernen*
3.2 **Eselsbrückenmethode**
– Reime ... → *z. B. nähmlich: „Wer nämlich mit h schreibt, ist dämlich."*
3.3 ... → *z. B. Sommersprossen → Schlüsselwörter: ...*

4 **Ergebnisse/Fazit** → *Methoden lassen sich mit Übung lernen*

5 **Quellenangaben**
– Heiner Soltau: Gedächtnistraining leicht gemacht. Hannover: Trickverlag 2015; S. 76–99
– www.alles-zum-gedaechtnis/wie-funktionieren-synapsen?/html [14. 05. 2015]

1 Eine Schülerin verteilt in der Klasse zu ihrem Vortrag das abgebildete Papier. Während des Vortrags schreibt ein Schüler mit (blaue Schrift).
a Erklärt daran, wozu dieses so genannte Handout dient. Welche Informationen enthält es?
b Beschreibt, wie das Handout ohne die blaue Mitschrift gestaltet ist.
c Beschreibt die Mitschrift. Erläutert, was wie notiert wurde.

2 Erstellt ein Handout für euren Vortrag. Orientiert euch dabei an der folgenden Methode.

Methode | **Ein Handout erstellen, Mitschriften ermöglichen**

Ein Handout gibt den **Aufbau und die zentralen Informationen eines Vortrags** knapp und übersichtlich wieder (DIN-A4-Seite) und bietet **Platz für Mitschriften.** Es enthält
- den **Namen** des Vortragenden, das **Datum,** das **Fach** und das **Thema** des Vortrags,
- eindeutige **Stichworte** zu den **wichtigsten Gliederungspunkten** des Vortrags sowie
- die **Quellen** zu den entnommenen Informationen:
  – Bücher: Autor/-in, Titel, Ort, Verlag, Erscheinungsjahr, Seitenangabe.
  – Internet: Internetadresse und Datum, an dem ihr die Seite aufgerufen habt.

Einen Vortrag halten, Feedback geben

Du hast den Vortrag sehr in die Länge gezogen, aber deine Folien waren wirklich schön gestaltet.

Mir hat gut gefallen, dass du anschauliche Symbole und Bilder auf deinen Folien verwendet hast. Aber ich hätte es besser gefunden, wenn du auch Anschauungsmaterial mitgebracht hättest.

1 Vergleicht die beiden Äußerungen. Worin unterscheiden sie sich?

2 Wie gibt man ein hilfreiches Feedback? Wählt Aufgabe a oder b.

●○○ **a** Welches Feedback aus Aufgabe 1 ist für den Vortragenden hilfreich? Welches nicht? Begründet in Partnerarbeit.

●●● **b** Stellt Regeln für ein hilfreiches Feedback auf. Arbeitet im Heft, z. B.:
- *Regel 1: Formuliere Ich-Botschaften. Das bedeutet: Sage nicht „Du hast …“, sondern „Ich finde, dass …“ oder „Auf mich wirkte das …“*
- *Regel 2: …*

c Tauscht euch über eure Ergebnisse in der Klasse aus.

Einen Vortrag bewerten	☺	😐	☹
War der Vortrag informativ?			
War der Vortrag sinnvoll gegliedert?			
Haben die Folien den Vortrag sinnvoll unterstützt?			
Wurde das Publikum aktiviert?			
War das Handout verständlich?			
Wurde immer wieder Blickkontakt zum Publikum aufgenommen?			
Wurde langsam und verständlich gesprochen?			
…			

3 **a** Übertragt den Beobachtungsbogen zur Bewertung eines Vortrags in euer Heft.
b Ergänzt weitere Bewertungspunkte.

4 **a** Haltet eure Vorträge.
b Gebt euch jeweils ein Feedback.
Tipp: Lasst die Zuhörer ausreden, auch wenn ihr mit dem Feedback nicht zufrieden seid. Hört nur zu, verteidigt euch nicht und bedankt euch für die Rückmeldungen.

Orientierungswissen

Sprechen und Zuhören

Argumentieren ► S. 35

Beim **Argumentieren** versucht man, **Meinungen, Einschätzungen, Bitten, Wünsche, Forderungen** oder **Behauptungen** überzeugend zu **begründen.**
Eine Argumentation baut man am besten so auf:

1 Behauptung/Einschätzung:	*Jugendliche konsumieren, um dabei zu sein.*
2 Begründung (Argument):	*… Denn die Gesellschaft verlangt, dass man sich zuordnet.*
3 Beispiel zur Veranschaulichung:	*Heute verabredet man sich zum Beispiel per Smartphone. Das Smartphone aber kostet Geld.*

Argumente können z. B. sein: wissenschaftliche Erkenntnisse, statistische Daten, Expertenaussagen oder begründete Erfahrungen, die nicht nur für den Sprecher selbst gelten.

Argumente geschickt vortragen ► S. 40

- **Rhetorische Frage:** Auf sie wird keine wirkliche Antwort erwartet. Der Zuhörer soll sich eine bestimmte Antwort selbst geben, z. B.: *Wollen wir, dass Kinder nur Markensachen kaufen?*
- **Doppelpunkttechnik:** Eine wichtige Aussage wird ganz knapp formuliert, damit sie sich der Zuhörer merkt, z. B.: *„Werbung und Unterricht: Das ist nicht miteinander vereinbar!“*

Eine Debatte führen ► S. 40

Eine **Debatte** ist **formal** meist streng **geregelt.**
Sie dreht sich um eine **Frage, die mit *Ja* oder *Nein* beantwortet** werden kann.

1. **Eröffnungsrunde** (bei vier Personen ca. 2 Minuten)
   Jeder Teilnehmer begründet knapp mit Argumenten die Entscheidungsfrage aus seiner Sicht.
2. **Freie Aussprache** (ca. 10–12 Minuten)
   Weitere Argumente werden vorgebracht und Argumente der Gegenseite entkräftet.
   Es spricht immer abwechselnd jemand von der Pro- und Kontra-Seite.
3. **Schlussrunde** (ca. 4 Minuten)
   Jeder Teilnehmer beantwortet noch einmal knapp die Fragestellung. Dabei sollen die in Runde 2 vorgebrachten Argumente berücksichtigt werden: Was spricht weiterhin für die eigene Position?

Gegenargumente entkräften, an Diskussionsbeiträge anknüpfen

► S. 38

Man kann **Argumenten** besser **zustimmen** oder sie **entkräften,** wenn man sich **deutlich auf** den entsprechenden **Diskussionsbeitrag bezieht.**

- **Gehe auf andere ein:** Sage zunächst, auf welchen Gesprächsbeitrag du dich beziehst. Sprich den Redner am besten direkt an: *„Du, Can, hast eben gesagt, es sei problematisch ..."*
- **Verdeutliche, ob du zustimmst oder widersprichst:**
  - Zustimmung: *„Ich sehe das genauso wie du. Dafür spricht nämlich auch, dass ..."*
  - Widerspruch: *„Ich sehe das völlig anders. Dem kann ich so nicht zustimmen, denn ..."*
- **Entkräfte Gegenargumente:**
  - Nenne ein **Gegenbeispiel:** *„Wenn jemand zum Beispiel ..., dann wäre es doch ..."*
  - Formuliere ein wichtiges **Argument für die eigene Position:** *„Viel wichtiger als ... ist ..."*

Verknüpfungswörter – Argumente einleiten, auf Gegenargumente eingehen

► S. 43

- **Argumente** erkennt man oft an **Verknüpfungswörtern (Konjunktionen, Adverbien):** *denn, weil, da ...* oder zu Beginn neuer Sätze: *Dafür spricht (auch) ... Außerdem ...*
- Um auf **Gegenargumente** einzugehen, nutzt man spezielle Verknüpfungswörter: ***Natürlich** stimmt es, dass ..., **aber viel wichtiger ist doch** ... **Man muss aber auch** an ... denken.*

Der Kompromiss

► S. 37

Wenn zwei Menschen **unterschiedliche Positionen** vertreten, lassen sich oft **vermittelnde Standpunkte finden,** auf die sich beide **einigen** können. Fragt euch dazu Folgendes:

- In welchen Punkten **stimmt A einem Argument oder einem Beispiel von B zu?** Beispiel: *„Wenn ich Lisa richtig verstehe, meint sie auch, dass in Birkans Beispiel vom Autoerwerb der Kauf zu Glück führen kann."*
- In welchen Punkten **stimmt umgekehrt B einem Argument oder einem Beispiel von A zu?** Beispiel: *„Und Birkan widerspricht doch nicht Lisas Argument, dass Einkaufen nur zu einem sehr kurzen Glück führt."*
- Lässt sich **anhand** dieser **Übereinstimmungen ein Kompromiss formulieren?** Beispiel: *„Darin seid ihr euch doch einig: Kaufen kann glücklich machen, aber eben nur für einen kurzen Moment."*

Referate vorbreiten und halten

► S. 56–59, 257–270

Ein Referat informiert knapp und genau über ein Thema. Wichtig sind eine gründliche Recherche, die Gliederung, der Vortrag und die Präsentation mit Veranschaulichungen.

- Rechercheergebnisse werden stichpunktartig notiert und geordnet, z. B. in einer **Mind-Map** (► S. 308).
- Geeignet ist auch ein **Portfolio** (► S. 309). In diesem werden wichtige Informationen samt Quellenangabe gesammelt und sinnvoll nach Haupt- und Unterpunkten nummeriert.
- Auf **Kartei- bzw. Moderationskarten** notiert man wesentliche Stichpunkte zum Thema. Sie sollten stets nur wenige Punkte in großer Schrift enthalten, damit man während des Vortrags kurz draufschauen kann, während man frei spricht.

- Beim **Einstieg** weckt man durch **„Ohröffner"** das Interesse des Publikums (▶ S. 267–268), z. B. *Wetten, dass ihr eine völlig falsche Vorstellung von diesem Beruf habt?*
- Zusätzliche **Aufmerksamkeitsanker** (▶ S. 267–268) halten das Interesse des Publikums aufrecht und beziehen die Zuhörer während des Vortrags mit ein, z. B. durch gezielte Fragen.
  Tipp: Auch diese kann man auf die Moderationskarten notieren.
- Im **Hauptteil** werden aufeinander aufbauend die wichtigsten Informationen verständlich dargestellt. Fachbegriffe sollten geklärt werden. Bei einer **Präsentation mit Folien** (▶ S. 264–265) kann man Inhalte z. B. durch Fotos, Karikaturen, Diagramme (▶ S. 309) oder Mind-Maps veranschaulichen.
- Im **Schlussteil** fasst man das Wichtigste erneut zusammen oder formuliert seine Meinung.
- Beim **Vortrag** sollte man zeigen, dass man das Thema beherrscht, indem man **frei** und mit **lebendiger** Stimme **spricht** sowie das Gesagte durch **Mimik und Gestik** unterstreicht.
- Weiterhin sollte man beim Vortrag auf die **Körperhaltung** achten und **aufrecht** vor der Klasse **stehen.**

Zuhören

▶ S. 57, 59

Ein Gespräch oder Referat gelingt in der Regel, wenn das, was jemand **sagt,** und das, was jemand **versteht,** übereinstimmen. Deshalb sollten die Zuhörer

- durch **Mimik** und **Gestik** zeigen, dass sie **aufmerksam zuhören,** z. B. durch Blickkontakt, Nicken, Hinwendung des Oberkörpers und des Kopfes,
- den anderen **aussprechen lassen,**
- das Gehörte **zusammenfassen,** noch einmal **wiederholen** oder **nachfragen,** um sicher zu sein, dass man alles richtig verstanden hat.

Interviews führen

▶ S. 55

Mit einem **Interview** werden durch Fragen gezielt Informationen ermittelt. **Fragetypen** sind:

- **W-Frage**/Informationsfrage: zielt auf nähere Auskünfte bzw. **Tatsachen** zum Thema.
- **Einstiegsfrage:** umreißt das Thema, um das es gehen soll.
- **Abschlussfrage:** ermöglicht es, das Thema abzurunden oder einen Ausblick zu geben.

Vermeidet:

- **Doppelfragen:** ein Satz enthält zwei Fragen, z. B.: *Spielt Teamarbeit eine große Rolle und was würden Sie sonst gern tun?*
- **wertende Frage:** Frage enthält eigene Meinung, z. B.: *Ist der Berufsschulunterricht nicht furchtbar langweilig?*
- **zu enge Frage:** nur *Ja* oder *Nein* als Antwort möglich, z. B.: *War Ihre Ausbildung gut?*
- **Suggestivfrage:** liefert die Antwort bereits mit, z. B.: *Sie sind doch auch froh, dass Sie nur drinnen arbeiten?*

Sich mündlich bewerben

Sich telefonisch bewerben

Oft findet eine erste Kontaktaufnahme mit einem Unternehmen telefonisch statt. Man erkundigt sich z. B., ob der Betrieb in diesem Jahr eine Praktikumsstelle anbietet.
Bereits bei einem solchen Telefonat hinterlässt man **einen ersten Eindruck.** Beachtet:

- Seid höflich: **Begrüßt den Gesprächspartner** und meldet euch mit **vollem Namen.**
- Nennt Anlass und **Zweck eures Anrufs.**
- Fragt nach, ob ihr mit dem **richtigen Gesprächspartner** sprecht.
- Überlegt euch **wichtige Fragen vorher.** Notiert sie stichwortartig als Merkhilfe.
- Macht euch **Notizen zu Informationen,** die ihr bekommt, z. B.: Name des Ansprechpartners.
- **Klärt** mit dem Gegenüber, **wie ihr weiter vorgehen müsst,** um euch zu bewerben.
- **Bedankt und verabschiedet euch** zum Schluss.

Ein Bewerbungsgespräch vorbereiten und durchführen

► S. 66–68

- **Informiert** euch **über** die **Firma** oder die **Einrichtung.**
- **Notiert Argumente,** die euch als beste Wahl für die Stelle auszeichnen, und eigene **Fragen.**
- **Übt das Gespräch** mit Eltern, Freunden, Freundinnen oder allein vor dem Spiegel.
- Achtet auf euer **Äußeres:** Seid ihr gepflegt und angemessen gekleidet? Fühlt ihr euch so wohl?
- Erscheint **pünktlich** und plant eine Pufferzeit ein.
  Tipp: Es gilt als ideal, sich etwa fünf Minuten vor dem Termin als anwesend anzumelden.
- Schaltet euer **Smartphone aus; Kaugummis aus dem Mund nehmen.**
- Seid **freundlich, höflich, aufmerksam** und **blickt** euer **Gegenüber an.**
- **Hört** genau **zu, sprecht laut, deutlich** und in ganzen Sätzen. Zeigt durch **Fragen** euer Interesse.

Schreiben

Appellieren – Imperative verwenden

► S. 44

Ein **Appell** (frz. *Aufruf*) ist eine **Aufforderung** an jemanden, etwas zu tun.

- **Appellierende Texte** beschreiben 1. eine **Problemlage** und **appellieren** 2. an den Leser, sein **Verhalten zu ändern:** 1. ... *Allein der Transport* ... (= Das sind die Probleme.)
  2. *Trage* ... *Kaufe* ... (= So könnt ihr helfen, diese zu lösen.)
- **Appelle** enthalten oft **Imperative** (Befehlsformen), z. B.: ***Trage** nur fair gehandelte Kleidung!*

Schriftlich argumentieren – Die Sandwichmethode

► S. 43–50

Wer seine Meinung schriftlich begründet, verfasst eine **Argumentation,** z. B. für einen **Leserbrief.** In einer schriftlichen Argumentation achten die Leser meist auf den Anfang und das Ende.

- Daher sollten am Anfang und am Ende besonders gute Argumente stehen.
- Auf Gegenargumente kann man in der Mitte eingehen.

Aufbau nach der Sandwichmethode:

Einleitung	Du beziehst dich in der Einleitung auf die Frage- oder Themenstellung.
Standpunkt	Du formulierst deine Meinung deutlich (nicht nur im Vortext).
1. gutes Argument	Du nennst ein überzeugendes Argument für deine Meinung. Du gibst Tatsachen oder Beispiele an, die deine Position stützen.
Gegenargument nennen und entkräften	Du nennst ein Argument der Kontra-Position und entkräftest es.
2. gutes Argument	Du nennst ein weiteres überzeugendes Argument für deine Meinung.
Schluss	Du bekräftigst erneut deinen Standpunkt oder formulierst eine Forderung.

- **Sprache: Rechtschreibung, Satzzeichen, Verknüpfungswörter**
  - Du achtest auf deine Fehlerschwerpunkte.
  - Du leitest deine Argumente und das Gegenargument mit passenden Verknüpfungswörtern ein.

Der Leserbrief

► S. 46–50

Leserbriefe sind Kommentare von Lesern zu Zeitungsartikeln. Manche dieser Briefe werden in der Zeitung abgedruckt. Da hierfür wenig Platz ist, muss der Leserbriefschreiber sich auf **die wichtigsten Argumente konzentrieren.** Oft sind Leserbriefe **so aufgebaut:**

1 Kurze Wiederholung der **zentralen Aussage des Artikels, auf den man sich bezieht**
2 **Standpunkt/Meinung/These des Lesers**
3 **Wiederholung** eines wichtigen **Arguments aus** dem **Artikel**
4 **Zustimmung oder Widerspruch** des Lesers mit ein bis zwei zentralen Argumenten
5 **Forderung** des Lesers

Berichten

Einen (Tages-)Bericht verfassen

► S. 65

In einem Bericht wird **sachlich, knapp und genau** über ein **vergangenes Ereignis informiert.**

- Der **Ablauf** eines Geschehens wird möglichst **vollständig** dargestellt.
- Nur **Wichtiges** wird aufgenommen. Nebensächliches lässt man weg.
- In der Regel beantwortet ein Bericht folgende **W-Fragen** in dieser **Reihenfolge:**
  - **Beginn: Wo** geschah etwas? **Wann** geschah etwas? **Was** geschah?
  - **Wer** war beteiligt? **Wie** passierte etwas oder wie lief es ab? **Warum** geschah etwas?
  - **Schluss: Welche Folgen** hatte etwas?
- Berichtet wird in der Regel in der Zeitform **Präteritum** (► S. 294).
- Die wörtliche Rede gehört in der Regel nicht in einen Bericht.
- Ein **Tagesbericht** ist Bestandteil einer **Praktikumsmappe.**
  Auch hierfür werden eine **sachliche Sprache** und die Darstellung der **zeitlich richtigen Reihenfolge** der Tätigkeiten an einem Praktikumstag verlangt.

Schildern

Eine Situation oder Stimmung schildern

- Wenn man eine Situation oder Stimmung schildert, versucht man, **mit Worten ein anschauliches und lebendiges Bild** zu malen, z. B. in einer Reportage.
- In Schilderungen äußern sich Beteiligte häufig in direkter Rede persönlich über ihre **Eindrücke und Gefühle.** Die Zeitform ist dabei das Präsens.

Informieren

Ein Autorenporträt erstellen

► S. 97

Ein Autorenporträt sollte Folgendes enthalten:

- **Lebensdaten** der Autorin/des Autors
- politische und kulturelle oder auch familiäre **Lebensumstände**
- beispielhafte **Werke** mit Titel und Erscheinungsjahr
- **Themen,** die das Werk behandelt
- eine **Leseprobe** (als Kopie oder Abschrift)
- **sprachliche Besonderheiten** im Werk
- **Ehrungen** und Preise

Ein Protokoll anfertigen

▶ S. 41

- **Protokolle sind knappe Berichte über Versammlungen oder Diskussionen.** Sie stehen im **Präsens.**
- In einem **Ergebnisprotokoll** wird nicht der ganze Verlauf einer Diskussion dargestellt, sondern es werden **nur die wichtigsten Ergebnisse** festgehalten (meist ohne Namensnennung).

Protokolle haben eine feste äußere Form:

1 **Protokollkopf:**
Der Protokollkopf enthält folgende Angaben:
Anlass (Thema/Titel, z. B. der Unterrichtsstunde), Teilnehmer (Leitung), Datum/Zeit, Ort, Name der Protokollantin / des Protokollanten, Auflistung der Tagesordnungspunkte (TOPs).

2 **Hauptteil:**
Im Hauptteil werden die wichtigsten Informationen sachlich, knapp und übersichtlich je Tagesordnungspunkt wiedergegeben.

3 **Schluss:**
Der Schluss des Protokolls enthält Ort und Datum der Abfassung sowie darunter die Unterschrift der Protokollantin / des Protokollanten.

Einen Informationstext verfassen

▶ S. 15–20, 27–32

Ein informierender Text fasst in **knapper** und für die Leser **gut verständlicher Weise das Wichtigste** über **Personen, Sachverhalte** oder **Gegenstände** zusammen.
Er hat eine klare gedankliche Gliederung, z. B.: *1. Problem, 2. Lösung, 3. Folgen* oder *1. Ursache, 2. Auswirkung, 3. Folgen.*

Aufbau

- Nennt zu **Beginn** eines Informationstextes **das Thema**, z. B.: *Das Mehrgenerationenhaus in ...*
- Beantwortet danach in **sachlicher Sprache** die wichtigsten **W-Fragen** zusammenhängend bzw. in einer **sinnvollen Reihenfolge**: Wer? Was? Wann? Wo? Wie? Warum? Welche Folgen?
- Informiert ein Informationstext über etwas, das in der Vergangenheit geschah, dann steht er im **Präteritum,** z. B.: *Die Bewohner* ***gaben*** *ihre alten Wohnungen auf, um ...*
- Nutzt **Verknüpfungswörter** (▶ S. 43), um einen zusammenhängenden Text zu schreiben, z. B.: ***Weil*** *Menschen verschiedenen Alters sich viel sagen und beibringen können, gibt es ...*

Beschreiben

Beschreiben und erklären

▶ S. 14

- **Beschreiben:** Wenn man z. B. **Ereignisse, Personen oder Tatsachen** beschreibt, stellt man diese **genau und sachlich richtig** dar, z. B.:
Die Schülerfirma, die Ernst Hoffmann gegründet hat, trägt den Namen „IGKresS". Sie ...
- **Erklären:** Man ordnet einen **Sachverhalt** in einen **zeitlichen oder ursächlichen Begründungszusammenhang** ein und veranschaulicht ihn durch ein Beispiel, z. B. ursächlich: *Der Senior Expert Service wurde gegründet,* ***um*** *Senioren insbesondere an Schulen zu vermitteln.* ***Deshalb*** *...*

Einen Arbeitsablauf (Vorgang) beschreiben

- **Einleitung:** Benennt den Arbeitsablauf und seinen wesentlichen Zweck. Schreibt im **Präsens** (► S. 294).
- **Hauptteil:** Beschreibt den genauen Arbeitsablauf Schritt für Schritt.
- **Schluss:** Formuliert z. B., wozu der Arbeitsablauf insgesamt dient.
- **Verdeutlicht** durch Wörter wie *zuerst, danach* die **Reihenfolge** der Arbeitsschritte.
- Verwendet **Aktiv- und Passivformulierungen,** um abwechslungsreicher zu schreiben.

Sich schriftlich bewerben

Ein Bewerbungsschreiben aufbauen und formulieren

► S. 61–62

Mit einer **Bewerbung werbt ihr für euch selbst.** Gestaltet sie deshalb am Computer optisch und inhaltlich überzeugend. Beachtet Aufbau, Bestandteile und Sprache.

Laura Casilla
Erich-Kästner-Straße 13
12345 Oberstadt
Tel.: 0123 45678
E-Mail: laura.casilla@browser.de

Oberstadt, 23. April 20..

Städtischer Zoo
Frau Eva Müller
Im Wiesengrund 8
12589 Unterstadt

Bewerbung um eine Praktikumsstelle als Tierpfleger

Sehr geehrte Frau Müller,

über Mitschüler habe ich erfahren, dass ...
Zurzeit besuche ich ...
In meiner Freizeit interessiere ich mich besonders für ...

Über eine Einla
würde ich mich

Mit freundliche
Laura Casilla

Anlagen
Lebenslauf

Lebenslauf

Persönliche Daten

Name:	Hatice Heinemann
Adresse:	Schillerstraße 34, 08007 Unterstadt
Telefon:	09876 54321
E-Mail:	heihatty@xyz.de
Geburtsdatum:	8. Februar 2001
Geburtsort:	Oberstadt
Nationalität:	deutsch

Schulbildung

Schulen:	2007–11 Grundschule Unterstadt seit 2012 Helene-Lange-Gesamtschule Oberstadt

Besondere Kenntnisse und Interessen

Sprachkenntnisse:	Türkisch (zweite Muttersprache) Englisch (gute Kenntnisse in Wort und Schrift)
PC-Kenntnisse:	gute Kenntnisse in Word
Hobbys:	Ballett, Leichtathletik, Kinogehen

Unterstadt, den 30. März 20..

Hatice Heinemann

- Wählt für das Bewerbungsschreiben ein weißes, nicht zu dünnes Papier und eine gut lesbare Schriftart mit der Schriftgröße 11 bis 12 Punkt. Lasst links am besten 2,4 cm und rechts mindestens 0,8 cm Rand.
- Die Bewerbung **besteht aus** einem sachlichen **Bewerbungsschreiben** mit folgenden Bestandteilen: **Briefkopf** (Absender, Datum, Adressat mit vollständiger Anschrift), **Betreffzeile** (stichwortartig, worum es geht), **Anrede, Text** (► ANDA-Methode, s. u.), **Grußformel, Unterschrift** und Hinweise auf die **Anlagen** (z. B. Zeugnis).
- Zur Bewerbung gehört auch ein **tabellarischer Lebenslauf.** Dieser sollte in Form von **Zwischenüberschriften** übersichtlich gegliedert sein. Er enthält in der Regel ein **Porträtfoto** und schließt mit **Ort, Datum** und **Unterschrift.**
- Die **Onlinebewerbung** gleicht inhaltlich und formal dem **Bewerbungsbrief.** Eingescannte Anlagen werden als PDF-Datei im Anhang der E-Mail versendet. Der E-Mail-Text weist kurz darauf hin.
  Tipp: Eure Anlagen sollten nicht zu große Datenmengen aufweisen (höchstens 2 MB). Erkundigt euch, ob die Firma eine Plattform für Onlinebewerbungen eingerichtet hat.

Die ANDA-Methode (span. *anda* = Auf gehts! Mach schon!)

► S. 63

A **Anknüpfung finden:** Schreibt zunächst, von wem ihr von der Praktikumsstelle gehört oder wo ihr über sie gelesen habt, z. B.: *Ihre Anzeige in der WAZ vom ... hat mich sehr angesprochen.*

N **Neugierde wecken:** Macht den Empfänger neugierig auf euch. Gebt an, welche Klasse und Schule ihr gerade besucht, z. B.: *Derzeit besuche ich die ... Klasse ...*

D **Du und deine Fähigkeiten:** Stellt dar, warum ihr euch für dieses Praktikum / diese Stelle interessiert und geeignet seid, z. B.: *Große Freude bereitet mir... Meine Stärken liegen vor allem im Bereich ... Da ich in meiner Freizeit gern ... Bei ... erhielt ich erste Einblicke in ...*

A **Aufforderung zum Handeln:** Bittet zum Schluss um eine Einladung zu einem Vorstellungsgespräch (► S. 67–68, 274), z. B.: *Über ein persönliches Gespräch mit Ihnen würde ich mich sehr freuen.*

Informationen zu Berufen recherchieren

▶ S. 55

Für die richtige Berufswahl sollte man sich gründlich informieren. Diese Quellen eignen sich:

- **Internet:** Besucht vertrauenswürdige Seiten. Geeignet sind z. B.: *www.planet-beruf.de, www.arbeitsagentur.de, www.jobboerse.arbeitsagentur.de, www.watchado.net* oder *www.berufe.tv.*
  Sie bieten euch Informationen in Form von **Texten, Diagrammen, Tabellen** und **Filmen.**
- **Berufsinformationszentren (BiZ):** Sie bieten in den **Agenturen für Arbeit** genaue Informationen zu Ausbildung, Berufen und Bewerbung. Erkundigt euch über das nächste BiZ.
  Oft werden dort speziell für Schülerinnen und Schüler Veranstaltungen angeboten.
- **Experteninterviews:** Befragt Menschen, die einen interessanten Beruf haben, z. B. Eltern, Bekannte, etc. Vermeidet zu enge oder wertende Fragen, Doppel- und Suggestivfragen (▶ S. 55).

Offizielle Briefe schreiben (Beschwerden, Entschuldigungen)

- In einem **offiziellen Brief** verwendet man **Standardsprache.**
  Das heißt, man vermeidet Jugendsprache, Abkürzungen und Emoticons wie in SMS.
  Auch sollte man auf besonders altmodische oder übertriebene Formulierungen verzichten.
- Seine Gefühle oder Wünsche sollte man immer **höflich** und **sachlich** formulieren.
  Das gilt auch für **Beschwerden,** z. B.: *Ich ärgere mich, weil … Ich möchte Sie bitten, …*
- In einer schriftlichen **Entschuldigung** ist es wichtig, dass man
  - **offen zugibt,** etwas falsch gemacht zu haben, z. B.: *Ich habe leider …*
  - **um Entschuldigung bittet,** z. B.: *Dafür möchte ich Sie um Entschuldigung bitten.*
  - verspricht, sich nun **anders zu verhalten,** z. B.: *Ich werde in Zukunft …*

Texte zusammenfassen

Inhalte eines literarischen Textes zusammenfassen (Inhaltsangabe)

▶ S. 126

Mit einer **Inhaltsangabe** fasst man den Inhalt eines Textes **knapp und sachlich** zusammen.
Sie **informiert** andere, die den Text nicht kennen, über den **wesentlichen Inhalt und Ablauf.**

Aufbau

- In der **Einleitung** werden die Textsorte (z. B. Kurzgeschichte, Novelle), der Titel, das Erscheinungsjahr, der Name der Autorin / des Autors und das Thema genannt.
  Sie sollte möglichst nur aus zwei Sätzen bestehen.
- Im **Hauptteil** werden die **wichtigsten Ereignisse** in der **richtigen Abfolge** kurz dargestellt.
  Ein neuer Handlungsschritt beginnt z. B. bei einer Wendung in der Handlung, bei einem Zeitsprung, wenn eine neue Figur auftritt oder bei einem Ortswechsel.
- Im **Schlussteil** kann man kurz darstellen, wie man den Text versteht **(interpretiert),** z. B.:
  - Man **deutet,** wie man das **Verhalten der Figuren** begreift.
  - Man **erläutert,** worauf **der Text insgesamt hinweisen** möchte.
  - Man **nimmt Stellung** zur Geschichte insgesamt, z. B.:
    Die Kurzgeschichte ist für mich besonders beeindruckend, weil …

Sprache

Inhaltsangaben formuliert man **sachlich** und möglichst **mit eigenen Worten.**

- Man vermeidet ausschmückende oder wertende Ausdrücke.
- Inhaltsangaben formuliert man im **Präsens** (► S. 294).
- **Äußerungen von Figuren** sollte man in der **indirekten Rede** wiedergeben (► S. 295).

Sätze paraphrasieren und Textabschnitte exzerpieren

► S. 19

Schreibt man auf der Grundlage anderer Texte einen eigenen Sachtext, sollte man diesen möglichst mit eigenen Worten verfassen. Man unterscheidet **Paraphrasieren** und **Exzerpieren:**

- **Sätze paraphrasieren – Sätze mit eigenen Worten wiedergeben**
  - Ersetzt einzelne Nomen und Verben des Satzes durch Wörter mit gleicher Bedeutung.
  - Verdeckt den neuen Satz und schreibt seinen Inhalt mit eigenen Worten erneut auf. Verändert auch den Satzbau.
- **Textabschnitte exzerpieren – Textabschnitte mit eigenen Worten zusammenfassen**
  - Sucht die Hauptaussage des Textabschnitts heraus, z. B. die zu einer bestimmten Frage.
  - Schreibt sie mit eigenen Worten auf.

  Tipp: Ihr könnt dazu die Methode nutzen, wie sie beim Paraphrasieren beschrieben wird.

Textstellen zitieren

► S. 146

- **Zitieren** heißt, dass man **Stellen aus einem Text wiedergibt.** Dadurch kann man seine **Aussagen** zu einem Text **belegen,** damit sie **für andere nachvollziehbar** sind.
- Zitate gibt man **meist wortwörtlich** wieder.
- Zitate werden durch **Anführungszeichen gekennzeichnet** und die **Fundstelle** im Text z. B. durch **Nennung der Zeile/-n** (in längeren Romanen auch der Seite) oder **Verse** angegeben, z. B.:
  „In deinem Auge welcher Schmerz!" (S. 143, Z. 28)
- Zitate dürfen nicht verändert werden. **Auslassungen oder Änderungen,** z. B. im Satzbau, werden durch **[...] oder (...)** gekennzeichnet, z. B.:
  Es heißt, dass „[d]er Mond [...] kläglich aus dem Duft hervor[sieht]" (S. 143, V. 10–11).

Lesen – Umgang mit Texten und Medien

Lesevermutungen notieren – Eine Deutungsthese aufstellen ▶ S. 100

Mit einer **Deutungsthese** formuliert man in wenigen ersten Sätzen, was **die grundsätzliche Aussage** eines Textes oder Textausschnitts **sein könnte.**

- Der Begriff leitet sich vom Fremdwort **„These"** für **Behauptung** ab.
- Diese Vermutungen zu einem Text müssen jedoch **noch nicht** als **richtig oder falsch** bewertet werden. Erst durch die **anschließende Untersuchung** und durch Textbelege beweist oder widerlegt man die Deutungsthese.
- Es kann sich dabei um den **ersten Leseeindruck** handeln oder um **anfängliche Überlegungen,** wie **der Text** auf den Leser wirkt.

Erzählende Texte (Roman, Kurzgeschichte) ▶ S. 22–26, 99–105, 107–126, 190–199

Viele Textsorten zählen zu den **erzählenden Texten** (Epik), z. B. Märchen, Fabeln, Sagen, Kalendergeschichten, Novellen, Kurzgeschichten (▶ S. 107–126) und Romane bzw. Jugendromane (▶ S. 22–26, 99–105, 190–199). Folgende Elemente sind insbesondere für erzählende Texte kennzeichnend:

Der Erzähler / Die Erzählerin

Romane und Erzählungen werden von einem **Erzähler erzählt.**
Ein Autor kann entscheiden, welchen Erzähler er wählt. Von dieser Wahl des **Erzählverhaltens** hängt ab, was der Erzähler alles weiß und wie sehr er am Geschehen beteiligt ist.

- Der **allwissende** (auktoriale) **Erzähler überblickt** die **gesamte Handlung.** Er kennt die Gedanken und Gefühle **aller Figuren.** Er **beurteilt** das **Geschehen, deutet voraus** und wendet sich auch mal direkt an den Leser. In der Regel erzählt er in der **Er-/Sie-Form,** z. B.:
  Sie hatte so viel Angst um ihren Mann, dass sie ihm ...
- Der **personale Erzähler** erzählt aus dem **eingeschränkten Blickwinkel** einer bestimmten Figur, die in der Regel **am Geschehen beteiligt** ist. Häufig erzählt er in der **Ich-Form,** z. B.:
  Ich sah sie an und hoffte, dass sie „Nein" sagen würde ... Ich ergriff ihren Ärmel.

Die Figuren und ihre Handlungsmotive ▶ S. 104, 106

- Die **Handelnden,** die in einer Geschichte vorkommen, nennt man **Figuren.**
  Sie haben ein bestimmtes **Aussehen,** bestimmte **Eigenschaften, Gefühle und Gedanken.**
  Figuren haben für ihr Handeln meist **innere Beweggründe** bzw. **Absichten** und **Interessen.**
  Sie wollen z. B. jemanden näher kennen lernen oder sich rächen. Diese so genannten **Handlungsmotive** stehen oft nicht ausdrücklich im Text. Die Leser können sie aber mit Hilfe des **Handlungsverlaufs** (▶ S. 283) und der **Figurencharakteristiken** (▶ S. 110) erschließen.

Die Figurenkonstellation

▶ S. 110

Die Figurenkonstellation **veranschaulicht,** etwa als Schaubild, welche **Beziehung die einzelnen Figuren zueinander haben,** z. B.: *flüchtig bekannt, befreundet, verfeindet, verliebt, verwandt, ...*
Fragen dazu sind:

- Woher kennen sich die Figuren?
- Was denken und wollen sie voneinander?
- Wodurch ist die Beziehung geprägt: Nähe, Distanz, Liebe, Konkurrenz, Neid, ...?

Die Figurencharakteristik

▶ S. 110, 193

Figuren werden durch eine **Reihe von äußeren und inneren Merkmalen** beschrieben.
Fasst man diese Merkmale zusammen, dann charakterisiert man eine Figur.

- Zu einer Figuren**charakteristik** gehören insbesondere:
  - **die äußere Erscheinung:** Geschlecht, Größe, Kleidung, ...
  - **Eigenschaften und Verhalten:** Einstellungen, Gedanken, Gefühle, typische Gebärden, Reaktionen auf das Verhalten anderer, Verhalten in Konfliktsituationen
  - **die Sprache:** Tonfall, Wortwahl, Satzbau, Ausdruck
- In einem Text können diese Merkmale direkt oder indirekt zu finden sein:
  - **direkte Charakterisierung:** Ein Erzähler oder eine andere Figur beschreibt oder beurteilt sie, z. B.: *„Tschick war ein Asi, und genau so sah er auch aus."* (▶ S. 192, Z. 2 f.)
  - **indirekte Charakterisierung:** die Art, wie eine Figur handelt, spricht, denkt und fühlt, z. B.: *„‚Beginnen Sie', sagte Tschick und machte eine Handbewegung."* (▶ S. 192, Z. 46 f.)

Baut eure Figurencharakteristik so auf:

- **Einleitung:** Stellt die Figur zunächst **allgemein** vor. Beachtet, soweit dies im Text steht: Name, Alter, Lebensumstände, Geschlecht, Beruf, Größe.
- **Hauptteil:** Geht dann auf ihr Aussehen, ihr Verhalten, ihre Eigenschaften sowie für sie typische Gedanken und Gefühle ein. Beschreibt auch ihr Verhältnis zu anderen Figuren.
- **Schluss:** Erläutert knapp, wie die Figur auf euch wirkt.
- Charakteristiken verfasst man im **Präsens.**

Die Figurenkommunikation

▶ S. 121

- **Kommunikation** funktioniert so, dass bestimmte **Signale übermittelt** werden.
- Diese können **sprachlich (verbal)** erfolgen oder auch **ohne Worte (nonverbal),** z. B. durch **Gestik** oder **Mimik**.
- Dabei werden sowohl **Informationen** als auch **Gedanken und Gefühle** mitgeteilt. Daher unterscheidet man bei einer Äußerung insbesondere die Sach- und die Beziehungsebene, z. B.: *„Hast du den Film schon gesehen?"*
  - **Sachebene:** Man teilt eine **Information** mit: *Ich möchte mit dir ins Kino gehen.*
  - **Beziehungsebene:** Man setzt eine Beziehung voraus bzw. wünscht sie sich: *Wir sind Freunde.* Deshalb kann **Kommunikation** manchmal **gelingen** und manchmal **misslingen.**
- Wird von einem Gesprächspartner etwas **falsch verstanden oder falsch eingeordnet,** dann kann es zu **Missverständnissen** kommen.

Der Schauplatz und die Atmosphäre

Die **Handlung** in einem erzählenden Text spielt an bestimmten **Schauplätzen/Orten.**
Diese verraten häufig etwas über die **Atmosphäre,** also die **Stimmung,** z. B.:
Eine heiße und weite Wüste kann beim Leser eine bedrückende, einsame Stimmung hervorrufen.

Äußere und innere Handlung

► S. 112

Das **Geschehen** in erzählten Geschichten umfasst meist **zwei Handlungsebenen:**
- Die äußere Handlung beschränkt sich auf **sichtbare und hörbare Ereignisse,** z. B.: *„Livia legte den Telefonhörer wieder auf ...“*
- Die innere Handlung beschreibt die Innensicht der Figuren (Gefühle, Wünsche, Gedanken), z. B.: *„Das Einzige, was sie wollte, war ein Treffen mit ...“*
  Die innere Handlung muss manchmal aus der äußeren erschlossen werden.

Das Leitmotiv / Das Motiv

► S. 115, 129

- **Leitmotive** können in Geschichten insbesondere als **Gegenstände, Farben, Handlungen, Situationen, Stimmungen** oder **Sätze** vorkommen, die an verschiedenen Stellen **im Text immer wieder auftauchen.**
  Durch diese Wiederholung gewinnt ein Leitmotiv eine **besondere Bedeutung.**
  Es kann z. B. eine bestimmte Eigenschaft oder Handlungsweise einer Figur versinnbildlichen.
- **Überzeitlicher sind Motive.** Sie können **in verschiedenen Jahrhunderten eine besondere Bedeutung** erlangen, z. B.: *das Motiv der Liebe.*
- Zu untersuchen ist, wie die Motive in dem jeweiligen Jahrhundert verstanden wurden

Einen literarischen Text untersuchen und interpretieren

Folgende **Leitfragen** helfen euch, einen literarischen Text zu untersuchen und zu verstehen.
Wichtig ist: **Benennt** nicht nur die **Merkmale,** sondern **erklärt** auch ihre **Wirkung.**
- **Thema/Inhalt**
  - Was ist das Thema des Textes? Gibt er eine Lehre? Gibt es Leitmotive (► S. 115)?
- **Aufbau der Handlung**
  - Wie sind Anfang und Schluss gestaltet (offen/geschlossen)?
  - Gibt es einen Höhe- bzw. Wendepunkt (Pointe)? Wird Spannung erzeugt?
  - Wird fortlaufend erzählt oder gibt es Rückwendungen und/oder Vorausdeutungen?
- **Figuren**
  - Welche Figuren kommen vor? In welcher Beziehung stehen sie zueinander?
  - Erfahrt ihr etwas über die Gedanken und Gefühle der Figuren (innere Handlung)?
  - Was erfährt man über die Figuren durch die Darstellung der äußeren Handlung?
- **Erzähler**
  - In welcher Erzählform (Ich-Erzähler/-in oder Er-/Sie-Erzähler/-in) ist der Text geschrieben?
  - Welcher Erzähler erzählt: ein allwissender oder ein personaler (► S. 281)?
- **Sprache**
  - Gibt es Besonderheiten im Satzbau, z. B. einfache, kurze Sätze oder längere Satzgefüge?
  - Werden Sätze oder Wörter wiederholt? Wird wörtliche Rede verwendet?

Erzählende Textsorten

Erzählende Texte gliedern sich in eine Vielzahl von Textsorten. Man unterscheidet z. B.:

Die Fabel

Eine **Fabel** ist eine **kurze, lehrhafte Erzählung.** Sie hat folgende **Merkmale:**
- Die **Figuren** sind in der Regel **Tiere,** z. B.: *Fuchs, Rabe, Storch, Ziegenbock, ...*
- Die Tiere haben **menschliche Eigenschaften.** Sie **handeln und sprechen** wie Menschen.

Die Kalendergeschichte

Eine Kalendergeschichte ist eine **kurze Geschichte, die unterhalten und belehren soll** und **meist mit einer Pointe** (überraschende Wendung) endet.
Bis ins 19. Jahrhundert wurden diese Geschichten in Jahreskalendern abgedruckt. Neben der Bibel waren Kalendergeschichten für viele Familien oft die einzige Lektüre. Ab dem 20. Jahrhundert erschienen die Kalendergeschichten nur noch in Buchform.
Der bekannteste Autor von Kalendergeschichten ist Johann Peter Hebel (1760–1826).

Die Kurzgeschichte

▶ S. 107–126

Eine Kurzgeschichte (engl. *Short Story*) ist von geringem Umfang. Sie hat folgende **Merkmale:**
- Sie erzählt einen **aussagekräftigen Abschnitt aus dem Leben und Alltag einer Figur.**
- Die handelnden **Figuren** stellen meist **Alltagsmenschen** dar.
- Der **Anfang ist unvermittelt:** Die Geschichte springt mitten hinein ins Geschehen.
- Die **Handlung** erfährt einen **Wendepunkt,** der oftmals **überraschend** erfolgt.
- **Leitmotive** (▶ S. 283) können **wiederholt** vorkommen und erhalten dadurch eine **besondere Bedeutung.**
- Der **Schluss ist offen.** Die Leser können selbst über ein Ende oder eine Lösung nachdenken.

Die Novelle

Geschichten, in denen eine ungewöhnliche bzw. eine **„unerhörte Begebenheit“** (Goethe) erzählt wird, nennt man **Novelle** (ital. *novella* = Neuigkeit). Oft geht es um einen **Wendepunkt im Leben eines Menschen.** Weitere Kennzeichen einer Novelle sind:
- Die Figuren erleben einen **Konflikt,** der sie zu einer Entscheidung für ihr Leben zwingt.
- Die Handlung dreht sich oft um einen auffälligen Gegenstand, **das Dingsymbol.**

Romane

▶ S. 199

Der Roman ist die **Langform** der schriftlichen Erzählung. Es gibt **sehr viele Spielarten** des Romans. Zwei davon sind z. B.:
- **Die Roadnovel** (engl. *novel* = Roman): handelt hauptsächlich vom **Unterwegssein.** Dabei geht es vor allem um **das Reisen selbst** und nicht darum, an einem bestimmten Ort anzukommen.
- **Die Coming-of-Age-Story:** „Coming of Age“ bedeutet **Heranwachsen oder Erwachsenwerden.** Eine solche Story (Geschichte) schildert die Entwicklung eines Menschen zum Erwachsenen.

Die Sage

- **Sagen** sind ursprünglich mündlich überlieferte Erzählungen, die später aufgeschrieben wurden. Sie **handeln** vom Anbeginn der Welt, von **Göttern und Helden** und ihren Taten.
- Erzählt wird von **Kampf und Bewährung, Sieg und Niederlage** und **abenteuerlichen Reisen**.
- Oft haben **Sagen** einen **wahren Kern.** In ihnen können im Unterschied zum Märchen **wirkliche Personen, geschichtliche Ereignisse** und **wirkliche Orte** vorkommen.
- In Sagen handeln auch **übernatürliche Wesen** wie Zauberinnen, Riesen und Ungeheuer.

Das Gedicht (Lyrik)

► S. 127–146

Das lyrische Ich

In vielen Gedichten oder Songs **teilt** ein **„Ich“** dem Leser seine **Gefühle, Beobachtungen** oder **Gedanken** aus seiner Sicht (Perspektive) **mit.** Man nennt dieses „Ich“ das **lyrische Ich.**
Es ist **nicht mit dem Autor gleichzusetzen.** In manchen Gedichten heißt es auch „Wir“ oder das Geschehen wird von einem Beobachter geschildert, der weder „ich“ noch „wir“ sagt.

Die äußere Gedichtform – Der Vers, die Strophe, der Reim, der Refrain

- Bei einem Gedicht nennt man eine einzelne Zeile **Vers,** z. B.: *Der Himmel ist blau.*
- **Mehrere Verse** zusammen ergeben eine **Strophe.**
- Viele Gedichte haben **Reime.** Wörter reimen sich, wenn der **letzte betonte Vokal** und die **folgenden Buchstaben gleich klingen,** z. B.: *Hose – Dose.*

Unterscheide:	**Paarreim**		**Kreuzreim**		**umarmender Reim**	
	gut	a	platscht	a	Land	a
	Mut	a	fein	b	Sonne	b
	Haus	b	klatscht	a	Wonne	b
	Maus	b	dein	b	Rand	a

- In einem **Refrain** (Kehrreim) **kehren** ein oder **mehrere Verse** zwischen einzelnen Strophen, zu Beginn oder am Schluss einer Strophe **regelmäßig wieder.**

Das Metrum (das Versmaß)

► S. 132

Unter **Metrum (Versmaß)** versteht man die **Abfolge von unbetonten und betonten Silben.**

- Unterliegt diese Abfolge einer bestimmten **Gesetzmäßigkeit,** dann ergibt sich daraus ein **Rhythmus,** der entweder mit dem **Leserhythmus übereinstimmt** oder von ihm **abweicht.**
- Das **Metrum** hat in der Regel einen **Bezug zum Inhalt,** z. B. wenn er das Gehen nachahmt.
  - **Jambus:** unbetont (x) – **betont (X),** z. B.: *Es **schlug** mein **Herz** ...*
  - **Trochäus: betont (X)** – unbetont (x), z. B.: ***Früh**ling **lässt** sein **blau**es **Band** ...*
  - **Anapäst:** 2-mal unbetont (xx) – **betont (X),** z. B.: *Ana**päst**, Ele**fant**, Harmo**nie***
  - **Daktylus: betont (X)** – 2-mal unbetont (xx), z. B.: ***Dak**tylus, **Au**tofahrt, **him**melwärts*

Eine Gedichtanalyse schreiben und überarbeiten

► S. 135–145

- Nennt in der **Einleitung Verfasser, Textart, Titel, Erscheinungsjahr, Thema.**
- Gebt im **Hauptteil** eurer Analyse den **Gedichtinhalt mit eigenen Worten** wieder.
- **Beschreibt** das **Gedicht formal:** Strophe, Vers, Reimschema, Metrum und **setzt die Ergebnisse mit** dem **Inhalt in Beziehung.**

- Achtet bei der formalen Analyse auf **Auffälligkeiten,** z. B. Abweichungen vom Metrum.
- Legt die **sprachliche Gestaltung** des Gedichts dar, z. B.: Wortwahl, Satzzeichen, Satzbau, Sprachbilder.
- Beweist wichtige Aussagen mit **Textbelegen** (**Zitaten;** ▶ S. 146, 248).
- Nehmt die **Perspektive des Lesers** ein, um eure Analyse nachvollziehbar und klar zu machen.
- Fasst zum **Schluss** eure **wichtigsten Ergebnisse** noch einmal knapp zusammen.
- Schreibt insgesamt **deutlich gegliedert und leserlich.**
- Prüft euren Text auf **Wortwahl, Grammatik, Rechtschreibung und Zeichensetzung.**

Konkrete Poesie

Wird ein **Gegenstand durch das Wort für den Gegenstand** selbst **dargestellt,** spricht man von konkreter Poesie, z. B. das Wort „Apfel" stellt, mehrfach wiederholt, als Bild einen Apfel dar.
Auch **Geräuschwörter,** die zu einem Geschehen gehören, können zu konkreter Poesie werden.

Die Ballade

Die Ballade ist eine **Mischform aus Gedicht, Erzählung** und **Theaterstück/Drama.**
Eine Ballade sieht aus **wie ein Gedicht.**
Sie besteht meist aus Strophen und Versen, die sich reimen (▶ S. 285).
In der Regel wird in einer Ballade auf spannende Weise **eine Geschichte erzählt.**
Wie in einem **Theaterstück** gibt es in einer Ballade oft auch Dialoge und im Mittelpunkt der Handlung steht ein Konflikt.

Sprachbilder – Die Metapher, der Vergleich, die Personifikation

▶ S. 92, 144

- Die **Metapher** (griech. *Übertragung*) ist ein **Sprachbild.** Dabei wird ein **Wort oder** ein **Satz** nicht in wortwörtlicher, sondern **in einer übertragenen Bedeutung verwendet.** Übertragen werden Vorstellungen oder Eigenschaften von einer Sache auf eine andere, mit der diese Vorstellungen normalerweise nicht verbunden werden, z. B.: *Er hat einen Stein in der Brust. → Er hat ein Herz aus Stein. = Er ist gefühllos, hart und kalt wie ein Stein.*
- Metaphern werden auch oft **als verkürzter Vergleich ohne *wie*** bezeichnet, z. B.:
  Der junge Dennis ist ein Löwe. = Dennis ist mutig und stark wie ein Löwe.
  Damit ist gemeint, dass Dennis offensichtlich so stark ist wie ein Löwe.
- **Personifikationen** sind ebenfalls Metaphern mit der Besonderheit, dass eine **Sache oder Idee vermenschlicht** wird und entsprechende Eigenschaften übertragen werden, z. B.:
  Wörter, die verhaftet oder krank werden. → Menschen können verhaftet oder krank werden.
  = Wer seine Meinung sagt, wird verhaftet. Man kann nicht mehr ohne Angst frei sprechen.

Der Sachtext

▶ S. 172

Sachtexte sollen vor allem **informieren** und zur **Meinungsbildung** beitragen.

- **Informieren:** Diesem Zweck dienen insbesondere die **sachlichen Darstellungsformen** wie **Nachrichten, Berichte** oder **Diagramme, Grafiken** und **Schaubilder.**
- **Meinungsbildung:** Der **Kommentar** (▶ S. 288) ist eine typische Sachtextform, um eine **persönliche Meinung** zu einem **Sachthema** öffentlich zu verbreiten.

Medienformate unterscheiden

▶ S. 176

Ein Thema kann in unterschiedlichen Medien dargestellt werden.
Jedes Medium bietet seine eigenen Vor- und Nachteile.

- In **Zeitungen** stehen meist Sachtexte, die nach **Ressorts** (Themengebieten) aufgeteilt werden, z. B.: Politik, Wirtschaft, Sport, Kultur, Wissen, Lokales, Aus aller Welt, ...
- Eine **Onlinezeitung** hat den Vorteil, dass sie **ständig aktualisiert** werden kann. Der Leser hat die Möglichkeit, **Artikel unmittelbar zu kommentieren** oder **mit anderen Lesern** dazu in **Kontakt** zu treten. Als **Hypertext mit anderen Texten vernetzt,** können zusätzliche Informationen herangezogen werden.
- **Radiotexte:** Informationen, die durch **Hörtexte** im Radio vermittelt werden, bieten die Möglichkeit, durch **Originalstimmen, Geräusche** etc. **Emotionen, Stimmungen** und **Zusatzinformationen** zu transportieren.
- **Fernsehfeature:** Bei dieser Darstellungsform wird ein **Sachthema mit Szenen, Zitaten** und dazu **passenden Bildern** aufbereitet. Das heißt, die hörbaren Textinformationen werden um bewegte Bilder ergänzt. Der Zuschauer kann sich die Informationen gut merken, weil er sie zugleich **hört und sieht.**

Einen Sachtext erschließen (Fünf-Schritt-Lesemethode)

1. **Schritt:** Lest die **Überschrift(en), hervorgehobene Wörter** und die **ersten Zeilen** der Textabschnitte. Betrachtet möglicherweise vorhandene **Abbildungen.**
2. **Schritt:** Arbeitet mit einer Kopie des Textes: **Lest** den gesamten Text **zügig** durch und kreist unbekannte Wörter ein. Macht euch klar, was das **Thema des Textes** ist.
3. **Schritt: Klärt unbekannte Wörter** und Textstellen durch Nachdenken oder Nachschlagen.
4. **Schritt: Lest** den **Text sorgfältig.**
   - **Markiert** die **Schlüsselwörter** farbig, die wichtige Informationen enthalten.
   - **Gliedert den Text** in Sinnabschnitte. **Notiert Fragen** am Rand, wenn euch etwas unklar ist.
5. **Schritt: Fasst** die Informationen des Textes **zusammen.**
   Tipp: Man kann die **Informationen** des Textes auch **veranschaulichen,** z. B. in Form eines **Flussdiagramms** (▶ S. 309), das gedankliche Abläufe übersichtlich darstellt.

Einen Sachtext analysieren

▶ S. 182

Einleitung
Macht Angaben zu: Autor/-in, Titel, Textsorte, Erscheinungsjahr, Thema.

Hauptteil
Untersucht und beschreibt zusammenhängend Form und Inhalt (= Analyse).
Das bedeutet, ihr müsst darin vor allem die **Argumentationsstruktur,** die **sprachlichen Mittel** und deren **Wirkung** sowie die Position der Autorin / des Autors darstellen. Geht so vor:

- Gebt den Inhalt des Texts kurz mit eigenen Worten wieder.
- Beschreibt den gedanklichen Aufbau des Texts Abschnitt für Abschnitt.
- Formuliert die im Text vertretene Meinung und benennt die dazu angeführten Argumente.
- Erläutert die sprachlichen Mittel und ihre Wirkung, z. B.: *Fremdwörter, Fachwörter, bildhafte Sprache, Wiederholungen, Zitate, ...*
- Belegt eure Aussagen mit Zitaten (▶ S. 146, 248).

Schluss
Begründet im Schlussteil mit Hilfe von Argumenten und Beispielen eure **eigene Meinung zum Thema.**

Darstellung
Beachtet in eurer Sachtextanalyse **Rechtschreibung und Zeichensetzung.**

- Formuliert im **Präsens.**
- Markiert Einleitung, Hauptteil und Schluss durch **Absätze** oder **freie Schreibzeilen.**
- Kennzeichnet auch einen **neuen Gedanken** durch einen **Absatz.**

Ein Diagramm (Grafik, Schaubild) lesen und auswerten

▶ S. 171

Diagramme (Schaubilder) sollen **Informationen übersichtlich veranschaulichen.**

- Lest zuerst die **Überschrift** und die **Erläuterungen:** Worüber wird informiert?
- Benennt die **Art des Diagramms,** z. B.: *Säulen-, Balken-, Kreisdiagramm.*
- Bestimmt die **Herkunft bzw. Quelle** und die **Einheiten der Angaben,** z. B.: *in Prozent.*
- Vergleicht **auffällige Angaben,** z. B.: *höchste/niedrigste Werte, Altersklassen im Vergleich.*
- Fasst die **wesentlichen Aussagen** zusammen: Was sagen die Zahlen im Vergleich aus?

Die Reportage

- In Reportagen werden **Sachinformationen** mit **schildernden Teilen** in Beziehung gesetzt.
- In den **schildernden Abschnitten** äußern sich **Beteiligte** häufig persönlich **in direkter Rede** (wörtliche Zitate) über ihre **Eindrücke, Erlebnisse und Gefühle.**
- Auch der Reporter kann seine Eindrücke schildern und die **Geschehnisse bewerten.**

Der Kommentar

- In einem **Kommentar** stellt ein Verfasser seine **persönliche Meinung** zu einem Thema dar.
- Im Kommentar sollte die Meinung **mit Argumenten und Beispielen** begründet werden.
- Der **Verfasser** des Artikels ist stets **mit Namen genannt.**

Das Drama (das Theaterstück)

▶ S. 147–168

Dramen, also Texte für das Theater, sind eine der drei Gattungen der Dichtung. Die beiden anderen sind die Lyrik (Gedichte) und die Epik (erzählende Texte).
In einem Theaterstück gibt es Rollen, die von Schauspielerinnen und Schauspielern gespielt werden. Wichtige Theaterbegriffe sind:

- **Rolle** nennt man die Figur, die eine Schauspielerin oder ein Schauspieler in einem Theaterstück verkörpert, z. B. die Rolle des besten Freundes, die Rolle der Mutter usw.
- Um eine Figur besser verstehen und spielen zu können, kann man eine **Rollenbiografie** anfertigen:
  - Schreibt allgemeine Informationen und Merkmale zur Figur heraus, z. B.: *Name, Geschlecht, Alter, Wohnort, Nationalität, Beruf.*
  - Macht euch Notizen zum äußeren Erscheinungsbild, z. B.: *Größe, Statur, Kleidung, besondere Merkmale wie Tätowierungen oder Behinderungen.*
  - Beantwortet folgende Fragen zum Charakter der Figur: Was hält sie für richtig oder falsch? Welche Einstellung zum Leben hat sie? Ist sie eher fröhlich oder traurig, nachdenklich oder spontan, gebildet oder ungebildet? Welche Ängste, Sorgen und Befürchtungen plagen sie? Was mag sie, was kann sie nicht leiden?
  - Notiert, welche Mimik und Gestik (Gesichtsausdruck, Bewegungen) zur Figur passen.
  - Überlegt euch mögliche Sprechweisen, z. B.: *langsam, schnell, hektisch, zögerlich.*
- Eine **Szene** ist ein kurzer, abgeschlossener Teil eines Theaterstücks. Eine Szene endet, wenn neue Figuren auftreten und/oder Figuren abtreten.
- **Regieanweisungen** heißen die Hinweise im Stück, die vorgeben, wie die Figuren reden, wie sie sich bewegen und verhalten sollen. Auch Orte können näher beschrieben werden. Regieanweisungen stehen meist in Klammern oder *kursiv* hinter den Rollennamen.
- **Dialog:** Gespräch von zwei oder mehr Figuren. Sein Gegensatz ist der Monolog.
- **Monolog:** Selbstgespräch einer Figur (im Gegensatz zum Dialog). Monologe sind in der Regel **gekennzeichnet durch:**
  - die **Ich-Form** und das **Präsens,** z. B.: *Ich kann es nicht mehr hören. Sie soll damit aufhören!*
  - **Ausrufe** und **Fragen,** z. B.: *Warum macht sie das nur immer? Weshalb ...?*
  - **Wiederholungen** als Verstärkung, z. B.: *Bitte, bitte, bitte, lass das. Lass es einfach!*
  - **Gedankensprünge,** z. B.: *Und wenn ich ihr ... Nein, das kann ich doch nicht tun.*
  - **Umgangssprache** je nach Textvorlage, z. B.: ... *dieses blöde Entschuldigen!*
- Um spannend und interessant zu sein, haben Theaterstücke (Dramen) oft einen ganz ähnlich aufgebauten **Handlungsverlauf.** Dieser wird meist als Schaubild in Form einer Pyramide dargestellt:

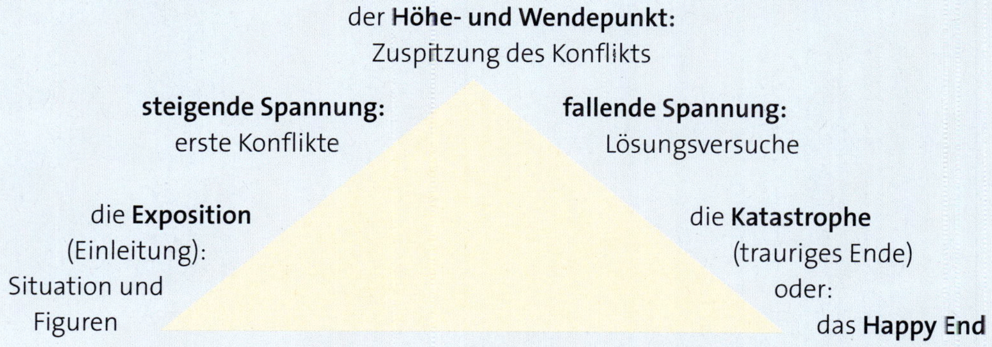

Eine Dramenanalyse schreiben

▶ S. 160–168

- Gliedert die Dramenuntersuchung in **drei Teile**: Einleitung, Hauptteil, Schluss.
- Nennt in der **Einleitung** Autor/-in, Textsorte, Titel, Erscheinungsjahr und Thema.
- **Ordnet** zu **Beginn des Hauptteils** die zu analysierende **Szene in den Handlungsverlauf ein** und **fasst** ihren **Inhalt zusammen.**
- Erläutert das **Figurenverhalten** und die **Beziehungen** der Figuren zueinander.
- **Beschreibt das Gespräch:** Ausgangssituation, Anlass, Absicht, Verlauf.
- **Belegt** eure **Aussagen durch Zitate** oder durch indirekte Redewiedergaben.
- Fasst am **Schluss** eure **wichtigsten Ergebnisse** noch einmal zusammen.
- Verfasst den **Analysetext** im **Präsens.**

Film, Fernsehen

▶ S. 201–208

Die Einstellungsgrößen

▶ S. 203

Die Einstellungsgröße legt die **Größe des Bildausschnitts** fest.
Je kleiner der Bildausschnitt ist, desto näher scheint der Betrachter am Geschehen zu sein.

Weit (Totale): Es wird eine ganze Landschaft oder eine Stadt gezeigt.
Man erkennt den Ort der Handlung.

Halbnah: Gegenstände werden aus mittlerer Nähe, Figuren etwa vom Knie an aufwärts gezeigt. Die unmittelbare Umgebung ist erkennbar.

Nah: Man sieht Kopf und Schultern von Figuren.

Groß: Der Kopf einer Figur wird bildfüllend dargestellt.
So kann man die Gefühle an der Mimik ablesen.

Detail: Ein Ausschnitt wird sehr groß gezeigt, z. B. die Augen, die Hände oder ein Gegenstand.

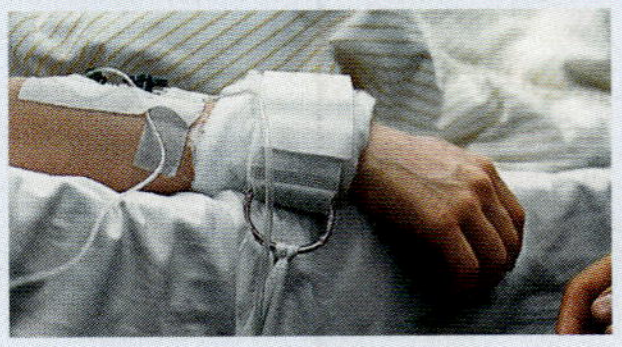

Die Kameraperspektive
► S. 203

Der Standpunkt der Kamera und – damit verbunden – ihr Blickwinkel wird als Kameraperspektive bezeichnet. Man unterscheidet:

Vogelperspektive

Normalperspektive

Froschperspektive

- **Vogelperspektive (Aufsicht):** Kamera von oben
- **Normalperspektive (Normalsicht):** Kamera auf Augenhöhe
- **Froschperspektive (Untersicht):** Kamera von unten

Die Kamerabewegung
► S. 204

Bei der **Kamerabewegung** unterscheidet man Kameraschwenk und Kamerafahrt.
- Beim **Kameraschwenk steht die Kamera fest** und **dreht sich** – ähnlich der Kopfbewegung – **um** einen **festen Punkt.**
- Bei der **Kamerafahrt bewegt sich die Kamera durch den Raum,** z. B. mit dem Gegenstand weg oder auf einen Gegenstand oder eine Figur zu.

Der Schnitt
► S. 204

Nach den Dreharbeiten wird das Filmmaterial in einzelne Szenen zerlegt.
Die besten Szenen können ausgewählt und überflüssige Szenen können herausgeschnitten werden.
Ein **Schnitt** bezeichnet die **Verknüpfung von zwei Einstellungen.**

Die Montage
► S. 204

- Durch die Verknüpfung von Szenen lassen sich verschiedene **Handlungsstränge miteinander in Beziehung setzen.** So kann man z. B. zeigen, warum sich eine Figur auf eine bestimmte Weise verhält. Diese Verknüpfungstechnik heißt **Montage** (gesprochen: *montahsche*).
- Bei der **Parallelmontage** werden Handlungen an verschiedenen Orten abwechselnd gezeigt.

Die Mise en Scène – Die Bildinszenierung
► S. 206–207

- In vielen Filmen gibt es Bilder, die einem **Gemälde oder Kunstfoto nachempfunden** werden.
- Durch den gezielten Einsatz von **Bildaufbau, Farbe und Licht** wirkt das Bild besonders eindrucksvoll und bedeutsam. Im Film nennt man das **Bildinszenierung,** frz. **Mise en Scène** (gesprochen: *misonzehn*).

Nachdenken über Sprache

Wortarten

Das Nomen und der Kasus (der Fall; Plural: die Kasus)

Mit **Nomen** werden **Dinge, Lebewesen, Gedanken und Ideen** bezeichnet.
Nomen werden **großgeschrieben.**

- **Nomen** (Hauptwörter) kann man mit Hilfe von **Proben** (▶ S. 303) erkennen:
  - **Artikelprobe:**
    Vor Nomen kann man einen Artikel setzen, z. B.: ***Das** Seil ist wichtig.*
  - **Zählprobe:**
    Viele Nomen können von Zahlwörtern begleitet werden, z. B.: *die **vielen** Seile.*
  - **Adjektivprobe:**
    Nomen lassen sich durch Adjektive näher beschreiben, z. B.: *das **blaue** Seil.*
- **Nomen** treten **im Satz** in einem von **vier Kasus (Fällen)** auf:
  - **Nominativ (Wer oder was?):**
    ***Das Seil** ist für das Klettern sehr wichtig.*
  - **Genitiv (Wessen?):**
    *Die Länge **des Seils** hängt davon ab, wozu man es benötigt.*
  - **Dativ (Wem?):**
    *Man kann **dem Seil** nicht blind vertrauen. Prüfe seine Festigkeit.*
  - **Akkusativ (Wen oder was?):**
    *Beim Klettern solltest du **das Seil** nutzen.*

Das Adjektiv (das Eigenschaftswort) und seine Steigerungsstufen

- **Adjektive** (Eigenschaftswörter) sind daran zu erkennen, dass man sie **steigern** kann, z. B.:

hoch	→ *höher*	→ *am höchsten*
Grundstufe (Positiv)	Steigerungsstufe (Komparativ)	Höchststufe (Superlativ)

- Im Satz können Adjektive auftreten als:
  1 **Begleiter eines Nomens:** *der **mutige** Kletterer*
  2 **Ergänzung zum Verb:** *Der Kletterer steigt **mutig** auf den Baum.*
  3 **Ergänzung zu *sein*:** *Der Kletterer ist **mutig.***
- Als **Begleiter des Nomens** trägt das Adjektiv nach bestimmtem Artikel die **Endung *-e*** oder ***-en.***

■ Nominativ (Wer oder was?):	*der mutig**e** Kletterer*	*die klein**e** Brücke*	*das lang**e** Seil*
■ Genitiv (Wessen?):	*des mutig**en** Kletterers*	*der klein**en** Brücke*	*des lang**en** Seils*
■ Dativ (Wem?):	*dem mutig**en** Kletterer*	*der klein**en** Brücke*	*dem lang**en** Seil*
■ Akkusativ (Wen oder was?):	*den mutig**en** Kletterer*	*die klein**e** Brücke*	*das lang**e** Seil*

Das Personal-, das Possessiv- und das Demonstrativpronomen (Fürwörter)

- **Pronomen** (Fürwörter) stehen **stellvertretend** für Nomen oder **begleiten** Nomen.
- **Personalpronomen** sind: *ich, du, er/sie/es, wir, ihr, sie.* Sie treten in verschiedenen **Fällen** (Kasus) auf, z. B.: *ich* (Nominativ), *mir* (Dativ), *mich* (Akkusativ).
- **Possessivpronomen** sind *mein, dein, sein/ihr, unser, euer, ihr* usw.
  Sie zeigen den Besitz an. Oft begleiten sie Nomen, z. B.: *mein Helm, ihre Kletterausrüstung.*
- **Demonstrativpronomen** sind: *dieser, diese, dieses; jener, jene, jenes; solcher, solche, solches, ...*
  Sie weisen auf etwas hin, z. B. auf eine Person oder Sache:
  *Am Abend traf ich einen **erfahrenen Kletterer. Dieser** erzählte mir ...*
- Manchmal beziehen sie sich auch **auf ganze Sätze**, z. B.:
  ***Das Kletterseil ist kaputt. Das** ist eine böse Überraschung.*
- Nutzt man ***dieser*** und ***jener*** gemeinsam, bezieht sich ***dieser*** auf das **zuletzt genannte Wort**, z. B.:
  *Ein **Taucher** und sein **Helfer** diskutieren. **Dieser** sagt ... **Jener** antwortet ...*

Die Präposition (das Verhältniswort) und der Kasus (Fall)

► S. 210

Präpositionen wie *in, auf, unter* drücken **Verhältnisse und Beziehungen** von Gegenständen, Personen oder anderem aus. Sie können bezeichnen:

- ein **örtliches Verhältnis,** z. B.: ***auf** der Leiter*
- einen **Grund,** z. B.: ***wegen** des Seils*
- ein **zeitliches Verhältnis,** z. B.: ***bis** morgen*
- die **Art und Weise,** z. B.: ***mit** großem Mut*

Präpositionen bestimmen **den Kasus (Fall) von Nomen und Pronomen.**

- Den **Akkusativ** fordern: ***durch, für, gegen, ohne, um,*** *z. B.: für den Kollegen.*
- Den **Dativ** fordern z. B. ***aus, bei, mit, nach, seit, von, zu,*** z. B.: *mit dem Bus.*
- Den **Genitiv** fordern z. B. ***außerhalb, halber, mangels,*** z. B.: *innerhalb des Schulhofs.*
- Manche Präpositionen können **mit Akkusativ und Dativ** stehen, z. B.: ***an das** Fenster, **an dem** Fenster.*
- Andere Präpositionen verlangen den **Genitiv,** können **umgangssprachlich** aber auch **mit** dem **Dativ** verwendet werden, z. B.: ***wegen seines** Hungers, **wegen seinem** Hunger.*

Das Verb (das Tätigkeitswort)

► S. 212, 213

Mit **Verben** gibt man an, **was jemand tut** (z. B. *laufen, reden, lachen*) oder **was geschieht** (z. B. *regnen, brennen*). Verben werden **kleingeschrieben.**

- In ihrer **Grundform** enden die meisten Verben auf **-(e)n.** Diese Grundform heißt **Infinitiv.**
  Oft verändern Verben im Satz ihre Form. Sie richten sich nach dem Wort, auf das sie sich beziehen.
  Man nennt diese Form **Personalform,** z. B.: ***Die Pferde** wieher**n. Das Pferd** wiehert.*
- **Verben verändern sich im Satz.** Das nennt man **Konjugation** oder **Beugung,** weil sich das Verb im Satz nach der Personalform richten muss, z. B. für „reisen“:
  Ich reise, du reist, er/sie/es reist, wir reisen, ihr reist, sie reisen.

Das Verb und sein Tempus (seine Zeitform)

Verben kann man **in verschiedenen Zeitformen** (Tempora) verwenden, z. B. im **Präsens** (Gegenwartsform) oder im **Präteritum** (einfache Vergangenheitsform).
Die Zeitformen der Verben sagen uns, **wann** etwas passiert.

Das Präsens (Gegenwartsform)

- Das Präsens wird meist verwendet, wenn man sagen will, dass etwas **jetzt geschieht,** z. B.:
  *Er **schreibt gerade** einen Brief.*
- Die Gegenwartsform wird auch benutzt, um **Gewohnheiten** oder **Dauerzustände** zu beschreiben, z. B.: *Suppe **isst** man mit dem Löffel.*
- Mit dem Präsens kann man auch ausdrücken, dass etwas in der **Zukunft** liegt, z. B.:
  ***Morgen gehe** ich ins Kino.*

Das Präteritum und das Perfekt (Vergangenheitsformen) ▶ S. 212

Präteritum und Perfekt sind **Zeitformen der Vergangenheit.**

- Das **Perfekt** verwendet man in der Regel, wenn man **mündlich** erzählt, z. B.:
  *Gestern **bin** ich zum Strand **gegangen.** Dort **habe** ich eine wunderschöne Muschel **gefunden.***
- Das **Präteritum** verwendet man in der Regel, wenn man **schriftlich** erzählt, z. B.:
  *Gestern **ging** ich zum Strand. Dort **fand** ich eine wunderschöne Muschel.*
- Gebildet wird das Perfekt aus **zwei Teilen:**
  Präsensform von *haben* oder *sein* + Partizip II, z. B.:
  Wir haben gewonnen.
  Du bist gelaufen.
  Das **Partizip II** beginnt meist mit der **Vorsilbe *ge-*,** z. B.: *lesen* → ***ge**lesen.*

Das Plusquamperfekt (die Vorvergangenheit) ▶ S. 212

- Geschah etwas noch **vor einem vergangenen Ereignis im Präteritum,** wird das **Plusquamperfekt** verwendet, z. B.:
  *Bevor er in die Tiefe **abtauchte*** (Präteritum), ***hatte** er sich lange **vorbereitet*** (Plusquamperfekt).
- Das Plusquamperfekt wird mit der Präteritumform von *haben* oder *sein* + Partizip II gebildet.

Das Futur (Zukunftsform)

- Mit der Zeitform **Futur** drückt man Zukünftiges aus, z. B.: *Ich werde für das Teleskop sparen.*
  Das Futur wird gebildet aus: *werde* (**Personalform** von ***werden***) + *sparen* (**Infinitiv** (Grundform))
- Mit dem Futur kann man auch eine Vermutung ausdrücken: *Das **wird** schon **klappen.***

Starke und schwache Verben

- **Schwache Verben** verändern im Präteritum nur die Endung.
  Sie verändern sich schwach, z. B.: *ich spiele* → *ich spiel**te**,* *du sag**st*** → *du sag**test**.*
- **Starke Verben** verändern im Präteritum einen ihrer Vokale (Stammvokal).
  Sie verändern sich stark, z. B.: *ich l**ü**ge* → *ich l**o**g,* *du l**äu**fst* → *du l**ie**fst.*
  Die **starken Verben** muss man **auswendig lernen** (▶ hintere Innenseite des Buchdeckels).

Verben im Aktiv oder Passiv

► S. 213

Das Aktiv und das Passiv drücken eine **unterschiedliche Sicht auf ein Geschehen** aus:

- Das **Aktiv betont** denjenigen, **der** etwas tut oder **handelt,** z. B.: *Das Boot zieht den Skifahrer.*
- Das **Passiv betont, mit wem oder was etwas geschieht,** z. B.: *Der Skifahrer wird gezogen.*
- **Das Passiv wird gebildet** aus der **Personalform des Hilfsverbs** *werden* + Partizip II:

	Aktiv	**Passiv**
Präsens:	*Jan ärgert Timur.*	*Timur wird geärgert.*
Präteritum:	*Jan ärgerte Timur.*	*Timur wurde geärgert.*

Der Konjunktiv I in der indirekten Rede

► S. 214–215

Wenn man deutlich ausdrücken möchte, **dass jemand anderes etwas gesagt hat,** dann verwendet man die **indirekte Rede.** Die indirekte Rede steht **nicht in Anführungszeichen.**
Das Verb steht im **Konjunktiv I,** z. B.: *Sie sagt, sie **fahre** sonst immer auf der richtigen Seite.*

- **Der Konjunktiv I wird gebildet** mit dem **Stamm des Verbs** (Infinitiv **ohne** -[*e*]***n***) und der entsprechenden Personalendung, z. B.:

Indikativ Präsens	**Konjunktiv I**	**Indikativ Präsens**	**Konjunktiv I**
*ich komm-**e***	*ich komm-**e***	*wir komm-**en***	*wir komm-**en***
*du komm-**st***	*du komm-**est***	*ihr komm-**t***	*ihr komm-**et***
*er/sie/es komm-**t***	*er/sie/es komm-**e***	*sie komm-**en***	*sie komm-**en***

- Wenn sich der **Konjunktiv I nicht vom Indikativ Präsens unterscheidet,** dann wird der **Konjunktiv II** (► S. 216) oder die ***würde*-Ersatzform** verwendet, z. B.:

Konjunktiv I:	*Sie erklärten, sie **haben** keinen Job für mich.*
→ Konjunktiv II:	*Sie erklärten, sie **hätten** keinen Job für mich.*
→ *würde*-Ersatzform:	*Sie erklärten, sie **würden** keinen Job für mich **haben.***

- Wenn die **indirekte Rede** mit ***dass, ob*** oder mit ***wo*** und ***wofür*** eingeleitet wird, kann auch der **Indikativ** stehen.

Der Konjunktiv II

Wenn man eine Aussage als **unwirklich,** nur vorgestellt, unwahrscheinlich oder gewünscht kennzeichnen möchte, verwendet man den **Konjunktiv II.**

- **Bildung des Konjunktivs II**
  Der Konjunktiv II wird in der Regel **vom Präteritum Indikativ abgeleitet.**
  Bei **starken Verben** werden ***a, o, u*** im Wortstamm in der Regel zu ***ä, ö, ü,*** z. B.:

Indikativ Präteritum	Konjunktiv II
er sah	*er sähe*
er war	*er wäre*
er hatte	*er hätte*

- Anstelle des Konjunktivs II wird die ***würde*-Ersatzform** verwendet, wenn der Konjunktiv II **vom Indikativ Präteritum nicht zu unterscheiden** ist, z. B.: *wir gingen* → *wir würden gehen.*
- Vor allem im **mündlichen Sprachgebrauch** ist der Konjunktiv II recht **ungebräuchlich.**
  Man verwendet lieber die *würde*-Ersatzform, z. B.: *ich empfähle* → *ich würde empfehlen.*

Modalverben

Modalverben sind Verben, die **Möglichkeiten, Zwänge, Gesetze** oder **Wünsche** ausdrücken.

Modalverb	verdeutlicht	Beispiel
können	Möglichkeit, Fähigkeit	*Sie können nebenan parken. Er kann zaubern.*
sollen	Vorschrift, Empfehlung	*Besucher sollen auf Parkplatz C parken.*
müssen	Gebot, Zwang	*Fahrzeuge müssen die Fahrbahn benutzen.*
dürfen	Erlaubnis, Möglichkeit	*Gäste dürfen hier parken.*
wollen	Absicht, Bereitschaft	*Wir wollen nächste Woche in den Urlaub fahren.*
mögen	Wunsch, Möglichkeit	*Ich möchte noch ein Glas Wasser haben.*

Das Adverb (das Umstandswort)

Mit **Adverbien** macht man **nähere Angaben zu einem Geschehen.**
Adverbien erklären genauer, **wo, wann, wie** oder **warum** etwas geschieht.
Im Unterschied zu Adjektiven (▶ S. 292) kann man Adverbien in der Regel nicht steigern.

Frage	Adverbien	Beispiel
Ort: **Wo?**	*bergauf, dort, oben, links, ...*	*Er klettert **bergauf.***
Zeit: **Wann?**	*immer, heute, gestern, niemals, jetzt, ...*	***Jetzt** beginnt der schwierige Teil.*
Art und Weise: **Wie?**	*allerdings, vielleicht, besonders, gern, ...*	*Sie klettern **gern.***
Grund: **Warum?**	*demnach, deshalb, darum, daher, ...*	***Daher** wartet er im Basislager.*

Der Wortstamm und die Wortfamilie

- In verschiedenen Wörtern können gleiche **Wortbausteine** vorkommen. Der Grundbaustein eines Wortes heißt **Wortstamm.** Wörter mit dem gleichen Wortstamm bilden eine **Wortfamilie:** ***find**en, er**find**en, vor**find**en, Er**find**er, **find**ig, Er**find**ung, ...*
- Viele Wörter einer Wortfamilie entstehen durch **Vor- oder Nachsilben.** Fügt man an den Wortstamm eine Vor- oder eine Nachsilbe an, so nennt man das **Ableitung:**

Vorsilbe +	Stamm	+ Nachsilbe	= abgeleitetes Wort
er	*find*	*en*	*= erfinden (Verb)*
Er	*find*	*ung*	*= Erfindung (Nomen)*
er	*find*	*erisch*	*= erfinderisch (Adjektiv)*

Satzglieder

Satzglieder bestimmen

Das **Prädikat** ist ein Verb. Es bildet den **Satzkern.** Es kann aus einem oder mehreren Teilen bestehen, z. B.: *Wir **sind** mit dem Zug **gefahren.*** Mit der **Frageprobe** könnt ihr weitere Satzglieder ermitteln:

Satzglied	Frageprobe	Beispiel
Subjekt	Wer? Was?	***Der Zugchef** stellte uns eine Frage.*
Akkusativobjekt	Wen? Was?	*Der Zugchef stellte uns **eine Frage.***
Dativobjekt	Wem?	*Der Zugchef stellte **uns** eine Frage.*
adverbiale Bestimmung der Zeit	Wann? Wie lange? Seit wann?	***Einige Stunden später** erreichte der Zug die Hauptstrecke.*
adverbiale Bestimmung des Ortes	Wo? Wohin? Woher?	*Der Zug hatte einen Aufenthalt **in Nevada.***
adverbiale Bestimmung des Grundes	Warum? Weshalb?	***Wegen eines Unfalls** hatte der Zug Verspätung.*
adverbiale Bestimmung der Art und Weise	Wie? Auf welche Weise? Womit?	*Der Zug kam **unpünktlich** an sein Ziel.*

Attribute (Beifügungen)

► S. 224

- **Attribute beschreiben ein Bezugswort** (meist ein Nomen) **näher.**
- Sie sind **Teil eines Satzglieds** und bleiben bei der Umstellprobe (► S. 299) **fest mit dem Bezugswort** verbunden, z. B.: *Die heiße Luft* *entweicht* *durch das Ventil im Deckel.*
Durch das Ventil unter dem Deckel *entweicht* *die heiße Luft.*
- Es gibt verschiedene Formen des Attributs, z. B.: **Adjektivattribut:** *die heiße Luft,*

Präpositionalattribut: *das Ventil im Deckel,* **Genitivattribut:** *die Abkühlung der Luft.*

Sätze

Satzreihe, Satzgefüge

▶ S. 222–224, 246–247

Hauptsatz — *Das Navi __ist__ praktisch*, **Hauptsatz** — *aber man __muss__ selbst mitdenken.*

Konjunktionen: *denn, sondern, und, oder*
Tipp: Vor *und* bzw. *oder* muss kein Komma zwischen den Hauptsätzen stehen.

Hauptsatz — *Man ist selbst schuld*, **Nebensatz** — *wenn man einen Unfall **baut**.*

Im Nebensatz steht die Personalform des Verbs am Satzende.

Konjunktionen: *nachdem, als, wie, weil, ...*

Der Subjektsatz

Subjektsätze sind **Nebensätze** (Gliedsätze).
Im Satz nehmen sie die Rolle des **Subjekts** (Wer oder was ...?) ein, z. B.:

- Satz mit „einfachem“ Subjekt: ***Urlauber*** *wünschen sich eine entspannte Reise.*
- Satz mit Subjektsatz: ***Wer in den Urlaub fährt,*** *wünscht sich eine entspannte Reise.*

Subjektsatz — Ein Komma trennt den Subjektsatz ab.

Der Objektsatz

- **Objektsätze** sind **Nebensätze.** Im **Satz** nehmen sie die **Rolle eines Objekts** (Wen oder was ...?) ein, z. B.:
  - Satz mit „einfachem“ Objekt: *Der Pilot erklärt **die Flugroute.***
  - Satz mit Objektsatz: *Der Pilot erklärt, **wie die Flugroute verläuft.***

Der Objektsatz wird durch ein Komma abgetrennt. — Objektsatz

- **Objekt- und auch Subjektsätze** werden **oft als *dass*-Sätze** gebildet, z. B.:
  - Objektsatz: *Ich hoffe, **dass** du mit mir fliegst.* (Wen oder was hoffe ich?)
  - Subjektsatz: *Mir gefällt, **dass** du mit mir fliegst.* (Wer oder was gefällt mir?)

Der Relativsatz

▶ S. 224

Relativsätze sind Nebensätze, die sich auf ein Wort im Hauptsatz beziehen. Sie werden **durch Relativpronomen eingeleitet,** z. B.: *der, die, das, welcher, welche, welches.* Relativsätze werden **durch Komma** vom Hauptsatz abgetrennt, z. B.: *Der __Wanderer__, **der** sich verlaufen hatte, sendete einen Hilferuf.*

Adverbialsätze

▶ S. 223

In einem **Satzgefüge** aus Hauptsatz und Adverbialsatz drückt der **Adverbialsatz genauere Umstände eines Geschehens** aus, z. B.:

Adverbialsatz	Fragen	Beispiel
der Zeit: Temporalsatz	Wann? Wie lange? Seit wann? ...	***Nachdem** sie gegessen hatten, fand eine Trainingseinheit statt.*
des Ortes: Lokalsatz	Wo? Von wo? Wohin? ...	*Ich durfte sitzen, **wo** ich die Spieler besonders gut sehen konnte.*
der Art und Weise: Modalsatz	Wie? Woraus? Womit? Wodurch? ...	***Indem** er mit den einzelnen Spielern spricht, motiviert der Trainer sie besonders.*
des Grundes: Kausalsatz	Warum? Warum nicht? ...	*Die Mannschaft trainiert regelmäßig, **weil** das für den Erfolg wichtig ist.*
der Bedingung: Konditionalsatz	Unter welcher Bedingung? ...	***Wenn** man seinen Trainingsplan einhält, ist man eher erfolgreich.*
des Zwecks: Finalsatz	Wozu? ...	***Damit** die Spieler sich auch erholen können, gibt es regelmäßige Ruhepausen.*
der Einschränkung: Konzessivsatz	Mit welcher Einschränkung? ...	***Obwohl** sie gut gespielt hat, hat die Mannschaft das Spiel verloren.*

Stil

Der Numerus (die Anzahl) von Subjekt und Prädikat

▶ S. 211

Subjekt und **Prädikat** müssen **im Numerus** (Singular oder Plural) **übereinstimmen.**
Besteht das **Subjekt** (Wer oder was?) aus einer **Reihung mit *und*,** so gilt das in der Regel **als Plural.**
Entsprechend muss auch das Prädikat im Plural stehen, z. B.:
*Ronja und ihr Bruder **machen** Hausaufgaben.*

Mit Proben den Stil verbessern

▶ S. 226

Mit Hilfe der folgenden **Proben** könnt ihr in euren Texten den **Stil verbessern:**

- Durch die **Umstellprobe** könnt ihr eure Texte **abwechslungsreicher** gestalten.
  Ihr stellt die Satzglieder so um, dass die Satzanfänge nicht immer gleich sind.
  Außerdem kann man das Satzglied an den Anfang stellen, das besonders wichtig ist.
- Mit der **Weglassprobe** könnt ihr prüfen, welche **überflüssigen Wörter** in einem Text gestrichen werden sollten.
- Mit der **Erweiterungsprobe** könnt ihr prüfen, ob eine **Aussage genau oder anschaulich genug** ist oder ob man noch etwas ergänzen sollte.

- Mit der **Ersatzprobe** werden eure Texte abwechslungsreicher.
  Dafür ersetzt ihr Begriffe, die immer wieder vorkommen, durch Synonyme. Das sind **Wörter mit einer gleichen oder ähnlichen Bedeutung,** z. B. *denken, meinen, glauben, ...* Um Synonyme zu finden, kann man sich im Rechtschreibprogramm vom Thesaurus Synonyme nennen lassen.

Nominal- und Verbalstil unterscheiden

▶ S. 227

Eine Tätigkeit kann auf verschiedene Weise beschrieben werden. Man unterscheidet:
- **Nominalstil** (setzt vor allem Nomen und Nominalisierungen ein), z. B.:
  *Das **Lernen** der Rolle und das **Proben** der Szenen sind eine große **Herausforderung.***
- **Verbalstil** (setzt vor allem viele Verben ein), z. B.:
  *Es **fordert** den Schauspieler sehr, seine Rolle zu **lernen** und die Szenen zu **proben.***
  In der Regel sollte man **eher im Verbalstil** schreiben, weil dieser besser lesbar und lebendiger ist.

Zeichensetzung

Kommasetzung bei Aufzählungen

- **Kommas** stehen zwischen **aufgezählten Wörtern und aufgezählten Gruppen von Wörtern.**
  → Das **Komma entfällt,** wenn sie durch ***und*** oder ***oder*** verbunden sind, z. B.:
  *Isa, Lea **und** Alexandra sind Mädchennamen.*
- Das **Komma steht vor** den Verknüpfungswörtern (Konjunktionen) ***aber, jedoch, sondern*** und ***doch,*** z. B.: *Du kannst schwimmen, spielen, arbeiten**, aber** nicht herumsitzen.*

Kommasetzung in Satzreihen

- Man kann **Hauptsätze** aneinanderreihen. Dann **trennt** man **sie durch Kommas** oder **verbindet** sie durch **Verknüpfungswörter** (Konjunktionen) wie *und, oder* sowie *aber, doch, sondern, ...*
- Vor ***und*** sowie ***oder*** **kann ein Komma** stehen, muss aber nicht, z. B.:
  *Max schießt den Ball aufs Tor(,) **und** Abud hält ihn.*
- Vor den Konjunktionen ***aber, doch, sondern, denn*** steht **immer ein Komma,** z. B.:
  *Max schießt den Ball aufs Tor**, aber** Abud hält ihn.*

Kommasetzung in Satzgefügen

▶ S. 247

Satzgefüge bestehen aus mindestens einem **Haupt- und** einem **Nebensatz.** Sie werden durch **Kommas getrennt.** Im **Nebensatz** steht die **Personalform des Verbs am Ende** (▶ S. 298).
Der **Nebensatz** kann **vor** oder **nach dem Hauptsatz** stehen oder in ihn **eingefügt** sein, z. B.:
- **vor:** ***Weil manche Pflanzen stets sauber bleiben,*** *erregten sie das Interesse der Forschung.*
- **nach:** *Du brauchst Forschergeist**, wenn du die Selbstreinigung der Pflanzen verstehen willst.***
- **eingefügt:** *Werde selbst, **indem du Versuche durchführst,** ein Forscher.*

Kommasetzung bei *das/dass*-Sätzen

▶ S. 247

- Die **Konjunktion *dass*** leitet in der Regel einen Nebensatz ein, der auf die Frage „Was?“ antwortet, z. B.: *Es ist deutlich geworden, **dass** es mehrere Kontra-Argumente gibt.*
- Das **Relativpronomen *das*** leitet einen Nebensatz ein, der sich auf ein sächliches Nomen im Satz zuvor bezieht, z. B.: *Der hohe Preis ist ein **Problem, das** man nicht vergessen sollte.*

Kommasetzung bei Relativsätzen und Appositionen

▶ S. 247

- **Relativsätze sind Nebensätze.** Sie werden durch ein **Relativpronomen** wie ***der, die, das* eingeleitet,** das sich auf ein Wort im Hauptsatz bezieht. Sie werden **durch Komma** abgetrennt, z. B.: *Der Bioniker, **der/welcher** seit Jahren forscht, hat endlich Erfolg.*
- Ein Nomen kann durch **eine Apposition (Beifügung),** einen verkürzten Relativsatz, erläutert werden, z. B.: *Der Forscher, **ein Bioniker,** hat endlich Erfolg;* statt: *..., der ein Bioniker ist, ...*

Kommasetzung bei Infinitiven mit *zu*

- Ein **einfacher Infinitiv mit *zu*** verlangt **meist kein Komma,** z. B.: *Du brauchst nicht zu lesen.*
- Werden Infinitive **mit *als, anstatt, außer, ohne*** oder ***um* eingeleitet,** setzt man ein **Komma,** z. B.: ***Anstatt** zu probieren, solltest du lieber die Gebrauchsanweisung lesen.*
- Werden Infinitive durch ein **hinweisendes Wort angekündigt,** setzt man ein **Komma,** z. B.: *Denke **daran,** die Bedienungsanleitung zu lesen. **Es** ist gut, etwas für die Sicherheit zu tun.*

Tipp: In der Regel kannst du die meisten Infinitivsätze mit *zu* durch ein Komma abtrennen. Wenn du unsicher bist, ob ein Infinitivsatz mit *zu* durch ein Komma zu markieren ist, dann setze besser ein Komma.

Zeichensetzung bei Zitaten

▶ S. 248

- **Zitate** sind **wörtlich wiedergegebene Aussagen** oder Textstellen (▶ S. 146). Sie werden durch **Anführungszeichen** gekennzeichnet.
- **Innerhalb des Zitats** darf der **Wortlaut nicht verändert** werden.
- Lässt man einen Textteil aus, kennzeichnet man die **Auslassungen** so: **[...]** oder **(...).**
- Nach einem **vorangestellten Begleitsatz** steht ein **Doppelpunkt,** z. B.: *Du sagst: „Das ist so einfach.“*
- **Folgt der Begleitsatz** dem Zitat, wird er durch ein **Komma** abgetrennt. Den Punkt in einem zitierten Satz lässt man weg, z. B.: *„Wir brauchen neue Botschafter für die Sache“, meint Felix.*
- **Frage- oder Ausrufezeichen** gehören zum Zitat und stehen innerhalb der Anführungszeichen.

Wörter mit Bindestrich schreiben

► S. 249

- **Doppelnamen,** z. B.: *Nordrhein-Westfalen, Frau Müller-Lüder, der Flughafen Köln-Bonn.*
- **Abkürzungen:** Einzelne Buchstaben und Ziffern sind Teil der Verbindung, z. B.: *das E-Book.*
- **Verbindungen aus drei und mehr Wörtern,** z. B.: *die Magen-Darm-Grippe.*
  Das **erste und letzte Wort** schreibt man **groß,** die anderen Wörter je nach ihrer Wortart: das *Sich-für-andere-Einsetzen.*
- Einen Bindestrich setzt man auch, um einen **Bestandteil,** der **zu beiden Wörtern** gehört, **einzusparen**, z. B.: *Ein- und Aus**gang,** der Dreh- und Angel**punkt.***

Rechtschreibstrategien

► S. 236–237

Das Schwingen

- **Vor** dem Schreiben: **Sprecht** die Wörter **deutlich in Silben.** Zeichnet Silbenbögen in die Luft.
- **Beim** Schreiben: Sprecht die Silben leise mit. Sprecht nicht schneller, als ihr schreibt.
- **Nach** dem Schreiben: Prüft, ob ihr richtig geschrieben habt. Zeichnet dazu Silbenbögen unter jede Silbe und sprecht dabei leise mit.

Offene und geschlossene Silben

- Enden Silben mit einem **Vokal,** nennt man sie offen. Man spricht den Vokal lang, z. B.: *die Blume.*
- Enden Silben mit einem **Konsonanten,** nennt man sie geschlossen.
  Man spricht den Vokal kurz, z. B.: *die Bremse.*

Das Verlängern

► S. 237

- Beim Schwingen kann man in der Regel jeden Buchstaben deutlich hören, z. B.: *der Som mer.*
- Bei Einsilbern und am Wortende kann man Buchstaben aber nicht immer sicher zuordnen, z. B.: *der Ber**g**, der Umschla**g**.*
  Dann hilft die Strategie **„Verlängern".** Das heißt: **Man fügt an das Wortende eine Silbe an,** z. B.:

  *der Ber**g*** – denn: *die Ber **g**e, der Umschla**g*** – denn: *die Umschlä **g**e.*

  - **Nomen** setzt man in die Mehrzahl: *der Stall* – ***die** Ställe.*
  - **Verben** setzt man in eine andere Personalform: *schwimmt* – ***wir** schwimm**en.***
  - **Adjektive** steigert man: *still* – *still**er als.***

Das Zerlegen, Bausteine abtrennen

- Unklare Laute in zusammengesetzten Wörtern findet man, indem man sie **zerlegt,** z. B.:

  *das Schwi**mm** | ba**d** – denn: schwi**mm**en, das Ba**d** – denn: die Bä**d**er.*

- Auch wenn man **Vor- und Nachsilben abtrennt,** kann man Verlängerungsstellen finden, z. B.:

  *en**d** | los – denn: das En**d**e,   die Kun**d** | schaft – denn: der Kun**d**e,   ge | pac**k**t – denn: pac**k**en.*

Das Ableiten

▶ S. 237

Ableiten heißt: **verwandte Wörter mit *a* und *au* finden.**
Wenn es **verwandte Wörter mit *a* oder *au*** gibt, dann schreibt man ***ä* oder *äu*,** z. B.:

*die Welt – aber: er h**ä**lt, denn: h**a**lten,   die Leute – aber: l**äu**ten, denn: l**au**t.*
Tipp: Wörter wie **Säbel** und **Bär** muss man sich **merken,** weil es kein verwandtes Wort gibt.

Die Fremdwörter

▶ S. 24, 238

- **Fremdwörter** sind Wörter, die wir **aus fremden Sprachen übernehmen.**
  Handelt es sich bei den Fremdwörtern gleichzeitig um **Fachbegriffe,** dann behalten sie meist **ihre Aussprache und Schreibung bei.** Dann erkennt man sie an **typisch fremdsprachlichen Buchstaben** und **Buchstabengruppen,** z. B.: *Asyl, Strophe, Theater.*
- Beim deutlichen Sprechen in Silben kann man jeden Buchstaben deutlich hören, wenn sie lauttreu sind. Das **Schwingen hilft** auch **bei vielen Fremdwörtern,** z. B.: *die Ma te ri a li en.*

Nomen erkennen

▶ S. 243

Nomen schreibt man groß.
Wörter mit den **Endungen *-heit, -keit, -nis, -schaft, -tum, -ung*** sind Nomen.
In Texten erkennt man sie mit Hilfe von drei **Proben.**

- **Artikelprobe:** Vor Nomen kann man einen Artikel setzen, z. B.: ***die** Ziege, **der** Zucker.*
  Artikel können sich auch „verstecken", z. B.: *zur (= zu der), beim (= bei dem), zum (= zu dem).*
- **Zählprobe:** Nomen kann man zählen, z. B.: ***zwei, zehn, viele, einige, keine, alle** Ziegen.*
- **Adjektivprobe:** Nomen kann man durch Adjektive näher beschreiben, z. B.: *die **müde** Ziege.*

Die Nominalisierung

Verben und Adjektive können **wie Nomen** gebraucht werden. Dann **schreibt man sie groß.**
Nominalisierungen erkennt man an ihren Begleitern. Hilfreich sind die **Nomenproben:**

- **Artikelprobe,** z. B.: ***Das Entwickeln** von Robotern macht Spaß. Das ist **das Schöne** am Beruf.*
- **Adjektivprobe,** z. B.: *Der Roboter ist durch zu **heftiges Abbremsen** kaputtgegangen.*
- **Zählprobe,** z. B.: *Wer **viele Naturbeobachtungen** macht, kann **viel Neues** erfahren.*

Im Wörterbuch nachschlagen

- Bei **Nomen** sucht ihr die **Einzahl** (den Singular), z. B.: *die Häuser* → *das Haus.*
- Bei **Verbformen** sucht ihr die **Grundform** (den Infinitiv), z. B.: *bellt* → *bellen.*
- Bei **Adjektiven** sucht ihr die **Grundform,** z. B.: *kälter* → *kalt.*

Rechtschreibregeln

Doppelte Konsonanten

- **Regel: Doppelte Konsonanten** schreibt man **nur,** wenn die **erste Silbe** geschlossen ist.
- Stehen an der **Silbengrenze zwei verschiedene Konsonanten, verdoppelt** man in der Regel **nicht,** z. B.: *die Welten* – aber: *die Wellen.*
- Prüft die Schreibung: **Verlängert** Einsilber und **zerlegt** zusammengesetzte Wörter.

Wörter mit *i* oder *ie*

- Die **meisten Wörter mit i-Laut** schreibt man **mit einfachem *i*.**
  Man schreibt in der Regel **immer *i*,** wenn die **erste Silbe** geschlossen ist, z. B.: *der Win ter.*
- Man schreibt nur dann ***ie*,** wenn die **erste Silbe** offen ist, z. B.: *die Bie ne.*
  Diese Regel gilt **nur für zweisilbige deutsche Wörter,** nicht bei Fremdwörtern.
- Prüft die Schreibung: **Verlängert** Einsilber und **zerlegt** zusammengesetzte Wörter, z. B.: ***lieb** | lich* → *L**ie**be.*
- Die Personalpronomen *ihr, ihnen, ihm, ihn, ihre* werden mit *ih* geschrieben.

Wörter mit s-Laut: *ß – s – ss*

- Man schreibt ***ß*,** wenn die **erste Silbe** offen ist und man den **s-Laut zischend** spricht, z. B.: *drau **ß**en.*
- Man schreibt ***s*,**
  - wenn die **erste Silbe** offen ist und man den **s-Laut summend** spricht, z. B.: *die Ro se,*
  - wenn die **erste Silbe** geschlossen ist und **zwei verschiedene Konsonanten** an der **Silbengrenze** stehen, z. B.: *die Res **t**e, die Wes **p**e.*
- Man schreibt ***ss*,** wenn die **erste Silbe** geschlossen ist, z. B.: *die Ros **s**e.*

Tipp: Um diese Regeln für den s-Laut anzuwenden, braucht man das zweisilbige Wort.

Wörter mit *h*

- Bei einsilbigen Wörtern kann man das ***h*** nicht hören.
- Bei manchen **zweisilbigen Wörtern** steht das ***h*** **am Anfang der zweiten Silbe.**
  Es öffnet die zweite Silbe **hörbar,** z. B.: *dre hen.*
- Steht das ***h*** **in der ersten Silbe,** ist es **nicht hörbar.** Diese Wörter sind **Merkwörter,** z. B.: *die Ba**h** nen.*

Die Großschreibung und die Kleinschreibung

Satzanfänge, Nomen und **Nominalisierungen** (▶ S. 303) werden **großgeschrieben.** Wörter, die auf *-heit, -keit, -nis, -schaft, -tum, -ung* enden, sind immer Nomen.
Klein schreibt man
- alle **Verben,** z. B.: *malen, tanzen, gehen,*
- alle **Adjektive,** z. B.: *freundlich, sonderbar, rostig,*
- alle **Pronomen** (Fürwörter), z. B.: *ich, du, er/sie/es, wir, ihr, sie, mich, dich, mein, dein, ...*

  Tipp: Eine Sonderregelung gibt es bei den **Anredepronomen in Briefen und E-Mails:**
  - Wenn ihr jemanden **siezt,** schreibt ihr die Anredepronomen **groß,** z. B.: *Sie, Ihnen, Ihr.*
  - Die vertrauten Anreden **du** und **ihr** kann man **kleinschreiben,** z. B.: *du, dir, dein, euch, euer.*

Tageszeiten

▶ S. 240–243

- **Tageszeiten** werden **mit einem Begleiter großgeschrieben,** z. B.: *eines Abends, heute Abend.*
- **Ohne Begleiter** und mit einem **angehängten *s*** schreibt man sie **klein,** z. B.: *morgens, mittags.*

Die Zusammenschreibung

▶ S. 240–241

Zusammen schreibt man folgende **Verbindungen**
- **aus Nomen und Fremdwörtern,** z. B.: *der Rattenroboter, der Servicepoint;*
  Fremdwörter kann man auch mit Bindestrich verbinden, z. B.: *das Bionic-Boot,*
- **mit Adjektiven,** z. B.: *messerscharf, bitterkalt,*
- aus **Adjektiv und Verb bei neuer Bedeutung,** z. B.: *schwer fallen → schwerfallen = sich mühen,*
- **von Verben mit unveränderlichen Wörtern,** z. B.: *hin + gehen = hingehen.*

Die Getrenntschreibung

▶ S. 241

Getrennt schreibt man **in der Regel Wortgruppen**
- aus **Nomen und Verb,** z. B.: *Fußball spielen,*
- mit dem Verb ***sein,*** z. B.: *weg sein,*
- aus **Verb und Verb,** z. B.: *spielen lernen, einkaufen gehen,*
- aus **Adjektiv und Verb,** z. B.: *gut argumentieren, schnell reden,*
- aus **abgeleiteten Wörtern und Verb,** z. B.: *getrennt fahren.*

Geografische Herkunftsnamen

- **Getrennt** schreibt man **Herkunftsnamen** mit **geografischen Ableitungen** auf ***-isch*** und ***-er.***
  - Ableitungen auf ***-er*** schreibt man **in der Regel groß,** z. B.: *die **M**ünstera**ner** Altstadt.*
  - Ableitungen auf ***-isch*** schreibt man **in der Regel klein,** z. B.: *das **w**estfäl**isch**e Essen.*
- **Zusammen** schreibt man geografische Herkunftsnamen **ohne Ableitung,** z. B.: *der Rheinweg.*

Wortbedeutung

Die Grund- und die Nebenbedeutung eines Wortes

▶ S. 80

- **Denotation:** meint die klar definierte **Grundbedeutung** eines Wortes.
  Man kann sie im Wörterbuch oder Lexikon nachschlagen, z. B.: *Sofa = Ruhebank, Sitzmöbel.*
- **Konnotation:** bezeichnet die **Nebenbedeutung** eines Wortes. Das sind **Vorstellungen, Erfahrungen und Empfindungen,** die wir mit einem Wort verbinden, z. B.: *Sofa = faul sein.*

Das Erbwort, das Fremdwort und das Lehnwort

▶ S. 24, 238

- Ein **Erbwort** ist ein Wort, das sich aus einem schon **in vorigen Sprachstufen des Deutschen** enthaltenen Wort entwickelt hat, z. B. aus dem Althochdeutschen (ca. 750–1050 n. Chr.):
  Sonne von *sunna, Mutter* von *muoter.*
- Ein **Fremdwort** ist ein Wort, das **aus einer anderen Sprache** in die deutsche Sprache übernommen wurde und das seine **Aussprache und Schreibung** (▶ S. 238) **beibehält,** z. B.:
  Café aus dem Französischen oder *Pullover* aus dem Englischen.
- Ein **Lehnwort** ist ein Wort, **das aus einer anderen Sprache** in die deutsche Sprache übernommen (entlehnt) wurde und in seiner **Schreibung der deutschen Sprache angepasst** wurde, z. B.:
  Fenster von lateinisch *fenestra.*

Der Oberbegriff und der Unterbegriff

- Ein **Oberbegriff** fasst mehrere Gegenstände, Eigenschaften und Begriffe zusammen, die **gemeinsame Merkmale** haben, z. B.: **Oberbegriff:** *Werte.*
- Ein **Unterbegriff** ist einem Oberbegriff **untergeordnet.** Ein Unterbegriff meint bereits einen näheren Gegenstand oder eine nähere Eigenschaft, z. B.: *Geld, Freundschaft, Respekt.*

Das Synonym und das Antonym

▶ S. 19, 82

- **Synonyme** sind Wörter, die dieselbe oder eine ähnliche Bedeutung haben, z. B.:
  „Respekt" steht auch für: *Toleranz, Fairness, Anerkennung, Autorität.*
- **Antonyme** sind Wörter, die eine gegensätzliche Bedeutung haben, z. B.: *fair* ↔ *unfair.*

Sprachebenen

Die Standardsprache und die Umgangssprache

▶ S. 71, 76

- Die **Standardsprache** (Hochsprache) ist die allgemein verbindliche Form unserer Sprache, wie sie in der Öffentlichkeit (besonders im Schriftlichen), z. B. in der Schule, verwendet wird.
- Die **Umgangssprache** ist die Sprache, die wir bei unserer alltäglichen mündlichen Kommunikation verwenden. Sie orientiert sich an der Hochsprache, wendet deren Regeln und Normen aber nicht streng an. Typisch für die Umgangssprache sind z. B.: unvollständige Sätze (Ellipsen), z. B.: *Du auch?;* umgangssprachliche Wörter und Wendungen, z. B.: *doof.*

Der Dialekt (die Mundart)

▶ S. 76

- **Dialekte** sind an **eine bestimmte geografische Region gebunden.** Von der **Standardsprache** (Hochsprache) sind sie vor allem **lautlich**, aber auch zum Teil im **Vokabular** verschieden.
- Man unterteilt die Dialekte grob in das **Niederdeutsche** (Dialekte in Norddeutschland, auch „Plattdeutsch" genannt), das **Mitteldeutsche** (Dialekte in Mitteldeutschland) und das **Oberdeutsche** (Dialekte in Süddeutschland).

Geschlechtsneutrales Sprechen und Schreiben

▶ S. 74

Geschlechtsneutral zu formulieren heißt, Sprache so zu verwenden, dass klar hervorgeht, ob **Frauen und Männer gemeint** sind. Man kann z. B. sagen oder schreiben: *„Lehrerinnen und Lehrer sollen ..."* oder geschlechtsneutrale Ausdrücke verwenden, z. B.: *die Lehrenden.*

Die Jugendsprache

▶ S. 71

Die **Jugendsprache** unterscheidet sich von der **Standardsprache** (Hochsprache) durch bestimmte **Wörter, Wendungen** oder den **Satzbau,** z. B.: *krass* (Jugendsprache) = *gut* (Standardsprache).

- Die **Jugendsprache** ist sehr **schnelllebig** und **verändert sich oft** innerhalb weniger Jahre.
- Die Jugendsprache ist häufig durch bestimmte sprachliche **Merkmale** geprägt, z. B.:
  - **Übernahme englischer Begriffe** (Anglizismen), z. B.: *flashen, chillen, Connections*
  - **bildhafte Ausdrücke,** z. B.: *Zappelbunker* für *Disco*
  - **Abkürzungen,** z. B.: *kP* für *kein Plan*
  - **Übertreibungen,** z. B.: *megafett, voll krass*
  - **Erfindung neuer Wörter** (Neologismen), z. B.: *Truckerdusche* für *Deodorant*

Das Kiezdeutsch

▶ S. 73

Als Kiezdeutsch wird eine Sprache bezeichnet, die vor allem **zweisprachig aufgewachsene Jugendliche** sprechen. Merkmale sind u. a. **Wortverschmelzungen** und **Satzverkürzungen.**

Arbeitstechniken und Methoden

Arbeit organisieren

Aufgabenformate unterscheiden

- **Auswahlaufgaben** (Multiple-Choice-Aufgaben): Zu einer Frage werden euch verschiedene Antwortmöglichkeiten vorgegeben. Ihr wählt die **eine richtige Antwort** aus.
- **Richtig/Falsch-Aufgaben** (True/False-Aufgaben): Ihr müsst entscheiden, welche der vorgegebenen **Aussagen** (z. B. zu einem Text) **richtig oder falsch** sind.
- **Zuordnungsaufgaben** (Matching-Aufgaben): Ihr sollt z. B. vorgegebene Aussagen oder Satzbausteine einander **sinnvoll zuordnen.**
- **Lückentextaufgaben** (Einsetzaufgaben): In einen Text mit Wortauslassungen müsst ihr die **fehlenden Wörter oder Wortgruppen richtig einsetzen.**
- **Kurzantworten:** Zu einer Frage, die sich auf einen Text oder ein Thema bezieht, formuliert ihr eine **kurze Antwort oder Stellungnahme.**

Eine Schreibkonferenz durchführen

- Setzt euch in kleinen Gruppen zusammen.
- Einer von euch liest seinen Text vor. Die anderen hören aufmerksam zu.
- Die Zuhörer sagen, was ihnen gefallen hat. Danach machen sie Verbesserungsvorschläge wie: *Du solltest für einen Aufruf den Imperativ verwenden.*
- Anschließend besprecht ihr den nächsten Text.
- Am Ende der Schreibkonferenz verbessern die Verfasser mit Hilfe der Vorschläge ihre Texte.

Eine Mind-Map anlegen (Informationen ordnen)

Mit einer **Mind-Map** können **Informationen** aus einem Text **übersichtlich geordnet** werden.

- Schreibt das Thema des Textes in die Mitte eines großen Blattes Papier.
  Ihr könnt auch euer Heft quer legen. Umrahmt das Thema.
- Ordnet um das Thema **die wichtigsten Schlüsselwörter** des Textes.
  Verbindet Thema und wichtige Schlüsselwörter durch dicke Äste.
- Schreibt zu den Schlüsselwörtern die **dazugehörigen Informationen** aus dem Text.
  Zeichnet dazu dünnere Äste.

Informationen beschaffen und ordnen

Ein Portfolio erstellen

► S. 53

Ein Portfolio ist eine **geordnete Sammelmappe** zu einem **Thema.** Es besteht aus:

- einem **Deckblatt** und einem **Inhaltsverzeichnis,**
- **selbst geschriebenen Texten** zum Thema und anderen **Materialien** (Fotos, Bildern, Artikeln, ..),
- einer persönlichen **Einschätzung der Materialsuche.**

Ein Diagramm anfertigen

► S. 261

- Mit Diagrammen kann man **Informationen und Zusammenhänge anschaulich verdeutlichen.** Sie können als Gliederungsmuster bzw. als **roter Faden für einen Vortrag** dienen.
- Mit einem **Flussdiagramm** veranschaulicht man **Abläufe.**

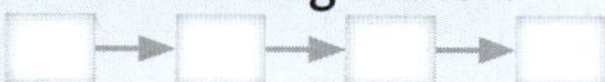

- Bei einem **Baumdiagramm** schreitet man von den **Obergriffen eines Themas** hin zu den jeweiligen **Unterbegriffen.** Zusammengehörige Begriffe werden **mit Pfeilen verbunden.**

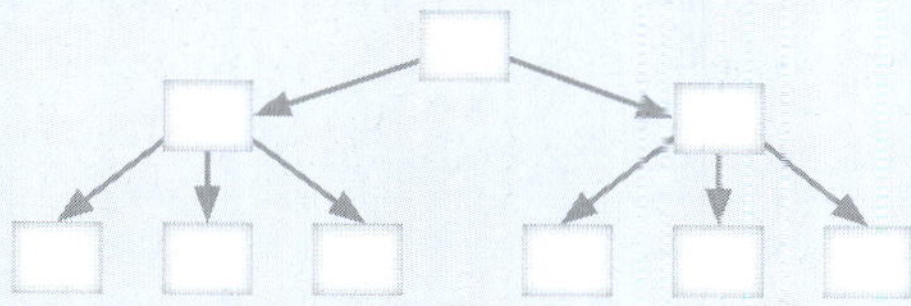

Im Internet recherchieren

► S. 54

In Suchmaschinen mit Suchbegriffen oder Phrasen recherchieren

- Schränkt eure Suche im Internet von Beginn an ein. Nutzt die **Suchbegriffe (Schlüsselbegriffe),** die zuallererst zu eurem Thema gehören, z. B.: *Handys Recycling.*
- Man kann auch mit **ganzen Sätzen** suchen. Setzt sie in **Anführungszeichen.** Diese **„Phrasensuche“** lohnt sich, wenn man z. B. eine bestimmte Aussage oder eine Liedzeile sucht.

Tipp: Weist ein Suchergebnis auf einen Onlineshop hin (z. B. *eBay, Nokia, Apple*), findet ihr dort in der Regel keine geeigneten Informationen, sondern Werbung.

Internetquellen angeben

Die Quelle einer Internetseite steht stets oben im **Browser:**

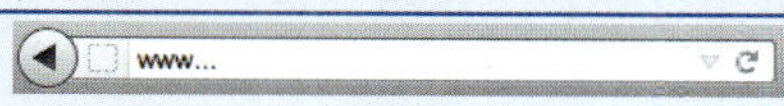

Sie beginnt in der Regel so: *http://www. ...*
Fügt in **Klammern** hinzu, an welchem **Datum** ihr die Seite aufgerufen habt.
Tipp: Mit der Maus könnt ihr die Quelle markieren und mit der rechten Maustaste kopieren.

Internetseiten speichern – Favoriten/Lesezeichen hinzufügen

Legt zu einer informativen Internetseite ein Lesezeichen an. So findet ihr sie schneller wieder. Klickt oben im Browser auf „Favoriten“ oder „Lesezeichen“, dann auf „Favoriten“ oder „Lesezeichen hinzufügen“. Es wird ein Seitenname vorgeschlagen. Klickt auf „Hinzufügen“.

Informationen und Arbeitsergebnisse präsentieren

Referate vortragen

► S. 268

Ein Vortrag (► **Referat,** S. 56–59) sollte lebendig gestaltet sein und der Vortragende sollte sicher auftreten. Das gelingt umso eher, je besser man sich mit dem Thema auskennt und vorbereitet.

- **Moderationskarten:** Sie sollten stets nur **wenige Punkte in großer Schrift** enthalten, damit man während des Vortrags kurz draufschauen kann, während man frei spricht.
- **Ohröffner und Aufmerksamkeitsanker** (► S. 267–268): Sie machen das Publikum von Beginn an neugierig und beziehen es während des Vortrags mit ein, z. B. durch gezielte Fragen.
  Tipp: Auch diese kann man auf die Moderationskarten notieren.
- Weiterhin sollte man beim Vortrag auf die **Körperhaltung und Vortragsweise** achten:
  - **aufrecht** vor der Klasse **stehen**
  - klare, **einfache Sprache** verwenden, **mit eigenen Worten** und **nicht zu schnell sprechen**
  - **Bildschirmfolien nutzen** und **erläutern**

Bildschirmfolien erstellen

► S. 265

- Eine Folie dient zur **Unterstützung eines Vortrags.** Prüft eure Folien mit Hilfe folgender **Checkliste:**
  - Sind sie **gut lesbar:** Schrift, Schriftgröße, Farbe?
  - Liegt allen Folien ein **einheitliches Gestaltungsmuster** zu Grunde?
  - Steht auf jeder einzelnen Folie nicht zu viel? **Weniger ist mehr!**
  - Besitzt jede Folie **höchstens fünf knapp formulierte Stichpunkte?**
  - Wird auf jeder Folie der **Inhalt mit eindeutigen Symbolen veranschaulicht?**
    Tipp: Im Internet findet ihr auch Websites mit frei verwendbaren Symbolen, z. B. *www.clipartsfree.de.*
- Folien dienen dazu, einen **Vortrag zu gliedern** und Inhalte mit **Symbolen und Grafiken zu veranschaulichen.** Man unterscheidet grob:
  - **Die Einstiegsfolie:** Sie soll das **Thema** des Vortrags **nennen** und das Publikum mit einem Bild, einer herausfordernden Frage oder Ähnlichem **neugierig machen.**
  - **Die Gliederungsfolie:** Sie stellt den **Aufbau des Vortrags** vor.
    Zu den einzelnen Gliederungspunkten werden weitere Folien gezeigt.
  - **Die Abschlussfolie:** Sie rundet den Vortrag ab, indem sie **die wichtigsten Ergebnisse** auflistet. Sie kann auch durch **Fragen** einen weiteren **Ausblick** zum Thema geben.

Symbole einsetzen

► S. 263

- Der Begriff **Symbol** kommt vom altgriechischen Wort *sýmbolon* und bedeutet **Sinnbild, Zeichen.** Viele Symbole sind sehr bekannt, z. B.: das *Herz* für *Liebe* oder *Zuneigung.*
- Oft kann es sinnvoll sein, mit Symbolen zu arbeiten, um z. B. den **Inhalt** eines Vortrags oder einen **Warnhinweis anschaulich** zu unterstützen.
- Symbole bieten sich bei der Darstellung **eindeutiger Sachverhalte** an.
- Zu viele Symbole können allerdings auch verwirren.
- Man prüft am besten anhand **folgender Fragen,** ob es sinnvoll ist, Symbole bei einer Folienpräsentation oder einem Vortrag zu verwenden:
  - Passt das Symbol zum Inhalt?
  - Ist es eindeutig? Lässt es sich leicht in Worte fassen?

Ein Handout erstellen, Mitschriften ermöglichen

▶ S. 269

- Ein Handout gibt den **Aufbau und die zentralen Informationen eines Vortrags** knapp und übersichtlich wieder (DIN-A4-Seite) und bietet **Platz für Mitschriften.** Es enthält:
- den **Namen** des Vortragenden, das **Datum,** das **Fach** und das **Thema** des Vortrags,
- eindeutige **Stichworte** zu den **wichtigsten Gliederungspunkten** des Vortrags sowie
- die **Quellen** zu den entnommenen Informationen:
  - Bücher: Autor/-in, Titel, Ort, Verlag, Erscheinungsjahr, Seitenangabe
  - Internet: Internetadresse und Datum, an dem ihr die Seite aufgerufen habt

Lesetechniken

Die Fünf-Schritt-Lesemethode

▶ S. 287

Texte überfliegen

Das überfliegende Lesen hilft euch, **aus mehreren Texten diejenigen herauszufiltern,** die euch **Informationen** zu einem **bestimmten Thema oder einer bestimmten Frage** liefern.

1 **Klärt,** zu welcher **Frage** oder zu welchem **Thema** ihr euch informieren möchtet.
2 Lest die **Überschrift,** die **Zwischenüberschriften** und die **ersten Zeilen der Textabsätze.** Oft gibt es auch einen **Einleitungssatz,** der Auskunft über den Inhalt des Textes gibt.
3 **Überfliegt** den gesamten **Text: Gleitet** mit den Augen **zügig über den Text** und haltet nach **Signalwörtern** zur Frage bzw. zum Thema Ausschau.
4 **Haltet fest, ob** der **Text** für euer Anliegen **geeignet** ist.

Wechselseitiges (reziprokes) Lesen zu zweit

▶ S. 90

- **Lest allein** jeder für sich **den ersten Textabschnitt.**
  Notiert Schlüsselwörter und **unbekannte Ausdrücke.**
- **Klärt** in **Partnerarbeit** die **unbekannten Ausdrücke** aus dem Textzusammenhang.
  Prüft eure Erklärung anhand eines Wörterbuchs oder Lexikons. Notiert die Bedeutung.
- **Partner A** gibt mit Hilfe der eigenen Notizen den **Textabschnitt wieder.**
  Partner B hört zu, fragt nach, berichtigt und kommentiert.
- **Rollentausch:** Nun gibt Partner B den Textabschnitt wieder. Partner A hört zu, berichtigt und kommentiert.
- **Wiederholt das Verfahren** für die **nächsten Textabschnitte.**
- Gebt **zum Schluss den gesamten Text** mit eigenen Worten wieder, z. B.:
  In dem Zeitungsbericht von ... aus dem Jahr ... geht es darum, wie ...
  Nach eurer Zusammenfassung ist auch eine kurze Stellungnahme zum Text möglich, z. B.:
  Der Text zeigt sehr gut, wie ... Ich finde es problematisch, wie im Text ...
  Tipp: Ihr könnt euch auch Fragen zum Text ausdenken, die ihr dann der Klasse stellt.

Mit den „Schreibwörtern“ üben

Im „Deutschbuch“ findet ihr am Ende der meisten Kapitel „Schreibwörter“. Die Schreibung dieser Wörter könnt ihr mit Hilfe der Strategien einüben.

Rechtschreibung mit einem Faltblatt üben

- Faltet ein Blatt der Länge nach zweimal, sodass vier Spalten entstehen.
- Schreibt die Wörter, die ihr üben möchtet, untereinander in die 1. Spalte.
- Prägt euch drei Wörter ein, klappt die 1. Spalte um und schreibt die Wörter in die 3. Spalte.
- Deckt auf und vergleicht die Wörter.
- Richtig geschriebene Wörter könnt ihr abhaken. Falsch geschriebene Wörter müsst ihr durchstreichen und richtig in die 2. Spalte schreiben.
- Übt, die Wörter aus Spalte 2 richtig zu schreiben. Tragt sie in die Spalte 4 ein. Wendet die Strategien an.
- Lest die Wörter eurer Liste laut in Silben.
  Tipp: Achtet darauf, wo man anders schreibt, als man spricht.

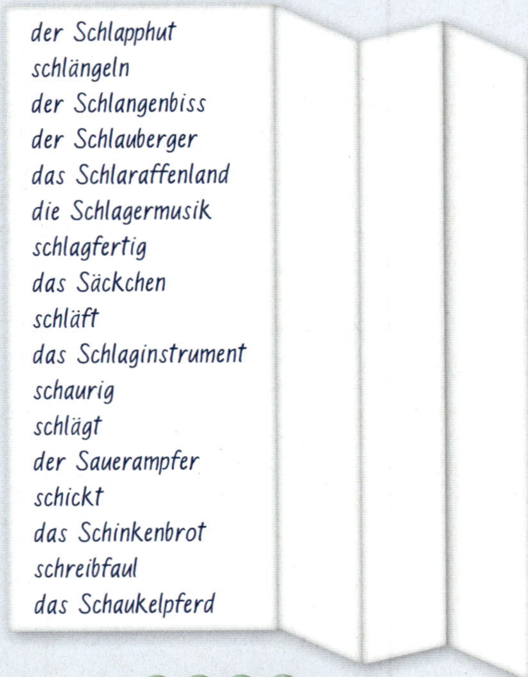

- Legt in eurem Heft 4 Spalten mit diesen 4 Strategiezeichen an: .
  Tragt eure Problemwörter in die Spalte ein, mit der man die Schreibung beweisen kann.
  Tipp: Manche Wörter muss man in mehrere Spalten einordnen.
- Schreibt Beweiswörter zu den Wörtern, die man verlängern, zerlegen oder ableiten muss, z. B.:
  er schlägt – denn: schlagen, die Schlag|sahne – denn: schlagen.
- Ordnet die Wörter in der 4. Spalte eures Faltblatts nach dem Alphabet.
- Bei falsch geschriebenen Wörtern könnt ihr die richtige Schreibweise auch wie folgt üben:
  - Bildet bei Nomen die Mehrzahl, z. B.: *die Wand – die Wände.*
  - Bildet bei Verben die Grundform, z. B.: *er bellt – bellen.*
  - Markiert Stellen, die man mit keiner Strategie erklären kann.
  - Bildet Wortfamilien (► S. 297), z. B.: *sauer, säuerlich, der Sauerteig, die Sauermilch, der Sauerstoff, …*
  - Sucht Reimwörter, z. B.: *sauer – der Bauer – genauer – die Trauer – …*
  - Bildet mit den Wörtern vollständige Sätze.

Lösung zu Aufgabe 1, S. 43: 1 c, 2 c, 3 b, 4 b, 5 c, 6 c

Textartenverzeichnis

Berichte
Praktikumsberichte 221–227
Tagesbericht 65

Bewerbungen
Bewerbungsschreiben 62
Bootsbauer/-in 53
Lebenslauf 61
Pferdewirt/-in 56

Diagramme/Grafiken/Karten
Bevölkerungsentwicklung und Altersstruktur 21
Dialekte in der Bundesrepublik Deutschland 76
Haushalte mit drei Generationen in Deutschland 17
Hinterlegte persönliche Daten im Internet 171
Internetnutzung der 12- bis 19-Jährigen 30
Privathaushalte nach Haushaltsgröße 17
Reisezeiten Berlin – Istanbul 93
Was ist mir bei Ausbildungsplatz-suchenden wichtig? 52
Wofür geben Jugendliche Geld aus? 34

Drama
Frisch, Max: Andorra 148–149, 151–152, 154–157, 159–161, 166

Fernsehfeature/Filmbilder
Starrer Blick, gebeugte Haltung ... 175–176
Vincent will Meer 201, 203–206

Gedichte/Songs
Bendzko, Tim: In dein Herz 128
Derschau, Christoph: Traumtrip 130
Dû bist mîn, ich bin dîn 129
Eichendorff, Joseph von: Glück (Liedchen) 135
Fried, Erich: Was es ist 131
Goethe, Johann Wolfgang: Rastlose Liebe 132
Willkommen und Abschied 143
Hahn, Ulla: Nie mehr 134
Heine, Heinrich: Du bist wie eine Blume 141
Mit deinen blauen Augen 130
Hohler, Franz: Daheim 78
Liliencron, Detlev von: Glückes genug 133
Stadler, Ernst: Glück 131

Internet (Screenshots)
Berufenet 54
Rhein-Sieg-Anzeiger 173

Interviews
„Herr Montag, wenn ich ...“ 174
„Ich bin Alexanderplatz“ 73
... mit einem Experten zur „Generation digital“ 31
... mit einer Gründerin eines Mehrgenerationenhauses 16–17
Wofür geben wir Geld aus? 34

Kommentare / Meinungsbildende Texte
Fleischhauer, Jan: Dummdeutsch im Straßenverkehr 74
Herbold, Astrid: Führen Chats, Smileys und Kurznachrichten zum Verfall der Sprache? 183
Lupenreines Deutsch? 72
In Italien und Spanien ... 246
Ist teuer besser als billig? 46
Macht Kaufen glücklich? 36
Schwartmann, Rolf: Handyverbot im Unterricht, warum? 177
Schwartmann, Rolf u. Polzin, Gila: Das Podolski-Dilemma 82
Sponsoring in der Schule? 39
Zimmermann, Paul: Lehrer und Schüler – Facebookfreunde? 186

Kurzgeschichten / Kurze Geschichten
Borchert, Wolfgang: Das Brot 113–115
Marti, Kurt: Happy End 124
Röder, Marlene: Scherben 108–109
Weber, Annette: Der neue Bruder 117–120, 122
Wiener, Jennifer: Mut ist ... 111–112
Zimmermann, Tanja: Eifersucht 116

Lexikontexte/Wörterbuchartikel
Aus einem Herkunftswörterbuch 81
Der Antisemitismus 156
Der Halbstarke 27
Krawall und Polizeieinsätze 27
zusammen 240

Protokoll/Handout
Ergebnisprotokoll der ... 41
Handout 269

Reden
Özdamar, Emine Sevgi: Verleihung des Kleist-Preises 88, 91

Rezension
Boes, Julia u. Uhlemann Noel: Max Frischs „Andorra“ 158

Romanauszüge/Jugendbuchauszüge
Herrndorf, Wolfgang: Tschick 190–199
Lang, Othmar Franz: Weg ohne Kompass 25–26
Mohl, Nils: Es war einmal Indianerland 22–23
Özdamar, Emine Sevgi: Die Brücke vom Goldenen Horn 99–100, 102, 105

Sachtexte (Berichte, Informationstexte, Zeitungstexte)
Billigfleisch durch Turbomast 47
Crolly, Hanne: Die ersten Gastarbeiter 89
Das Leben Emine Sevgi Özdamars 93–94
Die biologischen Voraussetzungen des Lernens 258
Die „Generation Kopf unten“ ... 177
Die Tricks der Gedächtniskünstler 259
Europäische Nations-League kommt 84
Foodsharing 238
Früher gab es in Deutschland viele Großfamilien ... 21
„Generation digital“ 30
Heimwegtelefondienst 241
Heinz, Johanna: Nett im Netz 178
Helden in der Natur 250
Im Internetdschungel geboren 30
Korkot, Meryem: Türkische Filme 95
Luther, Helmut: Das Basislager auf der Nockeralm 252
Mehrgenerationenhäuser: Miteinander von Jung und Alt 15–16
Mülltauchen – Ein denkwürdiger Prozess 48
Pauer, Nina u. Trotier, Kilian: Ihr checkt's net 170
Petkovic, Andrea: „Es ist wichtig, verortet zu sein“ 80
Selfies – Fotos auf Armlänge 172
Senioren in der Schule 14
Sozialhelden und ihre Projekte 243
Vaterlose Jugend 28
Wann beginnt die Sucht? 173
Warum konsumieren wir? 35
Wheelmap 242
Wie funktioniert unser Gedächtnis? 258

Autoren- und Quellenverzeichnis

BENDZKO, TIM (*1985)
128 In dein Herz
aus: lyrics-und-ubersetzungen.com/lied/zeigen/1583237/tim-bendzko/songtext-und-ubersetzung-in-dein-herz/ [29.04.2015]

BOES, JULIA (*1995); UHLEMANN, NOEL
158 Max Frischs „Andorra" – Theaterkritik
aus: www.gymnasium-calvarienberg.de/index.php?id=34&tx_ttnews%5Btt_news%5D=350&cHash=424fca26c10223aa3163457f4275a169 [30.04.2015]

BORCHERT, WOLFGANG (1921–1947)
113 Das Brot
aus: Das Gesamtwerk. Rowohlt, Reinbek bei Hamburg 1959, S. 304–308

CROLLY, HANNE
89 Die ersten Gastarbeiter
aus: Welt am Sonntag v. 30.10.2011. Zit. und überarbeitet nach: Otto Mayr, Migrationsliteratur, Auer Verlag, Donauwörth 2013, S. 13

DERSCHAU, CHRISTOPH (1938–1995)
130 Traumtrip
aus: Die Ufer der salzlosen Karibik. Breitwandgedichte über Städte, Stars und starke Frauen. Pohl'n'Mayer, Kaufbeuren 1977

EICHENDORFF, JOSEPH VON (1788–1857)
135 Glück (Liedchen)
aus: Sämtliche Gedichte und Versepen. Hg. v. Hartwig Schultz. Insel Verlag, Frankfurt a. M. 2001

FLEISCHHAUER, JAN (*1962)
74 Dummdeutsch im Straßenverkehr [Auszug]
aus: www.spiegel.de/politik/deutschland/neue-geschlechtsneutrale-stvo-dummdeutsch-im-strassenverkehr-a-891487.html [30.04.2015]

FRIED, ERICH (1921–1988)
131 Was es ist
aus: Es ist was es ist. Liebesgedichte, Angstgedichte, Zorngedichte. Wagenbach, Berlin 1996

FRISCH, MAX (1911–1991)
148, 151, 154, 159, 166 Andorra [Auszüge]
aus: Andorra. Stück in zwölf Bildern. Suhrkamp, Frankfurt a. M. 1982, S. 7–11, 19–23, 30–35, 37–41, 44–48, 58, 65, 84–86

GOETHE, JOHANN WOLFGANG (1749–1832)
132 Rastlose Liebe
aus: Goethes Werke in zwölf Bdn. Hg. v. d. nationalen Forschungs- und Gedenkstätten der klassischen Literatur in Weimar. Bd. 1: Gedichte I. Aufbau, Berlin/Weimar 1981, S. 96–97
143 Willkommen und Abschied
aus: ebd., S. 32–33

HAHN, ULLA (*1945)
134 Nie mehr
aus: Unerhörte Nähe. Deutsche Verlags-Anstalt, Stuttgart 1988

HEINE, HEINRICH (1797–1856)
141 Du bist wie eine Blume
aus: Buch der Lieder. Heinrich Heine: Sämtliche Schriften in zwölf Bdn. Hg. v. Klaus Briegleb. Bd. 1: Schriften 1817–1840. Ullstein, Frankfurt a. M./Berlin/Wien 1981, S. 131
130 Mit deinen blauen Augen
aus: Neue Gedichte. Heinrich Heine: Sämtliche Schriften in zwölf Bdn. Hg. v. Klaus Briegleb. Bd. 7: Schriften 1837–1844. Ullstein, Frankfurt a. M./Berlin/Wien 1981, S. 306

HEINZ, JOHANNA (*1985)
178 Nett im Netz [Auszug]
aus: Bonner General-Anzeiger v. 24./25. Mai 2014

HERBOLD, ASTRID (*1973)
183 Führen Chats, Smileys und Kurznachrichten zum Verfall der Sprache? [Auszüge]
nach: Zeit-Online; www.zeit.de/digital/internet/2013-01/chat-sprache-forschung [30.04.2015]
72 „Lupenreines Deutsch?" [Auszüge]
aus: Wenn Jugendliche einfach nur noch kp haben. Berliner Morgenpost v. 02. November 2013; www.morgenpost.de/familie/article121479804/Wenn-Jugendliche-einfach-nur-noch-kp-haben.html [30.04.2015]

HERRNDORF, WOLFGANG (1965–2013)
190 Tschick
aus: Tschick. Rowohlt Verlag, Berlin 2010, S. 21 ff., 41 ff., 54, 88, 95 ff., 135, 162 ff., 222 ff.

HOHLER, FRANZ (*1943)
78 Daheim
aus: Die blaue Amsel. Luchterhand, München 1995

KORKOT, MERYEM
95 Türkische Filme [Auszug]
aus: sabah.de/de/tuerkische-filme-eine-gelegenheit-unsere-kultur-besser-kennenzulernen/ [30.04.2015]

LANG, OTHMAR FRANZ (1921–2005)
25 Weg ohne Kompass
aus: Weg ohne Kompass. Verlag Ludwig Auer, Donauwörth 1958, S. 122–124

LILIENCRON, DETLEV VON (1844–1909)
133 Glückes genug
aus: Gesammelte Werke. Bd. 2 und 3. Deutsche Verlags-Anstalt, Stuttgart/Berlin/Leipzig 1923

LUTHER, HELMUT (*1961)
252 Das Basislager auf der Nockeralm [Auszüge]
nach: Zeit-Online; www.zeit.de/reisen/2013-10/oesterreich-tirol-kulturlandschaft-almwiesen-bergwald [04.05.2015]

MARTI, KURT (*1921)
124 Happy End
aus: Dorfgeschichten. Luchterhand, Darmstadt 1983, S. 20

MOHL, NILS (*1971)
22 Es war einmal Indianerland
aus: Es war einmal Indianerland. Rowohlt, Reinbek bei Hamburg 2011, S. 120–127

ÖZDAMAR, EMINE SEVGI (*1946)
99, 102, 105 Die Brücke vom Goldenen Horn [Auszüge]
aus: Die Brücke vom Goldenen Horn. Kiepenheuer & Witsch, Köln 2002, S. 18–19, 108, 111–112, 115–117
98 Ich saß mit ...
aus: Mutterzunge. Erzählungen. Rotbuch, Berlin 1990, S. 7
88, 91 Rede zur Verleihung des Kleist-Preises am 21.11.2004 in Berlin [Auszüge]
aus: Kleist-Jahrbuch 2005. Hg. v. Günter Blamberger u. Ingo Breuer, Stuttgart, J. B. Metzler, S. 14–17

PAUER, NINA (*1982); TROTIER, KILIAN
170 Ihr checkt's net [Auszüge]
aus: Zeit-Online; www.zeit.de/2014/07/die-lochis-heiko-roman-pubertaet [30.04.2015]

PETKOVIC, ANDREA (*1987)
80 „Es ist wichtig, verortet zu sein" [Auszug]
aus: www.echo-online.de/sport/mehrballsport/Andrea-Petkovic-Es-ist-wichtig-verortet-zu-sein;art2396,4872586 [30.04.2015]

RÖDER, MARLENE (*1983)
108 Scherben
aus: Melvin, mein Hund und die russischen Gurken. Ravensburger, Ravensburg 2011, S. 83–86

SCHWARTMANN, ROLF (*1965)
177 Handyverbot im Unterricht, warum? [AUSZUG]
aus: Kölner Stadt-Anzeiger v. 03. Februar 2014

SCHWARTMANN, ROLF; POLZIN, GILA
82 Das Podolski-Dilemma [Auszug]
aus: Focus-Online 06.06.2013; www.focus.de/politik/experten/schwartmann/doppelte-staatsangehoerigkeit-das-podolski-dilemma-ganz-deutsch-oder-gar-nicht_id_2711896.html [07.05.2015]

STADLER, ERNST (1883–1914)
131 Glück
aus: Ich denke dein. Deutsche Liebeslyrik. Hg. v. Ingeborg Harnisch. Verlag der Nation, Berlin 1985

WEBER, ANNETTE (*1956)
117, 122 Der neue Bruder [Auszüge]
aus: Aus dem Leben gegriffen: Einfache Kurzgeschichten für Jugendliche. Brigg, Augsburg 2012, S. 14–20

WIENER, JENNIFER
111 Mut ist ...
aus: Mit den Vögeln fliegen. Jugendliche über Toleranz und Gerechtigkeit. Hg. v. Constanze Breckoff. 2004, Ueberreuter, Wien 2004, S. 9

ZIMMERMANN, PAUL
186 Lehrer und Schüler – Facebook-freunde?
Text eigens für dieses Schülerbuch verfasst

ZIMMERMANN, TANJA
116 Eifersucht
aus: Total verknallt. Ein Liebeslesebuch. Rowohlt, Reinbek bei Hamburg 1984, S. 119

Unbekannte/ungenannte Autorinnen und Autoren

75 Asterix auf Ruhrdeutsch
aus: www.egmont-comic-collection.de/product_info.php/info/p907_asterix_mundart_band_15_ruhrdeutsch_i.html [04.05.2015]

75 Asterix babbelt hessisch [Auszug]
aus: www.egmont-comic-collection.de/product_info.php/info/p5754_asterix_mundart_hessisch_10.html [04.05.2015]

75 Asterix balinat [leicht gekürzt]
aus: www.egmont-comic-collection.de/product_info.php/info/p930_asterix_mundart_band_49_berlinerisch_ii.html [04.05.2015]

250 „Auf die Frage ...“ [Auszüge]
nach: Jetzt tu ich was. Von der Lust, die Welt zu verändern. Hg. v. Meike Blatzheim u. Beatrice Wallis. Beltz & Gelberg, Weinheim, Basel 2013, S. 197

81 Aus einem Herkunftswörterbuch
nach: Der Duden in 10 Bdn. Bd. 7: Etymologie. Herkunftswörterbuch der deutschen Sprache. Bearb. und erw. v. Günther Drosdowski. Dudenverlag, Mannheim/Wien/Zürich 1989, S. 276

21 Bevölkerungsentwicklung und Altersstruktur [Ausschnitt]
aus: Statistisches Bundesamt. Lange Reihen: 12. koordinierte Bevölkerungsabrechnung. Lizenz: Creative Commons by-nc-nd/3.0/de. Bundeszentrale für politische Bildung 2012; www.bpb.de/nachschlagen/zahlen-und-fakten/soziale-situation-in-deutschland/61541/altersstruktur [05.05.2015]

53 Bootsbauer/-in [Auszug]
aus: www.planet-beruf.de/fileadmin/assets/PDF/BKB/90474.pdf [30.04.2015]

27 Der Halbstarke [Auszug]
aus: Bondy, Curt: Jugendliche stören die Ordnung. Juventa, München S. 27–28

54 Diamantschleifer/-in [Auszug]
nach: berufenet.arbeitsagentur.de/berufe/?dest=profession&prof-id=13776 [30.04.2015]

258 Die biologischen Voraussetzungen des Lernens [Auszug]
aus: www.wissen.de/die-biologischen-voraussetzungen-des-lernens [04.05.2015]

177 Die „Generation Kopf unten“ ...
nach: Bonner General-Anzeiger v. 13. Mai 2014

236 Die Welt isst nicht gerecht. [Auszüge]
nach: www.welthungerhilfe.de/mitmachen/jetzt-aktiv-werden/diewelt-isstnichtgerecht.html [04.05.2015]

129 Dû bist mîn, ich bin dîn
aus: Deutsche Lyrik des hohen und frühen Mittelalters. Edition der Texte und Kommentare Ingrid Kasten. Deutscher Klassiker Verlag, Frankfurt a. M. 1995, S. 30

54 Edelsteingraveur/-in [Auszug]
nach: berufenet.arbeitsagentur.de/berufe/resultList.do?resultListItemsValues=907_904&duration=&suchweg=begriff&searchString=%27+Edelsteingraveur*+%27&doNext=forwardToResultShort [07.05.2015]

238 Foodsharing [Auszüge]
nach: foodsharing.de/mach-mit [04.05.2015]

21 Früher gab es in Deutschland viele Großfamilien ...
aus: www.tivi.de/fernsehen/logo/artikel/38687/index.html [29.04.2015]

30 „Generation digital“ [Auszug]
aus: Generation digital. Neue Medien in der Erziehungsberatung. Material zur Beratung Bd. 19. Bundeskonferenz für Erziehungsberatung e.V., Fürth 2011, S. 7

174 „Herr Montag, wenn ich ...“ [Auszüge]
aus: fudder.de/artikel/2014/02/06/bonner-forscher-erforschen-mit-der-app-menthal-smartphone-abhaengigkeit-handy-sucht-faengt-im-klei [30.04.2015]

171 Hinterlegte persönliche Daten im Internet
nach: Feierabend, Sabine; Rathgeb, Thomas u. Karg, Ulrike: JIM-Studie 2013. Basisstudie zum Medienumgang 12- bis 19-Jähriger in Deutschland. Hg. v. Medienpädagogischen Forschungsverbund Südwest. Stuttgart 2013, S. 42; www.mpfs.de/fileadmin/JIM-pdf13/JIMStudie2013.pdf

73 „Ich bin Alexanderplatz“ [Auszug]
aus: Marc Felix Serrao. Süddeutsche Zeitung v. 08. Februar 2012; /www.sueddeutsche.de/leben/jugenddialekt-kiezdeutsch-ich-bin-alexanderplatz-1.1278128 [30.04.2015]

30 Im Internetdschungel geboren [Auszug]
aus: Digital Natives. Wie braucht die „Generation Internet“ das Internet? Hg. v. TA-SWISS, Bern 2011, S. 6

248 „In dem Buch mit dem Titel ...“ [Auszüge]
aus: Jetzt tu ich was. Von der Lust, die Welt zu verändern. Hg. v. Meike Blatzheim u. Beatrice Wallis. Beltz & Gelberg, Weinheim, Basel 2013, S. 68, 167

27 Krawall und Polizeieinsätze [Auszüge]
aus: www.bpb.de/gesellschaft/kultur/jugendkulturen-in-deutschland/36156/die-halbstarken [29.04.2015]

36 Macht Kaufen glücklich? [Auszüge]
aus: jugendkulturforschung.de/wp-content/uploads/Konsumgl%C3%BCck_und_heimliche_Sinnkrise.pdf
und: www.zeit.de/karriere/beruf/2013-11/was-gluecklich-macht-paul-dolan/komplettansicht [29.04.2015]

15 Mehrgenerationenhäuser: Miteinander von Jung und Alt [Auszug]
aus: www.Erfahrung-ist-Zukunft.de/nn_104190/Webs/EiZ/Content/DE/Artikel/Monatsthemen/2005C127-mehrgenerationenhaeuser-miteinander-von-jung-und-alt.html [22.10.2007]

244 Plant-for-the-Planet [Auszüge]
nach: Jetzt tu ich was. Von der Lust, die Welt zu verändern. Hg. v. Meike Blatzheim u. Beatrice Wallis. Beltz & Gelberg, Weinheim, Basel 2013 S. 78–80

17 Privathaushalte nach Haushaltsgröße
nach: Statistisches Bundesamt, Wiesbaden 2013; www.destatis.de/DE/ZahlenFakten/GesellschaftStaat/Bevoelkerung/HaushalteFamilien/Aktuell.html [05.05.2015]

14 Senioren in der Schule [Auszug]
nach: www.geo.de/GEO/heftreihen/geo_wissen/senioren-in-die-schule-62284.html# [29.04.2015]

39 Sponsoring in der Schule? [Auszüge]
nach: bildungsklick.de/a/56754/werbung-an-schulen/ [29.04.2015]

175 Starrer Blick, gebeugte Haltung ... [Auszüge]
aus: www1.wdr.de/mediathek/video/sendungen/lokalzeit/lokalzeit-aus-koeln/filterseite-lokalzeit-aus-koeln100.html [Sendung nicht mehr verfügbar]

28 Vaterlose Jugend [Auszüge]
aus: www.bpb.de/gesellschaft/kultur/jugendkulturen-in-deutschland/36157/vaterlosejugend [29.04.2015]

173 Wann beginnt die Sucht? [Auszug]
aus: www.ksta.de/bonn/app--menthal--zur-suchtkontrolle-wann-beginnt-die-sucht-,15189200,26234796.html [30.04.2015]

258 Wie funktioniert unser Gedächtnis? [Auszug]
aus: www.mental-aktiv.de/mein-gedaechtnis/wie-funktioniert-unser-gedaechtnis/ [30.04.2015]

43 Wie viel verbrauchen wir?
frei nach: Umweltfreundlich konsumieren. Arbeitsheft für Schülerinnen und Schüler Sekundarstufe. Hg. v. Bundesministerium für Umwelt, Naturschutz und Reaktorsicherheit (BMU). Berlin 2013, S. 4, 14, 29

34 Wofür geben Kinder und Jugendliche Geld aus?
nach: Trend Tracking Kids® 2014, S. 11; © iconkids & youth international research GmbH, München

240 zusammen
nach: Duden. Die deutsche Rechtschreibung. Hg. v. der Dudenredaktion. Dudenverlag, Mannheim/Wien/Zürich [25]2009, S. 1208

Bildquellenverzeichnis

S. 4, 13: © Ferrante Pietro – Fotolia.com, **S. 14:** © Africa Studio – Fotolia.com, **S. 15:** © varandah – Fotolia.com, **S. 20:** © majivecka – Fotolia.com, **S. 27 o. r.:** © picture alliance / ZB – picture alliance / dpa, **S. 27 u.:** © picture-alliance / dpa, **S. 4, 33:** © mauritius images / Fancy, **S. 36:** © Imago, **S. 42:** © momius – Fotolia.com, **S. 44:** © glamour – Shutterstock.com, **S. 45:** © Aaron Amat – Shutterstock.com, **S. 49:** © 1987–1996 Adobe Systems Incorporated All – Shutterstock.com, **S. 51:** © 2013 Oliver Hoffmann – Fotolia.com, **S. 53 o. l.:** © Seamartini – Fotolia.com, **S. 53 u. r.:** © OK-SANA – Shutterstock.com, **S. 54:** © Bundesagentur für Arbeit, **S. 58 o. l.:** © Imago, **S. 61:** © F1online, **S. 66:** © Schulz, Thomas, **S. 6, 69:** © F1online, **S. 70:** © Imagebroker RM / F1online, **S. 71:** © Müller-Stauffenberg – Imago, **S. 75:** © mauritius images / Alamy, **S. 77:** © Imago, **S. 78:** © rbkelle – Fotolia.com, **S. 80:** © Rena Schild – Shutterstock.com, **S. 82:** © Imago, **S. 83:** © Imago, **S. 84:** © THesIMPLIFY – Fotolia.com, **S. 85 1. v. l.:** © Ulrich Sprengel – mauritius images, **2. v. l.:** © Oliver Boehmer – bluedesign, **1./2. v. r.:** © action press, **S. 85 u.:** © Marco2811 – Fotolia.com, **S. 6, 87 1. l. o:** © Andrea Kuenzig / laif, **1. l. u.:** © Noppasinw – Fotolia.com, **2. m. o.:** © picture-alliance / dpa, **2. m. u.:** picture alliance / zb, **3. r. o.:** © rook76 –Fotolia.com, **3. r. u.:** © Imago, **S. 88:** © Friedrich Rauch – Interfoto, **S. 89:** © Wolfgang Hub – picture alliance, **S. 97:** © Knut Wiarda – Fotolia.com, **S. 114 u. r.:** © picture-alliance / dpa-Zentralbild, **u. l.:** © picture-alliance / dpa, **S. 116:** © Abstract image of concert lighting, **S. 8, 127:** © sirins – Fotolia.com, **S. 128:** © akg – Jazz Archiv Hamburg, **S. 129:** © akg-images, **S. 130:** © Glow Images, **S. 134:** © akg-images, **S. 135, 138–140:** © Glow Images, **S. 141:** © Glow Images, **S. 8, 147, 148, 150, 151, 154, 157, 160, 162, 167, 169:** © Schulz, Thomas, Teupitz, **S. 172:** © William Perugini – Shutterstock.com, **S. 173:** © picture-alliance / dpa, **S. 174:** © mekcar – Fotolia.com, **S. 175–176:** © WDR, Köln, **S. 181:** © M. Johannsen – Fotolia.com, **S. 182 r./l.:** © 1987–1996 Adobe Systems Incorporated All, **S. 185:** © Kalim – Fotolia.com, **S. 189:** Cover „Tschick" von Wolfgang Herrndorf, © Rowohlt Verlag, Berlin **2010, S. 9, 189 Hintergrund:** Szenenfoto aus „Vincent will Meer", Constantin Film Verleih GmbH, **S. 201, 203–206 u. 290:** Szenenfotos aus „Vincent will Meer", Constantin Film Verleih GmbH, **S. 206:** © akg – images, **S. 10, 209:** © Monkey Business Images – Shutterstock.com, **S. 211:** © Sabphoto – Fotolia.com, **S. 212:** © Petrenko Andriy – Shutterstock.com, **S. 213:** © Jens Hertel – Fotolia.com, **S. 217 o.:** © rdnzl – Fotolia.com, **u.:** © xpixel – Shutterstock.com, **S. 219:** © Floki Fotos – Fotolia.com, **S. 220:** © 1000 Words – Shutterstock.com, **S. 222:** © Sven Simon – picture-alliance, **S. 224:** © Regina Bermes / laif, **S. 225:** © Viennaslide/ Alamy – mauritius images, **S. 227:** © Daniel Kaesmacher – Fotolia.com, **S. 230:** © SZ Photo – picture alliance, **S. 231:** © richterfoto – Fotolia.com, **S. 232:** © Alamy – mauritius images, **S. 235:** © Deutsche Welthungerhilfe e. V., **S. 11, 236:** © ChristArt – Fotolia.com, **S. 238:** © picture alliance / dpa, **S. 240:** © DragonImages – Fotolia.com, **S. 243:** © www.sozialhelden.de, **S. 244:** © beboy – Shutterstock.com, **S. 246:** © vipubadee – Fotolia.com, **S. 250:** © Burkhard Trautsch – Pixelmixel, **S. 252:** © Arco Images – picture alliance, **S. 254:** © Netzer, Johannes, **S. 12, 260:** © pankajstock123 – Fotolia.com, **S. 262 l./r.:** © Jean Kobben – Fotolia.com, **S. 264:** © Microsoft Office-Word 2010, **S. 265:** © Judith Thomandl – mauritius images /imageBROKER, **S. 270:** © F1online, **S. 278:** Mauritius images / Alamy

Sachregister

A

Ableiten ▶ Rechtschreibstrategien **236, 237, 303**
Adjektiv ▶ Wortart **292**
Adjektivattribut **297**
Adjektivprobe ▶ Rechtschreibstrategien ▶ Probe **243, 303**
adressatengerecht ▶ zuhörergerecht **70–77**
Adverb ▶ Wortart **296**
adverbiale Bestimmung ▶ Satzglied **231, 297**
Adverbialsatz ▶ Finalsatz ▶ Kausalsatz ▶ Lokalsatz ▶ Modalsatz **223,** 229–231, **299**
Akkusativobjekt **297**
Aktiv ▶ Passiv **213, 295**
allwissender Erzähler ▶ auktorialer Erzähler **281**
Anapäst ▶ Metrum ▶ Versmaß **132, 285**
ANDA-Methode **63, 278**
Anglizismen **85–86**
Antonym ▶ Synonym 19, **82, 306**
Appellieren ▶ Imperativ **44–45,** 50, **275**
Apposition ▶ Kommasetzung **301**
Arbeitsabläufe/Vorgänge beschreiben ▶ Beschreibung **278**
Arbeitstechniken ▶ Recherchieren und Präsentieren **54, 262–270, 309–310**
Argument(ieren) ▶ Begründung ▶ Gegenargument **34–40, 43–50, 271, 272**
Artikelprobe ▶ Rechtschreibstrategien ▶ Probe **243, 303**
Attribute **224, 297**
Aufgabenformate **308**
Aufgaben richtig verstehen 31, 49, 105, 124, 143, 167, 187, 233
Aufzählung ▶ Kommasetzung **300**
auktorialer Erzähler ▶ allwissender Erzähler **281**
ausdrucksvoll/wirkungsvoll vortragen ▶ Gedichte **133**
äußere Handlung ▶ innere Handlung **112, 283**

B

Ballade 286
Baumdiagramm **261, 309**
Bedeutung eines Wortes ▶ Grundbedeutung ▶ Nebenbedeutung **79–80,** 82–83, **306**
Begründung ▶ Argument(ieren) **34–40, 43–50, 271, 272**
Berichten/Bericht **65, 276**
Beschreibung **278**
– Arbeitsabläufe/Vorgänge **278**
– Bilder/Gemälde **206**
Bewerben **61–63, 66–67, 278**
– Bewerbungsanschreiben **62–63, 278**
– Bewerbungsgespräch **66–68, 274**
– Lebenslauf **61,** 278
– telefonische Bewerbung **274**
bildhafte Sprache/Sprachbilder ▶ Metapher ▶ Personifikation ▶ Vergleich **88–89, 91–92, 129,** 144, **286**
Bildschirmfolien **58, 262–265, 310**
Bindestrich ▶ Zeichensetzung **249, 302**
Brief ▶ Bewerbungsschreiben **62–63, 279**
Bühne ▶ Theater ▶ Drama/Dramenanalyse **147–168, 289–290**

C

Charakterisieren ▶ direkt/indirekt ▶ Figurencharakteristik 108, **110, 153,** 190, 191, **193,** 195, **200, 282**

Checklisten:
- Briefe aus der Sicht einer Figur verfassen und begründen 106
- Ein Bewerbungsgespräch vorbereiten und durchführen 68
- Eine Gedichtanalyse schreiben und überarbeiten 146
- Eine Dramenszene analysieren 168
- Eine Kurzgeschichte zusammenfassen – Die Kommunikation analysieren 126
- Einen argumentativen Leserbrief schreiben 50
- Einen Informationstext verfassen 32
- Eine Sachtextanalyse verfassen 188
- Meine Textüberarbeitungen prüfen 234

Coming-of-Age-Story **199, 284**
Computereinsatz ▶ Internet 52, **54, 55**
- Bildschirmfolien erstellen **265, 310**
- Internetrecherche **54, 55,** 96, **309**
- Onlinebewerbung 62
- Onlinezeitung **173,** 176, 287

D

Daktylus ▶ Metrum ▶ Versmaß **132, 285**
das/dass-Satz ▶ Rechtschreibung **247, 301**
Debatte **40,** 271
Dehnung ▶ Wörter mit h **304**
Demonstrativpronomen ▶ Wortart **293**
Denotat(ion) ▶ Grundbedeutung **79–80,** 82–83, **306**
Deutungsthese **100, 281**
Diagramm ▶ Grafik ▶ Karte ▶ Schaubild **17,** 21, 30, **34, 52,** 76, 93, **171,** 287, **288**
Dialekt **75–76, 307**
Dialog ▶ Monolog 162, 194, **202,** 205, 208, **289**
direkt/indirekt charakterisieren 108, **110, 153,** 190, 191, **193,** 195, **200, 282**
direkte Rede ▶ indirekte Rede ▶ Konjunktiv I/II 164, 167, 168, **214–215,** 216, 218, 220, 234, 280, 290, **295**
Diskussion ▶ Debatte **38–40, 271,** 272
doppelter Konsonant ▶ Rechtschreibung 302, **304**
Drama/Dramenanalyse ▶ Bühne ▶ Theater **160–168, 289–290**

E

Einleitung ▶ Exposition **162,** 163, **201, 289**
Einsilber 237, 302, 304
Einstellungsgrößen ▶ Film ▶ Kamera **203, 290**
Erbwort **24, 306**
Ergebnisprotokoll **41, 277**
Erzähler (Ich-/Er-/Sie-Erzähler/-in; allwissend, personal) 22, 24, 99–106, 109–110, 191, **193,** 200, **281,** 282, 283
Exposition ▶ Einleitung **162,** 163, **201, 289**
Exzerpieren **19,** 20, **280**

F

Fabel **284**
Fall ▶ Kasus **210,** 217, 219, 233, 234, **292, 293**
Feedback ▶ Zuhören **59,** 66, **68,** 140, **270**
Fernsehfeature **175–176,** 290–291
Figurencharakteristik ▶ Charakterisieren ▶ direkt/indirekt 108, **110, 153,** 190, 191, **193,** 195, **200, 282**
Figurenkonstellation **110, 282**
Film ▶ Filmsprache 175–176, **201–208,** 290–291
Finalsatz ▶ Adverbialsatz **223,** 229–231 **299**
Flugblatt ▶ Appellieren **44–45,** 50, **275**
Flussdiagramm 18, 179, **261,** 288, **309**
Folien gestalten, einsetzen 58, **262–265**
Fremdwörter ▶ Rechtschreibung **24, 84–86, 238–239, 303**
Froschperspektive ▶ Kameraperspektiven **291**
Fünf-Schritt-Lesemethode ▶ Lesetechniken **287,** 311
Futur ▶ Zeitformen des Verbs **294**

G

Gedichte/Lyrik ▶ Song **127–146, 285–286**
- lyrisches Ich 134, 141, 144, **285**
- Metapher ▶ bildhafte Sprache **88,** 90, **92,** 98, 106, 131, 134, 137, 144, 286
- Metrum ▶ Versmaß **132,** 137, 141, 144, 146, **286**
- Personifikation ▶ bildhafte Sprache **92,** 96, 98, 106, 131, 137, 138, 142, 144, **286**
- Reim(schema) 133, 134, 137, 138, 140–146 **285**
- Strophe **131, 134, 137–142, 144–146, 285**
- Vergleich ▶ bildhafte Sprache **92, 286**
- Vers **127–146, 285**

Gedichtvortrag ▶ ausdrucksvoll/wirkungsvoll vortragen **133**
Gegenargument ▶ Argument(ieren) ▶ Begründung **38–40, 43, 49–50, 272**
Gegenwart ▶ Präsens ▶ Zeitformen des Verbs **294**
Genitivattribut **297**
geografische Herkunftsnamen ▶ Rechtschreibung **305**
geschlechtsneutrales Sprechen und Schreiben **74, 307**
Gestik ▶ Körpersprache 59, 66, 82, 266, **268,** 273, 310
Getrenntschreibung **240–241,** 253, **254, 305**
Grafik ▶ Diagramm ▶ Karte ▶ Schaubild **17,** 21, 30, **34, 52,** 76, 93, **171,** 287, **288**
Grammatik/-training **209–234,** 292–300
Großschreibung ▶ Nominalisierung **242–243,** 253, **255, 305**
Grundbedeutung ▶ Denotat(ion) **79–80,** 82–83, **306**
Grundform ▶ Infinitiv **293**
Grundstufe ▶ Positiv ▶ Adjektiv ▶ steigern **292**

H

Handlung
- Handlungsschritte/-verlauf 23, 110, 115, 125, 157, **161–164,** 168, 203, 204, **283**
- Handlungsort **148–150**
- innere/äußere **111–112,** 199, 283

Handout **269**
Hauptsatz 223, **224, 247,** 298, 299, **300,** 301
Hauptteil (Aufsatz) 18, 20, 32, **57–59, 139,** 140–142, 145, **163–165,** 167, **181–182,** 188, **273, 277, 278, 279, 282, 285, 288, 290**
Hauptwort ▶ Nomen ▶ Substantiv ▶ Wortart **292**
Hochdeutsch/-sprache ▶ Standardsprache **71, 76, 307**
Höchststufe ▶ Superlativ ▶ Adjektiv ▶ steigern **292**
Höhepunkt ▶ Drama **162, 289**

I

Imperativ ▶ Appellieren **44,** 50, **275**
indirekt/direkt charakterisieren 108, **110, 153,** 190, 191, **193,** 195, **200, 282**
indirekte Rede ▶ direkte Rede ▶ Konjunktiv I/II 164, 167, 168, **214–215,** 216, 218, 220, 234, 280, 290, **295**
Infinitiv ▶ Kommasetzung **293, 301**
Informationen:
- Adverbialsätze 223
- Appellieren – Imperative verwenden 44
- Attribute und Relativsätze 224

– Beschreiben und erklären 14
– Das Erbwort, das Fremdwort, das Lehnwort 24
– Das Ergebnisprotokoll 41
– Das Kiezdeutsch 73
– Das Metrum (das Versmaß) und der Rhythmus 132
– Das Motiv und das Sprachbild 129
– Den Bewerbungstexte nach der ANDA-Methode formulieren 63
– Der Dialekt (Mundart) 76
– Der Handlungsverlauf in einem Drama 162
– Der Konjunktiv I und II 215
– Der Leserbrief 46
– Der Numerus (die Anzahl) von Subjekt und Prädikat 211
– Der Tagesbericht 65
– Diagramme (Grafiken, Schaubilder) lesen und auswerten 171
– Die Figurencharakteristik – Die Figurenkonstellation 110
– Die Grund- und Nebenbedeutung von Wörtern – Denotation und Konnotation 80
– Die innere und äußere Handlung unterscheiden 112
– Die Jugendsprache 71
– Die Kommasetzung im Satzgefüge – *das/dass*-Sätze 247
– Die Kommunikation zwischen Figuren untersuchen 121
– Die Mise en Scène – Die Bildinszenierung 207
– Die Textsorte beachten 221
– Eine Kurzgeschichte analysieren 115
– Eine überzeugende Argumentation aufbauen 35
– Figuren direkt und indirekt charakterisieren 193
– Fremdwörter als Fachbegriffe und Lehnwörter 238
– Geschlechtsneutrales Sprechen und Schreiben 74
– Getrennt- und Zusammenschreibung bei Wortgruppen mit Verben 241
– Informierende und meinungsbildende Sachtexte 172
– Lesevermutungen notieren – Eine Deutungsthese aufstellen 100
– Medienformate unterscheiden 176
– Mit Proben den Stil verbessern 226
– Nominal- und Verbalstil unterscheiden 227
– Präpositionen bestimmen den Kasus (Fall) von Nomen und Pronomen 210
– Romantypen unterscheiden 199
– Schnitt, Montage und Kamerabewegung 204
– Sprachbilder verstehen – Die Metapher, die Personifikation 92
– Textstellen zitieren 146
– Verben im Aktiv und Passiv 213
– Verben im Präteritum und Plusquamperfekt 212
– Verknüpfungswörter – Argumente einleiten, auf Gegenargumente eingehen 43
– Wörter mit Bindestrich schreiben 249
– Zeichensetzung bei Zitaten 248

Informationstext verfassen **15–20, 27–32, 277**
Informieren **13–32, 51–59, 97, 170–177, 276, 277**
Inhaltsangabe ▶ Zusammenfassen
– literarischer Text 125, **150, 279–280,** 283
– Sachtext 89, **288**
Internet ▶ Computereinsatz 52, **54, 55**
Interview (Textsorte) 16–17, 31, 34, **55,** 73, 174, **273**

J

Jambus ▶ Metrum ▶ Versmaß **132,** 144, **285**
Jugendsprache ▶ Standardsprache ▶ Sprachebenen **69–72, 307**

K

Kalendergeschichte **284**
Kamerabewegung ▶ Film **204,** 208, **291**
Kameraperspektiven ▶ Film **203, 205,** 208, **291**
Karte ▶ Diagramm ▶ Grafik ▶ Schaubild 17, 21, 30, 34, 52, **76, 93,** 171, 287, 288
Kasus ▶ Fall **210,** 217, 219, 233, 234, **292, 293**
Katastrophe ▶ Drama **162, 289**
Kausalsatz ▶ Adverbialsatz **223,** 229–231, **299**
Kiezdeutsch **73, 307**
Kleinschreibung **305**
Komma ▶ Zeichensetzung **224, 246–248,** 252, 253, 255, 256, **300–301**
Kommentar **46, 172,** 275, 287, **288**
Kommunikation **117–126, 282,** 307
Komparativ ▶ Steigerungsstufe ▶ Adjektiv ▶ Steigern **292**
Kompromiss **36–37, 272**
Konditionalsatz ▶ Adverbialsatz **223,** 229–231, **299**
Konflikt 95, 109, 110, 150, 162, 282, 284, 286, 289
Konjunktion ▶ Verknüpfungswort 21, 32, 39, **43,** 45, 50, **65, 247,** 255, **272, 298, 300, 301**
Konjunktiv I/II ▶ indirekte Rede **214–215,** 218, 220, 233, 234, **295–296**
Konkrete Poesie **286**
Konnotat(ion) ▶ Nebendeutung **79–80,** 82–83, **306**
Konsonant ▶ doppelter Konsonant 302, **304**
Körpersprache ▶ Gestik 59, 66, 82, 266, **268,** 273, 310
Kreuzreim ▶ Reim(schema) 137, 138, 144, **285**
Kurzgeschichten **107–126, 284**

L

Lebenslauf **61, 278**
Lehnwort **24, 238**
Leitmotiv ▶ Motiv **115,** 116, **283, 284**
Leserbrief 46–50, **275,** 279
Lesetechniken **287, 311**
– Diagramme lesen **17,** 21, 30, **34, 52,** 76, 93, **171,** 287, **288**
– Fünf-Schritt-Lesemetode **287,** 311
– Texte überfliegen **311**
– wechselseitiges Lesen **311**
Lokalsatz ▶ Adverbialsatz **223,** 229–231, **299**
Lyrik/Gedichte **127–146, 285–286**
lyrisches Ich 134, 141, 144, **285**

M

Medienformate unterscheiden ▶ Onlineformate ▶ Radiotexte ▶ Fernsehfeature **173–176, 287**
Methoden:
– An Diskussionsbeiträge anknüpfen, Gegenargumente entkräften 38
– Bildschirmfolien erstellen 265
– Brief aus der Sicht einer Figur verfassen und begründen 104
– Das Autorenporträt 97
– Der Kompromiss – Zwischen unterschiedlichen Positionen vermitteln 37
– Die Bestandteile einer Bewerbungsmappe – Die Onlinebewerbung 62
– Eine Debatte führen 40
– Eine Gedichtanalyse schreiben und überarbeiten 140
– Einen inneren Monolog verfassen 101
– Eine Rollenbiografie anfertigen 153
– Ein Handout erstellen, Mitschriften ermöglichen 269
– Ein Lyrikbuch erstellen 133

– Gliederungen mit einem Fluss- oder Baumdiagramm veranschaulichen 261
– Informationen recherchieren und ordnen 96
– Informationen zu Berufen recherchieren 55
– Nomen durch Proben erkennen und großschreiben 243
– Referate vorbereiten und halten 59
– Sachtexte analysieren – Untersuchungsergebnisse zusammenhängend beschreiben 182
– Sätze paraphrasieren und Textabschnitte exzerpieren 19
– Sicher und lebendig vortragen 268
– Strategien anwenden 237
– Symbole verwenden 263
– Szenen proben und vorspielen 150
– Wechselseitiges (reziprokes) Lesen zu zweit 90, 311
Mind-Map **56, 96, 308**
Mise en Scène **206–207, 291**
Mitschrift **269**
Modalsatz ▶ Adverbialsatz **223,** 229–231, **299**
Modalverben ▶ Wortart **296**
Moderationskarten **56, 57, 266,** 268, 273, 310
Monolog **99–101,** 112, 157
Montage ▶ Film **204, 291**
Motiv ▶ Leitmotiv 128–130, 142, 283

N

Nachschlagen ▶ Wörterbuch **304**
Nebenbedeutung ▶ Konnotat(ion) **79–80,** 82–83, **306**
Nebensatz ▶ Adverbialsatz ▶ Relativsatz ▶ Subjektsatz ▶ Objektsatz 246, **247,** 255, 256, **298,** 300, 301
Nomen ▶ Wortart ▶ Substantiv ▶ Hauptwort **292**
Nomenprobe ▶ Rechtschreibstrategien ▶ Probe **243, 303**
Nominalisierung ▶ Rechtschreibung 227, 240, **242–243,** 255, 300, **303,** 305
Nominalstil **227, 299**
Normalperspektive ▶ Kameraperspektiven **203, 291**
Novelle **284**
Numerus ▶ Subjekt ▶ Prädikat **211,** 217, 219, 233, 234, **299**

O

Oberbegriff 56, 96, 261, **306,** 309
Objektsatz **298**
offener Schluss ▶ Kurzgeschichte **115,** 116, 284
offene Silbe ▶ geschlossene Silbe **302**
Onlinezeitung **173,** 287

P

Paarreim ▶ Reim(schema) **285**
Paraphrasieren **19,** 20, **280**
Partizip **213,** 240, **294, 295**
Passiv ▶ Aktiv **213, 295**
Perfekt ▶ Zeitformen des Verbs **294**
personaler Erzähler ▶ Erzähler **281,** 283
Personalform ▶ Verb **293**
Personalpronomen ▶ Wortart **293**
Personifikation **92,** 98, 131, 137, 138, 142, 144, **286**
Planen ▶ Schreibplan 81, 31, 44, 45, 96, 106, 125, 138, 141, **144,** 145, **163,** 167, **181,** 187
Plusquamperfekt ▶ Zeitformen des Verbs **212, 294**
Portfolio **53,** 54, 56, 58, 59, **309**
Positiv ▶ Adjektiv ▶ steigern ▶ Grundstufe **292**
Possessivpronomen ▶ Wortart **293**
Prädikat ▶ Satzglied **211, 297, 299**
Praktikumsmappe **65, 276**
Präposition ▶ Verhältniswort ▶ Wortart **210,** 234, **293,** 297
Präpositionalattribut **297**
Präsens ▶ Gegenwart ▶ Zeitformen des Verbs 20, 32, 41, 101, 125, 168, 182, 188, 276, 277, 278, 280, 282, 288, 289, 290 **294–295**
Präsentation ▶ Referat ▶ Vortrag 58, **59,** 60, 97, 133, **257–270**
Präteritum ▶ Zeitformen des Verbs **212, 213,** 217, 219, **221,** 276, 277, **294,** 295, **296**
Probe ▶ Rechtschreibstrategien ▶ Adjektivprobe ▶ Artikelprobe ▶ Nomenprobe ▶ Zählprobe **243, 303**
Pronomen ▶ Wortart ▶ Demonstrativpronomen ▶ Personalpronomen ▶ Possessivpronomen **210,** 234, 247, **293, 301,** 304, **305,**
Protokoll ▶ Ergebnisprotokoll **41, 277**

Q

Quellen angeben ▶ Internet 55, 57, 59, 96, 171, **269,** 272, 279, 288, **309, 311**

R

Radiointerview **174,** 273, 287
Recherchieren **54–55,** 81, 85, **96,** 114, 260, 279, 309
Rechtschreibstrategien:
– Ableiten **236, 237, 303**
– Nachschlagen im Wörterbuch **288**
– Nomen erkennen ▶ Probe ▶ Rechtschreibstrategien **243, 303**
– Schwingen 223–237, **302**
– Verlängern **236–237, 302**
– Zerlegen 237, **303**
Rechtschreibung **235–256, 300–305**
– doppelte Konsonanten **232** 288
– Fremdwörter **24, 84–86, 238–239, 303**
– Getrenntschreibung **240–241,** 253, **254, 305**
– Großschreibung **242–243,** 253, **255, 305**
– Kleinschreibung 305
– Kommasetzung **224, 246–248,** 252, 253, 255, 256, **300–301**
– Zusammenschreibung **240–241, 305**
Referat ▶ Vortrag **56–60, 257–270,** 272, 273, **310**
Regie/Regieanweisung **150,** 153, 159, 208, 289
Reim(schema) ▶ Paarreim ▶ Kreuzreim ▶ umarmender Reim 137, 138, 144, **285**
Relativpronomen **224, 247,** 256, **298, 301**
Relativsatz ▶ Nebensatz **224, 299**
Reportage **288**
Requisit 147, 150
rhetorische Frage **40,** 267 268, **271**
Rhythmus ▶ Metrum ▶ Versmaß **132, 285**
Roadnovel **199, 284**
Rolle **289**
Rollenbiografie **153**

S

Sachtext ▶ Argumentieren ▶ Informieren **14–17, 21, 27–28, 30–31, 34, 35,** 46, 47, **43** 53, 89, 93–95, **169–188,** 258, 259, **287–288**
Sage **285**
Satzgefüge ▶ Kommasetzung **223,** 229, 231, **246–247,** 251, 253, **255,** 283, **298, 299, 300**
Satzglied 225, 226, 230, 232, **297, 299**
Satzreihe ▶ Kommasetzung 251, **298, 300**
Schaubild ▶ Diagramm ▶ Grafik ▶ Karte **17,** 21, 30, **34, 52,** 76, 93, **171,** 287, **288**
Schildern **276**
Schluss verfassen 20, 47, 50, **58,** 59, 63, **64, 90,** 140, 146, **163,** 164, **165,** 167, 168, 181, 182, 184, 187, 133, 265, **266,** 275, **277, 279,** 282, 286, 288, 290, **311**

Schlüsselwort 253, 254, 275, 292
Schnitt ▶ Film **204,** 208, **291**
Schreibkonferenz **308**
Schreibplan ▶ Planen 31, 44, 45, 81, 96, 106, 125, 138, 141, **144,** 145, **163,** 167, **181,** 187
schwaches Verb ▶ starkes Verb **294**
Schwingen ▶ Rechtschreibstrategien 223–237, **302**
s-Laute ▶ Rechtschreibung **304**
Spannung ▶ Drama ▶ Roman **162,** 163, **198–199,** 200, 283, **289**
Sprachbilder ▶ sprachliche Bilder:
– Metapher **88,** 90, **92,** 98, 106, 131, 134, 137, 144, 286
– Personifikation **92,** 96, 98, 106, 131, 137, 138, 142, 144, **286**
– Vergleich **92, 286**
Sprachebenen ▶ Jugendsprache ▶ Standardsprache **69–72, 307**
Sprechlautstärke Gedichtvortrag ▶ Referat 68, 133
Sprechpause ▶ Gedichtvortrag 133
Sprechrhythmus ▶ Gedichtvortrag 133
Sprechtempo ▶ Gedichtvortrag 68, 133
Stammvokal 294
Standardsprache ▶ Jugendsprache ▶ Sprachebenen **69–72, 307**
starkes Verb ▶ schwaches Verb **294, 296**
Steigern ▶ Adjektiv **196, 278**
Steigerungsstufe ▶ Komparativ ▶ Adjektiv ▶ Steigern **292**
Strophe ▶ Gedicht 131, 134, 137–142, 144–146, **285**
Subjekt ▶ Satzglied ▶ Subjektsatz **297, 302**
Subjektsatz **302**
Substantiv ▶ Nomen ▶ Hauptwort **292**
Superlativ ▶ Höchststufe ▶ Adjektiv ▶ Steigern **292**
Symbole ▶ Inhalte veranschaulichen **263, 310**
Synonym ▶ Antonym **73–74,** 289
Szene ▶ Film ▶ Theater 147–168, 201–208

T

Tageszeiten ▶ Rechtschreibung ▶ Zeitangaben **243, 305**
Telefonieren ▶ Bewerben **274**
Temporalsatz ▶ Adverbialsatz **223,** 229–231, **299**
Tempus ▶ Zeitformen des Verbs **212, 294**
Textarten ▶ Textartenverzeichnis 313
Textbelege anführen ▶ Zitieren **146,** 248, **280,** 301
Texte überarbeiten ▶ Überarbeiten 20, 32, 44, 45, 50, 106, 126, **140, 146,** 168, **182,** 188, **233–234,** 235, 264, 285
Theater ▶ Bühne ▶ Drama/Dramenanalyse **160–168, 289–290**
Trochäus ▶ Metrum ▶ Versmaß **132, 285**

U

Überarbeiten ▶ Texte überarbeiten 20, 32, 44, 45, 50, 106, 126, **140, 146,** 168, **182,** 188, **233–234,** 235, 264, 285
Überschrift/Zwischenüberschrift 14, 17, 20, 21, 28, 29, 31, 32, 33, 44, 45, 62, 72, 80, 84, 94, 96, 107, 123, 127, 137, 161, 171, 179, 185, 189, 260, 264, 278, 287, 288, 311
Überzeugen ▶ Argument(ieren) ▶ Begründung ▶ Meinungen begründen **34–40, 43–50, 271, 272**
umarmender Reim ▶ Reim(schema) **285**
Umgangssprache 69, 71, 76, **307**
Unterbegriff 56, 96, 261, **306,** 309

V

Verb ▶ Wortart **212–220, 293–296**
Verbalstil **227, 299**
Vergleich ▶ bildhafte Sprache **92, 286**
Verhältniswort ▶ Präposition ▶ Wortart **210, 293**
Verknüpfungswort ▶ Konjunktion 21, 32, 39, **43,** 45, 50, **65, 247,** 255, **272, 298, 300, 301**
Verlängern ▶ Rechtschreibstrategien **236–237, 302**
Vers 127–146, **285**
Versmaß ▶ Metrum ▶ Rhythmus **132, 285**
Vogelperspektive ▶ Kameraperspektiven 203, **291**
Vokal ▶ Stammvokal 129, 141, 145, 285, 294, 302
Vorgang/Arbeitsabläufe beschreiben ▶ Beschreibung **278**
Vorstellungsgespräch ▶ Bewerben **66–68, 274**
Vortrag ▶ Referat/Präsentation 58, **59,** 60, 97, 133, **257–270**

W

Wendepunkt **115,** 116, **162,** 283, **284, 289**
W-Fragen 18, **55,** 65, **125,** 273, 276, 277
wirkungsvoll/ausdrucksvoll vortragen ▶ Gedichtvortrag **133**
Wortart **210–220, 292–296**
Wörterbuch ▶ Nachschlagen **304**
Wörter mit Bindestrich **304**
Wörter mit *h* ▶ Dehnung **304**
Wörter mit *i* oder *ie* **304**
Wörter mit *s*-Laut: *ß – s – ss* **304**
Wortfamilie **297**
wörtliche Rede 125, 276, 283, 288
Wortstamm **297**

Z

Zählprobe ▶ Rechtschreibstrategien ▶ Probe **243, 303**
Zeichensetzung ▶ Komma **224, 246–248,** 252, 253, 255, 256, **300–301**
Zeichensetzung ▶ Zitate **248, 301**
Zeitangaben ▶ Rechtschreibstrategien ▶ Tageszeiten **243, 305**
Zeitformen des Verbs ▶ Futur ▶ Perfekt ▶ Plusquamperfekt ▶ Präsens ▶ Präteritum 212, **294**
Zeitung ▶ Onlinezeitung **173,** 287
Zerlegen ▶ Rechtschreibstrategien 237, **303**
Zitieren ▶ Textbelege anführen **146,** 248, **280,** 301
Zuhören ▶ Feedback **59,** 66, **68,** 140, **270**
Zusammenfassen ▶ Inhaltsangabe
– literarischer Text 125, **150, 279–280,** 283
– Sachtext **89, 288**
zusammengesetzte Wörter ▶ Rechtschreibstrategien ▶ Zerlegen 237, **303**
Zusammenschreibung ▶ Rechtschreibung **240–241, 305**

Knifflige Verben im Überblick

Infinitiv	Präsens	Präteritum/Perfekt	Konjunktiv I / Konjunktiv II	Imperativ Singular
befehlen	du befiehlst	er befahl / hat befohlen	sie befehle/befähle	befiehl!
beginnen	du beginnst	sie begann / hat begonnen	er beginne/begänne	beginn(e)!
beißen	du beißt	er biss / hat gebissen	sie beiße/bisse	beiß(e)!
bieten	du bietest	er bot / hat geboten	er biete/böte	biet(e)!
bitten	du bittest	sie bat / hat gebeten	sie bitte/bäte	bitt(e)!
blasen	du bläst	er blies / hat geblasen	er blase/bliese	blas(e)!
bleiben	du bleibst	sie blieb / ist geblieben	sie bleibe/bliebe	bleib(e)!
brechen	du brichst	sie brach / hat gebrochen	er breche/bräche	brich!
brennen	du brennst	es brannte / hat gebrannt	es brenne/brennte	brenn(e)!
bringen	du bringst	sie brachte / hat gebracht	sie bringe/brächte	bring(e)!
dürfen	du darfst	er durfte / hat gedurft	er dürfe/dürfte	
einladen	du lädst ein	sie lud ein / hat eingeladen	sie lade ein/lüde ein	lad(e) ein!
entscheiden	du entscheidest	er entschied / hat entschieden	er entscheide/entschiede	entscheid(e)!
essen	du isst	er aß / hat gegessen	sie esse/äße	iss!
fahren	du fährst	sie fuhr / ist gefahren	er fahre/führe	fahr(e)!
fallen	du fällst	er fiel / ist gefallen	sie falle/fiele	fall(e)!
fangen	du fängst	sie fing / hat gefangen	er fange/finge	fang(e)!
fliehen	du fliehst	er floh / ist geflohen	sie fliehe/flöhe	flieh(e)!
fließen	du fließt	es floss / ist geflossen	es fließe/flösse	fließ(e)!
fressen	du frisst	er fraß / hat gefressen	er fresse/fräße	friss!
geben	du gibst	sie gab / hat gegeben	sie gebe/gäbe	gib!
genießen	du genießt	sie genoss / hat genossen	er genieße/genösse	genieß(e)!
gießen	du gießt	er goss / hat gegossen	er gieße/gösse	gieß(e)!
greifen	du greifst	sie griff / hat gegriffen	sie greife/griffe	greif(e)!
halten	du hältst	sie hielt / hat gehalten	er halte/hielte	halt(e)!
heben	du hebst	er hob / hat gehoben	sie hebe/höbe	heb(e)!
helfen	du hilfst	er half / hat geholfen	sie helfe/hülfe	hilf!
kennen	du kennst	sie kannte / hat gekannt	er kenne/kennte	kenn(e)!
kommen	du kommst	sie kam / ist gekommen	sie komme/käme	komm(e)!
können	du kannst	er konnte / hat gekonnt	er könne/könnte	
lassen	du lässt	sie ließ / hat gelassen	sie lasse/ließe	lass(e)!
laufen	du läufst	er lief / ist gelaufen	er laufe/liefe	lauf(e)!
leiden	du leidest	sie litt / hat gelitten	sie leide/litte	leid(e)!
leihen	du leihst	er lieh / hat geliehen	er leihe/liehe	leih(e)!
lesen	du liest	er las / hat gelesen	er lese/läse	lies!